COLEÇÃO DOUTRINAS ESSENCIAIS • *procuradorias*

1

Direito Patrimonial e Meio Ambiente

COLEÇÃO DOUTRINAS ESSENCIAIS • *procuradorias*

Coordenação

Caio Souza

1

Direito Patrimonial e Meio Ambiente

Estudo sobre

Direito Ambiental, Direito Agrário e Direito Urbanístico

Autores

Caio Souza

Rovhenna Morenna Cavalcante Sousa

Alan de Oliveira Dantas Cruz

Francimar Soares da Silva Júnior

Amanda Pinto Neves

2020

EDITORA *Jus*PODIVM

www.editorajuspodivm.com.br

EDITORA *Jus*PODIVM
www.editorajuspodivm.com.br

Rua Território Rio Branco, 87 – Pituba – CEP: 41830-530 – Salvador – Bahia
Tel: (71) 3045.9051
• Contato: https://www.editorajuspodivm.com.br/sac

Diagramação: SBNigri Artes e Textos Ltda. *(sbnigri@centroin.com.br)*

Capa: Ana Caquetti

D598 Direito patrimonial e meio ambiente / coordenadores Leonardo Carneiro da Cunha, Jaldemiro Rodrigues de Ataíde Jr. e Lucas Buril de Macêdo – Salvador: Editora JusPodivm, 2020.
416 p. (Doutrinas Essenciais - Procuradorias/ coordenador Caio Vinícius Sousa e Souza)

Vários autores.
Inclui bibliografia.
ISBN 978-85-442-3103-6.

1. Direito Ambiental. 2. Direito Agrário. 3. Direito Urbanístico. I. Souza., Caio Vinícius Sousa e. II. Título.

CDD 341.347

APRESENTAÇÃO

É comum ouvir que, para ser aprovado em concursos públicos de alto nível, o candidato deve estudar variadas ferramentas: doutrina, legislação e jurisprudência, além de resolver quantidades significativas de questões.

A premissa é verdadeira, embora menos dramática do que possa aparentar. É que muitas vezes as fontes mencionadas não necessitam ser estudadas de forma cumulativa. Isso significa que, para alguns temas, é suficiente, por exemplo, a leitura da lei seca; para outros, dada a profundidade teórica, é fundamental o estudo da doutrina. Por essa razão, grande parte das obras adquiridas por quem já passou nos mais difíceis concursos públicos do país são estudadas apenas parcialmente.

Pensando nisso, a **Coleção Doutrinas Essenciais – Procuradorias** foi desenvolvida para que você, a um só tempo: 1) não deixe de estudar temas doutrinários fundamentais para os certames da advocacia pública; 2) não utilize desnecessariamente doutrina para alguns assuntos, quando é mais rápido e adequado estudar por outra fonte; 3) não despenda recursos de forma ineficiente, uma vez que os volumes da coleção reunirão apenas os temas doutrinários essenciais, que versarão sobre variadas disciplinas de grandes áreas do Direito.

Ademais, os textos foram desenvolvidos com foco exclusivo e específico na preparação para concursos públicos de procuradorias, contendo teses de carreira, questões objetivas, questões discursivas, peças práticas e arguições de prova oral.

Convictos de que a obra cumprirá o propósito de considerar a preciosidade do seu tempo e do seu sonho, desejamos excelentes estudos!

Caio Souza

Procurador do Estado

Coordenador do Vorne Cursos

SOBRE OS AUTORES

ALAN DE OLIVEIRA DANTAS CRUZ

Advogado. Aprovado para Procurador do Estado do Acre.

AMANDA PINTO NEVES

Procuradora do Estado do Maranhão e aprovada para Procuradora do Estado do Rio Grande do Norte.

CAIO VINÍCIUS SOUSA E SOUZA

Procurador do Estado do Piauí, professor e coordenador do curso preparatório para procuradorias Coaching PGE.

FRANCIMAR SOARES DA SILVA JÚNIOR

Procurador do Município de São Luís e aprovado para Procurador do Estado de São Paulo.

ROVHENNA MORENNA CAVALCANTE SOUSA

Advogada. Aprovada para Procuradora do Município de Goiânia e do Estado do Amazonas.

SUMÁRIO

PARTE I
DIREITO AMBIENTAL

PARTE II
DIREITO AGRÁRIO

PARTE III
DIREITO URBANÍSTICO

PARTE I

DIREITO AMBIENTAL

PRINCÍPIOS DE DIREITO AMBIENTAL

1. INTRODUÇÃO

Como ciência autônoma, o Direito Ambiental é informado por princípios próprios, essencialmente voltados à concretização da proteção ambiental, que regulam seus objetivos e diretrizes, dão-lhe coerência e direção interpretativa.

A enumeração de tais princípios, bem como seu conteúdo estrito, entretanto, não é uniforme na doutrina, de forma que serão dispostos adiantes os mais recorrentes em provas e nas classificações doutrinárias.

> (CESPE Proc Federal 2006) No âmbito doutrinário, ainda inexiste uma sistematização uniforme do direito ambiental brasileiro. Assim, a interpretação do direito ambiental sofre variações a depender da visão desenvolvida por cada autor. No entanto, é possível identificar princípios fundamentais que caracterizam o direito do ambiente e que são alvos da preocupação dos mais diversos doutrinadores nacionais.
>
> **CERTO**

2. PRINCÍPIO DO DESENVOLVIMENTO SUSTENTÁVEL

Segundo o princípio do desenvolvimento sustentável, considerado o "*prima principium*" do direito ambiental, o desenvolvimento socioeconômico da nação deve ser necessariamente conciliado com a proteção ao meio ambiente, mediante a utilização racional dos recursos naturais não renováveis e visando a melhoria da qualidade de vida do homem. Intenciona-se, assim, por esse princípio, melhorar a qualidade de vida dos seres, respeitando a capacidade de suporte dos ecossistemas.

> *Dentro da visão ambiental, o desenvolvimento sustentado está diretamente relacionado com o direito à manutenção da qualidade de vida por meio da conservação dos bens ambientais existentes no nosso planeta. Exatamente por isso, o texto maior estabelece a regra de que o direito a um meio ambiente ecologicamente equilibrado não é apenas dos habitantes atuais, mas também dos futuros e potenciais, enfim, das próximas gerações (CF, art. 225, caput).*[1]

1 Marcelo Abelha. Direito Ambiental Esquematizado. 2016.

(TRF 3ª 2018) O princípio do desenvolvimento sustentável envolve a substituição de norma de expansão quantitativa por uma melhoria qualitativa como caminho para o progresso, trazendo a integração entre a proteção ambiental e o desenvolvimento econômico para o benefício das presentes e futuras gerações.

CERTO

O termo recebeu definição da Comissão Mundial sobre o Meio Ambiente e Desenvolvimento (*World Comission on Environment and Development*) no Relatório Brundtland[2] (1987), segundo o qual desenvolvimento sustentável, é "*aquele que atende às necessidades do presente sem comprometer a possibilidade de as gerações futuras atenderem às suas necessidades*".

A Declaração do Rio (1992) previu expressamente o princípio:

> ***Princípio 3*** – *O direito ao desenvolvimento deve ser exercido de modo a permitir que sejam atendidas equitativamente as necessidades de desenvolvimento e de meio ambiente das gerações presentes e futuras.*
>
> ***Princípio 4*** – *Para alcançar o desenvolvimento sustentável, a proteção ambiental constituirá parte integrante do processo de desenvolvimento e não pode ser considerada isoladamente deste.*

Obs. **Vertentes**:

Parte da doutrina[3] destaca que o princípio em comento tem como objetivo a harmonização das seguintes vertentes:

- crescimento econômico;
- preservação ambiental; e
- equidade social[4].

O princípio 5 da Declaração do Rio/92 dispõe sobre a vertente social do princípio, esposado nessa última vertente – a equidade social:

> ***Princípio 5*** – *Todos os Estados e todas as pessoas deverão cooperar na tarefa essencial de erradicar a pobreza como requisito indispensável do desenvolvimento sustentável, a fim de reduzir as divergências nos níveis de vida e responder melhor às necessidades da maioria dos povos do mundo.*

Destarte, apenas quando as três vertentes estiverem respeitadas haverá concretização do princípio do desenvolvimento sustentável.

---

2 A comissão foi chefiada pela a primeira-ministra da Noruega, Gro Harlem Brundtland, de onde provém a alcunha do relatório dos estudos.

3 Por todos: Frederico Amado. Direito Ambiental. 2017.

4 *O Princípio do Desenvolvimento Sustentável (não possui apenas uma vertente econômico-ambiental, pois pressupõe o desenvolvimento social dos povos (erradicação da pobreza), Consistente na justa a repartição das riquezas do mundo, Pois inexiste qualquer razoabilidade em se determinar a alguém que se preserve os recursos naturais sem previamente disponibilizar as mínimas condições de dignidade humana.* Frederico Amado. Direito Ambiental. 2017.

O princípio do desenvolvimento sustentável foi positivado na CF/88 no art. 170[5], que disciplina a ordem econômica, impondo-lhe a observância da *defesa do meio ambiente* (inciso VI). No mesmo artigo foi também elencado como princípio regente da atividade econômica nacional, a função social da propriedade (inc. III), a qual também compreende o respeito e a observância das normas ambientais.

(TRF 2ª 2018) A Constituição Federal adota o princípio de defesa do meio ambiente, inclusive mediante tratamento diferenciado conforme o impacto ambiental dos produtos e serviços e de seus processos de elaboração e prestação.

CERTO

(CESPE PGE/BA 2014) Pedro é proprietário de um imóvel situado em município com mais de cinquenta mil habitantes. Sua propriedade é próxima da zona costeira, o que o obriga a cumprir algumas limitações administrativas municipais impostas pelo município no que tange à proteção ambiental da zona costeira.

Exemplifica a aplicação do princípio do desenvolvimento sustentável a garantia a que Pedro possa construir um hotel na zona costeira para fomentar a economia da região e promover empregos, relativizando-se as limitações administrativas ambientais.

ERRADO

> *A atividade econômica não pode ser exercida em desarmonia com os princípios destinados a tornar efetiva a proteção ao meio ambiente. A incolumidade do meio ambiente não pode ser comprometida por interesses empresariais nem ficar dependente de motivações de índole meramente econômica, ainda mais se se tiver presente que a atividade econômica, considerada a disciplina constitucional que a rege, está subordinada, dentre outros princípios gerais, àquele que privilegia a "defesa do meio ambiente, inclusive mediante tratamento diferenciado conforme o impacto ambiental dos produtos e serviços e de seus processos de elaboração e prestação"* (art. 170, VI, CF).[6]

5 Art. 170. A ordem econômica, fundada na valorização do trabalho humano e na livre iniciativa, tem por fim assegurar a todos existência digna, conforme os ditames da justiça social, observados os seguintes princípios:

I – soberania nacional;

II – propriedade privada;

III – função social da propriedade;

IV – livre concorrência;

V – defesa do consumidor;

VI – **defesa do meio ambiente**, inclusive mediante tratamento diferenciado conforme o impacto ambiental dos produtos e serviços e de seus processos de elaboração e prestação;

VII – redução das desigualdades regionais e sociais;

VIII – busca do pleno emprego;

IX – tratamento favorecido para as empresas de pequeno porte constituídas sob as leis brasileiras e que tenham sua sede e administração no País.

6 STF. ADI 3.540 MC, rel. min. Celso de Mello, j. 1º-9-2005, P, DJ de 3-2-2006.

(CESPE Proc Federal 2010) A proteção do meio ambiente é um princípio da ordem econômica, o que limita as atividades da iniciativa privada.

CERTO

A nível infraconstitucional, a Lei 6.938/81 ao apontar os objetivos da Política Nacional do Meio Ambiente destaca aplicação do princípio do desenvolvimento sustentável:

> Art. 4º – *A Política Nacional do Meio Ambiente visará:*
>
> *I* – À compatibilização do desenvolvimento econômico-social com a preservação da qualidade do meio ambiente e do equilíbrio ecológico.

Por sua vez, a LC 140/11 estabelece expressamente dentre os objetivos fundamentais da União, dos Estados, do Distrito Federal e dos Municípios, no exercício da competência comum:

> II – *Garantir o equilíbrio do desenvolvimento socioeconômico com a proteção do meio ambiente, observando a dignidade da pessoa humana, a erradicação da pobreza e a redução das desigualdades sociais e regionais.*

Os Tribunais Superiores vêm reiteradamente aplicando o princípio, inclusive em decisões paradigmáticas. Cita-se, como exemplo, a decisão do STF que validou, na ADPF 101/DF, a vedação regulamentar à importação de pneus usados, tendo em vista o desenvolvimento sustentável e proteção à saúde, visando evitar o passivo ambiental causado pelos resíduos sólidos, decisão na qual o Tribunal definiu:

> *Desenvolvimento sustentável: crescimento econômico com garantia paralela e superiormente respeitada da saúde da população, cujos direitos devem ser observados em face das necessidades atuais e daquelas previsíveis e a serem prevenidas para garantia e respeito às gerações futuras.*

Em conclusão, e ainda nos termos da jurisprudência do STF:

> *O princípio do desenvolvimento sustentável, além de impregnado de caráter eminentemente constitucional, encontra suporte legitimador em compromissos internacionais assumidos pelo Estado brasileiro e representa fator de obtenção do justo equilíbrio entre as exigências da economia e as da ecologia, subordinada, no entanto, a invocação desse postulado, quando ocorrente situação de conflito entre valores constitucionais relevantes, a uma condição inafastável, cuja observância não comprometa nem esvazie o conteúdo essencial de um dos mais significativos direitos fundamentais: o direito à preservação do meio ambiente,*

> *que traduz bem de uso comum da generalidade das pessoas, a ser resguardado em favor das presentes e futuras gerações*[7].

3. PRINCÍPIO DA UBIQUIDADE

O princípio da ubiquidade define o bem ambiental como despido de fronteiras espaciais, temporais e de sujeitos.

> (...) *A conservação do meio ambiente não se prende a situações geográficas ou referências históricas, extrapolando os limites impostos pelo homem. A natureza desconhece fronteiras políticas. Os bens ambientais são transnacionais*[8].

Nesse sentido, segundo o art. 3º, I, da Lei 6.938/81, o meio ambiente abriga e rege *a vida em* todas as suas *formas*.

> *Em Direito Ambiental, tem-se que, pelo princípio da ubiquidade, o bem ambiental é onipresente, de forma que uma agressão ao meio ambiente em determinada localidade é capaz de trazer reflexos negativos a todo o planeta. O meio ambiente deve ser levado em consideração antes e durante a realização de qualquer atividade que venha a ser desenvolvida, de qualquer natureza. Decorre da tutela constitucional da vida e da qualidade de vida.*[9]

Assim, uma vez que o direito a um meio ambiente ecologicamente equilibrado está diretamente ligado ao direito à vida e, mais ainda, a uma vida com dignidade (art. 1º, III; art. 5º, caput, e art. 6º da CF/88), verifica-se a principal face do princípio da ubiquidade, qual seja, a regra de que o exercício de qualquer direito subjetivo deve obediência aos postulados do Direito Ambiental. É desse conceito que nasce, por exemplo, o **princípio da função social da propriedade**, segundo o qual a propriedade somente cumprirá sua função social com o atendimento, dentre outros, das regras ambientais.

Igualmente, decorre do princípio da ubiquidade, a regra de que, em havendo dano ao meio ambiente, a reparação deverá ser a mais ampla possível. Isso porque não é possível delimitar estritamente a extensão do dano, nem mesmo os sujeitos passivos de seus efeitos. Trata-se do **princípio da reparação integral**.

> *A reparação integral do dano ao meio ambiente deve compreender não apenas o prejuízo causado ao bem ou recurso ambiental atingido, como também, toda a*

7 ADI 3.540-MC/DF, Rel. Min. CELSO DE MELLO, Pleno.

8 STJ, REsp 588.022/SC, rel. Min. José Delgado, DJ 5-4-2004.

9 Direito Ambiental. Leonardo Medeiros. 2016.

> *extensão dos danos produzidos em consequência do fato danoso, o que inclui os efeitos ecológicos e ambientais da agressão inicial a um bem ambiental corpóreo que estiverem no mesmo encadeamento causal, como, por exemplo, a destruição de espécimes, habitats e ecossistemas inter-relacionados com o meio afetado; os denominados danos interinos, vale dizer, as perdas de qualidade ambiental havidas no interregno entre a ocorrência do prejuízo e a efetiva recomposição do meio degradado; os danos futuros que se apresentarem como certos, os danos irreversíveis à qualidade ambiental e os danos morais coletivos resultantes da agressão a determinado bem ambiental.*[10]

Por fim, é corolário do princípio da ubiquidade e da ausência de fronteiras do bem ambiental, o **princípio da cooperação,** que demanda atuação conjunta para preservação do meio ambiente na esfera nacional (distribuições das competências constitucionais – federalismo cooperativo), internacional[11] (art. 4º, IX, da CF/88 – *o Brasil, em suas relações internacionais, rege-se pelo princípio da cooperação entre os povos para o progresso da humanidade*), bem como entre Poder Público e coletividade (caput do art. 225, CF). É dessa última vertente do princípio da cooperação que surge o conceito do próximo princípio a ser estudado – o da participação.

4. PRINCÍPIO DA PARTICIPAÇÃO

Também conhecido como princípio da participação popular, participação comunitária ou mesmo princípio democrático, está positivado no art. 225 da CF/88 que impõe a toda sociedade o dever de atuar, em conjunto com o Poder Público, na defesa do meio ambiente e sua preservação para as presentes e futuras gerações. Refere-se, portanto, à atuação da sociedade civil na defesa ambiental.

> *Trata-se, assim, de um princípio empenhado na construção de uma sociedade verdadeiramente democrática. Por meio dele, a sociedade civil deve atuar ativamente, paralelamente ao Estado, para definir os rumos a serem seguidos na política ambiental.*[12]

---

10 Álvaro Luiz Valery Mirra. Ação Civil Pública e a Reparação do Dano ao Meio Ambiente. 2004.

11 Princípio 24 da Declaração de Estocolmo/72: *Todos os países, grandes ou pequenos, devem empenhar- -se com* ***espírito de cooperação*** *e em pé de igualdade na solução das questões internacionais relativas à proteção e melhoria do meio. É indispensável cooperar mediante acordos multilaterais e bilaterais e por outros meios apropriados, a fim de evitar, eliminar ou reduzir, e controlar eficazmente os efeitos prejudiciais que as atividades que se realizem em qualquer esfera possam acarretar para o meio, levando na devida conta a soberania e os interesses de todos os Estados.*

12 Direito Ambiental Esquematizado. Marcelo Abelha. 2016.

(CESPE PGM/BH 2017) A participação ambiental da sociedade não substitui a atuação administrativa do poder público, mas deve ser considerada quando da tomada de decisões pelos agentes públicos.

CERTO

(CESPE MPE/MA 2014) O princípio da participação comunitária expressa a ideia de que para a solução dos problemas ambientais, deve haver maior cooperação entre o Estado e a sociedade, principalmente na elaboração e execução de políticas públicas ambientais.

CERTO

O princípio da participação encontra também fundamento na Declaração do Rio/92:

> ***Princípio 10*** – *O melhor modo de tratar as questões ambientais é com a participação de todos os cidadãos interessados, no nível que corresponda. No plano nacional, toda a pessoa deverá ter acesso adequado à informação sobre o meio ambiente de que disponham as autoridades públicas, incluída a informação sobre os materiais e as atividades que encerram perigo em suas comunidades, bem como a oportunidade de participar nos processos de adopção de decisões.*

(CESPE Proc Federal 2007) O princípio da participação da população na proteção do meio ambiente está previsto na Constituição Federal e na ECO-92.

CERTO

Segundo a doutrina[13], a participação comunitária na seara ambiental desdobra-se em dois vieses:

- negativo: impõe a adoção de comportamentos **individuais** (personalíssimos) de não praticar atos que possam ser ofensivos ao meio ambiente e seus componentes;
- positivo: impõe adoção de comportamentos **sociais/coletivos** consistentes numa tomada de atitude (comissiva, portanto), que não se resumam apenas à esfera individual, tendentes à proteção ambiental.

Com efeito, o princípio da participação manifesta-se e pode ser implementado em todas as esferas de Poder. Na esfera **administrativa**, por meio de audiências e consultas públicas, participação em órgãos colegiados (conselhos de meio ambiente) e no exercício do direito de petição aos órgãos públicos ambientais. Na esfera **legislativa**, é possível a participação comunitária mediante plebiscito, referendo ou iniciativa popular de projeto de lei. Já no âmbito do poder **judiciário**,

13 Direito Ambiental Esquematizado. Marcelo Abelha. 2016.

são instrumentos de participação as ações constitucionais, tais como mandado de segurança individual ou coletivo, a ação popular, o mandado de injunção.

> (TJ/SC – 2007) O princípio democrático assegura a participação de todos os cidadãos na elaboração das políticas públicas ambientais, sendo materializado por instrumentos processuais e procedimentais, dentre esses o estudo prévio de impacto ambiental.
>
> **CERTO**

5. PRINCÍPIO DA INFORMAÇÃO

O princípio da informação revela-se ferramenta indispensável à concretização do princípio da participação, estudado acima. De fato, o direito à participação pressupõe o direito à informação. Revisite-se o Princípio 10 da Declaração do Rio/92 (Eco/92):

> ***Princípio 10*** *– O melhor modo de tratar as questões ambientais é com a participação de todos os cidadãos interessados, no nível que corresponda. No plano nacional, toda a pessoa deverá ter acesso adequado à informação sobre o meio ambiente de que disponham as autoridades públicas, incluída a informação sobre os materiais e as atividades que encerram perigo em suas comunidades, bem como a oportunidade de participar nos processos de adopção de decisões.*

Recorde-se que o meio ambiente é de titularidade difusa, de forma que interessa a toda sociedade o conhecimento de informações relativas à sua gestão, qualidade, políticas ambientais, resultados de monitoramento e auditorias, substâncias tóxicas e perigosas, diversidade biológica, organismos geneticamente modificados, dentre outros. Em suma, o espectro de informações e o acesso a elas deve ser o mais amplo possível.

> *Se o bem sobre o qual recai a informação é difuso, certamente o direito à informação e à obtenção de dados acerca desse bem tem igualmente uma natureza difusa.*[14]

De forma específica, para além do direito à informação como garantia individual (ar. 5º, XXXIII)[15], a CF/88 garantiu o acesso a informações relacionadas ao Estudo Prévio de Impacto Ambiental (EIA), no art. 225, inciso IV, ao impor a sua publicidade.

---

14 Direito Ambiental Esquematizado. Marcelo Abelha. 2016.

15 XXXIII – todos têm **direito** a receber dos órgãos públicos **informações** de seu interesse particular, ou de interesse coletivo ou geral, que serão prestadas no prazo da lei, sob pena de responsabilidade, ressalvadas aquelas cujo sigilo seja imprescindível à segurança da sociedade e do Estado;

Por sua vez, a lei 6.938/81 prevê como instrumentos de efetivação do princípio da informação o Relatório de Qualidade do Meio Ambiente, a ser divulgado anualmente pelo IBAMA (art. 9º, X[16]) e a obrigatoriedade de publicação do pedido de licenciamento ambiental (art. 10º, § 1º)[17].

Também em atenção ao princípio, foi editada a lei 10.650/2003, segundo a qual *os órgãos e entidades da Administração Pública, direta, indireta e fundacional ficam obrigados a permitir o acesso público aos documentos, expedientes e processos administrativos que tratem de matéria ambiental e a fornecer todas as informações ambientais que estejam sob sua guarda, em meio escrito, visual, sonoro ou eletrônico* (art. 2º).

> (CESPE PGE/BA 2014) O acesso à informação ambiental é um princípio de direito ambiental previsto tanto na CRFB/1988 quanto em normas infraconstitucionais.
>
> **CERTO**

É apontado como decorrência do princípio da informação, o **princípio da educação ambiental** (o qual também integra o princípio maior da participação ou princípio democrático). Segundo o art. 225, §1º, inc. VI, da CF/1988, incumbe ao Poder Público:

> VI – *Promover a educação ambiental em todos os níveis de ensino e a conscientização* pública para a preservação do meio ambiente;

Segundo a lei 9.795/99, que dispõe sobre a educação ambiental e institui a Política Nacional de Educação Ambiental, *a educação ambiental é um componente essencial e permanente da educação nacional, devendo estar presente, de forma articulada, em todos os níveis e modalidades do processo educativo, em caráter formal e não-formal* (art. 2º). A lei apresenta ainda um conceito legal de "educação ambiental":

> Art. 1º *Entende-se por educação ambiental os processos por meio dos quais o indivíduo e a coletividade constroem valores sociais, conhecimentos, habilidades, atitudes e competências voltadas para a conservação do meio ambiente, bem de uso comum do povo, essencial à sadia qualidade de vida e sua sustentabilidade.*

16 X – a instituição do Relatório de Qualidade do Meio Ambiente, a ser divulgado anualmente pelo Instituto Brasileiro do Meio Ambiente e Recursos Naturais Renováveis – IBAMA; (Incluído pela Lei nº 7.804, de 1989)

17 § 1º Os pedidos de licenciamento, sua renovação e a respectiva concessão serão publicados no jornal oficial, bem como em periódico regional ou local de grande circulação, ou em meio eletrônico de comunicação mantido pelo órgão ambiental competente. (Redação dada pela Lei Complementar nº 140, de 2011)

Obs. O princípio da educação ambiental foi abordado na Declaração de Estocolmo/72, em seu Princípio 19:

> ***Princípio 19*** – É essencial que seja ministrada *educação sobre questões ambientais tanto às gerações mais jovens como aos adultos, levando-se em conta os menos favorecidos, com a finalidade de desenvolver as bases necessárias para esclarecer a opinião pública e dar aos indivíduos, empresas e coletividades o sentido de suas responsabilidades no que concerne à proteção e à melhoria do meio ambiente em toda a sua dimensão humana.*

(CESPE PGE/AL 2009) Com o objetivo de garantir o direito ao meio ambiente ecologicamente equilibrado, a CF estabeleceu que, para assegurar esse direito, incumbe ao poder público promover a educação ambiental em todos os níveis de ensino e a conscientização pública para a preservação do meio ambiente.

CERTO

Concluindo, o princípio da participação ou princípio democrático somente será efetivamente implementado se a sociedade dispuser da mais ampla e acessível gama de informações sobre matéria ambiental, e possuir, mediante processo efetivo de educação ambiental, uma conscientização pública para a preservação do meio ambiente (art. 225, § 1º, VI, da CF/88).

6. PRINCÍPIO DA PREVENÇÃO

Trata-se de um dos mais importantes princípios do Direito Ambiental e de maior incidência em provas. Encontra-se expresso no caput do art. 225 da CF, que impõe à coletividade e ao Poder Público o *dever de **proteger** e **preservar** o equilíbrio ecológico, para as presentes e futuras gerações.*

Os contornos e definição do princípio da prevenção estão associados à impossibilidade de efetiva e exata reversibilidade de um dano ambiental.

> *Uma espécie extinta é um dano irreparável. Uma floresta desmatada causa uma lesão irreversível, pela impossibilidade de reconstituição da fauna e da flora e de todos os componentes ambientais, em profundo e incessante processo de equilíbrio, como antes se apresentavam. Enfim, com o meio ambiente, decididamente, é melhor prevenir do que remediar.*[18]

Assim, não poderão ser desenvolvidas atividades que apresentam riscos de dano ao meio ambiente, uma vez que estes, uma vez ocorridos não podem ser estritamente reparados.

---

18 Direito Ambiental Esquematizado. Marcelo Abelha. 2016.

A prevenção consiste em impedir a superveniência de danos ao meio ambiente por meio de medidas apropriadas, ditas preventivas, antes da elaboração de um plano ou da realização de uma obra ou atividade.[19]

(CESPE Proc Federal 2006) O princípio da prevenção obriga que as atuações com efeitos sobre o meio ambiente devam ser consideradas de forma antecipada, visando-se a redução ou eliminação das causas que podem alterar a qualidade do ambiente.

CERTO

São instrumentos de efetivação do princípio da prevenção importantes institutos do direito ambiental, dentre os quais destaca-se:

- Estudo Prévio de Impacto Ambiental (EIA): consiste em estudo que identifique previamente os possíveis impactos ambientais de uma atividade efetiva ou potencialmente causadora de significativa degradação do meio ambiente e sugere as medidas de mitigação e/ou compensatórias;
- Licenciamento Ambiental;
- Poder de Polícia Ambiental: fiscalização e controle de técnicas, métodos e substâncias que comportem risco para a vida, a qualidade de vida e o meio ambiente.

(FUNDEP TJ/MG 2014) O estudo prévio de impacto ambiental constitui exigência feita pelo poder público em cumprimento ao princípio da prevenção, de ordem constitucional.

CERTO

Atenção! O princípio da prevenção é aplicável apenas ao risco conhecido ou identificado. Assim, não pode ser invocado ante a qualquer situação de perigo de dano, apoiando-se, porém, na certeza científica do impacto ambiental de determinada atividade.

(CESPE PGE/AL 2009) O princípio da prevenção aplica-se a eventos incertos e prováveis causadores de dano ambiental.

ERRADO

Obs.: A relação e diferenciação do princípio da prevenção e princípio da precaução (estudado adiante) são de incidência constante em provas de concurso, razão pela qual demandam especial atenção.

(CESPE PGM/BH 2017) Conforme a doutrina majoritária, os princípios da prevenção e da precaução são sinônimos, já que ambos visam inibir riscos de danos ao meio ambiente.

ERRADO

19 Direito Ambiental. Maria Luiza Machado Granziera. 2012.

Obs. 2. Para parte da doutrina[20], os princípios da prevenção e precaução seriam ambos faces integrantes de um princípio maior, o "princípio da cautela".

7. PRINCÍPIO DA PRECAUÇÃO

A noção conceitual do princípio da precaução foi definida no Princípio 15 da Declaração do Rio (Eco/1992) e *representou, naquele particular momento histórico, marco significativo no processo de transição e, sobretudo, de evolução do postulado da prevenção, então reconhecido pela Declaração de Estocolmo (1972).*[21]

> ***Princípio 15*** *– Com o fim de proteger o meio ambiente, o princípio da precaução deverá ser amplamente observado pelos Estados, de acordo com suas capacidades. Quando houver ameaça de danos graves ou irreversíveis, a ausência de certeza científica absoluta não será utilizada como razão para o adiamento de medidas economicamente viáveis para precaver a degradação ambiental.*

De pronto, infere-se que o princípio da precaução se destina, portanto, à gestão de riscos ou impactos desconhecidos ou incertos – **riscos potenciais**, distinguindo-se, assim, do princípio da prevenção, que se refere a riscos e impactos já identificados pela ciência, certos e concretos.

(CESPE PGE/CE 2008) O princípio da prevenção é aplicado nos casos em que os impactos ambientais já são conhecidos, e o princípio da precaução aplica-se àqueles em que o conhecimento científico não pode oferecer respostas conclusivas sobre a inocuidade de determinados procedimentos.

CERTO

Assim, ante a ausência de certeza científica formal, a existência do risco de um dano sério ou irreversível requer a implementação de medidas que possam prever esse dano. Ou seja, a ausência de certeza científica absoluta não deve servir de pretexto para a não adoção de medidas efetivas de modo a evitar a degradação ambiental.

> *Na dúvida, opta-se pela solução que proteja imediatamente o ser humano e conserve o meio ambiente (in dubio pro salute ou in dubio pro natura).*[22]

20 Por exemplo, Paulo Affonso Leme Machado, Estudos de direito ambiental, São Paulo, Malheiros, 1994, p. 35.

21 STF. RE 627189/SP. Voto Min Celso de Mello. 2016.

22 Direito Ambiental Brasileiro. Paulo Affonso Leme Machado. 1999.

A incerteza científica milita em favor do ambiente – *in dubio pro natura*

> *Considerando que o desenvolvimento científico em prol dos meios de produção é sensivelmente mais rápido que o desenvolvimento científico de técnicas de proteção do meio ambiente, a tendência é justamente que se adote, com mais frequência, o postulado da precaução, na medida em que se torna cada vez mais difícil apurar, em grau de certeza, se esta ou aquela atividade pode causar degradação da qualidade do ambiente.*[23]

Entretanto, ressalva-se[24] que a aplicação do princípio da precaução deve limitar-se aos casos de riscos graves e irreversíveis, e não a riscos de qualquer natureza, o que inviabilizaria o próprio desenvolvimento científico e econômico.

(TRF 3ª 2018) O princípio da precaução contido no artigo 225 da Constituição Federal impõe ao Poder Público a obrigação de controlar atividades de risco quando importarem ameaças de danos irreversíveis e conhecidos pela ciência, sendo liberada a atividade se não houver prova do prejuízo.

ERRADO

(VUNESP TJ/SP 2017) O princípio da precaução objetiva regular o uso de técnicas sob as quais não há um domínio seguro de seus efeitos.

CERTO

Obs. Segundo o STF, o princípio da precaução tem suporte constitucional no art. 225, § 1º, V:

Art. 225. § 1º Para assegurar a efetividade desse direito, incumbe ao Poder Público:

V – controlar a produção, a comercialização e o emprego de técnicas, métodos e substâncias que comportem risco para a vida, a qualidade de vida e o meio ambiente;

Obs2. A nível infraconstitucional, o princípio da precaução foi pautado expressamente na Lei nº 11.105/2005 (Lei de Biossegurança), em seu art. 1º, caput[25], e na Lei nº 12.187/09 (Lei de Política Nacional sobre Mudança do Clima), art. 3º.[26]

23 Direito Ambiental Esquematizado. Marcelo Abelha. 2016.

24 Direito Ambiental. Leonardo Medeiros. 2016.

25 Art. 1º Esta Lei estabelece normas de segurança e mecanismos de fiscalização sobre a construção, o cultivo, a produção, a manipulação, o transporte, a transferência, a importação, a exportação, o armazenamento, a pesquisa, a comercialização, o consumo, a liberação no meio ambiente e o descarte de organismos geneticamente modificados – OGM e seus derivados, tendo como diretrizes o estímulo ao avanço científico na área de biossegurança e biotecnologia, a proteção à vida e à saúde humana, animal e vegetal, e a observância do **princípio da precaução** para a proteção do meio ambiente.

26 Art. 3º A PNMC e as ações dela decorrentes, executadas sob a responsabilidade dos entes políticos e dos órgãos da administração pública, observarão os **princípios da precaução**, da prevenção, da participação cidadã, do desenvolvimento sustentável e o das responsabilidades comuns, porém diferenciadas, este último no âmbito internacional (...).

Assim, verifica-se a necessidade de sua observância no plantio de organismos geneticamente modificados (OGMs) ou ainda na gestão dos riscos decorrentes das intervenções antrópicas que contribuem para a majoração da intensidade dos efeitos do aquecimento global[27].

IMPORTANTE: O princípio da precaução é o fundamento teórico que sustenta a possibilidade de **inversão do ônus da prova** nas demandas ambientais, de forma que, caberia, não aos órgãos de proteção ambiental provar que a atividade pode causar danos, mas, ao empreendedor, demonstrar que a atividade que propõe não apresenta qualquer risco, ou seja, a segurança do empreendimento.

O STJ endossou o entendimento:

> *DANO. MEIO AMBIENTE. PROVA. INVERSÃO. (...) Dessa forma, a aplicação do princípio da precaução pressupõe a **inversão do ônus probatório**: compete a quem se imputa a pecha de ser, supostamente, o promotor do dano ambiental a comprovação de que não o causou ou de que não é potencialmente lesiva a substância lançada no ambiente.*[28]

Em outra oportunidade, o mesmo STJ:

> *No Direito Ambiental brasileiro, a inversão do ônus da prova é de ordem substantiva e ope legis, direta ou indireta (esta última se manifesta, p. ex., na derivação inevitável do princípio da precaução), como também de cunho estritamente processual, e ope judicis (assim no caso de hipossuficiência da vítima, verossimilhança da alegação ou outras hipóteses inseridas nos poderes genéricos do juiz, emanação natural do seu ofício de condutor e administrador do processo.*[29]

ATENÇÃO: O entendimento acima explanado foi objeto de súmula do STJ, no final de 2018:
Súmula 618-STJ: A inversão do ônus da prova aplica-se às ações de degradação ambiental.

---

27 Direito Ambiental. Fabiano Melo. 2018: *Em termos objetivos, não se admite o plantio de uma espécie de OGM ou o desenvolvimento de pesquisas genéticas sob a alegação de que não há provas ou estudos objetivos sobre eventuais danos ao meio ambiente ou riscos à saúde humana. É justamente a ausência ou a incompletude de provas e elementos sobre a potencialidade dos impactos que justifica a adoção do princípio da precaução, que visa à espera da informação, ou seja, até que estudos e pesquisas sejam realizados para autorizar eventual intervenção ou procedimento. Enfim, in dubio pro ambiente. Na dúvida, não faça intervenções.*

28 STJ, 2ª Turma, REsp 1.060.753/SP, rel. Min. Eliana Calmon, julgado em 1º-12-2009.

29 STJ. REsp nº 883.656/RS, DJe 28.02.2012.

O fundamento processual da inversão do ônus da prova encontra-se no art. 6º, VIII, da Lei nº 8.078/1990[30] (CDC), aplicável a todo microssistema de tutela jurisdicional coletiva.

- Fundamento legal/processual: CDC.
- Fundamento doutrinário/substantivo: princípio da precaução.

(TRF 2ªR 2018) A respeito do princípio da precaução em relação ao Direito Ambiental, é correto afirmar que compete a quem supostamente promoveu o dano ambiental comprovar que não o causou ou que a substância lançada ao meio ambiente não lhe é potencialmente lesiva.

CERTO

Atenção! Provas Discursivas:

Concluindo, importa mencionar que o STF[31], manifestando-se a respeito do princípio da precaução definiu "elementos", na forma de consequências/manifestações possíveis, de sua aplicação:

> *Dentre os principais elementos que integram tal princípio figuram:*
>
> *i) a precaução diante de incertezas científicas;*
>
> *ii) a exploração de alternativas a ações potencialmente prejudiciais, inclusive a da não-ação;*
>
> *iii) a transferência do ônus da prova aos seus proponentes, e não às vítimas ou possíveis vítimas; e*
>
> *iv) o emprego de processos democráticos de decisão e acompanhamento dessas ações, com destaque para o direito subjetivo ao consentimento informado.*

8. PRINCÍPIO DO POLUIDOR-PAGADOR

Trata-se de um dos mais importantes postulados do direito ambiental e o princípio mais quantitativamente cobrado nas provas de concurso.

O princípio do poluidor-pagador demanda que, uma vez identificado, o poluidor deve suportar o custo da prevenção, reparação e repressão dos danos ambientais. Trata-se, portanto, de um instrumento econômico na defesa do meio ambiente, de forma que o custo resultante da poluição deve ser assumido pelos empreendedores de atividades potencialmente poluidoras, nos custos da produção. Visa-se evitar que haja uma "privatização de lucros e socialização de

30 Art. 6º São direitos básicos do consumidor:
VIII – a facilitação da defesa de seus direitos, inclusive com a **inversão do ônus da prova**, a seu favor, no processo civil, quando, a critério do juiz, for verossímil a alegação ou quando for ele hipossuficiente, segundo as regras ordinárias de experiências;

31 STF. RE 627189/SP. Celso de Mello. 08/06/2016.

perdas", carreando ao empreendedor, que receberá os lucros do processo produtivo, a responsabilidade por prevenir, reparar e reprimir os custos ambientais desse processo – as chamadas "externalidades negativas"[32]. Em suma, este princípio procura compensar este custo e evitar que ele seja adicionado à sociedade, impondo-se sua internalização.

A noção conceitual do princípio é identificada no Enunciado 16 da Declaração do Rio de Janeiro de 1992 preceitua:

> ***Princípio 16*** *– Tendo em vista que o poluidor deve, em princípio, arcar com o custo decorrente da poluição, as autoridades nacionais devem procurar promover a internalização ao empreendimento dos custos ambientais e o uso de instrumentos econômicos, levando na devida conta o interesse público, sem distorcer o comércio e os investimentos internacionais.*

> (VUNESP TJ/MT 2018) A internalização do custo ambiental, transformando a externalidade negativa, ou custo social, num custo privado, visa impedir a socialização do prejuízo e a privatização dos lucros. Este é o objetivo do princípio
>
> ☑ **do poluidor-pagador.**

O STJ já se manifestou expressamente nesse sentido, ao aplicar o princípio:

> *(...) não mais se admite, nem se justifica, que para produzir (...) a indústria brasileira condene as gerações futuras a uma herança de externalidades ambientais negativas, rastros ecologicamente perversos de uma atividade empresarial que, por infeliz escolha própria, mancha sua reputação e memória, ao exportar qualidade, apropriar-se dos benefícios econômicos e, em contrapartida, literalmente queimar, nos seus fornos, nossas florestas e bosques, que, nas fagulhas expelidas pelas chaminés, se vão irreversivelmente.*[33]

O princípio do poluidor-pagador tem fundamento constitucional no art. 225, §§ 2º e 3º:

> § 2º *Aquele que explorar recursos minerais fica obrigado a recuperar o meio ambiente degradado, de acordo com solução técnica exigida pelo órgão público competente, na forma da lei.*
>
> § 3º *As condutas e atividades consideradas lesivas ao meio ambiente sujeitarão os infratores, pessoas físicas ou jurídicas, a sanções penais e administrativas, independentemente da obrigação de reparar os danos causados.*

32

33 STJ. REsp nº 1.137.314, DJe 04.05.2011.

(CESPE PGM/FOR 2017) Por disciplinar situações que podem ocorrer antes do dano, o princípio da prevenção não inclui a restauração de recursos ambientais.

ERRADO

Na legislação infraconstitucional, pode ser observado na Lei 6.938/81 (Lei da PNMA), artigo 4º, VII e artigo 14, § 1º:

> Art. 4º – *A Política Nacional do Meio Ambiente visará:*
>
> *VII – à imposição, ao poluidor e ao predador, da obrigação de recuperar e/ou indenizar os danos causados e, ao usuário, da contribuição pela utilização de recursos ambientais com fins econômicos.*
>
> Art. 14. § 1º – *Sem obstar a aplicação das penalidades previstas neste artigo, é o poluidor obrigado, independentemente da existência de culpa, a indenizar ou reparar os danos causados ao meio ambiente e a terceiros, afetados por sua atividade. O Ministério Público da União e dos Estados terá legitimidade para propor ação de responsabilidade civil e criminal, por danos causados ao meio ambiente.*

IMPORTANTE (Muito cobrado):

O princípio do poluidor-pagador possui duas feições/interpretações/vertentes:

- preventiva: buscar evitar a ocorrência de danos ambientais;
- repressiva: verificada a ocorrência de dano, impõe-se a necessária reparação.

A vertente preventiva – dissuasiva – revela-se justamente na obrigação de internalização, pelo produtor, das externalidades ambientais negativas, impondo-lhe a adoção de **medidas preventivas**, tais como[34] a instalação de filtros de limpeza de gases, estações de tratamentos de efluentes, destinação dos resíduos, disposição dos rejeitos etc.

A despeito disso, se verificada a ocorrência de ônus ambientais, manifesta-se, então, a função repressiva, uma vez que o empreendedor não se elide da obrigação de **reparação** dos danos. Dessa faceta repressiva do princípio do poluidor-pagador nasce o princípio da reparação ou princípio da responsabilidade ambiental.

(PGR 2017) O princípio do poluidor pagador resume a responsabilidade pela degradação ambiental em termos repressivos: o dano ambiental consumado deve ser plenamente ressarcido.

ERRADO.

34 Os exemplos são do Prof. Fabiano Melo. Direito Ambiental. 2018.

(PGR 2017) O princípio do poluidor pagador não elide a responsabilidade pela prevenção ao dano ambiental.

CERTO.

(CESPE PGE/PI 2014) A aplicação do princípio do poluidor-pagador prescinde da verificação da ilicitude da conduta.

CERTO

Mas **ATENÇÃO**! Jamais pode ser dada ao princípio do poluidor-pagador interpretação no sentido que aquele que "paga" poderia "poluir". Como ressaltado acima, tendo em vista o aspecto preventivo do princípio, associado a uma interpretação teleológica do ordenamento, não se poderia conceber a ideia de uma "autorização econômica para poluição".

> *É importante que fique claro que o axioma "poluidor/usuário-pagador" não pode ser interpretado ao pé da letra. Jamais pode traduzir a ideia de "pagar para poluir". O sentido deve ser outro, não só porque o custo ambiental não encontra valoração pecuniária correspondente, mas também porque a ninguém poderia ser dada a possibilidade de comprar o direito de poluir, beneficiando-se do bem ambiental em detrimento da coletividade que dele é titular.*[35]

(CESPE PGM/BH 2017) A essência do princípio do poluidor-pagador está relacionada à compensação dos danos causados ao meio ambiente: no sentido de "poluiu pagou".

ERRADO

9. PRINCÍPIO DO USUÁRIO-PAGADOR

Segundo art. 225, da Constituição Federal de 1988, os bens ambientais são de "*uso comum do povo*". Assim, uma vez que são titularizados por toda coletividade, o uso ou sobrecarga incomum dos recursos por um indivíduo ou grupo, deve sofrer compensação a ser revertida ao povo, sob pena de usurpação de sua propriedade.

Associado a isso, o princípio do usuário-pagador funda-se no ideal de estabelecer uma consciência de utilização racional e eficiente dos recursos naturais, ante a constatação de que estes são finitos e o aumento da polução é crescente.

> *O princípio do usuário pagador é decorrente da necessidade de valoração econômica dos recursos naturais, de quantificá-los economicamente, evitando o que se denomina "custo zero", que é a ausência de cobrança pela sua utilização. O "custo zero" conduz à hiperexploração de um bem ambiental que, por consequência,*

35 Direito Ambiental Esquematizado. Marcelo Abelha. 2016.

leva à sua escassez. Como exemplo, ao não se valorar o custo pela utilização da água, sua exploração e utilização serão inevitavelmente feitas de forma excessiva, com a diminuição da disponibilidade desse bem fundamental para a vida.[36]

(CESPE PGM/FOR 2017) Ao usuário será imposta contribuição pelos custos advindos da utilização de recursos ambientais com fins econômicos.

CERTO

Segundo a doutrina[37], o princípio do usuário-pagador reflete uma "evolução" do princípio do poluidor-pagador. Trata-se de princípios complementares.

O princípio do usuário-pagador encontra fundamento na Lei 6.938/81, em seu artigo 4º, VII:

> Art. 4º – *A Política Nacional do Meio Ambiente visará:*
>
> *VII* – à imposição, ao poluidor e ao predador, da obrigação de recuperar e/ou indenizar os danos causados e, *ao usuário, da contribuição pela utilização de recursos ambientais com fins econômicos*.

Em relação à água, prevê a Lei 9.433/97 (Política Nacional de Recursos Hídricos):

> Art. 19. *A cobrança pelo uso de recursos hídricos objetiva:*
>
> *I – Reconhecer a água como* ***bem econômico*** *e dar ao usuário uma indicação de seu real valor;*
>
> *II – Incentivar a* ***racionalização*** *do uso da água;*
>
> *III – obter recursos financeiros para o financiamento dos programas e intervenções contemplados nos planos de recursos hídricos.*

(CESPE PGM/BH 2017) A legislação ambiental não promove exigência relacionada à aplicação do princípio do usuário-pagador, que impõe o pagamento pelo uso do recurso ambiental.

ERRADO

É importante destacar que a imposição de custos pela utilização dos recursos naturais não se relaciona à ocorrência de danos ao meio ambiente. O ônus finan-

36 Direito Ambiental. Fabiano Melo. 2018.

37 Direito Ambiental. Romeu Thomé. 2016.

ceiro impõe-se à mera **utilização** do bem ambiental, a despeito do cometimento de faltas ou infrações. Não se trata, portanto, de punição.

(TRF 3ª 2018) O princípio usuário-pagador pressupõe uma prática ilícita daquele que utiliza o recurso ambiental, sendo possível a exigência de pagamento quando houver o cometimento de faltas ou infrações.

ERRADO

Mas, **atenção**! Inaugura-se situação diferente se o usuário do bem ambiental incorrer em degradação. Nesse momento, incidirá o princípio do poluidor-pagador, de forma que o agente da poluição, antes apenas usuário, deverá arcar com a reparação do dano causado. Portanto,

Não há que se falar em ***bis in idem*** quando a mesma pessoa tiver que arcar com os custos pelo uso e pela poluição do meio ambiente.

Em conclusão, acerca do princípio do usuário-pagador, um dos pontos mais abordados em provas, refere-se à **compensação ambiental**, trazida pela Lei 9985/2000 (SNUC), que se revela em materialização desse princípio:

> Art. 36. *Nos casos de licenciamento ambiental de empreendimentos de significativo impacto ambiental, assim considerado pelo órgão ambiental competente, com fundamento em estudo de impacto ambiental e respectivo relatório – EIA/RIMA, o empreendedor é obrigado a apoiar a implantação e manutenção de unidade de conservação do Grupo de Proteção Integral, de acordo com o disposto neste artigo e no regulamento desta Lei.*

Destarte, em todo licenciamento ambiental que envolva a realização de EIA/RIMA (portanto, com significativo impacto ambiental, nos termos do art. 225, § 1º, IV, da CF/88), o empreendedor tem um dever legal de apoiar a implantação e manutenção de uma unidade de conservação de Proteção Integral, como forma de oferecer à coletividade uma "recompensa", a fim de contrabalancear os benefícios que serão experimentados e os custos advindos da utilização dos recursos naturais e da implementação de instrumentos de prevenção, controle e reparação dos impactos negativos ao meio ambiente.

O Supremo Tribunal Federal já se manifestou pela constitucionalidade do instituto:

> *Art. 36 e seus §§ 1º, 2º e 3º, da Lei 9.985, de 18-7-2000. Constitucionalidade da compensação devida pela implantação de empreendimentos de significativo impacto ambiental. (...) O art. 36 da Lei 9.985/2000 densifica o princípio do usuário-pagador, este a significar um mecanismo de assunção partilhada da responsabilidade social pelos custos ambientais derivados da atividade econômica.*

Inexistente desrespeito ao postulado da razoabilidade. Compensação ambiental que se revela como instrumento adequado à defesa e preservação do meio ambiente para as presentes e futuras gerações, não havendo outro meio eficaz para atingir essa finalidade constitucional. Medida amplamente compensada pelos benefícios que sempre resultam de um meio ambiente ecologicamente garantido em sua higidez (...).[38]

(TRF 5ª 2017) A Lei que instituiu o Sistema Nacional de Unidades de Conservação da Natureza (Lei n.º 9.985/2000), em seu art. 36, estabelece a seguinte modalidade de compensação ambiental: nos casos de licenciamento ambiental de empreendimentos de significativo impacto ambiental, o empreendedor é obrigado a apoiar a implantação e a manutenção de unidade de conservação do grupo de proteção integral.

Considerando essa informação, assinale a opção que apresenta o princípio que embasa tal previsão legal, conforme a jurisprudência do Supremo Tribunal Federal (STF).

☑ **usuário-pagador**

(CESPE PGE/AM 2016) O art. 36 da Lei n.º 9.985/2000 dispõe que "Nos casos de licenciamento ambiental de empreendimentos de significativo impacto ambiental, assim considerado pelo órgão ambiental competente, com fundamento em estudo de impacto ambiental e respectivo relatório — EIA/RIMA, o empreendedor é obrigado a apoiar a implantação e manutenção de unidade de conservação do Grupo de Proteção Integral, de acordo com o disposto neste artigo e no regulamento desta Lei." Segundo o STF, esse artigo materializa o princípio do usuário-pagador, instituindo um mecanismo de assunção partilhada da responsabilidade social pelos custos ambientais derivados da atividade econômica.

CERTO

Lembrar: A cobrança (ou compensação) pela a utilização de bens ambientais deve ser prevista em lei, em atenção ao princípio da legalidade.

10. PRINCÍPIO DO PROTETOR-RECEBEDOR

Trata-se de mais um princípio normativo de caráter econômico, cuja construção teórica e previsão legal, entretanto, são mais recentes. Embora opere em sentido diametralmente oposto ao princípio do usuário-pagador, ambos se fundamentam no ideal de justiça econômica. Assim, enquanto o princípio do usuário-pagador impõe uma compensação pela utilização dos bens ambientais, o princípio do protetor-recebedor fundamenta a concessão e oferecimento de bonificações e sanções premiais pela preservação e renúncia ao uso dos recursos naturais, em benefício de toda a coletividade.

38 ADI 3.378, rel. min. Ayres Britto, j. 14-6-2008, P, DJE de 20-6-2008.

> *É a outra face da mesma moeda que contém o Princípio do Poluidor-pagador. Se por um lado é preciso internalizar os danos ambientais a quem os causa (Poluidor-pagador), por outro, é também necessária a criação de benefícios em favor daqueles que protegem o meio ambiente (Protetor-recebedor) com o desiderato de fomentar e premiar essas iniciativas.*[39]

O princípio do protetor-recebedor está previsto expressamente na Lei da Política Nacional dos Resíduos Sólidos — PNRS (art. 6º, II, da Lei n. 12.305/2010):

> Art. 6º *São princípios da Política Nacional de Resíduos Sólidos:*
>
> *II - O poluidor-pagador e o protetor-recebedor;*

No âmbito do Novo Código Florestal, art. 1º-A, estabelece-se como um dos instrumentos econômicos e financeiros para o alcance de seus objetivos da lei:

> *VI - Criação e mobilização <u>de incentivos econômicos</u> para <u>fomentar</u> a preservação e a recuperação da vegetação nativa e para promover o desenvolvimento de atividades produtivas sustentáveis.*

Adiante, na mesma lei, todo o Capítulo X (arts. 41 a 50), intitulado "Programa de apoio e incentivo à preservação e recuperação do meio ambiente", é destinado à concretização do princípio do protetor-recebedor. Encontram-se previstos pagamentos ou incentivos a serviços ambientais e compensações diversas pelas medidas de conservação ambiental, dentre os quais destaca-se a Cota de Reserva Ambiental - CRA, *título nominativo* transacionável *representativo de área com vegetação nativa, existente ou em processo de recuperação.*[40]

Obs. Outros exemplos de aplicação do princípio do protetor-recebedor no ordenamento pátrio:

- Servidão ambiental (art. 9º-A da Lei nº 6.938/1981), com isenção do Imposto Territorial Rural (ITR),
- Isenção do ITR sobre as Reservas Particulares do Patrimônio Natural, Reservas Legais e Áreas de Preservação Permanente (art.10, § 1º, II, a, Lei nº 9.393/1996),
- Bolsa Verde no Estado de Minas Gerais (Lei Estadual nº 17.727/2008),
- Imposto sobre Circulação de Mercadorias e Serviços (ICMS ecológico ou verde) adotado em alguns Estados, como São Paulo, Minas Gerais, Rio Grande do Sul, entre outros

---

39 Frederico Amado. Direito Ambiental. 2017.

40 Aquelas propriedades que excedam o percentual de Reserva Legal exigido para a região podem instituir as Cotas de Reserva Ambiental ou Servidão Florestal da área excedente, que, uma vez devidamente registradas, poderão ser negociadas para compensar propriedades rurais cujos percentuais de reserva legal estejam aquém do mínimo legal.

(FCC TJ/SC 2017) O pagamento por serviços ambientais – PSA tem por fundamento o princípio do protetor-recebedor.

CERTO

(VUNESP PGE/SP 2018) Sobre pagamento por serviços ambientais (PSA), é correto afirmar:

☑ **trata-se de transação voluntária por meio da qual uma atividade desenvolvida por um provedor de serviços ambientais, que conserve ou recupere um serviço ambiental previamente definido, é remunerada por um pagador de serviços ambientais, mediante a comprovação do atendimento das disposições previamente contratadas, nos termos da legislação vigente.**

Por fim, cumpre observar que o princípio do protetor-recebedor se revela um potencial instrumento concretizador dos princípios da educação ambiental e participação comunitária, ao fomentar a conscientização pública e educação eficaz para a preservação do meio ambiente.

11. PRINCÍPIO DA FUNÇÃO SOCIOAMBIENTAL DA PROPRIEDADE

A Constituição Federal de 1988 consagrou a garantia à propriedade como direito fundamental, no art. 5º. Entrementes, logo em seguida, condicionou a legitimação do exercício desse direito ao atendimento de sua função social:

> *XXII – é garantido o direito de propriedade;*
>
> *XXIII – a propriedade atenderá a sua **função social**;*

Para que a propriedade atenda sua função social, impõe-se a observância conjunta e indissociável das normas referentes à preservação do meio ambiente e da utilização adequada dos recursos naturais. A própria CF/88 define as normas gerais de cumprimento da função social da propriedade urbana, no § 2º[41] do art. 182, e da propriedade rural, no art. 186[42]. Fala-se em "função socioambiental" da propriedade quando esses condicionantes tangenciarem a matéria ambiental.

41 § 2º A propriedade urbana cumpre sua função social quando atende às exigências fundamentais de ordenação da cidade expressas no plano diretor.

42 Art. 186. A função social é cumprida quando a propriedade rural atende, simultaneamente, segundo critérios e graus de exigência estabelecidos em lei, aos seguintes requisitos:

I – aproveitamento racional e adequado;

II – utilização adequada dos recursos naturais disponíveis e preservação do meio ambiente;

III – observância das disposições que regulam as relações de trabalho;

IV – exploração que favoreça o bem-estar dos proprietários e dos trabalhadores.

> *O direito de propriedade não se reveste de caráter absoluto, eis que, sobre ele, pesa grave hipoteca social, a significar que, descumprida a função social que lhe é inerente (CF, art. 5º, XXIII), legitimar-se-á a intervenção estatal na esfera dominial privada, observados, contudo, para esse efeito, os limites, as formas e os procedimentos fixados na própria Constituição da República. O acesso à terra, a solução dos conflitos sociais, o aproveitamento racional e adequado do imóvel rural, a utilização apropriada dos recursos naturais disponíveis e a preservação do meio ambiente constituem elementos de realização da função social da propriedade.*[43]

Nesse sentido, dispõe o art. 1.228, § 1º do Código Civil:

> § 1º *O direito de propriedade deve ser exercido em consonância com as suas finalidades econômicas e sociais e de modo que sejam preservados, de conformidade com o estabelecido em lei especial, a flora, a fauna, as belezas naturais, o equilíbrio ecológico e o patrimônio histórico e artístico, bem como evitada a poluição do ar e das águas.*

(VUNESP TJ/PA 2014) O direito de propriedade deve ser exercido em consonância com as suas finalidades econômicas e sociais e de modo que sejam preservados, de conformidade com o estabelecido em lei especial, entre outros bens ambientais, a flora, a fauna e as belezas naturais, em atendimento ao princípio da função socioambiental da propriedade.

CERTO

Recorde-se que, segundo o art. 225, *caput*, da CF/88, o direito ao meio ambiente equilibrado constitui-se em direito fundamental do homem e que os bens ambientais são de uso comum do povo. Destarte, as limitações que o Direito Ambiental impõe à propriedade privada visam a proteger a propriedade de todos sobre os bens ambientais e o direito da coletividade ao meio ambiente ecologicamente equilibrado.

> *O fato de alguém tornar-se proprietário de uma dada área não faz com que se torne o dono dos recursos ambientais que ali se encontram. Afinal, os bens ambientais servem à manutenção do equilíbrio ecológico, que, segundo consagra a Constituição Federal, é bem de uso comum do povo (art. 225, caput). Por tudo isso é que podemos afirmar que as regras de proteção jurídica do meio ambiente dão nova formatação à propriedade privada. Justamente porque a função ecológica dos bens ambientais a todos pertence, o exercício do direito de propriedade não pode, de forma alguma, prejudicar o uso ambiental dos recursos naturais.*

43 ADI 2.213 MC, rel. min. Celso de Mello, j. 4-4-2002, P, DJ de 23-4-2004.
= MS 25.284, rel. min. Marco Aurélio, j. 17-6-2010, P, DJE de 13-8-2010

> *O direito de propriedade compromete-se, nessa nova realidade, não mais apenas com os interesses particulares e econômicos de seu titular, mas também com a manutenção do equilíbrio ecológico. Falamos, então, na função socioambiental da propriedade privada.*

Em suma, o direito de propriedade, a partir da CF/88, reveste-se de caráter mais solidário, de forma que o exercício das faculdades inerentes ao domínio deve atender não apenas aos interesses particulares de seu titular, mas também aos interesses de toda a sociedade.

(CESPE MPE/MA 2014) O princípio da função socioambiental da propriedade preconiza que o uso da propriedade deve ser condicionado ao bem-estar social.

CERTO

Por fim, importa destacar que o cumprimento da função social de determinada propriedade compreende a adoção tanto de condutas positivas – obrigações de fazer (ex. obrigação de instituir a reserva legal ou recompor áreas degradadas), quanto de condutas negativas – obrigações de não fazer (ex. não poluir).

(FUNDEP TJ/MG 2014) O princípio da função socioambiental da propriedade determina que o seu uso seja condicionado ao bem-estar social, sem, contudo, impor comportamentos positivos ao proprietário para o exercício de seu direito.

ERRADO

RESPONSABILIDADE CIVIL AMBIENTAL

1. INTRODUÇÃO

A Constituição Federal, no art. 225, *caput*, impõe ao Poder Público e à coletividade o dever de defender o meio ambiente e preservá-lo para as presentes e futuras gerações. Como visto em momento anterior[1], o meio ambiente ecologicamente equilibrado constitui-se em direito fundamental da pessoa humana. Segundo §3º, do mesmo art. 225:

> §3º As condutas e atividades consideradas lesivas ao meio ambiente sujeitarão os infratores, pessoas físicas ou jurídicas, a sanções penais e administrativas, independentemente da obrigação de reparar os danos causados.

Outrossim, verificando-se lesão ao bem ambiental, os infratores sujeitar-se-ão ao **tríplice regime de responsabilidade ambiental**. Estudaremos a seguir a responsabilidade **civil** por danos ao meio ambiente e, em momento adiante, as responsabilidades administrativa e penal.

A disciplina da responsabilidade civil, no ordenamento jurídico, intenciona prevenir danos, restabelecer o equilíbrio e promover a segurança jurídica e, em matéria ambiental, coaduna-se com o Princípio 13, da Declaração do Rio (1992):

> **Princípio 13** – *Os Estados deverão desenvolver a legislação nacional relativa à responsabilidade e à indenização referente às vítimas da contaminação e outros danos ambientais. Os Estados deverão cooperar de maneira inteligente e mais decidida no preparo de novas leis internacionais sobre responsabilidade e indenização pelos efeitos adversos dos danos ambientais causados pelas atividades realizadas dentro de sua jurisdição, ou sob seu controle, em zonas situadas fora de sua jurisdição.*

> A responsabilidade civil por danos ambientais decorre do **Princípio do Poluidor-pagador**[2] e inspira-se em um postulado de **equidade** – o poluidor, que internaliza os lucros, não pode socializar a degradação, devendo, pois, responder por ela.

---

1 O Meio Ambiente e a CF. Curso Vorne.

2 Estudamos detidamente o Princípio do Poluidor-Pagador e demais princípios de direito ambiental no material "Princípios do Direito Ambiental".

Vale lembrar:

Segundo o art. 24, VIII, CF/88: *"Compete à União, aos Estados e ao Distrito Federal legislar concorrentemente sobre*: VIII – ***responsabilidade por dano ao meio ambiente****, ao consumidor, a bens e direitos de valor artístico, estético, histórico, turístico e paisagístico."*

2. DO DANO AMBIENTAL

O dano pode ser conceituado[3] como "*a lesão a um interesse jurídico tutelado - patrimonial ou não - causado por ação ou omissão do sujeito infrator.*"

O "bem ambiental" é tutelado diretamente pela CF/88, que estabelece obrigação específica de manutenção da qualidade ambiental destinada ao Poder Público, e, em igual medida, a toda a coletividade. Não há, entretanto, um conceito singular e positivado de dano ambiental.

A Lei 6938/81 (Lei da PNMA), artigo 3º, incisos II e III, trata da degradação da qualidade ambiental e da poluição, respectivamente, conceitos que tomaremos como referência:

> *Art. 3º.*
>
> *II -* **degradação da qualidade ambiental***, a alteração adversa das características do meio ambiente;*
>
> *III -* **poluição***, a degradação da qualidade ambiental resultante de atividades que direta ou indiretamente:*
>
> *a) prejudiquem a saúde, a segurança e o bem-estar da população;*
>
> *b) criem condições adversas às atividades sociais e econômicas;*
>
> *c) afetem desfavoravelmente a biota;*
>
> *d) afetem as condições estéticas ou sanitárias do meio ambiente;*
>
> *e) lancem matérias ou energia em desacordo com os padrões ambientais estabelecidos;*

Destarte, verificando-se lesão a esse conjunto de elementos físicos, químicos e biológicos que propiciam a existência da vida e sua manutenção, fala-se em dano ambiental.

> *Dano ambiental á a lesão aos recursos ambientais, com consequente degradação - alteração adversa ou in pejus - do equilíbrio ecológico e da qualidade de vida.*[4]

---

3 Manual De Direito Civil Volume Único. Pablo Stolze Gagliano E Rodolfo Pamplona Filho. 2018.

4 Direito Ambiental. Edis Milaré. 2008.

No entanto, impende ressaltar que o conceito de dano ambiental pode abranger a lesão a bens menores e específicos, como o patrimônio jurídico de indivíduos determinados.

> *O dano ambiental (...) constitui uma expressão ambivalente, que designa, certas vezes, alterações nocivas ao meio ambiente e outras, ainda, os efeitos que tal alteração provoca na saúde das pessoas e em seus interesses. Dano ambiental significa, em uma primeira acepção, uma alteração indesejável ao conjunto de elementos chamados meio ambiente, como, por exemplo, a poluição atmosférica; seria, assim, a lesão ao direito fundamental que todos têm de gozar e aproveitar do meio ambiente apropriado. Contudo, em sua segunda conceituação, dano ambiental engloba os efeitos que esta modificação gera na saúde das pessoas e em seus interesses.*[5]

(TRF 3ªR 2011) O prejuízo do dano ambiental **alcança o próprio ambiente e terceiros**, e, nesse sentido, o poluidor é obrigado, independentemente da existência de culpa, a indenizar ou reparar os danos causados em razão de sua atividade.

CERTO

Obs. A doutrina[6] classifica, ainda, os danos ambientais de acordo com o interesse envolvido e sua "reparabilidade". Embora menos recorrente, a classificação merece apresentação:

- **Dano ambiental de reparabilidade direta** é aquele que atinge os indivíduos diretamente lesados; o agente causador do dano terá que indenizar diretamente o indivíduo ou os indivíduos lesados. Afeta os microbens ambientais.
- Por sua vez, no **dano ambiental de reparabilidade indireta** tutelam-se o interesse da coletividade, os direitos difusos e coletivos, o macrobem ambiental, e não os interesses próprios e pessoais.

2.1. Titularidade dos bens jurídicos afetados

Como visto acima, o dano ambiental pode ser causado tanto ao bem ambiental no sentido difuso, quanto a bens menores, específicos, atingindo, assim, o patrimônio de indivíduos determinados. Nesse sentido, a doutrina construiu os conceitos de **macrobem** e **microbem** ambiental.

A qualificação legal e constitucional do meio ambiente configura-o como um macrobem jurídico, de titularidade coletiva, inconfundível com os bens corpóreos que o compõem.

5 Dano Ambiental: Do Individual ao Coletivo Extrapatrimonial. Jose Rubens Morato Leite. 2003.

6 Por todos: Direito Ambiental. Fabiano Melo. 2018.

> *O meio ambiente é bem de natureza difusa, objeto de direito fundamental e de toda coletividade, de forma que, sendo essencial à vida com qualidade, é imprescritível, irrenunciável e inalienável.*[7]

> (PGM/Maringá-PR 2015) O dano ao macrobem ambiental caracteriza-se pela lesão ao meio ambiente ecologicamente equilibrado, bem de uso comum do povo, indisponível, indivisível, incorpóreo de titularidade difusa.
>
> **CERTO**

Por sua vez, "*o microbem se caracteriza essencialmente por sua capacidade de aproveitamento direto pelo indivíduo, na medida em que representa à vida diária uma utilidade/benefício que facilita o desenvolvimento humano, de um lado, constituindo-se elemento participativo nas funções de estabilidade ambiental*"[8].

Outrossim, nos casos de dano ao macrobem ambiental, podem ser verificadas, em paralelo, lesões à esfera jurídica de indivíduos específicos (patrimônio material, saúde, etc.). Alguns dos microbens podem estar diretamente ligados a pessoas específicas, por meio de circunstâncias fáticas, o que poderá gerar para o causador do dano uma obrigação em relação a uma pessoa física ou jurídica determinada.

> *(...) 2. É um erro acreditar que uma mesma situação fática não possa resultar em violação a interesses difusos, coletivos e individuais simultaneamente. A separação, ou melhor, a categorização dos interesses coletivos lato sensu em três espécies diferentes é apenas metodológica.*
>
> *3. No mundo fenomenológico as relações causais estão tão intimamente ligadas que um único fato pode gerar consequências de diversas ordens, de modo que é possível que dele advenham interesses múltiplos. É o caso, por exemplo, de um acidente ecológico que resulta em danos difusos ao meio ambiente, à saúde pública e, ao mesmo tempo, em danos individuais homogêneos aos moradores da região.*[9]

> (CESPE PGE/PE 2018) Determinada atividade poluiu parte de um rio no interior do estado de Pernambuco, o que comprometeu a pesca de subsistência no local. Diante dessa situação, um dos afetados pelos danos causados ajuizou ação indenizatória contra o responsável. Nessa situação hipotética, a ação poderá ser julgada procedente, independentemente da licitude da atividade e da observância dos limites de emissão de poluentes, uma vez que a responsabilidade do poluidor é objetiva.
>
> **CERTO**

---

7 Curso de Direito Ambiental Brasileiro. Celso Antônio Pacheco Fiorillo. 2017.

8 Arbitralidade do dano ambiental. Bernardo Lima. 2010.

9 STJ, 2ª Turma, AgRg no REsp 1.154.747/SP, rel. Min. Humberto Martins, DJ 16-4-2010.

A respeito do tema, o STJ, em sede de recurso repetitivo (REsp 1354536/SE), sedimentou a possibilidade de que uma lesão ao meio ambiente atingisse reflexamente sujeito específico. Na ocasião, analisava-se o caso de uma empresa que gerou dano ambiental na forma de vazamento fluvial e, em decorrência de tal fato, fez com que determinadas pessoas (pescadores profissionais) ficassem privadas das condições de trabalho:

> *Para demonstração da legitimidade para vindicar indenização por dano ambiental que resultou na redução da pesca na área atingida, o registro de pescador profissional e a habilitação ao benefício do seguro-desemprego, durante o período de defeso, somados a outros elementos de prova que permitam o convencimento do magistrado acerca do exercício dessa atividade, são idôneos à sua comprovação.*[10]

Obs. Comentários Dizer o Direito[11]:

O STJ entende que se uma empresa causa dano ambiental e, em decorrência de tal fato, faz com que determinada pessoa fique privada das condições de trabalho, isso configura dano moral. Estando o trabalhador impossibilitado de trabalhar, revela-se patente seu sofrimento, angústia e aflição. O ócio indesejado imposto pelo acidente ambiental gera a incerteza quanto à viabilidade futura de sua atividade profissional e manutenção própria e de sua família.

STJ. 4ª Turma. REsp 1.346.430-PR, Rel. Min. Luís Felipe Salomão, julgado em 18/10/2012.

Os principais **critérios** para o **arbitramento da compensação dos danos morais** no caso de danos ambientais são:

- a intensidade do risco criado;
- a gravidade do dano;
- o tempo durante o qual a degradação persistirá;
- a reversibilidade ou não do dano;
- o grau de proteção jurídica atribuído ao bem ambiental lesado.

Obs. Doutrina e jurisprudência atribuem, o que mais comumente se denomina, **caráter multifacetário** ao dano ambiental, que se apresenta na seara ecológica, ética, patrimonial e temporal:

Essa posição jurisprudencial leva em conta que o dano ambiental é ***multifacetário*** (ética, temporal, ecológica e patrimonialmente falando, sensível ainda à diversidade do vasto universo de vítimas, que vão do indivíduo isolado à coletividade, às gerações futuras e aos próprios processos ecológicos em si mesmos considerados).[12]

10 REsp 1354536/SE, Rel. Ministro LUIS FELIPE SALOMÃO, SEGUNDA SEÇÃO, julgado em 26/03/2014, DJe 05/05/2014

11 CAVALCANTE, Márcio André Lopes. Empresa que deixou vazar amônia em rio e danos aos pescadores profissionais. Buscador Dizer o Direito, Manaus. Disponível em: <https://www.buscadordizerodireito.com.br/jurisprudencia/detalhes/7283518d47a05a09d33779a17adf1707>. Acesso em: 17/02/2019

12 STJ. Recurso Especial 1.198.727, de 14.08.2012.

Obs. 2. Quando, a título de indenização de dano de reparabilidade indireta, houver condenação pecuniária, esta será revertida em favor de fundo para recuperação dos bens lesados de caráter coletivo, previsto no artigo 13 da Lei 7.347/85:

Art. 13. *Havendo condenação em dinheiro, a indenização pelo dano causado reverterá a um fundo gerido por um Conselho Federal ou por Conselhos Estaduais de que participarão necessariamente o Ministério Público e representantes da comunidade, sendo seus recursos destinados à reconstituição dos bens lesados.*

(CESPE PGM/Salvador 2015) O rompimento da barragem de uma empresa de mineração provocou o vazamento de um bilhão de litros de resíduos de lama tóxica, a qual percorreu vários quilômetros, atingiu várias cidades nos arredores e inundou casas, provocando o desabrigamento de várias famílias. Em razão disso, o MP entrou com ACP contra a empresa, a fim de buscar indenização pelos danos ambientais causados à coletividade e, além disso, o ressarcimento dos prejuízos materiais e morais sofridos pelos moradores.

Caso a empresa seja condenada a ressarcir os danos ambientais causados, o valor terá de ser depositado em um fundo para ressarcimento dos particulares que se habilitarem na fase de execução da sentença.

ERRADO

2.2. Natureza patrimonial ou extrapatrimonial do dano:

O dano patrimonial ambiental implicará a restituição, recuperação ou indenização do bem ambiental lesado.

Recorde-se que o dano patrimonial, *lato sensu*, pode ser classificado em duas espécies:

(a) **dano emergente:** diminuição imediata e efetiva do patrimônio, com a perda ou diminuição da qualidade de um bem, e

(b) **lucro cessante:** corresponde ao valor pecuniário que deixou de ser auferido em virtude do evento danoso ou ainda o que a vítima razoavelmente deixou de lucrar.

(VUNESP TJ/RS 2018) Supondo-se que um grande navio com cargas explodiu em um porto brasileiro, despejando milhões de litros de óleo e metanol que causou a degradação do meio ambiente marinho, inviabilizando a pesca pelos moradores próximos ao local, pois o Poder Público estabeleceu uma proibição temporária da pesca em razão da poluição ambiental. É devida a indenização por lucros cessantes ainda que o período de proibição da pesca em razão do acidente ambiental coincida com o período de "defeso", em que por lei seja vedada a atividade pesqueira.

ERRADO

O STJ manifestou-se especificamente a respeito dos lucros cessantes em sede de dano patrimonial ambiental:

> *O dano material somente é indenizável mediante prova efetiva de sua ocorrência, não havendo falar em indenização por lucros cessantes dissociada do dano efetivamente demonstrado nos autos; assim, se durante o interregno em que foram experimentados os efeitos do dano ambiental houve o período de "defeso" – incidindo a proibição sobre toda atividade de pesca do lesado -, não há cogitar em indenização por lucros cessantes durante essa vedação.*[13]

Para mais, doutrina e jurisprudência também reconhecem a existência de uma dimensão extrapatrimonial do dano ambiental, quando este atinge valores imateriais da pessoa ou da coletividade.

> (PGM/Curitiba 2015) O Superior Tribunal de Justiça (STJ) não admite a reparação por dano moral ambiental, uma vez que tal dimensão não se encontra abrangida na ideia de reparação integral dos danos ambientais.
>
> **ERRADO**

Deve-se ressaltar que o reconhecimento, pela jurisprudência dos Tribunais Superiores, dos danos morais coletivos advindos do dano ambiental, é relativamente recente, alterando posição contrária que vigorou até 2010[14]. Atualmente, o tema encontra-se pacificado nesse sentido:

> *A reparação ambiental deve ser feita da forma mais completa possível, de modo que a condenação a recuperar a área lesionada não exclui o dever de indenizar, sobretudo pelo dano que permanece entre a sua ocorrência e o pleno restabelecimento do meio ambiente afetado (= dano interino ou intermediário), bem como pelo* ***dano moral coletivo*** *e pelo dano residual (= degradação ambiental que subsiste, não obstante todos os esforços de restauração).* STJ. REsp 1.180.078/MG, rel. Min. Herman Benjamin, 2ª Turma, julgado em 2-12-2010, DJe 28-2-2012.
>
> *(...) ainda que de forma reflexa, a degradação ao meio ambiente dá ensejo ao* ***dano moral coletivo****. Haveria contra sensu jurídico na admissão de ressarcimento por lesão a dano moral individual sem que se pudesse dar à coletividade o mesmo tratamento, afinal, se a honra de cada um dos indivíduos deste mesmo grupo é afetada, os danos são passíveis de indenização.*
>
> *As normas ambientais devem atender aos fins sociais a que se destinam, ou seja, necessárias a interpretação e a integração de acordo com o princípio hermenêutico in dubio pro natura.* STJ. REsp 1.367.923/RJ, rel. Min. Humberto Martins, 2ª Turma, julgado em 27-8-2013, DJe 6-9-2013.

---

13 Rec repetitivo. REsp 1354536/SE, Rel. Ministro LUIS FELIPE SALOMÃO, DJe 05/05/2014.

14 "Não há falar em dano moral coletivo, uma vez que 'Não parece ser compatível com o dano moral a ideia da transindividualidade (= da indeterminabilidade do sujeito passivo e da indivisibilidade da ofensa e da reparação) da lesão' (REsp 971.844/RS, Relator Min. Teori Albino Zavascki, DJe 12-2-2010). No mesmo sentido: REsp n. 598.281/MG, Relator p/ acórdão Ministro Teori Albino Zavascki, DJ 1º-6-2006 e REsp n. 821.891/RS, Relator Ministro Luiz Fux, DJe 12-5-2008.

(VUNESP TJ/MT 2018) É incabível a possibilidade de reparação de danos ambientais extrapatrimoniais individuais ou coletivos.

ERRADO

2.3. Dano decorrente de atividade lícitas ou ilícitas

É importante destacar que o dano ambiental pode ser resultado de conduta lícita ou ilícita do agente. A licitude ou legalidade de uma atividade ou empreendimento, quer autorizado ou licenciado, não afasta ou atenua a responsabilidade do poluidor.

Esse ponto é insistentemente abordado pelas provas de concurso.

(VUNESP TJ/MT 2018) Em matéria ambiental, o dano pode decorrer de atividade lícita, pois o empreendedor, ainda que em situação regular, é responsável em caso de dano provocado por sua atividade.

CERTO

Recorde-se que a responsabilidade civil ambiental se funda no Princípio do Poluidor-pagador e visa à socialização do lucro e do dano – aquele que desenvolve uma atividade que gera perigo, mesmo lícita, deve responder pelo risco.

> *Os atos lícitos podem dar causa à obrigação de indenizar. A única coisa que muda é o fundamento desta indenização:*
>
> • *No caso de atos ilícitos, o fundamento da indenização é o "princípio da responsabilidade", segundo o qual aquele que causa um dano mediante ato ilícito deverá indenizar.*
>
> • *Já no caso de atos lícitos, o fundamento está no fato de que se deve indenizar o sacrifício que uma ou algumas pessoas suportaram a fim de que o Estado pudesse realizar uma atividade legítima de interesse público. O objetivo é manter o equilíbrio econômico do patrimônio da pessoa afetada.*[15]

(VUNESP TJ/MT 2018) Em matéria ambiental, o dano pode decorrer de atividade lícita, pois o empreendedor, ainda que em situação regular, é responsável em caso de dano provocado por sua atividade.

CERTO

(PGM/Maringá-PR 2015) A responsabilidade civil por dano ambiental pressupõe necessariamente uma ação ou omissão que viole as regras jurídicas de uso, gozo, promoção, proteção e recuperação do meio ambiente.

ERRADO

15 Dizer o Direito. Comentários ao REsp 1371834-PR, Rel. Min. Maria Isabel Gallotti, julgado em 5/11/2015 (Info 574).

3. REPARAÇÃO DO DANO AMBIENTAL

A sistemática de reparação do dano ambiental fundamenta-se no **princípio da reparação integral,** que impõe a responsabilização por todos os efeitos decorrentes da conduta lesiva, incluindo, entre outros aspectos, o prejuízo suportado pela sociedade, tendo em vista a relevância do bem ambiental. Segundo o princípio em tela, deve-se conduzir o meio ambiente e a sociedade a uma situação, na medida do possível, equivalente à de que seriam beneficiários se o dano não tivesse sido causado.

> *A reparação integral do dano ao meio ambiente deve compreender não apenas o prejuízo causado ao bem ou recurso ambiental atingido, como também, toda a extensão dos danos produzidos em consequência do fato danoso, o que inclui os efeitos ecológicos e ambientais da agressão inicial a um bem ambiental corpóreo que estiverem no mesmo encadeamento causal, como, por exemplo, a destruição de espécimes, habitats e ecossistemas inter-relacionados com o meio afetado; os denominados danos interinos, vale dizer, as perdas de qualidade ambiental havidas no interregno entre a ocorrência do prejuízo e a efetiva recomposição do meio degradado; os danos futuros que se apresentarem como certos, os danos irreversíveis à qualidade ambiental e os danos morais coletivos resultantes da agressão a determinado bem ambiental.*[16]

A reparação do dano ambiental pode dar-se de três formas:

- reparação *in natura* (específica);
- compensação ecológica; e
- indenização pecuniária.

Destaca-se que há de se buscar prioritariamente a reparação *in natura* ou reparação específica, buscando-se o retorno do equilíbrio ecológico ao *status quo ante.*

> *A adoção da reparação específica como postulado da responsabilidade civil ambiental leva em consideração o fato de que, diante do dano no entorno, a medida precípua deve ser a recuperação do bem ambiental lesado, sempre que isso for possível. A reparação in natura não é somente ínsita à ideia de proteção e preservação dos recursos ambientais, como se vê no art. 4º da Lei nº 6.938/1981: coaduna-se, também, com a ideia de que o poluidor deve ser educado com as medidas reparatórias, coisa que não ocorre quando estamos diante de uma reparação pecuniária.*[17]

---

16 Reparação do Dano ao Meio Ambiente. Álvaro Luiz Valery Mirra. 2012.

17 Direito Ambiental Esquematizado. Marcelo Abelha. 2016.

Com a impossibilidade da reparação natural, seguem-se as hipóteses da compensação ecológica (substituição do bem lesado por outro equivalente)[18] ou da indenização pecuniária (forma mais comum de reparação).

Tem fundamental importância destacar a possibilidade de **cumulação** desses pedidos no pleito de reparação ambiental. Trata-se do ponto mais cobrado em provas, no tocante ao assunto. Atualmente, o tema encontra-se pacificado na doutrina e jurisprudência, prestigiando-se o princípio da reparação integral do dano ambiental.

> *A reparação ambiental deve ser feita da forma* ***mais completa possível****, de modo que a condenação a recuperar a área lesionada não exclui o dever de indenizar, sobretudo pelo dano que permanece entre a sua ocorrência e o pleno restabelecimento do meio ambiente afetado (= dano interino ou intermediário), bem como pelo dano moral coletivo e pelo dano residual (= degradação ambiental que subsiste, não obstante todos os esforços de restauração).*
>
> *A cumulação de obrigação de fazer, não fazer e pagar* ***não configura bis in idem****, porquanto a indenização não é para o dano especificamente já reparado, mas para os seus efeitos remanescentes, reflexos ou transitórios, com destaque para a privação temporária da fruição do bem de uso comum do povo, até sua efetiva e completa recomposição, assim como o retorno ao patrimônio público dos benefícios econômicos ilegalmente auferidos.*[19]

(PGE/PR 2015) A necessidade de reparação integral da lesão causada ao meio ambiente permite a cumulação de obrigações de fazer, de não fazer e de indenizar.

CERTO[20]

(PGE/PA 2012) A jurisprudência do STJ está firmada no sentido de que a necessidade de reparação integral da lesão causada ao meio ambiente permite a cumulação de obrigações de fazer, de não fazer e de indenizar.

CERTO

---

18 "Como exemplo, tome-se o caso do desmate de uma floresta nativa amazônica. Tecnicamente, conforme afirmam os técnicos, os danos serão irreparáveis, pois o mesmo ecossistema não terá as mesmas características de outrora, não só em relação à mata, mas também no que concerne aos animais, solo, eventuais águas etc. Neste caso, deve-se partir para a compensação ambiental, ou seja, buscar-se-á a adoção de medidas específicas com o intuito de aproximar ao máximo o ecossistema degradado de suas condições originais. Logo, o poluidor deverá ser compelido a reflorestar a área com as espécies nativas e, se viável, reinserir animais silvestres da mesma espécie, entre outras medidas indicadas. Em termos de ação civil pública, apenas em último caso recolher-se-á a indenização para o fundo instituído pelo art. 13, da Lei 7.347/1985 (Lei da Ação Civil Pública), que destina à recuperação de bens coletivos lesados."

Frederico Amado. Direito Ambiental Esquematizado. 2014.

19 STJ. Recurso Especial 1.180.078, de 02.12.2010.

20 A reparação ambiental deve ser plena. A condenação a recuperar a área danificada não afasta o dever de indenizar, alcançando o dano moral coletivo e o dano residual. Nesse sentido: REsp 1.180.078/MG, Rel. Ministro Herman Benjamin, Segunda Turma, DJe 28/02/2012.

ATENÇÃO: O entendimento acima explanado foi objeto de súmula do STJ, no final de 2018:

> **Súmula 629-STJ**: *Quanto ao dano ambiental, é admitida a condenação do réu à obrigação de fazer ou à de não fazer cumulada com a de indenizar.*

Comentários à Súmula 629 – STJ:[21]

Imagine que determinada empresa causou grave dano ambiental. O Ministério Público (ou outro legitimado) poderá ajuizar ação civil pública pedindo que essa empresa seja condenada a recompor o meio ambiente (obrigação de fazer)?

SIM, sem nenhuma dúvida.

Além disso, é possível que, na ACP, seja pedida a condenação da empresa ao pagamento de danos morais em favor da coletividade (obrigação de indenizar)? Em outras palavras, em caso de dano ambiental, é cabível a cumulação da obrigação de fazer (ou não fazer) com a obrigação de indenizar?

SIM. É perfeitamente possível que o poluidor seja condenado, cumulativamente, a recompor o meio ambiente e a pagar indenização pelos danos causados. Isso porque vigora, em nosso sistema jurídico, o princípio da reparação integral do dano ambiental, de modo que o infrator deverá ser responsabilizado por todos os efeitos decorrentes da conduta lesiva, permitindo-se que haja a cumulação de obrigações de fazer, de não fazer e de indenizar.

Lei nº 7.347/85 (Lei da ACP)

O art. 3º da Lei nº 7.347/85 afirma que a ACP "poderá ter por objeto a condenação em dinheiro ou o cumprimento de obrigação de fazer ou não fazer".

Para o STJ, essa conjunção "ou" – contida no citado artigo, tem um sentido de adição (soma), não representando uma alternativa excludente. Em outras palavras, será possível a condenação em dinheiro e também ao cumprimento de obrigação de fazer/não fazer.

Veja precedente nesse sentido:

> *(...) Segundo a jurisprudência do STJ, a logicidade hermenêutica do art. 3º da Lei 7.347/1985 permite a cumulação das condenações em obrigações de fazer ou não fazer e indenização pecuniária em sede de ação civil pública, a fim de possibilitar a concreta e cabal reparação do dano ambiental pretérito, já consumado. Microssistema de tutela coletiva. (...)*
>
> STJ. 2ª Turma. REsp 1269494/MG, Rel. Min. Eliana Calmon, julgado em 24/09/2013.

Importante esclarecer que não há "bis in idem" neste caso, considerando que as condenações possuem finalidades e naturezas diferentes.

Vale ressaltar, por fim, que, apesar dessa possibilidade existir em tese, a condenação, no caso concreto, e o seu eventual valor dependerão da situação:

> *O Superior Tribunal de Justiça tem entendimento consolidado segundo o qual é possível a cumulação de obrigações de fazer, de não fazer e de indenizar nos casos de lesão ao meio ambiente, contudo, a necessidade do cumprimento de obrigação de pagar quantia deve ser aferida em cada situação analisada.*
>
> STJ. 1ª Turma. AgInt no REsp 1538727/SC, Rel. Min. Regina Helena Costa, julgado em 07/08/2018.

---

21 CAVALCANTE, Márcio André Lopes. Súmula 629-STJ. Buscador Dizer o Direito, Manaus. Disponível em: <https://www.buscadordizerodireito.com.br/jurisprudencia/detalhes/d4b0a4ece86c42fe-7c34d6eaa9aef588>. Acesso em: 18/02/2019

Por fim, há de se ressaltar que, embora seja possível (e imperativa) a cumulação dos pedidos na reparação ambiental, uma vez tendo havido a restauração completa do bem lesado, e não havendo prejuízos residuais, não há que se falar em necessária indenização.

> *O princípio da reparação in integrum aplica-se ao dano ambiental. Com isso, a obrigação de recuperar o meio ambiente degradado é compatível com a indenização pecuniária por eventuais prejuízos, até sua restauração plena. Contudo, se quem degradou promoveu a restauração imediata e completa do bem lesado ao status quo ante, em regra, não se fala em indenização. Já os benefícios econômicos que aquele auferiu com a exploração ilegal do meio ambiente (bem de uso comum do povo, conforme o artigo 225, caput, da CF/1988) devem reverter à coletividade, tal qual no caso, em que se explorou garimpo ilegal de ouro em área de preservação permanente sem qualquer licença ambiental de funcionamento ou autorização para desmatamento. Com esse entendimento, a Turma deu parcial provimento ao recurso para reconhecer, em tese, a possibilidade de cumulação de indenização pecuniária e obrigações de fazer voltadas à recomposição in natura do bem lesado, o que impõe a devolução dos autos ao tribunal de origem para que verifique existir dano indenizável e seu eventual quantum debeatur.*[22] Precedente citado: REsp 1.120.117-AC, DJe 19.11.2009" (REsp 1.114.893-MG, Rel. Min. Herman Benjamin, j. 16.03.2010).

(TRF 4ªR 2016) Segundo a jurisprudência majoritária do Superior Tribunal de Justiça[23], embora seja possível, em tese, a cumulação da obrigação de reparar o dano ambiental (obrigação de fazer) com a de indenizar, esta última não será devida se houver restauração completa do bem lesado.

CERTO

---

22 REsp 1.120.117-AC, DJe 19.11.2009 e REsp 1.114.893-MG, Rel. Min. Herman Benjamin, j. 16.03.2010.

23 "(...)o Superior Tribunal de Justiça vem decidindo que, diante da comprovação da ocorrência de dano ambiental, caso haja necessidade da adoção de certos procedimentos visando à integral recuperação da área degradada, a despeito da ocorrência de recuperação natural, não se exime de responsabilidade o degradador do meio ambiente, sendo admissível a cumulação de obrigação de fazer e eventual indenização pelo dano ainda remanescente (REsp n. 904.324/RS, 2ª Turma do Superior Tribunal de Justiça, Relatora Ministra Eliana Calmon, DJe 27/5/2009). No entanto, nas hipóteses em que não há indicação de outros prejuízos, além daqueles que já são objeto da condenação consistente na obrigação de fazer, o Superior Tribunal de Justiça não tem admitido que haja a fixação de uma espécie de pena pecuniária, como forma de uma indenização complementar.(...)" Sem destaques no original. Disponível em: http://stj.jusbrasil.com.br/jurisprudencia/192734358/agravo-em-recurso-especial-aresp-628911-sc-2014-0318486-1

Havendo dano ambiental, deve o infrator pagar indenização por violação do interesse transindividual, porém "esse entendimento não implica a conclusão de que, sempre, será devida a indenização, pois, quando é possível a completa restauração, sem que se verifique ter havido dano remanescente ou reflexo, não há falar em indenização" (STJ. REsp 1198727/MG, j. 14/08/2012, DJe 09/05/2013)

3.1. Ausência de efeitos punitivos

Já sabemos ser possível a cumulação de pedidos reparatórios do dano ambiental, em atenção ao princípio da reparação integral. Não obstante, é de primordial relevância destacar que o pedido indenizatório, *in casu*, não há de se revestir de caráter punitivo. O entendimento foi fixado pelo STJ, em sede de recursos repetitivos:

> *É inadequado pretender conferir à reparação civil dos danos ambientais caráter punitivo imediato, pois a punição é função que incumbe ao direito penal e administrativo.*[24]

Na ocasião discutia-se a aplicação da teoria dos "*punitive damages*" às indenizações ao dano ambiental.

[25] Pela teoria dos *"punitive damages"*, também chamada de **"teoria do valor do desestímulo"**, o valor da indenização por danos morais deve ser fixado com objetivo de, além de **compensar** o dano sofrido, servir também para **punir e desestimular** que o autor e outras pessoas pratiquem novamente condutas idênticas.

Assim, de acordo com essa teoria, existiria uma **dupla função da indenização civil** por dano moral (REPARAÇÃO-SANÇÃO):

a) caráter punitivo ou inibitório (*punitive damages*); e

b) natureza compensatória.

Essa teoria, que tem origem nos EUA, ganhou bastante força no Brasil, já tendo sido adotada algumas vezes pelo STF e STJ.

Com efeito, as imposições de caráter punitivos não se coadunam com a natureza objetiva da qual se reveste a responsabilidade civil ambiental. Demais disso, tem-se que a imposição de sanções situam-se no âmbito administrativo e penal, a atrair o *bis in idem* caso implementadas também no âmbito cível.

Em síntese,

a indenização por danos ambientais **não** se reveste de caráter punitivo imediato, afastando-se a aplicação da teoria dos *"punitive damages"* no âmbito da responsabilidade civil ambiental.

(CESPE TJ/PR 2017) O valor a ser arbitrado para a reparação civil dos danos ambientais deverá ser alto o suficiente para caracterizar punição ao infrator.

ERRADO

24 STJ. 2ª Seção. REsp 1354536-SE, Rel. Min. Luis Felipe Salomão, julgado em 26/3/2014 (recurso repetitivo) (Info 538).

25 Márcio André Lopes Cavalcante. Empresa que deixou vazar amônia em rio e danos aos pescadores profissionais. Buscador Dizer o Direito, Manaus. Disponível em: <https://www.buscadordizerodireito.com.br/jurisprudencia/detalhes/7283518d47a05a09d33779a17adf1707>. Acesso em: 01/02/2019

4. ATRIBUTOS DA RESPONSABILIDADE CIVIL AMBIENTAL

O regime de responsabilidade civil ambiental possui características peculiares a serem consideradas e que o distingue do regime geral de responsabilidade civil.

4.1. Responsabilidade objetiva

Partindo-se do fundamento constitucional, temos que:

> Art. 225. § 3º *As condutas e atividades consideradas lesivas ao meio ambiente sujeitarão os infratores, pessoas físicas ou jurídicas, a sanções penais e administrativas, independentemente da obrigação de reparar os danos causados.*

Observa-se que, de antemão, o legislador constitucional não realiza exigências de aferição de culpa do poluidor para aplicação da sanção civil. Infere-se do texto que, para fins de responsabilização, basta a existência de um dano, tendo sido este causado por um poluidor.

Elementos da responsabilidade civil ambiental:

- dano,
- poluidor,
- nexo de causalidade (entre dano e poluidor).

Por sua vez, a Lei de Política Nacional do Meio Ambiente (Lei n. 6.938/81), em seu artigo 14, é ainda mais explícita quanto à irrelevância do elemento subjetivo para fins de responsabilização ambiental.

> Art. 14. § 1º – *Sem obstar a aplicação das penalidades previstas neste artigo, é o poluidor obrigado,* **independentemente da existência de culpa**, *a indenizar ou reparar os danos causados ao meio ambiente e a terceiros, afetados por sua atividade. O Ministério Público da União e dos Estados terá legitimidade para propor ação de responsabilidade civil e criminal, por danos causados ao meio ambiente.*

Resta claro, portanto, que a responsabilidade civil, em matéria ambiental, é do tipo **objetiva**.

> *DANO AMBIENTAL. CORTE DE ÁRVORES NATIVAS EM ÁREA DE PROTEÇÃO AMBIENTAL. RESPONSABILIDADE OBJETIVA. (...) 2. A Lei de Política Nacional do Meio Ambiente (Lei n. 6.938/81) adotou a sistemática da responsabilidade civil objetiva (art. 14,parágrafo 1º) e foi integralmente recepcionada pela ordem jurídica atual, de sorte que é irrelevante e impertinente a discussão da conduta do agente (culpa ou dolo) para atribuição do dever de indenizar. 3.*

A adoção pela lei da responsabilidade civil objetiva significou apreciável avanço no combate a devastação do meio ambiente, uma vez que, sob esse sistema, não se leva em conta, subjetivamente, a conduta do causador do dano, mas a ocorrência do resultado prejudicial ao homem e ao ambiente. Assim sendo, para que se observe a obrigatoriedade da reparação do dano é suficiente, apenas, que se demonstre o nexo causal entre a lesão infligida ao meio ambiente e a ação ou omissão do responsável pelo dano. (...)" (STJ, 2ª Turma, REsp 1.165.281/MG, rel. Min. Eliana Calmon, DJ 17-5-2010).

(VUNESP TJ/MT 2018) O poluidor é obrigado a indenizar ou reparar os danos causados ao meio ambiente, dependendo da ocorrência de comprovação da conduta culposa.

ERRADO

(TRF 3ªR 2016) Tratando-se de direito difuso, a reparação civil de danos ambientais assume grande amplitude, com profundas implicações na espécie de responsabilidade do degradador, que é objetiva e fundada no simples risco ou no simples fato da atividade danosa, independentemente da culpa do agente causador do dano.

CERTO

ATENÇÃO:

Sintetizando toda a doutrina ambientalista acerca do ponto, certifica-se que a adoção da teoria da responsabilidade objetiva implica quatro consequências:

- **prescindibilidade da discussão sobre a culpabilidade**;
- **irrelevância da licitude ou ilicitude da atividade**;
- **irrelevância do caso fortuito e da força maior**;

  Direito civil. Responsabilidade civil objetiva. Dano ambiental. *A responsabilidade por dano ambiental é objetiva e pautada no risco integral, **não se admitindo a aplicação de excludentes de responsabilidade**. Conforme a previsão do art. 14, § 1º, da Lei 6.938/1981, recepcionado pelo art. 225, §§ 2º e 3º, da CF, a responsabilidade por dano ambiental, fundamentada na teoria do risco integral, pressupõe a existência de uma atividade que implique riscos para a saúde e para o meio ambiente, impondo-se ao empreendedor a obrigação de prevenir tais riscos (princípio da prevenção) e de internalizá-los em seu processo produtivo (princípio do poluidor-pagador). Pressupõe, ainda, o dano ou risco de dano e o nexo de causalidade entre a atividade e o resultado, efetivo ou potencial, **não cabendo invocar a aplicação de excludentes de responsabilidade***. REsp 1.114.398-PR, DJe 16.02.2012 (repetitivo).

- **não aplicação da cláusula de não indenizar**:

  A estipulação da cláusula de não indenizar entre as partes não exime o atual proprietário de uma empresa de reparar os danos causados ao ambiente pelo antigo gestor/proprietário. Significa que, se o dano foi cometido na gestão anterior e com a venda se estipulou no contrato a cláusula de não indenizar, tal previsão deverá ser discutida entre eles, mas não no que se refere à obrigação de reparar os danos causados ao meio ambiente, que subsiste para o atual proprietário.[26]

26 Direito Ambiental. Fabiano Melo. 2018.

(CESPE PGE/ES 2008) Com a finalidade de resguardar o meio ambiente, a legislação prevê controles prévios por parte de autoridades públicas, materializados mediante licenças, autorizações, permissões, estudos e relatórios de impactos ambientais destinados a verificar a observância das normas de direito ambiental pelos respectivos destinatários. Assim, a aprovação da atividade e a outorga de licença pela autoridade competente liberam o empreendedor da responsabilidade pelo eventual dano que vier a causar ao meio ambiente e a terceiro.

ERRADO[27]

(CESPE PGM/Salvador 2015) O rompimento da barragem de uma empresa de mineração provocou o vazamento de um bilhão de litros de resíduos de lama tóxica, a qual percorreu vários quilômetros, atingiu várias cidades nos arredores e inundou casas, provocando o desabrigamento de várias famílias. Em razão disso, o MP entrou com ACP contra a empresa, a fim de buscar indenização pelos danos ambientais causados à coletividade e, além disso, o ressarcimento dos prejuízos materiais e morais sofridos pelos moradores.

Caso fique comprovado que, além do rompimento da barragem, fortes chuvas concorreram para a inundação das casas, ter-se-á uma excludente de responsabilidade que afastará a obrigação da empresa de indenizar os danos sofridos.

ERRADO

4.2. Teoria do Risco Integral

No que toca ao fundamento teórico da responsabilidade objetiva ambiental, doutrina[28] e tribunais adotam, majoritariamente, a **teoria do risco integral**.

> *É firme a jurisprudência do STJ no sentido de que, nos danos ambientais, incide a teoria do risco integral, advindo daí o caráter objetivo da responsabilidade, com expressa previsão constitucional (art. 225, § 3º, da CF) e legal (art. 14, § 1º, da Lei nº 6.938/1981), sendo, por conseguinte, descabida a alegação de excludentes de responsabilidade, bastando, para tanto, a ocorrência de resultado prejudicial ao homem e ao ambiente advindo de uma ação ou omissão do responsável.* STJ. REsp 1175907/MG, DJe 25.09.2014.

(CESPE PGM/Manaus 2018) De acordo com o STJ, a responsabilidade por dano ambiental é objetiva e regida pela teoria do risco integral.

CERTO

27 Recorde-se que 1) a licitude da conduta poluidora é irrelevante para fins de reparação e 2) a reparação não tem a natureza jurídica de sanção civil, já que visa recompor o estado ambiental anterior ou compensá-lo.

28 Repise-se, para a maioria da doutrina brasileira, entre os quais Antonio Herman Benjamin, José Afonso da Silva, Paulo Affonso Leme, Nelson Nery Júnior, Sérgio Ferraz, Édis Milaré e Sérgio Cavalieri, a responsabilidade objetiva ambiental é calcada no risco integral.

Pela teoria do risco integral, a indenização é devida independentemente de culpa, e, mais ainda, pela simples razão de existir a atividade pela qual adveio o prejuízo – o titular da atividade assume todos os riscos dela oriundos, pois se coloca na posição de garantidor da preservação ambiental, de forma que os danos que digam respeito à atividade estarão vinculados a ela. Não podem ser opostas, portanto, as excludentes como o caso fortuito, a força maior, e o fato de terceiro.

> *RESPONSABILIDADE CIVIL POR DANO AMBIENTAL. RECURSO ESPECIAL REPRESENTATIVO DE CONTROVÉRSIA. A responsabilidade por dano ambiental é objetiva, informada pela teoria do risco integral, sendo o nexo de causalidade o fator aglutinante que permite que o risco se integre na unidade do ato, sendo descabida a invocação, pela empresa responsável pelo dano ambiental, de excludentes de responsabilidade civil para afastar a sua obrigação de indenizar.* STJ. REsp 1354536/SE, Rel. Ministro LUIS FELIPE SALOMÃO, SEGUNDA SEÇÃO, julgado em 26/03/2014.

(VUNESP TJ/RS 2018) A responsabilidade por dano ambiental é objetiva, informada pela teoria do risco integral, sendo o nexo de causalidade o fator aglutinante que permite que o risco se integre na unidade do ato, sendo descabida a invocação, pela empresa responsável pelo dano ambiental, de excludentes de responsabilidade civil para afastar sua obrigação de indenizar.

CERTO

(VUNESP TJ/MT 2018) O caso fortuito e a força maior são fatos que excluem a responsabilidade do autor de um dano ambiental, devendo a análise ser feita à luz do ordenamento jurídico civil.

ERRADO

(TRF 2ªR 2018) A responsabilidade civil por dano ambiental é objetiva, fundada na teoria do risco administrativo, com a possibilidade da sua descaracterização quando houver excludente de responsabilidade civil.

ERRADO

Em suma, para imposição de reparação do dano ambiental, devem ser demonstrados a ação ou omissão do réu, o evento danoso e o nexo de causalidade. A ausência de culpa ou, ainda, a licitude da atividade do agente, não impedem a reparação.

ATENÇÃO: O STJ endossa a inversão do ônus da prova nas ações de reparação dos danos ambientais, com base no interesse público da reparação e no Princípio da Precaução, de modo que poderá ser carreado ao suposto poluidor o ônus de comprovar que inexiste dano ambiental a ser reparado, ou, se existente, que este não foi de sua autoria.

O entendimento foi objeto de enunciado sumular no final de 2018:

Súmula 618-STJ: *A inversão do ônus da prova aplica-se às ações de degradação ambiental.*

Comentários à Súmula 618-STJ:[29]

Imagine a seguinte situação hipotética:

A empresa "XXX", após vencer a licitação, construiu uma usina hidrelétrica no rio Paranapanema, que faz a divisa dos Estados de São Paulo e Paraná.

João é pescador artesanal e vivia da pesca que realizava no rio Paranapanema.

Ocorre que, segundo alega João, após a construção da usina, houve uma grande redução na quantidade de peixes existentes no rio, em especial "pintados", "jaú" e "dourados".

Diante deste fato, João ajuizou ação de indenização contra a empresa sustentando que a construção da usina causou degradação ambiental com terríveis impactos no ecossistema.

Na ação, o autor pediu a inversão do ônus da prova mediante a aplicação, por analogia, da regra do art. 6º, VIII, do Código de Defesa do Consumidor:

> Art. 6º *São direitos básicos do consumidor:*
>
> *(...)*
>
> *VIII – a facilitação da defesa de seus direitos, inclusive com a inversão do ônus da prova, a seu favor, no processo civil, quando, a critério do juiz, for verossímil a alegação ou quando for ele hipossuficiente, segundo as regras ordinárias de experiências;*

É possível a inversão do ônus da prova nas ações que se pede a reparação econômica pelos danos causados ao meio ambiente?

SIM. A inversão do ônus da prova aplica-se às ações de degradação ambiental.

Princípio da precaução

Uma das razões que justifica essa inversão do ônus da prova é o princípio da precaução.

Por meio do princípio da precaução, entende-se que o meio ambiente deve ter em seu favor o benefício da dúvida no caso de incerteza.

Em outras palavras, se existe uma desconfiança, um risco de que determinada atividade pode gerar um dano ambiental ao meio ambiente e à saúde humana, deve-se considerar que esta atividade acarreta sim este dano.

Logo, é a empresa-ré (empresa poluidora) quem tem o ônus de provar que a atividade econômica por ela desempenhada não gerou o dano ambiental que foi alegado pelo autor na ação de reparação. Nesse sentido:

> *O princípio da precaução pressupõe a inversão do ônus probatório, competindo a quem supostamente promoveu o dano ambiental comprovar que não o causou ou que a substância lançada ao meio ambiente não lhe é potencialmente lesiva.*
>
> STJ. 2ª Turma. REsp 1.060.753/SP, Rel. Min. Eliana Calmon, julgado em 01/12/2009.

(Juiz Federal Substituto – TRF3 -2016) O princípio da prevenção está intimamente relacionado ao brocardo jurídico "in dubio contra projectum" e, segundo jurisprudência das Cortes Superiores, impõe o reconhecimento da inversão do ônus da prova **(ERRADO).**

29 CAVALCANTE, Márcio André Lopes. Súmula 618-STJ. Buscador Dizer o Direito, Manaus. Disponível em: <https://www.buscadordizerodireito.com.br/jurisprudencia/detalhes/4ca82b2a861f70cd15d83085b000dbde>. Acesso em: 17/02/2019

Qual é a consequência prática disso?

O autor precisará provar apenas que existe um nexo de causalidade provável entre a atividade exercida e a degradação ambiental. Sendo isso provado, fica transferido para a concessionária o encargo (ônus) de provar que sua conduta não ensejou riscos ou danos para o meio ambiente.

STJ. 3ª Turma. AgInt no AREsp 1311669/SC, Rel. Min. Ricardo Villas Bôas Cueva, julgado em 03/12/2018.

Aquele que cria ou assume o risco de danos ambientais tem o dever de reparar os danos causados e, em tal contexto, transfere-se a ele todo o encargo de provar que sua conduta não foi lesiva.

STJ. 1ª Turma. REsp 1.049.822/RS, Rel. Min. Francisco Falcão, julgado em 23/04/2009.

Seja o poluidor ente público ou empresa privada

Vale ressaltar que essa inversão do ônus da prova ocorre tanto nos casos em que o degradador é uma pessoa jurídica de direito público como também nas hipóteses em que se trata de pessoa jurídica de direito privado. Assim já decidiu o STJ:

A responsabilidade civil pelo dano ambiental, qualquer que seja a qualificação jurídica do degradador, público ou privado, é de natureza objetiva, solidária e ilimitada, sendo regida pelos princípios poluidor-pagador, da reparação in integrum, da prioridade da reparação in natura e do favor debilis, este último a legitimar uma série de técnicas de facilitação do acesso à justiça, entre as quais se inclui a inversão do ônus da prova em favor da vítima ambiental.

STJ. 2ª Turma. REsp 1.454.281/MG, Rel. Min. Herman Benjamin, DJe 9/9/2016.

Os princípios poluidor-pagador, reparação in integrum e prioridade da reparação in natura e do favor debilis são, por si sós, razões suficientes para legitimar a inversão do ônus da prova em favor da vítima ambiental.

STJ. 2ª Turma. AgInt no AREsp 620.488/PR, Rel. Min. Og Fernandes, julgado em 04/09/2018.

Seja em ACP, seja em ação individual

Importante também destacar que essa inversão do ônus da prova pode ocorrer tanto em ação civil pública como em ação individual, desde que relacionada com degradação ambiental.

A inversão é cabível mesmo que o autor da ação seja o MP

A inversão do ônus da prova deve ser também admitida em caso de ação civil pública proposta pelo Ministério Público pedindo a recomposição e/ou a reparação decorrente de degradação ambiental. Isso porque, por mais que o Ministério Público não possa ser considerado hipossuficiente, ele atua em juízo como substituto processual e a vítima (substituída) é toda a sociedade que, em se tratando de dano ambiental, é considerada hipossuficiente do ponto de vista de conseguir produzir as provas.

STJ. 2ª Turma. REsp 1235467/RS, Rel. Min. Herman Benjamin, julgado em 20/08/2013.

Previsão do princípio da precaução

O princípio da precaução tem origem na "Carta Mundial da Natureza", de 1982, cujo princípio n. 11, "b", estabeleceu a necessidade de os Estados controlarem as atividades potencialmente danosas ao meio ambiente, ainda que seus efeitos não fossem completamente conhecidos.

Esse princípio foi posteriormente incluído na Declaração do Rio de Janeiro sobre Meio Ambiente e Desenvolvimento (Eco-92). Além desses documentos, o princípio da precaução está contido, implicitamente, no art. 225, § 1º, IV e V, da CF/88:

Art. 225 (...)

§ 1º – *Para assegurar a efetividade desse direito, incumbe ao Poder Público:*

(...)

IV – Exigir, na forma da lei, para instalação de obra ou atividade potencialmente causadora de significativa degradação do meio ambiente, estudo prévio de impacto ambiental, a que se dará publicidade;

V – Controlar a produção, a comercialização e o emprego de técnicas, métodos e substâncias que comportem risco para a vida, a qualidade de vida e o meio ambiente;

Regra de instrução

A inversão do ônus da prova de que trata o art. 6º, VIII, do CDC é REGRA DE INSTRUÇÃO, devendo a decisão judicial que determiná-la ser proferida preferencialmente na fase de saneamento do processo ou, pelo menos, assegurar à parte a quem não incumbia inicialmente o encargo a reabertura de oportunidade para manifestar-se nos autos.

STJ. 2ª Seção. EREsp 422.778-SP, Rel. para o acórdão Min. Maria Isabel Gallotti, julgados em 29/2/2012.

4.3. Responsabilidade Solidária

Em havendo mais de um agente, a regra que se impõe é a da **solidariedade passiva** entre os vários causadores do dano ambiental, em atenção ao princípio da reparação integral do dano. Com efeito, a reparação pode ser exigida de qualquer dos agentes ou mesmo de todos eles. Deve-se ter em mente que, em matéria ambiental, resta deveras difícil individualizar a parcela de cada devedor na constituição do dano:

> *A estruturação de um modelo próprio para a responsabilidade civil pelo dano ambiental justifica-se diante da dificuldade em se identificar os sujeitos da relação jurídica obrigacional, já que, frequentemente, se estará diante de autores diversos e também de vítimas coletivas. Ademais, não se mostra fácil estabelecer-se o nexo causal e identificar o próprio dano, que nem sempre é imediato e não raro ocorre de forma retardada ou apresenta caráter cumulativo. Pode ocorrer ainda que, mesmo sendo possível identificar todos esses elementos, o responsável pelo dano não disponha de patrimônio suficiente para a necessária indenização.*[30]

A solidariedade, no caso, é não só decorrência de atributos particulares dos sujeitos responsáveis e da modalidade da atividade, mas também da própria indivisibilidade do dano, consequência de ser o meio ambiente uma unidade infragmentável.[31]

(CESPE AGU 2010) De acordo com entendimento do STJ, a responsabilidade por danos ambientais é subsidiária entre o poluidor direto e o indireto.

ERRADO

30 Responsabilidade civil pelo dano ambiental. Antônio Herman de Vasconcelos Benjamin. 2002.

31 Responsabilidade civil pelo dano ambiental. Antônio Herman de Vasconcelos Benjamin. 2002.

O fundamento legal da solidariedade passiva repousa, outrossim, no art. 942 do Código Civil, que positivou no direito brasileiro o, denominado pela doutrina, nexo causal plúrimo.

> Art. 942. *Os bens do responsável pela ofensa ou violação do direito de outrem ficam sujeitos à reparação do dano causado; e, se a ofensa tiver mais de um autor, **todos responderão solidariamente pela reparação**.*

> (VUNESP TJ/SP 2017) Havendo mais de um causador do dano, todos respondem solidariamente, não sendo relevante a discussão sobre a mensuração subjetiva de cada um no nexo de causalidade plúrimo.
>
> **CERTO**

> *Também é remansosa a jurisprudência do Superior Tribunal de Justiça pela impossibilidade de que qualquer dos envolvidos alegue, como forma de se isentar do dever de reparação, a não contribuição direta e própria para o dano ambiental, considerando justamente que a degradação ambiental impõe, entre aqueles que para ela concorrem, a solidariedade da reparação integral do dano.* STJ. REsp nº 880.160/RJ, DJe 27.05.2010.

Atenção:

Tendo em vista a solidariedade dos agentes causadores do dano ambiental, não há que se falar em obrigatoriedade de litisconsórcio passivo no pleito de reparação, sendo permitido que se demande qualquer deles (ou ainda todos em conjunto, facultativamente).

Nesse sentido é firme a jurisprudência do STJ:

> *Mesmo na existência de múltiplos agentes poluidores, **não existe obrigatoriedade na formação do litisconsórcio**, uma vez que a responsabilidade entre eles é solidária pela reparação integral do dano ambiental e existe a possibilidade de demandar contra qualquer um deles, isoladamente ou em conjunto, pelo todo.* STJ, REsp nº 880.160/RJ, DJe 27.05.2010).

Ainda, em julgado mais recente:

> *Em ações judiciais que visam ao ressarcimento de danos ambientais ou urbanísticos a regra é a fixação do **litisconsórcio passivo facultativo**, abrindo-se ao autor a possibilidade de demandar de qualquer um deles, isoladamente ou em conjunto, pelo todo.* AgRg no AREsp 548.908/DF, Rel. Ministro Herman Benjamin, Segunda Turma, DJe 30/06/2015, AgRg no AREsp 13.188/ES, Rel. Ministro Sérgio Kukina, Primeira Turma, DJe 24/06/2016.

(TRF 2ªR 2018) Os responsáveis civis pela degradação ambiental têm obrigação divisível e não solidária e, por isso, devem integrar o litisconsórcio passivo necessário na ação civil pública.

ERRADO

(VUNESP TJ/RJ 2016) Um Município, no interior de Minas Gerais, pretende, em sede recursal, a inclusão do referido Estado no polo passivo da Ação Civil Pública, que visa a reparação e prevenção de danos ambientais causados por deslizamentos de terras em encostas habitadas. Segundo regra geral quanto ao dano ambiental e urbanístico, e segundo posição do STJ, o litisconsórcio, nesses casos é

☑ **facultativo, mesmo havendo múltiplos agentes poluidores.**[32]

Semelhantemente, na esteira desse raciocínio, entende-se **incabível a denunciação à lide** de um coobrigado em face de outro. Nesse ponto, vale destacar que aquele que responder pelo dano tem **direito de regresso** contra os demais corresponsáveis. No entanto, esse direito deve ser exercido em ação própria, e não no bojo da ação principal, que não serve à discussão da proporcionalidade do dano causado por cada fonte poluidora.

> *PROCESSUAL CIVIL. DANO AMBIENTAL. (...) 2. A Ação Civil Pública deve discutir, unicamente, a relação jurídica referente à proteção do meio ambiente e das suas consequências pela violação a ele praticada. 3. Incabível, por essa afirmação, a denunciação da lide. 4. Direito de regresso, se decorrente do fenômeno de violação ao meio ambiente, deve ser discutido em ação própria. (...).* STJ, 1ª Turma, REsp 232.187/SP, rel. Min. José Delgado, DJ 8-5-2000.

(TRF 2ªR 2017) A responsabilidade civil ambiental é informada pela doutrina do risco integral e não admite ação de regresso.

ERRADO

32 No dano ambiental e urbanístico, a regra geral é a do litisconsórcio facultativo. Segundo a jurisprudência do STJ, nesse campo a "responsabilidade (objetiva) é solidária" (REsp 604.725/PR, Rel. Ministro Castro Meira, Segunda Turma, DJ 22.8.2005, p. 202); logo, mesmo havendo "múltiplos agentes poluidores, não existe obrigatoriedade na formação do litisconsórcio", abrindo-se ao autor a possibilidade de "demandar de qualquer um deles, isoladamente ou em conjunto, pelo todo" (REsp 880.160/RJ, Rel. Ministro Mauro Campbell Marques, Segunda Turma, DJe 27.5.2010). No mesmo sentido: EDcl no REsp 843.978/SP, Rel. Ministro Heman Benjamin, Segunda Turma, DJe 26.6.2013. REsp 843.978/SP, Rel. Ministro Herman Benjamin, Segunda Turma, DJe 9.3.2012; REsp 1.358.112/SC, Rel. Ministro Humberto Martins, Segunda Turma, DJe 28.6.2013. 3. Agravo Regimental não provido. (STJ – AgRg no AREsp: 432409 RJ 2013/0381169-0, Relator: Ministro HERMAN BENJAMIN, Data de Julgamento: 25/02/2014, T2 – SEGUNDA TURMA, Data de Publicação: DJe 19/03/2014)

Teoria do Bolso Profundo:

Trata-se de teoria norte-americana (*Deep Pocket Doctrine*) que intenciona garantir a reparação integral da lesão ambiental. Tendo em vista a indivisibilidade dos danos e a solidariedade passiva na responsabilização pela reparação, a Teoria do Bolso Profundo preceitua que a imputação deve recair sobre o corresponsável mais saudável financeiramente, aquele que tem mais condições de arcar com os custos da reparação, de forma a garantir a compensação e evitar que o bem ambiental reste desassistido.

> *Há uma tendência específica no Direito Ambiental em buscar responsabilizar quem tem mais condições de arcar com os prejuízos ambientais, com base na doutrina americana do "bolso profundo", uma vez que prevalece que todos os poluidores são responsáveis solidariamente pelos danos ambientais, conforme já se pronunciou o Superior Tribunal de Justiça.*[33]

É sob essa perspectiva que se discute a responsabilização de instituições financeiras, que concederam créditos para investimentos em projetores causadores de danos ambientais, na condição de poluidoras indiretas, segundo o art. 14, § 1º, da PNMA combinado com o art. 225, § 3º, da Constituição Federal.

Por óbvio, a imputação de responsabilidade somente será cabível nos casos de descumprimento, pelas entidades, de encargos legais atinentes à exigência de comprovação do licenciamento ambiental e do cumprimento das condicionantes das licenças ambientais, durante todo o período de desembolso, nos termos do art. 12, da Lei 6.938/81:

> Art. 12 – *As entidades e órgãos de financiamento e incentivos governamentais condicionarão a aprovação de projetos habilitados a esses benefícios ao licenciamento, na forma desta Lei, e ao cumprimento das normas, dos critérios e dos padrões expedidos pelo CONAMA.*
>
> *Parágrafo único – As entidades e órgãos referidos no " caput " deste artigo deverão fazer constar dos projetos a realização de obras e aquisição de equipamentos destinados ao controle de degradação ambiental e à melhoria da qualidade do meio ambiente.*

Nessa esteira, a Lei de Biossegurança (Lei nº 11.105/2005), art. 2º, §4º, autoriza a responsabilização dos financiadores de atividades que envolvem organismos geneticamente modificados (OGMs), pelo descumprimento da referida lei, quando não exigem dos executores o Certificado de Qualidade em Biossegurança:

> Art. 2º. § 4º As organizações públicas e privadas, nacionais, estrangeiras ou internacionais, financiadoras ou patrocinadoras de atividades ou de projetos referidos no caput deste artigo devem exigir a apresentação de Certificado de Qualidade em Biossegurança, emitido pela CTNBio, sob pena de se tornarem corresponsáveis pelos eventuais efeitos decorrentes do descumprimento desta Lei ou de sua regulamentação.

Seguindo, na Lei de Política Nacional de Resíduos Sólidos (Lei nº 12.305/2010) igualmente se verifica a aplicabilidade da doutrina do bolso profundo na responsabilidade compartilhada pelo ciclo de vida do produto[34].

Em suma, a "*deep pocket doctrine*" abona que a restauração ambiental ou o ressarcimento das vítimas se dê pelo degradador mais hábil economicamente.

Entretanto, recorde-se: a responsabilização de pessoa jurídica diversa da originariamente responsável, atendendo a "teoria do bolso profundo", não impede que o poluidor que possui maiores recursos promova ações regressivas em face dos demais envolvidos na lesão ambiental.

33 Direito Ambiental. Frederico Amado. 2017.

34 Art. 3º Para os efeitos desta Lei, entende-se por:

XVII – responsabilidade compartilhada pelo ciclo de vida dos produtos: conjunto de atribuições individualizadas e encadeadas dos fabricantes, importadores, distribuidores e comerciantes, dos

Princípio da Responsabilidade Comum, mas Diferenciada:

Cuida-se de tema afeto à proteção ambiental em âmbito internacional. Tendo em vista o Princípio da Cooperação dos Povos, todas as nações do mundo são revestidas de parcela de responsabilidade na salvaguarda e preservação do meio ambiente. Entrementes, as diferenças de capacitação e desenvolvimento entre os países devem ser consideradas, associadas ao fator histórico – são distintas, entre eles, as contribuições próprias, ao longo dos anos, para degradação ambiental global.

Segundo o Princípio 7, da Declaração do Rio Sobre Meio Ambiente e Desenvolvimento (1992):

> **Princípio 7**: *Os Estados irão cooperar, em espírito de parceria global, para a conservação, proteção e restauração da saúde e da integridade do ecossistema terrestre. Considerando as diversas contribuições para a degradação do meio ambiente global, os Estados têm responsabilidades comuns, porém diferenciadas. Os países desenvolvidos reconhecem a responsabilidade que lhes cabe na busca internacional do desenvolvimento sustentável, tendo em vista as pressões exercidas por suas sociedades sobre o meio ambiente global e as tecnologias e recursos financeiros que controlam.*

O princípio foi previsto expressamente na Lei de Política Nacional sobre Mudança do Clima (Lei 12.187/2009):

> Art. 3º *A PNMC e as ações dela decorrentes, executadas sob a responsabilidade dos entes políticos e dos órgãos da administração pública, observarão os princípios da precaução, da prevenção, da participação cidadã, do desenvolvimento sustentável e o* ***das responsabilidades comuns, porém diferenciadas, este último no âmbito internacional*** (...).

Por conseguinte, segundo o Princípio da Responsabilidade Comum, mas Diferenciada, há de se fazer distinção quanto ao nível de comprometimento e imposições entre os países, a despeito de todos serem, genericamente, responsáveis pela preservação ambiental.

> *(...) o Princípio da Responsabilidade Comum, mas Diferenciada, tem feição ambiental internacional, decorrendo do Princípio da Isonomia, pontifica que todas as nações são responsáveis pelo controle da poluição e a busca da sustentabilidade, mas os países mais poluidores deverão adotar as medidas mais drásticas, pois são os principais responsáveis pela degradação ambiental na Biosfera, tendo sido previsto no Protocolo de Kyoto (artigo 4.º, item 1) e no artigo 3.º, da Lei 12.187/2009, que aprovou a Política Nacional de Mudança do Clima.*[35]

(TRF 2ªR 2014) A responsabilidade pela reparação do dano ambiental é objetiva, integral, solidária, com nexo diluído (ou mesmo apagado) e sem excludente, em razão do princípio da responsabilidade comum e ~~in~~diferenciada.

ERRADO

4.4. Responsabilidade ilimitada

É comum que, no âmbito das negociações comerciais e tratativas relacionadas a grandes empreendimentos, haja uma alocação contratual de responsabilidades

---

consumidores e dos titulares dos serviços públicos de limpeza urbana e de manejo dos resíduos sólidos, para minimizar o volume de resíduos sólidos e rejeitos gerados, bem como para reduzir os impactos causados à saúde humana e à qualidade ambiental decorrentes do ciclo de vida dos produtos, nos termos desta Lei;

35 Direito Ambiental Esquematizado. Frederico Amado. 2014.

ambientais entre as partes. É cediço que a avaliação de investimentos e operações é realizada pela ponderação dos riscos e expectativa do retorno. Ademais, empreendimentos e obras em geral envolvem uma confluência de agentes e colaboradores, consultores, empreiteiros, etc. Nesse contexto, a questão ambiental é analisada como um fator de risco, em algumas vezes, determinante no cenário negocial. Não é raro que haja, entre os agentes, uma repartição dos riscos, de forma que cada um deles arque com o risco que calculou e que foi levado em conta no preço final do produto e nas ferramentas contratuais escolhidas. Trata-se da tese da limitação da responsabilidade dos agentes por alocação contratual.

Outrossim, há quem defenda[36] que a responsabilidade dos poluidores indiretos (ex. financiadores) deve estar ajustada à duração dos contratos entre eles e os poluidores diretos, ou ainda que cabe demonstrar que o financiamento foi imprescindível para que o evento danoso ocorresse, e mais, que seria possível a circunscrição da responsabilidade ao valor concedido e injetado no empreendimento.

A despeito dos argumentos levantados, é pacífico na jurisprudência dos Tribunais Superiores e amplamente majoritário da doutrina pátria que a responsabilidade ambiental é ILIMITADA, de sorte a não sofrer qualquer restrição ou contenção, advindas de tratativas de ordem privada.

> *Qualquer que seja a qualificação jurídica do degradador, público ou privado, no Direito brasileiro a responsabilidade civil pelo dano ambiental é de natureza objetiva, solidária e* ***ilimitada****, sendo regida pelos princípios do poluidor-pagador, da reparação in integrum, da prioridade da reparação in natura, e do favor debilis, este último a legitimar uma série de técnicas de facilitação do acesso à Justiça, entre as quais se inclui a inversão do ônus da prova em favor da vítima ambiental. (...)*" (STJ, 2ª Turma, REsp 1.071.741/SP, rel. Min. Herman Benjamin, DJ 16-12-2010).

A alocação contratual das responsabilidades ambientais é utilizada essencialmente para fins de ação de regresso, após a condenação de um dos agentes, na esteira do estudado acima.

Obs.: Para fins de reparação ambiental pode ser aplicada a **DESCONSIDERAÇÃO DA PERSONALIDADE JURÍDICA**.

O art. 4º da Lei n. 9.605/98 traz previsão específica a esse respeito:

> Art. 4º *Poderá ser desconsiderada a pessoa jurídica sempre que sua personalidade for obstáculo ao ressarcimento de prejuízos causados à qualidade do meio ambiente.*

Observa-se que a mera insuficiência patrimonial é suficiente para a desconsideração. Adota-se, portanto, a "**teoria menor**" da desconsideração.

36 Por todos: Responsabilidade civil ambiental dos financiadores. Ana Luci Esteves Grizzi, Cintya Izilda Bergamo, Cynthia Ferragi Hungria. 2003.

(CESPE AGU 2012) Tratando-se de matéria ambiental, admite-se a desconsideração da pessoa jurídica sempre que sua personalidade seja obstáculo ao ressarcimento de prejuízos causados à qualidade do meio ambiente.

CERTO

4.5. Obrigação *propter rem*

A obrigação civil de reparar o dano ambiental é, ainda, *propter rem*. O proprietário ou possuidor da área degradada responderá pelos danos ambientais causados, ainda que preexistentes – *o novo proprietário titulariza o ônus de manter a plenitude do ecossistema protegido, sendo responsável pela recuperação, ainda que não tenha contribuído para o desmatamento ou destruição*[37].

> *A jurisprudência do Superior Tribunal de Justiça é pacífica em reconhecer que "a responsabilidade civil pela reparação dos danos ambientais adere à propriedade, como obrigação propter rem, sendo possível cobrar também do atual proprietário condutas derivadas de danos provocados pelos proprietários antigos.* STJ. REsp 1622512/RJ, Rel. Ministro HERMAN BENJAMIN, SEGUNDA TURMA, julgado em 22/09/2016, DJe 11/10/2016.

(VUNESP TJ/MT 2018) O adquirente do imóvel não é responsabilizado pelos danos ambientais causados na propriedade independentemente de ter sido ele ou o dono anterior o réu causador dos estragos.

ERRADO

(TRF 2ªR 2018) A obrigação de recuperar a degradação ambiental é do proprietário do bem imóvel, mesmo que não tenha contribuído para a deflagração do dano, devido à sua natureza *propter rem*.

CERTO

Recorde-se que, em regra, a responsabilidade ambiental impõe-se uma vez verificada a conduta lesiva, o dano ambiental e o nexo causal (vínculo que une conduta e resultado danoso). Excepcionalmente, no caso da responsabilidade do adquirente, fala-se que a responsabilidade civil INDEPENDE de nexo de causalidade, e se instala, uma vez que a obrigação de reparar o dano aderiu-se à *res* e a segue.

(CESPE PGM/FOR 2017) De acordo com o entendimento do STJ, não se considera o novo proprietário de área degradada parte legítima para responder ação por dano ambiental, independentemente da existência ou não de culpa.

ERRADO

37 REsp 1081257 / SP

(CESPE AGU 2012) Se tiver ocorrido, antes da transferência de prioridade de imóvel rural, supressão parcial da vegetação situada em área de preservação permanente, o adquirente desse imóvel, comprovada sua boa-fé, não será parte legítima para responder a ação cível com pedido de restauração da área deteriorada.

ERRADO

Atenção: No final de 2018, a natureza *propter rem* das obrigações ambientais foi objeto de súmula do STJ:

> **Súmula 623-STJ:** *As obrigações ambientais possuem natureza propter rem, sendo admissível cobrá-las do proprietário ou possuidor atual e/ou dos anteriores, à escolha do credor.*

Comentários à Súmula 623[38]:

Imagine a seguinte situação hipotética:

João possuía uma fazenda e parte dela, estava em área de preservação permanente.

Em 2015, João fez um desmatamento em sua propriedade e parte das árvores derrubadas estavam na área de preservação permanente.

Vale ressaltar que isso foi feito sem qualquer autorização das autoridades ambientais.

Em 2016, João vendeu o imóvel a Pedro.

Em 2017, foi constado o desmatamento ilegal.

Diante disso, o Ministério Público ajuizou ação civil pública pedindo que Pedro seja condenado a fazer a recomposição florestal.

Pedro demonstrou, por meio de fotos e perícia que, quando ele comprou a fazenda, a situação já estava daquele jeito e o desmatamento já havia sido realizado. Com isso, ele ficará desobrigado de reparar os danos ambientais?

NÃO.

As obrigações ambientais (ex: obrigação de reparar os danos ambientais) são *propter rem.*

Isso significa que as obrigações ambientais aderem ao título de domínio ou posse e se transferem ao atual proprietário ou possuidor, ainda que eles não tenham sido os responsáveis pela degradação ambiental.

Vale ressaltar também que não interessa discutir a boa ou má-fé do adquirente, considerando que não se está no âmbito da responsabilidade subjetiva, baseada em culpa.

Aplica-se também para multas

Em 2016, a empresa "X" comprou um hotel da empresa "Y".

Em 2017, houve uma fiscalização do IBAMA no local e se constatou que uma lagoa foi aterrada irregularmente, causando degradação ambiental.

A empresa "X" demonstrou que esse aterro foi realizado em 2013, ou seja, antes que ela tivesse adquirido o imóvel.

Mesmo assim, a empresa "X" poderá ser autuada e receber uma multa por infração ambiental.

38 CAVALCANTE, Márcio André Lopes. Súmula 623-STJ. Buscador Dizer o Direito, Manaus. Disponível em: <https://www.buscadordizerodireito.com.br/jurisprudencia/detalhes/dd409260aea46a90e61b9a69fb9726ef>. Acesso em: 17/02/2019

Nesse sentido:

> *(...) Independentemente de não se poder constatar quem foi o autor do dano ambiental, sua reparação adere à propriedade como obrigatio propter rem, o que legitima o IBAMA a responsabilizar o atual proprietário pela conduta dos anteriores, no esteio da jurisprudência desta Corte. (...)*
>
> STJ. 1ª Turma. AgInt no AREsp 268.217/PE, Rel. Min. Gurgel de Faria, julgado em 30/11/2017.

Escolha do credor

Vale ressaltar que o mais comum é que a obrigação ambiental seja exigida do possuidor ou proprietário atual em virtude da facilidade de localização e maior efetividade em caso de execução. No entanto, existe uma solidariedade entre o atual e os anteriores, de forma que o credor pode escolher aqueles que serão acionados.

4.6. Imprescritibilidade

A responsabilidade pela reparação do dano ambiental não pode ser alcançada pelo instituto da prescrição. Primeiramente trata-se de lesão a direito fundamental ligado ao próprio direito à vida e à dignidade e, portanto, indisponível. Além disso, tem-se que os efeitos e consequências do dano ambiental são perpétuos e se protraem no tempo e através de gerações – possui característica de violação continuada.

Esse é o entendimento pacífico do STJ sobre o tema:

> *(...)*
>
> *5. Tratando-se de direito difuso, a reparação civil assume grande amplitude, com profundas implicações na espécie de responsabilidade do degradador que é objetiva, fundada no simples risco ou no simples fato da atividade danosa, independentemente da culpa do agente causador do dano.*
>
> *6. O direito ao pedido de reparação de danos ambientais, dentro da logicidade hermenêutica, está **protegido pelo manto da imprescritibilidade**, por se tratar de direito inerente à vida, fundamental e essencial à afirmação dos povos, independentemente de não estar expresso em texto legal.*
>
> *7. Em matéria de prescrição cumpre distinguir qual o bem jurídico tutelado: se eminentemente privado seguem-se os prazos normais das ações indenizatórias; se o bem jurídico é indisponível, fundamental, antecedendo a todos os demais direitos, pois sem ele não há vida, nem saúde, nem trabalho, nem lazer, considera-se imprescritível o direito à reparação.*
>
> *8. O dano ambiental inclui-se dentre os direitos indisponíveis e como tal está dentre os poucos acobertados pelo manto da imprescritibilidade a ação que visa reparar o dano ambiental. (...)*[39]

39 REsp 1.120.117-AC, rel. Min. Eliana Calmon, julgado em 10-11-2009.

> (...)*Conquanto não se possa conferir ao direito fundamental do meio ambiente equilibrado a característica de direito absoluto, certo é que ele se insere entre os direitos indisponíveis, devendo-se acentuar a imprescritibilidade de sua reparação, e a sua inalienabilidade, já que se trata de bem de uso comum do povo (art. 225, caput, da CF/1988).*[40]

5. RESPONSABILIDADE DO ESTADO

Não há maiores dúvidas quanto à responsabilidade do Estado, quando causador direto do dano ambiental. Nesse caso, haverá responsabilização, nos termos do estudado acima – imputação por ato próprio, responsabilidade objetiva, sob a modalidade de risco integral.

Entrementes, ainda quando não atue diretamente como agente poluidor, pesa sobre o Poder Público a responsabilidade pela *defesa e preservação do meio ambiente para as presentes e futuras gerações* (art. 255, CF). Destarte, a Administração Pública tem o poder-dever, decorrente do exercício da autotutela e do poder de polícia, de promover a proteção do meio ambiente, de forma vinculada, indisponível e irrenunciável.

> CF/88. Art. 23. É competência comum da União, dos Estados, do Distrito Federal e dos Municípios:
>
> *VI – Proteger o meio ambiente e combater a poluição em qualquer de suas formas;*
>
> *VII – preservar as florestas, a fauna e a flora;*

À vista disso, o Estado pode ser responsabilizado, caso verificada **omissão** do poder-dever de agir para evitar as condutas lesivas ao meio ambiente. Para tanto, deve restar demonstrado que o Estado se omitiu de forma ilegítima ou se comportou abaixo do padrão legal exigível, não tendo impedido, uma vez possível, a ocorrência dos danos.

É imperioso salientar que a responsabilidade ambiental do Estado, embora solidária, se ressalva **subsidiária**. Em outras palavras, o ente estatal somente será executado em caso de impossibilidade da execução do degradador original, garantida a ordem de preferência, visto que o Erário não pode servir como garantia universal dos poluidores. A ausência do benefício de ordem, nessas situações, oneraria duplamente a sociedade e desvirtuaria o princípio do poluidor-pagador.

> *No caso de omissão de dever de controle e fiscalização, a responsabilidade ambiental solidária da Administração é* **de execução subsidiária** *(ou com ordem de*

40 REsp 1.394.025/MS, rel. Min. Eliana Calmon, 2ª Turma, julgado em 8-10-2013, DJe 18-10-2013.

preferência). (...) A responsabilidade solidária e de execução subsidiária significa que o Estado integra o título executivo sob a condição de, como devedor-reserva, só ser convocado a quitar a dívida se o degradador original, direto ou material (= devedor principal) não o fizer, seja por total ou parcial exaurimento patrimonial ou insolvência, seja por impossibilidade ou incapacidade, inclusive técnica, de cumprimento da prestação judicialmente imposta, assegurado, sempre, o direito de regresso (art. 934 do Código Civil), com a desconsideração da personalidade jurídica (art. 50 do Código Civil).[41]

Observe que a sistemática intenta a oneração financeira do poluidor direto e a equação do princípio poluidor-pagador, e, sincronicamente, atende a indisponibilidade do interesse público, assegura a defesa do Erário e a proibição do enriquecimento ilícito.

Finalmente, caso o Estado seja chamado a reparar danos causados ao meio ambiente, fica ressalvado o direito de regresso, nos termos do art. 934, CC[42].

> (VUNESP TJ/SP 2017) A hipótese de omissão ou atuação insuficiente do Estado em matéria ambiental possibilitará o controle jurisdicional, inclusive no tocante às políticas públicas e condenação em prestações positivas.
>
> **CERTO**
>
> (FUNDATEC PGM/POA 2016) A responsabilidade civil do Município por omissão quanto ao seu dever de fiscalização de atividades poluidoras é objetiva, de imputação solidária e de execução subsidiária.
>
> **CERTO**

QUESTÃO DISCURSIVA[43]

A Empresa Química Triatlon firmou um contrato para adquirir uma quantidade grande de metanol, necessário para sua atividade fim (produção de medicamentos), da empresa boliviana Bolivax, em razão da crise de abastecimento recente que atingiu o Brasil.

No contrato firmado, foram acordadas as seguintes cláusulas: a) que a contratada seria responsável pela contratação e pagamento do frete marítimo e b) que a tradição da mercadoria ocorreria apenas no momento da entrega efetiva ao comprador (real tradição), e não no ato de embarque do produto.

41 STJ. RESP nº 1071741/SP – Relator Ministro Herman Benjamim. Segunda Turma. DJE 16/12/2010.

42 Art. 934. Aquele que ressarcir o dano causado por outrem pode reaver o que houver pago daquele por quem pagou, salvo se o causador do dano for descendente seu, absoluta ou relativamente incapaz.

43 A autoria da questão discursiva é do professor Bruno Menezes Soutinho a quem agradecemos a gentileza de sua concessão.

A Bolivax contratou para o serviço de frete marítimo a Sociedade Transporte Seguro. Ocorre que, quando o navio atracou no Porto Marítimo da Cidade de Manaus, houve uma grande explosão e contaminação do Rio Negro, o que gerou a proibição da pesca na região, em razão do derramamento do óleo da embarcação, embora o conteúdo da carga transportada tenha permanecido íntegro.

O laudo pericial do inquérito prévio, instaurado para investigar as causas do acidente, embora não tenha apontado com precisão a causa determinante, entendeu pela existência de falha, tanto da empresa que explora o terminal marítimo (Terminal Catalinárias), quanto da Sociedade Transporte Seguro. Também apontou que a proibição da pesca foi resultado do derramamento do óleo da embarcação, e não de eventual contaminação pelo conteúdo da carga.

Diante do ocorrido, Zé Solimões, pescador profissional que atuava naquela bacia, ingressou com ação de indenização por danos morais e materiais contra a Empresa Química Triatlon e o Município de Manaus. Alegou que a empresa contratante era destinatária (proprietária) da carga transportada pela Sociedade Transporte Seguro no momento da explosão e que, por isto, seria solidariamente responsável pelo dano decorrente do acidente, na qualidade de poluidor indireto. Frisou a situação de o navio apenas estar atracado no porto em razão da contratação da mercadoria pelo adquirente. Dessa forma, ainda que a contaminação não tivesse decorrido do metanol, a compra do produto caracterizaria o nexo causal.

Outrossim, acusou o Município de Manaus de omissão na fiscalização do serviço portuário, situado dentro dos seus limites territoriais.

Zé Solimões argumentou que deveria ser indenizado em razão de ter ficado impossibilitado de exercer a profissão por 2 meses e não estar em período de defeso.

Diante do caso apresentado, responda com fundamento na legislação aplicável e na jurisprudência dos tribunais superiores:

a) Qual a teoria adotada pelos Tribunais Superiores para a responsabilidade civil por dano ambiental e quais são os pressupostos do dano ambiental?

b) O pedido do autor deve ser julgado procedente?

c) É possível responsabilizar algum dos demais envolvidos?

Espaço para resposta

Comentários

1. Considerações sobre a responsabilidade ambiental. Teoria adotada pelo Superior Tribunal de Justiça e Pressupostos do dano ambiental

É possível responsabilizar o poluidor ambiental tanto **na esfera cível, criminal ou administrativa**, conforme o teor do artigo 225, §3º, da Constituição Federal:

> Artigo 225 (...)
>
> § 3º As condutas e atividades consideradas **lesivas ao meio ambiente sujeitarão os infratores, pessoas físicas ou jurídicas, a sanções penais e administrativas**, independentemente da obrigação de reparar os danos causados.

Esta é a chamada tríplice responsabilização e decorre do **princípio da reparação integral**, justamente em razão do meio ambiente ser essencial à sadia qualidade de vida e direito fundamental de toda a coletividade, devendo todo e qualquer dano causado ser reparado. Sem um meio ambiente saudável, outros direitos fundamentais são gravemente comprometidos.

Dessa forma, tanto a pessoa física, quanto a jurídica – pública ou privada – podem ser responsabilizadas nas três esferas, seja poluidor direto ou indireto.

Além do mencionado artigo constitucional, outros dispositivos também tratam do tema:

> Lei 6938/1981
>
> Art 3º – Para os fins previstos nesta Lei, entende-se por:
>
> (...)
>
> IV – poluidor, a pessoa física ou jurídica, de direito público ou privado, responsável, direta ou indiretamente, por atividade causadora de degradação ambiental;

> (...)
>
> Artigo 14, §1º – Sem obstar a aplicação das penalidades previstas neste artigo, é o poluidor obrigado, independentemente da existência de culpa, a indenizar ou reparar os danos causados ao meio ambiente e a terceiros, afetados por sua atividade. O Ministério Público da União e dos Estados terá legitimidade para propor ação de responsabilidade civil e criminal, por danos causados ao meio ambiente.

Um detalhe interessante é observar que a responsabilidade civil objetiva ambiental **não surgiu com a Constituição Federal de 1988,** mas sim em 1981 com a Lei do Programa Nacional do Meio Ambiente.

A teoria adotada pelo Superior Tribunal de Justiça é a **Teoria do Risco Integral** no pertinente à responsabilidade civil ambiental:

> RESPONSABILIDADE CIVIL POR DANO AMBIENTAL. RECURSO ESPECIAL REPRESENTATIVO DE CONTROVÉRSIA. ART. 543-C DO CPC. DANOS DECORRENTES DO ROMPIMENTO DE BARRAGEM. ACIDENTE AMBIENTAL OCORRIDO, EM JANEIRO DE 2007, NOS MUNICÍPIOS DE MIRAÍ E MURIAÉ, ESTADO DE MINAS GERAIS.
>
> TEORIA DO RISCO INTEGRAL. NEXO DE CAUSALIDADE.
>
> 1. Para fins do art. 543-C do Código de Processo Civil: **a) a responsabilidade por dano ambiental é objetiva, informada pela teoria do risco integral, sendo o nexo de causalidade o fator aglutinante que permite que o risco se integre na unidade do ato, sendo descabida a invocação, pela empresa responsável pelo dano ambiental, de excludentes de responsabilidade civil para afastar sua obrigação de indenizar**; b) em decorrência do acidente, a empresa deve recompor os danos materiais e morais causados e c) na fixação da indenização por danos morais, recomendável que o arbitramento seja feito caso a caso e com moderação, proporcionalmente ao grau de culpa, ao nível socioeconômico do autor, e, ainda, ao porte da empresa, orientando-se o juiz pelos critérios sugeridos pela doutrina e jurisprudência, com razoabilidade, valendo-se de sua experiência e bom senso, atento à realidade da vida e às peculiaridades de cada caso, de modo que, de um lado, não haja enriquecimento sem causa de quem recebe a indenização e, de outro, haja efetiva compensação pelos danos morais experimentados por aquele que fora lesado.
>
> 2. No caso concreto, recurso especial a que se nega provimento.
>
> (REsp 1374284/MG, Rel. Ministro LUIS FELIPE SALOMÃO, SEGUNDA SEÇÃO, julgado em 27/08/2014, DJe 05/09/2014)

A principal diferença da **teoria do risco integral**, para a *teoria do risco administrativo* é que esta admite as chamadas excludentes de nexo causalidade: a) fato de terceiro; b) culpa exclusiva da vítima; c) caso fortuito e d) força maior.

Entretanto, a aplicação da teoria do risco integral não exclui a necessidade da demonstração de:

1- **Conduta comissiva ou omissiva**: conduta omissiva apenas se verifica quando o suposto poluidor possui o dever de impedir a degradação e deixa de fazê-lo, beneficiando-se ainda que indiretamente do comportamento de terceiro responsável pelo dano ao meio ambiente. É válido lembrar que, para fins de responsabilidade civil ambiental, não interessa se a conduta é lícita ou ilícita - STJ: "2. Os atos lícitos também podem dar causa à obrigação de indenizar. Segundo a doutrina de Caio Tácito, o fundamento da indenização não será, todavia, "o princípio da responsabilidade (que pressupõe a violação de direito subjetivo mediante ato ilícito da administração)", mas "a obrigação de indenizar o sacrifício de um direito em consequência de atividade legítima do Poder Público." (AGRAVO EM RECURSO ESPECIAL Nº 1.276.341 - SC (2018/0083281-2)

2- **Existência do dano ambiental**

3- **Demonstração do nexo de causalidade entre a conduta e o dano gerado**

Nesse sentido:

> ADMINISTRATIVO. AÇÃO CIVIL PÚBLICA. DANOS AMBIENTAIS. PESCA PREDATÓRIA DE ARRASTO DENTRO DAS TRÊS MILHAS MARÍTIMAS. RESPONSABILIDADE OBJETIVA INDEPENDENTE DE CULPA. IMPRESCINDÍVEL, ENTRETANTO, A DEMONSTRAÇÃO DO NEXO DE CAUSALIDADE. FUNDAMENTOS INSUFICIENTES PARA A REFORMA DA DECISÃO. AGRAVO REGIMENTAL DESPROVIDO.
>
> 1. A jurisprudência desta Corte Superior firmou-se no sentido de que, apesar da responsabilidade por dano ambiental ser objetiva, deve ser demonstrado o nexo de causalidade entre a conduta e o resultado. Precedentes.
>
> 2. A aplicação desse entendimento através de decisão monocrática está de acordo com o art. 557 do CPC e, portanto, não configura nulidade a ser sanada.
>
> 3. Os argumentos postos no Agravo Regimental não são suficientes para modificar o entendimento trazido na decisão recorrida, que se mantém pelos próprios fundamentos.
>
> 4. Agravo Regimental desprovido. "
>
> (AgRg no REsp nº 1.210.071/RS, Rel. Ministro NAPOLEÃO NUNES MAIA FILHO, PRIMEIRA TURMA, julgado em 5/5/2015, DJe de 13/5/2015 - grifou-se).

Tanto o poluidor direto, quanto o poluidor indireto são responsáveis.

Assim, os fundamentos da responsabilidade civil ambiental são: a) o artigo 225, § 3º, da CF; b) artigo 3, IV, da Lei 6938/81; c) artigo 14, §1º da Lei 6938/81; d) citar como pressupostos a conduta, dano e o nexo causal e, por fim e) mencionar a Teoria do Risco Integral e a impossibilidade de existência de excludente de nexo de causalidade.

O cerne da questão é saber se há, ou não, nexo causal entre as eventuais condutas praticadas pela Empesa Química Triatlon e o Município de Manaus.

2. Da responsabilidade, ou não, da Empresa Química Triatlon

Como vimos, o ordenamento jurídico brasileiro adota a teoria do risco integral, não sendo possível alegação de excludentes de nexo causal. Entretanto, é preciso demonstrar os pressupostos: a) conduta; b) dano; c) nexo causal.

Ao julgar um caso semelhante do aqui versado, o Superior Tribunal de Justiça entendeu que a empresa adquirente da carga não responde pela reparação dos supostos danos suportados por pescadores da região atingida, uma vez que não há nexo causal entre a conduta da empresa que adquiriu a mercadoria e o dano eventualmente suportado.

> RECURSOS ESPECIAIS REPETITIVOS. NEGATIVA DE PRESTAÇÃO JURISDICIONAL.
> NÃO OCORRÊNCIA. RESPONSABILIDADE CIVIL AMBIENTAL. AÇÃO INDENIZATÓRIA. DANOS EXTRAPATRIMONIAIS. ACIDENTE AMBIENTAL. EXPLOSÃO DO NAVIO VICUÑA. PORTO DE PARANAGUÁ. PESCADORES PROFISSIONAIS.
>
> PROIBIÇÃO TEMPORÁRIA DE PESCA. EMPRESAS ADQUIRENTES DA CARGA TRANSPORTADA. AUSÊNCIA DE RESPONSABILIDADE. NEXO DE CAUSALIDADE NÃO CONFIGURADO.
>
> 1. **Ação indenizatória ajuizada por pescadora em desfavor apenas das empresas adquirentes (destinatárias) da carga que era transportada pelo navio tanque Vicuña no momento de sua explosão, em 15/11/2004, no Porto de Paranaguá. Pretensão da autora de se ver compensada por danos morais decorrentes da proibição temporária da pesca (2 meses) determinada em virtude da contaminação ambiental provocada pelo acidente.**
>
> 2. Acórdão recorrido que concluiu pela procedência do pedido ao fundamento de se tratar de hipótese de responsabilidade objetiva, com aplicação da teoria do risco integral, na qual o simples risco da atividade desenvolvida pelas demandadas configuraria o nexo de causalidade ensejador do dever de indenizar. Indenização fixada no valor de R$ 5.000,00 (cinco mil reais).
>
> 3. Consoante a jurisprudência pacífica desta Corte, sedimentada inclusive no julgamento de recursos submetidos à sistemática dos processos representativos de controvérsia (arts. 543-C do CPC/1973 e 1.036 e 1.037 do CPC/2015), **"a responsabilidade por dano ambiental é objetiva, informada pela teoria do risco integral, sendo o nexo de causalidade o fator aglutinante que permite que o risco se integre na unidade do ato"** (REsp nº 1.374.284/MG).

4. Em que pese a responsabilidade por dano ambiental seja objetiva (e lastreada pela teoria do risco integral), faz-se imprescindível, **para a configuração do dever de indenizar, a demonstração da existência de nexo de causalidade apto a vincular o resultado lesivo efetivamente verificado ao comportamento (comissivo ou omissivo) daquele a quem se repute a condição de agente causador.**

5. No caso, **inexiste nexo de causalidade entre os danos ambientais (e morais a eles correlatos) resultantes da explosão do navio Vicuña e a conduta das empresas adquirentes da carga transportada pela referida embarcação.**

6. Não sendo as adquirentes da carga responsáveis diretas pelo acidente ocorrido, só haveria falar em sua responsabilização – na condição de poluidora indireta – acaso fosse demonstrado: (i) o comportamento omissivo de sua parte; (ii) que o risco de explosão na realização do transporte marítimo de produtos químicos adquiridos fosse ínsito às atividades por elas desempenhadas ou (iii) que estava ao encargo delas, e não da empresa vendedora, a contratação do transporte da carga que lhes seria destinada.

7. Para os fins do art. 1.040 do CPC/2015, fixa-se a seguinte TESE: **As empresas adquirentes da carga transportada pelo navio Vicunã no momento de sua explosão, no Porto de Paranaguá/PR, em 15/11/2004, não respondem pela reparação dos danos alegadamente suportados por pescadores da região atingida, haja vista a ausência de nexo causal a ligar tais prejuízos (decorrentes da proibição temporária da pesca) à conduta por elas perpetrada** (mera aquisição pretérita do metanol transportado).

8. Recursos especiais providos.

(REsp 1602106/PR, Rel. Ministro RICARDO VILLAS BÔAS CUEVA, SEGUNDA SEÇÃO, julgado em 25/10/2017, DJe 22/11/2017)

No caso, o Superior Tribunal de Justiça entendeu pela impossibilidade de responsabilização da empresa adquirente da mercadoria, em razão da **inexistência de nexo causal. Não foi adotada excludente alguma de responsabilidade.**

Percebam que a teoria do risco integral foi a adotada, entretanto, não foi demonstrada a existência nexo causal entre a conduta do adquirente e o dano sofrido pelo pescador Zé Solimões: "*para o fim de apuração do nexo de causalidade no dano ambiental, equiparam-se quem faz, quem não faz quando deveria fazer, quem não se importa que façam, quem financia para que façam, e quem se beneficia quando outros fazem*" (REsp 650.728/SC, Rel. Ministro HERMAN BENJAMIN, SEGUNDA TURMA, julgado em 23/10/2007, DJe 02/12/2009).

Apenas poderíamos falar em responsabilização da Empresa Química Triatlon, se ela fosse a responsável direta ou indiretamente responsável pelo dano ambiental. Não há, entretanto, como enquadra-la como responsável direta pelo dano gerado e, indiretamente, só haveria sua responsabilidade se ficasse demonstrado: a) existência de comportamento omissivo da sua parte; b) que o risco de acidentes no transporte marítimo fosse inerente a atividade por ela desempenhada; c) que estivesse a seu encargo, e não a encargo da empresa vendedora a contratação do transporte de carga que seria destinada.

Nenhuma das situações foi verificada, pois a Empresa atua no ramo de medicamentos. O risco do transporte marítimo não está, pois, relacionado com a sua atividade fim, mas com a atividade desempenhada pela Transporte Seguro e pela administradora do terminal (Terminal Catalinárias). Quando muito, seria razoável estender a responsabilidade proveniente da assunção deste risco à empresa Bolivax, uma vez que foi a contratante do serviço de transporte.

Atentar, ainda, para as cláusulas contratuais:

- Que a contratada seria responsável tanto pela contratação quanto pelo pagamento do frete marítimo e
- Que a tradição da mercadoria ocorreria apenas no momento da entrega efetiva ao comprador (real tradição) e não no ato de embarque do produto.

Isto posto, não houve assunção de risco na contratação ou pagamento do frete.

Ademais, não havia sido realizada a entrega efetiva da mercadoria ao comprador, momento a partir do qual ele se responsabilizaria pelos danos causados **pela mercadoria entregue.**

Por fim, **o próprio laudo pericial foi claro em afirmar que a poluição por metanol não foi a responsável pela proibição da pesca, mas sim o derramamento do óleo da própria embarcação**. A mera contratação do produto necessário para sua atividade fim, nos termos do pacto, não é suficiente para caracterizar o nexo causal.

Dessa forma, temos que:

i. A empresa atua no ramo de medicamentos;

ii. Não há comportamento omissivo da sua parte: Não era responsável pela fiscalização, pois não tinha o dever de impedir a degradação e nem se beneficiou, de forma direta ou indireta, pelo dano causado ao meio ambiente. Além disso, a indústria não logrou benefício algum com o acidente (pelo contrário, sofreu perda da carga e, como consequência, a paralisação da produção). Ademais, não tinha dever de impedir o acidente;

iii. O contrato foi expresso em deixar a encargo da Bolivax a contratação e frete.

O entendimento do STJ, relacionado ao tema, diz que: "*as empresas adquirentes da carga transportada pelo navio Vicunã no momento de sua explosão, no Porto de Paranaguá/PR, em 15/11/2004, não respondem pela reparação dos danos alegadamente suportados por pescadores da região atingida, haja vista a ausência de nexo causal a ligar tais prejuízos (decorrentes da proibição temporária da pesca) à conduta por elas perpetrada (mera aquisição pretérita do metanol transportado)*".[44]

44 REsp 1.602.106/PR

3. Da responsabilidade, ou não, do Município de Manaus.

Para responder este questionamento, é preciso atentar às competências constitucionais.

O artigo 21, XII, f, da Constituição Federal afirma competir à União explorar, diretamente ou mediante autorização, concessão ou permissão os portos marítimos, fluviais e lacustres.

Assim, **não é a localidade do porto quem irá determinar o ente eventualmente omisso, mas sim a titularidade da competência constitucional**. Nesse passo, a exploração das instalações portuárias é serviço público de titularidade da União Federal, podendo, via concessão, autorização ou permissão, ser delegado. **Portanto, em razão de o serviço marítimo e portuário ser de titularidade da União, não procede a alegação do autor referida neste ponto, inclusive porque o Município de Manaus não detém a delegação da prestação do serviço** (se há algum ente federativo que se omitiu na fiscalização foi a União e não o Município de Manaus).

Corroborando com o aqui afirmado, observe julgado colacionado na ferramenta "A Constituição e o Supremo"[45] a respeito do sobredito artigo constitucional:

> **Competindo à União, e só a ela, explorar diretamente ou mediante autorização, concessão ou permissão, os portos marítimos, fluviais e lacustres, art. 21, XII, f, da CF, está caracterizada a natureza pública do serviço de docas.** A Companhia Docas do Rio de Janeiro, sociedade de economia mista federal, incumbida de explorar o serviço portuário em regime de exclusividade, não pode ter bem desapropriado pelo Estado. Inexistência, no caso, de autorização legislativa.
>
> [RE 172.816, rel. min. Paulo Brossard, j. 9-2-1994, DJ de 13-5-1994. Vide RE 253.472, rel. p/ o ac. min. Joaquim Barbosa, j. 25-8-2010, P, DJE de 1º-2-2011

Dessa feita, conclui-se que não há qualquer ação ou omissão do Município de Manaus, pois ele não é o responsável pela exploração do serviço portuário.

4. Improcedência do pedido do autor e responsabilização de outros envolvidos

No caso aqui versado os pedidos do autor ***<u>devem ser julgados improcedentes</u>***, pois ele ajuizou ação contra o Município de Manaus e contra a Empresa Química Triatlon.

Entretanto, é preciso ressaltar que é possível responsabilizar outros envolvidos no caso, como o **Terminal Catalinárias** (em razão da falha apontada no

45 http://www.stf.jus.br/portal/constituicao/artigoBd.asp?item=291

laudo pericial), a **Transporte Seguro** e, em tese, **a Bolivax**, esta sob o argumento de que foi a responsável pela contratação do frete e pela escolha da empresa transportadora.

Então seria possível responsabilizar outros envolvidos? Se a ação indenizatória tivesse sido proposta contra o Terminal Catalinárias ou a Transporte Seguro Zé Solimões teria direito a danos morais? **SIM**!

Conforme ressaltado, para a existência de responsabilidade civil ambiental é preciso a existência de: a) conduta; b) dano; c) nexo causal.

No caso, há o dano moral em razão das atividades pesqueiras terem sido suspensas, motivo pelo qual Zé Solimões ficou impossibilitado de exercer a profissão.

Perceba que, por dois meses não houve pescaria, podendo ser dito que foi afetada significativamente a região. Veja o entendimento do Superior Tribunal de Justiça:

> 1.- É admissível, no sistema dos Recursos Repetitivos (CPC, art. 543-C e Resolução STJ 08/08) definir, para vítimas do mesmo fato, em condições idênticas, teses jurídicas uniformes para as mesmas consequências jurídicas.
>
> [...] d) Configuração de dano moral.- Patente o sofrimento intenso de pescador profissional artesanal, **causado pela privação das condições de trabalho, em consequência do dano ambiental, é também devida a indenização por dano moral**, fixada, por equidade, em valor equivalente a um salário-mínimo.[...] REsp 1114398/PR, Rel. Ministro SIDNEI BENETI, SEGUNDA SEÇÃO,julgado em 08/02/2012, DJe 16/02/2012).

Dessa forma, podemos inferir que para o Superior Tribunal de Justiça o dano moral ambiental a pescador profissional fica caracterizado por meio da impossibilidade de exercer a profissão.

Também faria jus aos danos materiais (patrimoniais), pois não se encontrava em época de defeso (época em que a pesca é proibida), existindo, assim, efetivo prejuízo.

POLÍTICA NACIONAL DO MEIO AMBIENTE – PNMA

1. INTRODUÇÃO

A Política Nacional do Meio Ambiente (PNMA) foi instituída pela Lei 6.938/81[1], norma geral sobre proteção ambiental, e estabelece um conjunto de princípios, valores e objetivos que devem reger a tutela ambiental em nosso país, além de instrumentos administrativos, penais, civis e econômicos para implementação dessa proteção. Visa dar efetividade ao princípio matriz de proteção ambiental, inserto no art. 225, da CF/88[2] e atende, ademais, ao comando constitucional posto no artigo 23, VI e VII da Constituição de 1988[3].

> *Art 1º – Esta lei, com fundamento nos incisos VI e VII do art. 23 e no art. 235 (*)[4] da Constituição, estabelece a Política Nacional do Meio Ambiente, seus fins e mecanismos de formulação e aplicação, constitui o Sistema Nacional do Meio Ambiente (Sisnama) e institui o Cadastro de Defesa Ambiental.*

Esse verdadeiro microssistema legal de salvaguarda ambiental visava, à época em que foi editado e, ainda, atualmente, estabelecer um equilíbrio entre o desenvolvimento econômico do País e a proteção do meio ambiente – o chamado ecodesenvolvimento ou desenvolvimento sustentável, difundido na Conferência de Estocolmo de 1972.

A LPNMA é o diploma infraconstitucional mais importante, em matéria ambiental, dado seu papel estruturante, sendo ela a responsável pelo reconhecimento do Direito Ambiental como ciência autônoma no Brasil. Constituiu um marco na legislação pátria, criando as bases para o Direito Ambiental Brasileiro

---

1 Dispõe sobre a Política Nacional do Meio Ambiente, seus fins e mecanismos de formulação e aplicação, e dá outras providências.

2 Art. 225. Todos têm direito ao meio ambiente ecologicamente equilibrado, bem de uso comum do povo e essencial à sadia qualidade de vida, impondo-se ao Poder Público e à coletividade o dever de defendê-lo e preservá-lo para as presentes e futuras gerações.

3 Art. 23. É competência comum da União, dos Estados, do Distrito Federal e dos Municípios:
VI – proteger o meio ambiente e combater a poluição em qualquer de suas formas;
VII – preservar as florestas, a fauna e a flora;

4 (*) Leia-se art. 225 da Constituição.

nos moldes que conhecemos atualmente, e representa verdadeira mudança de paradigmas na proteção ambiental, antes focada em recursos naturais isolados, para uma proteção integrada baseada em uma tutela focada nos ecossistemas.

Devem observá-la a União, os Estados, DF e Municípios, em seus respectivos âmbitos territoriais, todos incumbidos de implementar a PNMA no País.

> (PGE/GO 2013) As atividades empresariais públicas ou privadas serão exercidas em consonância com as diretrizes da Política Nacional do Meio Ambiente.
>
> **CERTO**

2. PRINCÍPIOS DA PNMA

O artigo 2º da Lei 6938/81 arrola os princípios da PNMA. Embora estejam elencados pela lei com a denominação de "princípios", constituem-se verdadeiros **programas e metas** a serem observados na implementação dos objetivos da PNMA.

Tais princípios não se confundem com os princípios doutrinários de direito ambiental, devendo, entretanto, compatibilizar-se com eles, uma vez que todos convergem no sentido da proteção do meio ambiente ecologicamente equilibrado e da sadia qualidade de vida de todos os seres.

Destinam-se aos operadores do direito, ao legislador e aos administradores públicos, na busca da proteção ambiental e implementação da PNMA em seus pertinentes âmbitos de atuação.

> *Art. 2º – A Política Nacional do Meio Ambiente tem por objetivo a preservação, melhoria e recuperação da qualidade ambiental propícia à vida, visando assegurar, no País, condições ao desenvolvimento socioeconômico, aos interesses da segurança nacional e à proteção da dignidade da vida humana, atendidos os seguintes* ***princípios:***
>
> *I – ação governamental na manutenção do equilíbrio ecológico, considerando o meio ambiente como um patrimônio público* (*)[5] *a ser necessariamente assegurado e protegido, tendo em vista o uso coletivo;*
>
> *II – racionalização do uso do solo, do subsolo, da água e do ar;*

> (Cespe TJ/SC 2019) Os princípios expressos na Lei n.º 6.938/1981 — Política Nacional do Meio Ambiente — incluem a racionalização do uso do solo, do subsolo, da água e do ar e a recuperação de áreas degradadas.
>
> **CERTO**

5 (*) Leia-se (leitura conforme a CF/88): "...considerando o meio ambiente como um **bem de uso comum do povo...**"

III – planejamento e fiscalização do uso dos recursos ambientais;

IV – proteção dos ecossistemas, com a preservação de áreas representativas;

V – controle e zoneamento das atividades potencial ou efetivamente poluidoras;

VI – incentivos ao estudo e à pesquisa de tecnologias orientadas para o uso racional e a proteção dos recursos ambientais;

VII – acompanhamento do estado da qualidade ambiental;

VIII – recuperação de áreas degradadas;

(Cespe TJ/PR 2017) A recuperação de áreas degradadas é exigida das mineradoras por previsão constitucional expressa[6] e, sob aspectos gerais, é prevista na lei como um dos princípios da PNMA.

CERTO

IX – proteção de áreas ameaçadas de degradação;

X – educação ambiental a todos os níveis de ensino, inclusive a educação da comunidade, objetivando capacitá-la para participação ativa na defesa do meio ambiente.

Legislação relacionada: Lei 9.795/99 (Dispõe sobre a educação ambiental, institui a Política Nacional de Educação Ambiental e dá outras providências).

(PGM/Silveira Martins-RS 2014) A Política Nacional do Meio Ambiente (PNM(A) pode ser conceituada como aquela que tem por objetivo a preservação, melhoria e recuperação da qualidade ambiental propícia à visa, visando assegurar, no pai, condições ao desenvolvimento socioeconômico, aos interesses da segurança nacional e à proteção da dignidade da vida humana, tendo como princípios:

☑ **educação ambiental em todos os níveis de ensino, inclusiva na educação da comunidade, objetivando capacitá-la para a participação ativa na defesa do meio ambiente.**

3. CONCEITOS APRESENTADOS PELA LPNMA

O art. 3º da LPNMA apresenta conceitos de importantes institutos, em matéria ambiental, que serão observados e desenvolvidos ao longo dessa lei e outras que lhe sobrevieram.

O tema é bastante cobrado em prova, principalmente de forma literal, e, comumente, trocando-se um conceito por outro, razão pela qual impõe-se atenção especial no estudo dos dispositivos.

6 Art. 225. § 2º Aquele que explorar recursos minerais fica obrigado a recuperar o meio ambiente degradado, de acordo com solução técnica exigida pelo órgão público competente, na forma da lei.

Segundo o art. 3º, da lei em estudo, entende-se por:

- **Meio ambiente**: *o conjunto de condições, leis, influências e interações de ordem física, química e biológica, que permite, abriga e rege a vida em todas as suas formas*;

Caso o conceito seja apresentado em provas objetivas relacionadas à PNMA, deve ser dito como correto. Caso, entretanto, seja ocasião de aprofundar o tema (provas subjetivas, orais), devemos destacar que a definição em tela abarcou apenas as aspectos naturais do meio ambiental.

> *O conceito apresentado pela Lei 6.938/81 deve ser* ***interpretado de forma abrangente****, em consonância com a Constituição de 1988, no sentido de* ***inserir*** *os* ***aspectos sociais, culturais e econômicos****, além dos* ***aspectos de ordem física, química e biológica,*** *expressamente mencionados. O entendimento de "meio ambiente" deve ser* ***amplo, aglutinador****, envolvendo e interconectando os* ***aspectos bióticos (flora e fauna), abióticos (físicos e químicos), econômicos, sociais, culturais****, enfim, os aspectos que conjuntamente formam o "ambiente".*[7]

Nesse sentido (mais amplo), a Resolução CONAMA 306/2002 conceitua:

> *Meio ambiente: conjunto de condições, leis, influência e interações de ordem física, química, biológica, social, cultural e urbanística, que permite, abriga e rege a vida em todas as suas formas.*

(PGM/Palmas-TO 2016) Para os fins previstos na Lei Federal nº 6.938/1981 (Política Nacional do Meio Ambiente), entende-se por Meio ambiente: a atmosfera, as águas interiores, superficiais e subterrâneas, os estuários, o mar territorial, o solo, o subsolo, os elementos da biosfera, a fauna e a flora.

ERRADO

Ainda com relação à definição apresentada pela LPNMA, nada obstante a inclinação antropocêntrica[8] do direito ambiental brasileiro, a LPNMA ao definir o meio ambiente como aquele que "*abriga e rege a* ***vida em todas as suas formas***" apresenta conceito voltado ao chamado "**biocentrismo**". Essa concepção biocentrista do meio ambiente considera o ser humano como ser integrante do ecossistema, o todo composto por fauna, flora e biodiversidade, todos merecedores de especial proteção.

---

7 Manual de Direito Ambiental. Romeu Thomé. 2016

8 Para o antropocentrismo, a natureza é um bem coletivo essencial que deve ser preservado como garantia de sobrevivência e bem-estar do homem.

(CESPE TRF 5ªR 2011) Ao conceber o meio ambiente como o conjunto de condições, leis, influências e interações de ordem física, química e biológica que permite, abriga e rege a vida humana, o direito ambiental ostenta índole antropocêntrica, considerando o ser humano o seu único destinatário.

ERRADO

- **degradação da qualidade ambiental**: *a alteração adversa das características do meio ambiente;*

(Vunesp Proc/Câmara de Poá-SP 2016) A Lei no 6.938/81 traça as diretrizes da Política Nacional do Meio ambiente. Acerca dos conceitos introduzidos por essa lei, é correto afirmar que degradação da qualidade ambiental é a alteração adversa das características do meio ambiente.

CERTO

(PGM/Palmas-TO 2016) Para os fins previstos na Lei Federal nº 6.938/1981 (Política Nacional do Meio Ambiente), entende-se por Degradação da qualidade ambiental: a degradação da qualidade ambiental resultante de atividades que direta ou indiretamente afetem desfavoravelmente a biota, lancem matérias ou energia em desacordo com os padrões ambientais estabelecidos, dentre outras.

ERRADO

- **poluição**: *a degradação da qualidade ambiental resultante de atividades que direta ou indiretamente*:

a) prejudiquem a saúde, a segurança e o bem-estar da **população**;
b) criem condições adversas às **atividades sociais e econômicas**;
c) afetem desfavoravelmente a **biota**;
d) afetem as **condições estéticas ou sanitárias** do meio ambiente;
e) lancem matérias ou energia em desacordo com os **padrões ambientais estabelecidos**;

(CESPE PGM/Fortaleza-CE 2017) Conforme o disposto na Política Nacional do Meio Ambiente, poluição consiste na degradação da qualidade ambiental resultante de atividade que crie, ainda que indiretamente, condição desfavorável ao desenvolvimento de atividades econômicas.

CERTO

(Cespe PGM/Campo Grande-MS 2019) Poluição é a alteração adversa das características do meio ambiente mediante o lançamento de matérias ou energia em desacordo com padrões ambientais estabelecidos.

CERTO

(PGM/Palmas-TO 2016) Para os fins previstos na Lei Federal nº 6.938/1981 (Política Nacional do Meio Ambiente), entende-se por Poluição: a alteração adversa das características do meio ambiente.

ERRADO

(Vunesp TJ/MS 2015) Segundo estabelecido na Política Nacional do Meio Ambiente, entende-se por poluição a degradação da qualidade ambiental resultante de atividades que, direta ou indiretamente, prejudiquem a saúde, a segurança e o bem-estar da população.

CERTO

O legislador teve preocupação específica com o homem quando definiu a atividade poluente (**antropocentrismo**), uma vez que o ser humano está na origem e no fim do conceito de poluição. Apenas a alínea "c" não revela nítida relação da degradação com seu efeito sobre o ser humano.

Observe, ademais, que a atividade poluente decorre sempre de ato do ser humano, pessoa física ou jurídica, como se verá logo adiante. Dessa forma, danos experimentados pelo meio ambiente, decorrentes de fenômenos naturais (enchentes, raios, deslizamentos etc.), não são tidos como atos de poluição, ainda que gerem degradação.

Atenção: O conceito de poluição compreende tanto as atividades lícitas quanto as ilícitas, não se estabelecendo distinção dessa natureza na definição de uma atividade como poluente ou não.

- **poluidor**: *a pessoa física ou jurídica, de direito público ou privado, responsável, direta ou indiretamente, por atividade causadora de degradação ambiental*;

O conceito apresentado pela LPNMA foi importantíssimo para que se buscasse a efetividade do direito ao meio ambiente, dada a dificuldade de se identificar aquele que praticou diretamente a atividade que causou a degradação.

> *"(...) **O conceito de poluidor, no Direito Ambiental brasileiro, é amplíssimo,** confundindo-se, por expressa disposição legal, com o de degradador da qualidade ambiental (...). 12. Para o fim de apuração do nexo de causalidade no dano urbanístico-ambiental e de eventual **solidariedade passiva**, equiparam-se **quem faz, quem não faz quando deveria fazer, quem não se importa que façam, quem cala quando lhe cabe denunciar, quem financia para que façam e quem se beneficia quando outros fazem** (...)"*[9]

Tem-se, portanto, a regra da **responsabilidade solidária** pela poluição – todas as pessoas que de alguma forma causaram degradação ao meio ambiente são responsáveis, conjuntamente, pelo desequilíbrio ecológico.

9 STJ, 2ª Turma, REsp 1.071.741/SP, rel. Min. Herman Benjamin, DJ 16-12-2010

(FCC PGM/Teresina 2010) A Política Nacional do Meio Ambiente (PNMA), estabelecida pela Lei Federal n° 6.938/81, NÃO define que poluidor é a pessoa física ou jurídica, de direito público ou privado, apenas diretamente responsável por atividade causadora de degradação ambiental.

CERTO

(PGM/Nova Lima-MG 2011) Segundo o entendimento do STJ, qualquer que seja a qualificação jurídica do degradador, público ou privado, no Direito brasileiro a responsabilidade civil pelo dano ambiental é de natureza objetiva, solidária e ilimitada, sendo regida pelos princípios do poluidor- pagador, da reparação in integrum, da prioridade da reparação in natura, e do favor debilis, este último a legitimar uma série de técnicas de facilitação do acesso à Justiça, entre as quais se inclui a inversão do ônus da prova em favor da vítima ambiental.

CERTO

- **recursos ambientais**: *a atmosfera, as águas interiores, superficiais e subterrâneas, os estuários, o mar territorial, o solo, o subsolo, os elementos da biosfera, a fauna e a flora.*

Trata-se de todos os elementos naturais que, em conjunto e inter-relacionados, compõem o equilíbrio ecológico.

(Cespe TJ/PR 2017) Embora não seja classificada como recurso ambiental devido a sua natureza incompatível com a apropriação, a atmosfera é protegida pelo direito ambiental, assim como a água, o solo e o subsolo.

ERRADO

(Vunesp Proc/Câmara de Poá-SP 2016) A Lei no 6.938/81 traça as diretrizes da Política Nacional do Meio ambiente. Acerca dos conceitos introduzidos por essa lei, é correto afirmar que recursos ambientais são o conjunto de condições, leis, influências e interações de ordem física, química e biológica, que permite, abriga e rege a vida em todas as suas formas.

ERRADO

4. OBJETIVOS DA PNMA

A Lei 6938/81 apresenta, no art. 2º, o grande objetivo da PNMA (doutrinariamente denominado "objetivo abstrato"), qual seja, *a preservação, melhoria e recuperação da qualidade ambiental propícia à vida, visando assegurar, no País, condições ao desenvolvimento socioeconômico, aos interesses da segurança nacional e à proteção da dignidade da vida humana.*

(Proc/Câmara de Palmas-TO 2018) A Política Nacional do Meio Ambiente tem por objetivo a preservação, melhoria e recuperação da qualidade ambiental propícia à vida, visando assegurar, no País, condições ao desenvolvimento socioeconômico, aos interesses da segurança nacional e à proteção da dignidade da vida humana.

CERTO

(CESPE TRF 5ªR 2011) O direito ambiental é dotado de instrumentos que o capacitam a atuar na ordem econômica, e, nesse sentido, a PNMA visa, entre outros objetivos, assegurar adequado padrão de desenvolvimento socioeconômico ao país.

CERTO

Para que esse propósito maior seja atingido, a LPNMA elenca objetivos mais específicos, concretos e de natureza operacional, em seu art. 4º, a saber:

> *Art. 4º – A Política Nacional do Meio Ambiente visará:*
>
> *I – à **compatibilização do desenvolvimento econômico social com a preservação da qualidade do meio ambiente e do equilíbrio ecológico;***

Trata-se de reafirmação do princípio do desenvolvimento sustentável.

(Proc/Câmara de Palmas-TO 2018) A Política Nacional do Meio Ambiente visará à compatibilização do desenvolvimento econômico-social com a preservação da qualidade do meio ambiente e do equilíbrio ecológico.

CERTO

> *II – à **definição de áreas prioritárias de ação governamental** relativa à qualidade e ao equilíbrio ecológico, atendendo aos interesses da União, dos Estados, do Distrito Federal, do Territórios e dos Municípios;*

Consagra o princípio da obrigatoriedade da intervenção estatal, constitucionalizado no art. 225 e parágrafos, segundo o qual é dever do Poder Público defender e preservar o meio ambiente, valendo-se para tanto da definição *em todas as unidades da Federação, espaços territoriais e seus componentes a serem especialmente protegidos.*

> *III – ao estabelecimento de **critérios e padrões da qualidade ambiental** e de **normas relativas ao uso e manejo de recursos ambientais;***

Como se estudará à frente, compete ao Poder Público (Conama) disciplinar e definir padrões de tolerabilidade quanto ao impacto ambiental – princípio do limite ou controle, os quais, uma vez ultrapassados, geram responsabilização do agente pelo descumprimento.

> *IV – ao **desenvolvimento de pesquisas e de tecnologias** nacionais orientadas para o **uso racional de recursos ambientais;***

O Poder Público poderá atuar diretamente no desenvolvimento de tais pesquisas ou, funcionando como agente normativo e regulador, lançar mão de instrumentos econômicos para incentivar que instituições de ensino o façam.

(ALEGO 2015) A Política Nacional do meio ambiente visa, entre outros objetivos, favorecer o desenvolvimento de novas tecnologias que dispensem o uso de recursos naturais, preservando a qualidade do meio ambiente e o equilíbrio ecológico.

ERRADO

(FCC PGM/Cuiabá – MT 2014) A Política Nacional do Meio Ambiente tem como objetivo o desenvolvimento de pesquisas e de tecnologias nacionais orientadas para o uso racional de recursos ambientais.

CERTO

> *V – à **difusão de tecnologias** de manejo do meio ambiente, à **divulgação de dados e informações** ambientais e à **formação de uma consciência pública** sobre a necessidade de preservação da qualidade ambiental e do equilíbrio ecológico;*

Esse inciso veicula, conjuntamente, o conteúdo conexo aos princípios da informação, da educação e da participação popular, reiterados no inciso VI do § 1º do art. 225[10].

> *VI – à **preservação e restauração dos recursos ambientais** com vistas à sua utilização racional e disponibilidade permanente, concorrendo para a manutenção do equilíbrio ecológico propício à vida;*

A utilização racional e preservação dos recursos existentes, associada à restauração daqueles degradados, intenciona sua disponibilidade *para as presentes e futuras gerações*. Trata-se de aplicação dos princípios da prevenção e da precaução.

(FCC PGE/MT 2011) De acordo com a Lei Federal no 6.938/81, a política nacional do meio ambiente tem como objetivos a preservação e restauração dos recursos ambientais com vistas à sua utilização racional e disponibilidade permanente, concorrendo para a manutenção do equilíbrio ecológico propício à vida.

CERTO

*VII – à imposição, ao poluidor e ao predador, da **obrigação de recuperar e/ou indenizar os danos** causados, e ao usuário, de **contribuição** pela utilização de recursos ambientais com fins econômicos.*

Constitui previsão, em âmbito infraconstitucional, dos princípios do poluidor-pagador e usuário-pagador. O conteúdo axiológico dos princípios de direito ambiental, mencionados acima, constitui objeto de estudo destacado.

10 Art. 225. § 1º Para assegurar a efetividade desse direito, incumbe ao Poder Público: VI – promover a educação ambiental em todos os níveis de ensino e a conscientização pública para a preservação do meio ambiente;

(TJ/DFT 2012) A Política Nacional do Meio Ambiente visará impor ao usuário a obrigação de recuperar e/ou indenizar os danos causados e, ao poluidor e ao predador, uma contribuição pela utilização de recursos ambientais com fins econômicos.

ERRADO

5. INSTRUMENTOS DA PNMA

Constituem instrumentos legais e institucionais dos quais o Poder Público se utiliza para efetivação dos objetivos da PNMA, dando concretude aos seus princípios estabelecidos e pretendidos.

Podem ser classificados em instrumentos jurisdicionais (cíveis e penais) e não jurisdicionais (administrativos), preventivos (visam evitar a ocorrência de ilícitos ou danos ambientais) ou repressivos (responsabilização e sanções). Abrangem, ademais, mecanismos de controle (zoneamento, licenciamentos) e instrumentos econômicos, como a servidão ambiental, concessão florestal e o seguro ambiental, conforme se verá adiante.

(FCC PGM/Teresina 2010) A Política Nacional do Meio Ambiente (PNMA), estabelecida pela Lei Federal n° 6.938/81, NÃO adota instrumentos de comando e controle como, por exemplo, a avaliação de impacto ambiental, o zoneamento e o licenciamento.

ERRADO

A LPNMA elencou no art. 9º, em rol exemplificativo, tais instrumentos, a saber:

> *Art. 9º – São Instrumentos da Política Nacional do Meio Ambiente:*
>
> *I – o estabelecimento de padrões de qualidade ambiental;*
>
> *II – o zoneamento ambiental; (Regulamento)*
>
> *III – a avaliação de impactos ambientais;*
>
> *IV – o licenciamento e a revisão de atividades efetiva ou potencialmente poluidoras;*
>
> *V – os incentivos à produção e instalação de equipamentos e a criação ou absorção de tecnologia, voltados para a melhoria da qualidade ambiental;*
>
> *VI – a criação de espaços territoriais especialmente protegidos pelo Poder Público federal, estadual e municipal, tais como áreas de proteção ambiental, de relevante interesse ecológico e reservas extrativistas; (Redação dada pela Lei nº 7.804, de 1989)*
>
> *VII – o sistema nacional de informações sobre o meio ambiente;*
>
> *VIII – o Cadastro Técnico Federal de Atividades e Instrumento de Defesa Ambiental;*

IX – as penalidades disciplinares ou compensatórias ao não cumprimento das medidas necessárias à preservação ou correção da degradação ambiental.

X – a instituição do Relatório de Qualidade do Meio Ambiente, a ser divulgado anualmente pelo Instituto Brasileiro do Meio Ambiente e Recursos Naturais Renováveis – IBAMA; (Incluído pela Lei nº 7.804, de 1989)

XI – a garantia da prestação de informações relativas ao Meio Ambiente, obrigando-se o Poder Público a produzí-las, quando inexistentes; (Incluído pela Lei nº 7.804, de 1989)

XII – o Cadastro Técnico Federal de atividades potencialmente poluidoras e/ou utilizadoras dos recursos ambientais. (Incluído pela Lei nº 7.804, de 1989)

XIII – instrumentos econômicos, como concessão florestal, servidão ambiental, seguro ambiental e outros. (Incluído pela Lei nº 11.284, de 2006)

(TJ/RS 2016) Os instrumentos da Política Nacional do Meio Ambiente, originariamente previstos no artigo 9º da Lei nº 6.938/1981, são, entre outros: estabelecimento de padrões de qualidade ambiental; zoneamento ambiental; avaliação de impactos ambientais; licenciamento e revisão de atividades efetiva ou potencialmente poluidoras; incentivos à produção e instalação de equipamentos e à criação ou absorção de tecnologia, voltados para a melhoria da qualidade ambiental; cadastro técnico federal de atividades e instrumentos de defesa ambiental; sistema nacional de informações sobre o meio ambiente.

CERTO

(CESPE TJ/MA 2013) O tombamento, instrumento da PNMA, destina-se especificamente à proteção do meio ambiente cultural.

ERRADO

Passemos a analisar cada um dos instrumentos de forma mais detida.

I – Estabelecimento de padrões de qualidade ambiental

Trata-se de normas, editadas pelo Poder Público, que partem de pesquisas e estudos, para estabelecer o limite aceitável de impacto ambiental que pode ser imprimido a cada um dos recursos ambientais – ar, água, solo, etc.

Por intermédio desses critérios e parâmetros, estabelece-se um padrão de qualidade, cuja observância é cogente e, a partir do qual, a Administração fixa condicionantes e metas em processos de licenciamento. Os padrões estabelecidos atendem, ainda, à segurança jurídica, pois permitem ao agente empreendedor de eventual impacto vislumbrar a viabilidade da atividade que pretende implementar.

Caso o nível de impacto avance sobre o limite definido no padrão, haverá **poluição** e restará configurado o dano ao meio ambiente (artigo 3º, III, "e", PNMA).

Art. 3º III – poluição, a degradação da qualidade ambiental resultante de atividades que direta ou indiretamente:

e) lancem matérias ou energia em ***desacordo com os padrões ambientais estabelecidos;***

Como exemplo de normas fixadoras de padrões ambientais, podemos citar:

- Resolução nº 18/1986 – Programa de Controle da Poluição do Ar por Veículos Automotores (Proconve);
- Resolução nº 1/1990 – Padrões de Qualidade de Ruídos;
- Resolução nº 5/1990 – Programa Nacional de Controle de Qualidade do Ar (Pronar);
- Resolução nº 357/2005 – Qualidade das águas.

> (Cespe TJ/PR 2017) São metas da PNMA o estabelecimento de padrões de qualidade ambiental e o incentivo à criação de tecnologia voltada para a melhoria da qualidade ambiental.
>
> **ERRADO**[11]

II – Zoneamento ambiental

O Zoneamento ambiental ou Zoneamento Ecológico-Econômico (ZEE), como instrumento da PNMA, busca a adequada e racional ocupação e distribuição do uso do solo, a fim de manter e preservar a qualidade de vida das pessoas e a integridade do meio ambiente, na esteira do disposto nos arts. 21, IX[12], art. 25, § 3º[13] e 182[14] da CF/88.

O ZEE é regulamentado pelo Decreto n. 4.297/2002[15], segundo o qual:

> *Art. 2º O ZEE, instrumento de organização do território a ser obrigatoriamente seguido na implantação de planos, obras e atividades públicas e privadas, estabelece medidas e padrões de proteção ambiental destinados a assegurar a qualidade ambiental, dos recursos hídricos e do solo e a conservação da biodiversidade, garantindo o desenvolvimento sustentável e a melhoria das condições de vida da população.*

---

11 Atenção! Não confundir objetivos da PNMA com seus instrumentos.

12 Art. 21. Compete à União: IX – elaborar e executar planos nacionais e regionais de ordenação do território e de desenvolvimento econômico e social;

13 § 3º Os Estados poderão, mediante lei complementar, instituir regiões metropolitanas, aglomerações urbanas e microrregiões, constituídas por agrupamentos de municípios limítrofes, para integrar a organização, o planejamento e a execução de funções públicas de interesse comum.

14 Art. 182. A política de desenvolvimento urbano, executada pelo Poder Público municipal, conforme diretrizes gerais fixadas em lei, tem por objetivo ordenar o pleno desenvolvimento das funções sociais da cidade e garantir o bem-estar de seus habitantes.

15 Regulamenta o art. 9o, inciso II, da Lei no 6.938, de 31 de agosto de 1981, estabelecendo critérios para o Zoneamento Ecológico-Econômico do Brasil – ZEE, e dá outras providências.

(Vunesp PGM/São José dos Campos-SP 2017) O zoneamento consiste no estudo e diagnóstico ambiental da área de influência do projeto, completa descrição e análise dos recursos ambientais.

ERRADO

Trata-se, assim, de limitação administrativa sobre a propriedade (intervenção do Estado sobre a ocupação e atividades) e instrumento de organização do território. Visa atender às necessidades de proteção, conservação e recuperação dos recursos naturais e do desenvolvimento sustentável, em determinada conceituação geográfica, ao dividi-la em "zonas", levando em conta a vocação ambiental, econômica, bem como fatores sociais e históricos relacionados a cada parcela especificada.

> *Art. 3º. Parágrafo único. O ZEE, na distribuição espacial das atividades econômicas, levará em conta a importância ecológica, as limitações e as fragilidades dos ecossistemas, estabelecendo vedações, restrições e alternativas de exploração do território e determinando, quando for o caso, inclusive a relocalização de atividades incompatíveis com suas diretrizes gerais.*

(ALEGO 2015) O zoneamento ambiental, na distribuição das atividades econômicas em determinado território, poderá impor vedações, restrições e alternativas de exploração a certos empreendimentos e atividades incompatíveis com suas diretrizes.

CERTO

A definição dos ZEEs deve obediência aos princípios da função socioambiental da propriedade, da prevenção, da precaução, do poluidor-pagador, do usuário-pagador, da participação informada, do acesso equitativo e da integração (conforme art. 5º, do citado Decreto[16]).

(CESPE TJ/MA 2013) O zoneamento ambiental, que consiste em limitação do uso do solo, atende ao princípio segundo o qual a propriedade deve cumprir sua função social e configura aspecto do exercício do poder de polícia.

CERTO

16 Art. 5o O ZEE orientar-se-á pela Política Nacional do Meio Ambiente, estatuída nos arts. 21, inciso IX, 170, inciso VI, 186, inciso II, e 225 da Constituição, na Lei no 6.938, de 31 de agosto de 1981, pelos diplomas legais aplicáveis, e obedecerá aos princípios da função socioambiental da propriedade, da prevenção, da precaução, do poluidor-pagador, do usuário-pagador, da participação informada, do acesso equitativo e da integração.

Podemos citar como exemplos de definição de ZEE:

- Zonas de uso estritamente industrial[17];
- Zonas de reserva ambiental[18];
- Parcelamento do Solo Urbano.[19]

Compete ao Poder Público federal (sendo possível a articulação e cooperação com os Estados) elaborar e executar o ZEE nacional ou regional, especialmente quando tiver por objeto bioma considerado patrimônio nacional (art. 225, § 4º, da CF)[20] ou que não deva ser tratado de forma segmentada.

> Dec. 4.297/2002. *Art. 6º Compete ao Poder Público Federal elaborar e executar o ZEE nacional e regionais, quando tiver por objeto biomas brasileiros ou territórios abrangidos por planos e projetos prioritários estabelecidos pelo Governo Federal.*

Por seu turno, a LC 140/11 reiterou a competência dos Entes Federados para elaboração do ZEE:

> *Art. 7º São ações administrativas da **União**:*
>
> *IX – elaborar o zoneamento ambiental de âmbito nacional e regional;*
>
> *Art. 8º São ações administrativas dos **Estados**:*
>
> *IX – elaborar o zoneamento ambiental de âmbito estadual, em conformidade com os zoneamentos de âmbito nacional e regional;*
>
> *Art. 9º São ações administrativas dos **Municípios**:*
>
> *IX – elaborar o Plano Diretor, observando os zoneamentos ambientais;*

Atende ao objetivo maior da PNMA uma gestão integrada das políticas territoriais, ambientais e de desenvolvimento, organizando-se, de maneira vinculada, as decisões dos agentes públicos e privados quanto a planos, programas, projetos e atividades que, direta ou indiretamente, utilizem recursos naturais, em determinada área, que pode ser um Município, um Estado-membro, uma região ou todo o Brasil.

---

17 Lei 6.803/80 (Dispõe sobre as diretrizes básicas para o zoneamento industrial nas áreas críticas de poluição, e dá outras providências).

18 Lei 6.803/80 Art. 7º Ressalvada a competência da União e observado o disposto nesta Lei, o Governo do Estado, ouvidos os Municípios interessados, aprovará padrões de uso e ocupação do solo, bem como de zonas de reserva ambiental, nas quais, por suas características culturais, ecológicas, paisagísticas, ou pela necessidade de preservação de mananciais e proteção de áreas especiais, ficará vedada a localização de estabelecimentos industriais.

19 Lei 6766/79 (Dispõe sobre o Parcelamento do Solo Urbano e dá outras Providências).

20 art. 225, § 4º A Floresta Amazônica brasileira, a Mata Atlântica, a Serra do Mar, o Pantanal Mato-Grossense e a Zona Costeira são patrimônio nacional, e sua utilização far-se-á, na forma da lei, dentro de condições que assegurem a preservação do meio ambiente, inclusive quanto ao uso dos recursos naturais.

Obs1. O Poder Público deve divulgar junto à sociedade, em linguagem e formato acessíveis, o conteúdo do ZEE e de sua implementação, inclusive na forma de ilustrações e textos explicativos, ressalvados os de interesse estratégico para o País e os indispensáveis à segurança e integridade do território nacional (art. 15 e 17, Dec 4297) – princípio da informação e princípio da participação popular.

Obs2. A doutrina e a jurisprudência **não** têm reconhecido o **direito adquirido** de pré-ocupação do solo. Não se pode admitir a **teoria do fato consumado** para manter a ocupação já descaracterizada. É necessário, pois, nesses casos, a desocupação da área irregular.

Ilustrando, no caso do zoneamento industrial, impõe-se a "relocalização" – transferência para outro local (art. 1º, § 3º, da Lei n. 6.803/80[21]), da indústria, se, mesmo depois de instalados os equipamentos especiais de controle de poluição, ela continuar a emitir resíduos sólidos, líquidos ou gasosos, ruídos, vibrações, emanações ou radiações, além do permitido na zona em que se encontra.

Lembrar: **Súmula 613-STJ**: Não se admite a aplicação da teoria do fato consumado em tema de Direito Ambiental.

Obs3. Não confundir ZONEAMENTO AMBIENTAL, instrumento da PNMA em estudo, com ZONEAMENTO URBANO, *instrumento utilizado nos planos diretores, através do qual a cidade é dividida em áreas sobre as quais incidem diretrizes diferenciadas para o uso e a ocupação do solo, especialmente os índices urbanísticos. O zoneamento urbano atua, principalmente, por meio do controle de dois elementos principais: o uso e o porte (ou tamanho) dos lotes e das edificações. Através disso, supõe-se que o resultado final alcançado através das ações individuais esteja de acordo com os objetivos do município, que incluem proporcionalidade entre a ocupação e a infraestrutura, a necessidade de proteção de áreas frágeis e/ou de interesse cultural, a harmonia do ponto de vista volumétrico, etc*[22].

(Cespe TJ/CE 2018) O zoneamento ecológico-econômico é o instrumento de organização do espaço urbano, obrigatório na implantação de obras e atividades públicas, por meio do qual a cidade é dividida em áreas sobre as quais incidem diretrizes para uso e ocupação do solo.

ERRADO

III – Avaliação de impactos ambientais

Esse importante método de gestão e política ambiental, inspirado no direito norte-americano[23], busca dar efetividade aos princípios da prevenção e da precaução.

21 Art. 1º. §3º As indústrias ou grupos de indústrias já existentes, que não resultarem confinadas nas zonas industriais definidas de acordo com esta Lei, serão submetidas à instalação de equipamentos especiais de controle e, nos casos mais graves, à relocalização.

22 www.mma.gov.br/outros-tipos-de-zoneamento

23 A técnica de avaliação de impactos ambientais vista como instrumento de gestão administrativa para prevenção de danos ao entorno teve sua origem no direito norte-americano, com a criação do **National Environmental Police Act (NEPA)**, em que se previa o **Environmental Impact Statement (EIS).**

Tal ferramenta logo foi exportada para diversos outros países desenvolvidos, que, segundo suas peculiaridades culturais, trataram do mecanismo com pequenas diferenças, mas com identidade de propósito: gestão preventiva do meio ambiente. Cf. Direito Ambiental Esquematizado. Marcelo Abelha. 2016

A avaliação de impacto ambiental (AIA) é instrumento da PNMA que intenciona avaliar a qualidade e a quantidade de impacto ambiental a ser causado por determinada obra ou empreendimento, partindo-se de estudos, diagnósticos, análises de risco e propostas de mitigação, com o fim específico de prevenir danos ambientais. É definida, pois, como *instrumento de política ambiental formado por um conjunto de procedimentos capaz de assegurar, desde o início do processo, que se faça um exame sistemático dos impactos ambientais de uma ação proposta (projeto, programa, plano ou política) e de suas alternativas, e que os resultados sejam apresentados de forma adequada ao público e aos responsáveis pela tomada de decisão, e por eles devidamente considerados. Além disso, os procedimentos devem garantir a adoção das medidas de proteção do meio ambiente determinadas, no caso de decisão sobre a implantação do projeto.*[24]

Nos termos do Princípio 17 da Declaração do Rio de Janeiro:

> *Princípio 17 – A avaliação do impacto ambiental, como instrumento nacional, deve ser empreendida para atividades planejadas que possam vir a ter impacto negativo considerável sobre o meio ambiente, e que dependam de uma decisão de autoridade nacional competente.*

Atente-se que não se deve confundir a Avaliação de Impactos Ambientais (AIA) com o Estudo Prévio de Impacto Ambiental (EIA). A AIA é o gênero e inclui o EIA como uma de suas espécies, dentre outras, que variam de acordo com a complexidade dos impactos que serão gerados. Além do EIA, são exemplos de instrumentos de avaliação ambiental:

a) Relatório Ambiental Preliminar (RAP), previsto na Lei nº 11.284/2006 (Lei de Gestão de Florestas Públicas), e que deverá preceder as concessões florestais.
b) Avaliação Ambiental Estratégica (AAE), relacionada à análise dos impactos ambientais das políticas, planos e programas governamentais.
c) Relatório de Controle Ambiental (RCA)[25], necessário ao licenciamento de atividades relacionadas à exploração e à lavra de jazidas de combustíveis líquidos e gás natural.
d) Estudo de Viabilidade Ambiental (EVA), elaborado pelo empreendedor, contendo plano de desenvolvimento da produção para a pesquisa preten-

24 Vocabulário básico de meio ambiente. Rio de Janeiro: Fundação Estadual de Engenharia do Meio Ambiente, 1990.

25 Resolução 23/94. Art. 6º. II – RELATÓRIO DE CONTROLE AMBIENTAL – RCA, elaborado pelo empreendedor, contendo a descrição da atividade de perfuração, riscos ambientais, identificação dos impactos e medidas mitigadoras;

dida, com avaliação ambiental e indicação das medidas de controle a serem adotadas (Resolução 23/94. Art. 6º).

Consoante a Resolução 237, do CONAMA:

> *Art. 1º III – Estudos Ambientais: são todos e quaisquer estudos relativos aos aspectos ambientais relacionados à localização, instalação, operação e ampliação de uma atividade ou empreendimento, apresentado como subsídio para a análise da licença requerida, tais como: relatório ambiental, plano e projeto de controle ambiental, relatório ambiental preliminar, diagnóstico ambiental, plano de manejo, plano de recuperação de área degradada e análise preliminar de risco.*

Invariavelmente, as avaliações de impacto precedem os processos de licenciamento, fornecendo subsídios para se negar ou permitir a concessão de uma licença àquele que pretenda destinar um bem ambiental a determinado empreendimento.

Ademais, as AIAs servem como instrumento para conferir transparência, informação e participação na identificação dos impactos que obras, serviços, atividades e empreendimentos podem causar ao meio ambiente – princípio da informação.

Estudo Prévio de Impacto Ambiental (EIA ou EPIA)

O Estudo Prévio de Impacto Ambiental é o mais referenciado instrumento de avaliação do sistema ambiental brasileiro, reconhecido expressamente pela Constituição Federal, em seu artigo 225, § 1º, segundo o qual, para assegurar o direito de todos ao meio ambiente ecologicamente equilibrado, incumbe ao Poder Público "*exigir, na forma da lei, para instalação de obra ou atividade potencialmente causadora de significativa degradação do meio ambiente, estudo prévio de impacto ambiental, a que se dará publicidade*".

> *O Estudo Prévio de Impacto Ambiental constitui* ***procedimento administrativo*** *de análise* ***antecipatória*** *dos possíveis impactos ambientais de uma obra, atividade ou empreendimento potencialmente causadores de* ***significativa degradação*** *do meio ambiente, elaborado por equipe técnica multidisciplinar, em que se relacionam as* ***medidas de mitigação e compensatórias*** *à possível intervenção ao meio ambiente. Relaciona os pontos positivos e negativos de um empreendimento ou atividade, que subsidiam a decisão do órgão ambiental responsável pelo licenciamento do projeto proposto.*[26]

26 Direito Ambiental. Fabiano Melo. 2017.

Com efeito, apenas nos licenciamentos de atividades que causem ou possam causar **significativo impacto ao meio ambiente** será exigido o estudo prévio de impacto ambiental. Nas situações em que não está presente esta impactação significativa, outros estudos ambientais, de menor porte que o EIA, poderão ser elaborados.

> Resolução 237 Conama. *Art. 3º A licença ambiental para empreendimentos e atividades consideradas **efetiva ou potencialmente** causadoras de **significativa degradação** do meio dependerá de **prévio estudo de impacto ambiental e respectivo relatório de impacto sobre o meio ambiente (EIA/RIMA)**, ao qual dar-se-á publicidade, garantida a realização de audiências públicas, quando couber, de acordo com a regulamentação.*

> (PGM/Nova Lima-MG 2011) A licença ambiental para empreendimentos e atividades consideradas efetiva ou potencialmente causadoras de degradação do meio dependerá de prévio estudo de impacto ambiental e respectivo relatório de impacto sobre o meio ambiente (EIA/RIMA), ao qual será dada publicidade, garantida a realização de audiências públicas, quando couber, de acordo com a regulamentação.
>
> **ERRADO**

O procedimento administrativo relacionado ao EIA é regulamentado pela Resolução 01/1986, do Conama. O art. 2º, dessa norma, estabelece um rol **exemplificativo** de atividades que se presumem causadoras de significativa degradação e que, portanto, demandam a realização de EIA.

> Art. 2º - ***Dependerá de elaboração de estudo de impacto ambiental e respectivo relatório de impacto ambiental - RIMA****, a serem submetidos à aprovação do órgão estadual competente, e do IBAMA em caráter supletivo, o licenciamento de atividades modificadoras do meio ambiente, <u>tais como</u>:*
>
> *I - **Estradas** de rodagem com **duas ou mais faixas** de rolamento;*
>
> *II - **Ferrovias;***
>
> *III - **Portos e terminais de minério, petróleo e produtos químicos;***
>
> *IV - **Aeroportos**, conforme definidos pelo inciso 1, artigo 48, do Decreto-Lei nº 32, de 18.11.66;*
>
> *V - **Oleodutos, gasodutos, minerodutos, troncos coletores e emissários de esgotos sanitários;***
>
> *VI - **Linhas de transmissão de energia elétrica**, acima de 230KV;*
>
> *VII - **Obras hidráulicas para exploração de recursos hídricos**, tais como: barragem para fins hidrelétricos, acima de 10MW, de saneamento ou de irrigação, abertura de canais para navegação, drenagem e irrigação, retificação de cursos d'água, abertura de barras e embocaduras, transposição de bacias, diques;*
>
> *VIII - **Extração de combustível fóssil** (petróleo, xisto, carvão);*
>
> *IX - **Extração de minério**, inclusive os da classe II, definidas no Código de Mineração;*

*X – **Aterros sanitários, processamento e destino final de resíduos tóxicos ou perigosos**;*

*Xl – **Usinas de geração de eletricidade**, qualquer que seja a fonte de energia primária, acima de 10MW;*

*XII – **Complexo e unidades industriais e agroindustriais** (petroquímicos, siderúrgicos, cloroquímicos, destilarias de álcool, hulha, extração e cultivo de recursos hídricos);*

*XIII – **Distritos industriais e zonas estritamente industriais – ZEI**;*

*XIV – **Exploração econômica de madeira ou de lenha**, em áreas acima de 100 hectares ou menores, quando atingir áreas significativas em termos percentuais ou de importância do ponto de vista ambiental;*

*XV – **Projetos urbanísticos**, acima de 100ha. ou em áreas consideradas de relevante interesse ambiental a critério da SEMA e dos órgãos municipais e estaduais competentes;*

*XVI – Qualquer atividade que utilizar **carvão vegetal, derivados ou produtos similares**, em quantidade superior a dez toneladas por dia.*

*XVII – **Projetos Agropecuários** que contemplem áreas acima de 1.000 ha. ou menores, neste caso, quando se tratar de áreas significativas em termos percentuais ou de importância do ponto de vista ambiental, inclusive nas áreas de proteção ambiental.*

*XVIII – nos casos de **empreendimento potencialmente lesivos ao Patrimônio Espeleológico Nacional**.*

Importante: Tendo em vista constituir-se exercício do poder de polícia ambiental – competência do Poder Executivo, não se admitem interferências do Poder Legislativo que mitiguem a competência decisória relacionada à necessidade de realização do EIA.

Nesse sentido, entende o STF ser **inconstitucional** lei estadual que exige **autorização prévia da Assembleia Legislativa** para o licenciamento de atividades utilizadoras de recursos ambientais consideradas efetivas e potencialmente poluidoras, bem como capazes, sob qualquer forma, de causar degradação ambiental.

> *Condicionar a aprovação de licenciamento ambiental à prévia autorização da Assembleia Legislativa implica **indevida interferência do Poder Legislativo na atuação do Poder Executivo**, não autorizada pelo art. 2º da Constituição.*[27]

Semelhantemente, a Suprema Corte **inadmite** a **dispensa**, por outros expedientes (mesmo no caso das Constituições Estaduais), da realização de EIA, nas situações em que ele é ordinariamente exigido.

> *Art. 182, § 3º, da Constituição do Estado de Santa Catarina. Estudo de impacto ambiental. Contrariedade ao art. 225, § 1º, IV, da Carta da República. A norma impugnada, ao dispensar a elaboração de estudo prévio de impacto ambiental no caso de áreas de florestamento ou reflorestamento para fins empresariais, cria exceção incompatível com o disposto no mencionado inciso IV do § 1º do art. 225 da CF.*[28]

27 ADI 1.505, Rel. Min. Eros Grau, DJ 04/03/05.

28 ADI 1.086, rel. min. Ilmar Galvão, j. 7-6-2001, P, DJ de 10-8-2001.

(CESPE TJ/BA 2012) Lei estadual pode dispensar a realização de estudo de impacto ambiental relativo a obras hidráulicas para aproveitamento de recursos de rio situado exclusivamente no território do respectivo estado.

ERRADO

(Vunesp TJ/RJ 2013) A natureza jurídica do licenciamento ambiental é de poder de polícia, passível de apreciação complementar do Poder Legislativo.

ERRADO

O EIA revela-se como instrumento de materialização do **princípio da prevenção**, tendo em vista sua função primordial preventiva de danos ambientais. Serve, ainda, de efetivação do **princípio da informação** e deve atender os princípios e objetivos expressos na LPNMA.

São **diretrizes gerais** de realização do EIA (art. 5º, Resolução 01/86):

> I – Contemplar todas as **alternativas tecnológicas e de localização** de projeto, **confrontando-as com a hipótese de não execução** do projeto;
>
> II – Identificar e avaliar sistematicamente os **impactos ambientais** gerados nas fases de implantação e operação da atividade;
>
> III – Definir os **limites da área geográfica** a ser direta ou indiretamente afetada pelos impactos, denominada área de influência do projeto, considerando, em todos os casos, a bacia hidrográfica na qual se localiza;
>
> IV – Considerar os **planos e programas governamentais**, propostos e em implantação na área de influência do projeto, e sua compatibilidade.

Para tanto, o EIA desenvolverá, no mínimo, as seguintes **atividades técnicas**:

I – **Diagnóstico ambiental da área de influência** do projeto completa descrição e análise dos recursos ambientais e suas interações, tal como existem, de modo a caracterizar a situação ambiental da área, antes da implantação do projeto, considerando:

a) o **meio físico** – o subsolo, as águas, o ar e o clima, destacando os recursos minerais, a topografia, os tipos e aptidões do solo, os corpos d'água, o regime hidrológico, as correntes marinhas, as correntes atmosféricas;

b) o **meio biológico** e os **ecossistemas naturais** – a fauna e a flora, destacando as espécies indicadoras da qualidade ambiental, de valor científico e econômico, raras e ameaçadas de extinção e as áreas de preservação permanente;

c) o **meio socioeconômico** – o uso e ocupação do solo, os usos da água e a sócio economia, destacando os sítios e monumentos arqueológicos, históricos e culturais da comunidade, as relações de dependência entre a sociedade local, os recursos ambientais e a potencial utilização futura desses recursos.

II – **Análise dos impactos ambientais do projeto e de suas alternativas**, através de identificação, previsão da magnitude e interpretação da importância dos prováveis impactos relevantes, discriminando: os impactos positivos e negativos (benéficos e adversos), diretos e indiretos, imediatos e a médio e longo prazos, temporários e permanentes; seu grau de reversibilidade; suas propriedades cumulativas e sinérgicas; a distribuição dos ônus e benefícios sociais.

III – Definição das **medidas mitigadoras dos impactos negativos**, entre elas os equipamentos de controle e sistemas de tratamento de despejos, avaliando a eficiência de cada uma delas.

IV – Elaboração do **programa de acompanhamento e monitoramento** dos impactos positivos e negativos, indicando os fatores e parâmetros a serem considerados.

Atenção: Não se confundem o Estudo Prévio de Impacto Ambiental (EIA) e o Relatório de Impacto Ambiental (RIMA).

O RIMA apresenta as conclusões obtidas pelo EIA de forma objetiva, acessível e didática, de forma a propiciar ao cidadão a compreensão das vantagens e desvantagens do projeto, com as consequências ambientais de sua implementação. Atende, pois, ao princípio da informação e da participação popular[29].

> *Art. 9. Parágrafo único. O RIMA deve ser apresentado de forma objetiva e adequada a sua compreensão. As informações devem ser traduzidas em linguagem acessível, ilustradas por mapas, cartas, quadros, gráficos e demais técnicas de comunicação visual, de modo que se possam entender as vantagens e desvantagens do projeto, bem como todas as consequências ambientais de sua implementação.*

(Vunesp PGM/São José dos Campos-SP 2017) O RIMA consiste no estudo de impacto prévio ambiental elaborado e custeado pelo empreendedor e que envolve atividades técnicas.

ERRADO

---

29 Artigo 11 – Respeitado o sigilo industrial, assim solicitando e demonstrando pelo interessado o RIMA será **acessível ao público**. Suas cópias permanecerão **à disposição dos interessados**, nos centros de documentação ou bibliotecas da SEMA e do estadual de controle ambiental correspondente, inclusive o período de análise técnica,

§ 1º – Os órgãos públicos que manifestarem interesse, ou tiverem relação direta com o projeto, receberão **cópia do RIMA**, para conhecimento e manifestação,

§ 2º – Ao determinar a execução do estudo de impacto ambiental e apresentação do RIMA, o estadual competente ou o IBAMA ou, quando couber o Município, determinará o prazo para recebimento dos comentários a serem feitos pelos órgãos públicos e demais interessados e, sempre que julgar necessário, promoverá a realização de audiência pública para informação sobre o projeto e seus impactos ambientais e discussão do RIMA.

O EIA/Rima é elaborado por uma **equipe multidisciplinar**[30], composta por profissionais legalmente habilitados, não dependente direta ou indiretamente do proponente do projeto. Os profissionais devem possuir inscrição no Cadastro Técnico Federal de Atividades de Defesa e Proteção Ambiental, do qual trataremos adiante, e serão **responsáveis** pelas informações apresentadas, sujeitando-se às sanções administrativas, civis e penais.

(TJ/RS 2016) Os responsáveis pela elaboração e pela aprovação do Estudo de Impacto Ambiental e respectivo Relatório de Impacto Ambiental são, respectivamente, o Instituto Brasileiro do Meio Ambiente e o Conselho Nacional do Meio Ambiente.

ERRADO

Note que é possível que seja designada **audiência pública**, na qual a população da área de influência do projeto pode a um só tempo receber informações acerca do empreendimento e apresentar suas intervenções e questionamentos – princípio da participação. A Resolução 09/87, do Conama, dispõe a respeito do tema:

> *Art. 1º A **Audiência Pública** referida na Resolução CONAMA nº 1/86, tem por finalidade **expor aos interessados o conteúdo do produto em análise e do seu referido RIMA**, **dirimindo dúvidas** e recolhendo dos presentes as **críticas e sugestões** a respeito.*
>
> *Art. 2º Sempre que julgar necessário, ou quando for **solicitado** por **entidade civil**, pelo **Ministério Público**, ou por **50 (cinquenta) ou mais cidadãos**, o Órgão de Meio Ambiente promoverá a realização de audiência pública.*
>
> *§ 1º O Órgão de Meio Ambiente, a partir da data do recebimento do RIMA, fixará em **edital** e anunciará pela imprensa local a abertura do prazo que será no mínimo de **45 dias** para solicitação de audiência pública.*
>
> *§ 2º No caso de haver **solicitação** de audiência pública e na hipótese do Órgão Estadual não realizá-la, a licença concedida **não terá validade**.*

Assim, podem requerer a realização de audiência pública:

- o órgão ambiental competente;
- o Ministério Público;
- entidade da sociedade civil;
- 50 (cinquenta) ou mais cidadãos.

Um vez requerida, a audiência pública passa a constituir requisito formal essencial para a validade do procedimento.

30 Exs. Engenheiros, biólogos, geólogos, sociólogos, advogados etc.

Obs. É possível a ocorrência de mais de uma audiência, a depender da área de influência do projeto e de sua complexidade[31].

Cumpre destacar que correrão por conta do **empreendedor**, proponente do projeto, todas as **despesas** e custos referentes à realização do estudo de impacto ambiental, tais como: coleta e aquisição dos dados e informações, trabalhos e inspeções de campo, análises de laboratório, estudos técnicos e científicos e acompanhamento e monitoramento dos impactos, elaboração do RIMA e fornecimento de pelo menos 5 (cinco) cópias[32].

(Cespe PGM/Belo Horizonte-MG 2017) Um empreendedor pretende desenvolver atividade que utiliza recursos ambientais e é potencialmente poluidora. Nessa situação, cabem ao órgão ambiental municipal os estudos ambientais prévios necessários para a emissão de licença ambiental.

ERRADO

OBS FINAL: **O órgão ambiental não se vincula às conclusões do EIA/Rima**, uma vez que detém **discricionariedade técnica** na análise dos estudos ambientais, desde que mantida a concordância com os princípios e objetivos da Política Nacional Meio Ambiente e as disposições constitucionais em matéria ambiental.

Assim, é possível que o órgão licenciador manifeste discordância (devidamente motivada) das conclusões, alternativas e soluções apresentadas pelo EIA/Rima.

IV – O licenciamento e a revisão de atividades efetiva ou potencialmente poluidoras

Recorde-se que o meio ambiente ecologicamente equilibrado é bem de uso comum do povo e impõe-se ao Poder Público o dever de defendê-lo e preservá-lo (art. 225, CF/88). À vista disso, o uso incomum do bem ambiental deve ser precedido de consentimento, isto é, deve ser requerida e anuída, junto ao poder público, a licença para o exercício da atividade (princípio do desenvolvimento sustentável).

O licenciamento ambiental (e sua eventual revisão) configura um dos instrumentos centrais da PNMA, que possibilita o gerenciamento dos recursos ambientais e o controle preventivo de danos (princípios da prevenção e da precaução). É também através do licenciamento, manifestação do poder de polícia ambiental, que o Poder Público confere efetividade ao comando constitucional

31 Resolução 09/87. Art. 1º. §5º Em função da localização geográfica dos solicitantes, e da complexidade do tema, poderá haver mais de uma audiência pública sobre o mesmo projeto de respectivo Relatório de Impacto Ambiental – RIMA.

32 Art. 8º, Resolução 01/86.

de *controlar a produção, a comercialização e o emprego de técnicas, métodos e substâncias que comportem risco para a vida, a qualidade de vida e o meio ambiente*[33].

> (Vunesp TJ/MS 2015) Os instrumentos da Política Nacional do Meio Ambiente são, dentre outros o licenciamento e a revisão de atividades efetiva ou potencialmente poluidoras.
>
> **CERTO**

Nos termos a LPNMA:

> *Art. 10. A **construção, instalação, ampliação** e **funcionamento** de estabelecimentos e atividades utilizadores de recursos ambientais, efetiva ou potencialmente poluidores ou capazes, sob qualquer forma, de causar degradação ambiental **dependerão** de **prévio licenciamento ambiental**.*
>
> *§ 1º Os pedidos de licenciamento, sua renovação e a respectiva concessão serão publicados no jornal oficial, bem como em periódico regional ou local de grande circulação, ou em meio eletrônico de comunicação mantido pelo órgão ambiental competente.*

> (Cespe PGM/Belo Horizonte-MG 2017) Um empreendedor pretende desenvolver atividade que utiliza recursos ambientais e é potencialmente poluidora. Nessa situação, poderá dispensar-se o procedimento de licenciamento ambiental se o responsável pelo empreendimento assinar termo comprometendo-se a atender a legislação ambiental, em especial as normas de qualidade ambiental.
>
> **ERRADO**
>
> (TJ/RO 2011) A Lei 6.938/81 prevê expressamente o instrumento do licenciamento ambiental estabelecendo que este deverá ser exigido obrigatoriamente para a instalação e funcionamento de toda e qualquer atividade econômica.
>
> **ERRADO**

O licenciamento ambiental é regulamentado pela Resolução 237, do Conama e, dada sua importância, será objeto de estudo destacado.

V – Os incentivos à produção e instalação de equipamentos e a criação ou absorção de tecnologia, voltados para a melhoria da qualidade ambiental

Pode o Poder Público conceder incentivos fiscais aos empresários que adotarem tecnologias "limpas" ou "verdes", em seus processos produtivos, com o objetivo de promoção de condutas ecologicamente corretas, mediante aplicação de técnicas de extrafiscalidade. São exemplos: a) Lei 10.168/00 (Institui contri-

---

33 Art. 225, §1º, V.

buição de intervenção de domínio econômico destinada a financiar o Programa de Estímulo à Interação Universidade-Empresa para o Apoio à Inovação e dá outras providências); e b) Lei 10.332/01 (Institui mecanismo de financiamento para o Programa de Ciência e Tecnologia para o Agronegócio, para o Programa de Fomento à Pesquisa em Saúde, para o Programa Biotecnologia e Recursos Genéticos – Genoma, para o Programa de Ciência e Tecnologia para o Setor Aeronáutico e para o Programa de Inovação para Competitividade, e dá outras providências).

Esse instrumento da PNMA relaciona-se com o princípio constitucional da ordem econômica, voltado à defesa do meio ambiente, inserido no inciso VI, do art. 170[34].

O art. 13, da LPNMA, dispôs mais sobre o tema:

> *Art. 13. O Poder Executivo **incentivará** as atividades voltadas ao meio ambiente, visando:*
>
> *I – ao desenvolvimento, no País, de **pesquisas e processos tecnológicos** destinados a **reduzir a degradação** da qualidade ambiental;*
>
> *II – à **fabricação de equipamentos antipoluidores**;*
>
> *III – a outras iniciativas que propiciem a **racionalização do uso de recursos ambientais**.*
>
> *Parágrafo único. Os órgãos, entidades e programas do Poder Público, destinados ao incentivo das pesquisas científicas e tecnológicas, considerarão, entre as suas metas prioritárias, o apoio aos projetos que visem a **adquirir e desenvolver conhecimentos básicos e aplicáveis na área ambiental e ecológica**.*

(Vunesp Proc/Unicamp 2014) Os órgãos, entidades e programas do Poder Público destinados ao incentivo das pesquisas científicas e tecnológicas considerarão, entre as suas metas prioritárias,

☑ **o apoio aos projetos que visem a adquirir e desenvolver conhecimentos básicos e aplicáveis na área ambiental e ecológica.**

Outrossim, o incentivo público pode ser veiculado também nos processos de licenciamento, mediante sugestões ou condicionamentos de que sejam adotados técnicas e processos o mais ambientalmente ecológicos possíveis.

---

34 Art. 170. A ordem econômica, fundada na valorização do trabalho humano e na livre iniciativa, tem por fim assegurar a todos existência digna, conforme os ditames da justiça social, observados os seguintes princípios:

VI – defesa do meio ambiente, inclusive mediante tratamento diferenciado conforme o impacto ambiental dos produtos e serviços e de seus processos de elaboração e prestação; (Redação dada pela Emenda Constitucional nº 42, de 19.12.2003)

VI – A criação de espaços territoriais especialmente protegidos pelo Poder Público federal, estadual e municipal, tais como áreas de proteção ambiental, de relevante interesse ecológico e reservas extrativistas

A Constituição Federal expressamente determinou a incumbência do Poder Público de *definir, em todas as unidades da Federação, espaços territoriais e seus componentes a serem especialmente protegidos, sendo a alteração e a supressão permitidas somente através de lei, vedada qualquer utilização que comprometa a integridade dos atributos que justifiquem sua proteção* (art. 225, §1º, III).

A fim de dar cumprimento ao comando constitucional e efetividade a este instrumento da PNMA, é possível a criação de a) áreas de preservação permanente (APP); b) reservas legais (RL); e c) unidades de conservação (UC).

As APPs e as áreas de reserva legal estão disciplinadas no Código Florestal (Lei 12.651/2012). Por sua vez, as unidades de conservação são regidas pela Lei 9.985/2000 (Lei do SNUC).

Tais espaços podem ser criados nas esferas municipal, estadual e federal.

> LC 140/2011. *Art. 7º São ações administrativas da **União**:*
>
> *X – definir espaços territoriais e seus componentes a serem especialmente protegidos;*
>
> *Art. 8º São ações administrativas dos **Estados**:*
>
> *X – definir espaços territoriais e seus componentes a serem especialmente protegidos;*
>
> *Art. 9º São ações administrativas dos **Municípios**:*
>
> *X – definir espaços territoriais e seus componentes a serem especialmente protegidos;*

(Vunesp PGM/São José dos Campos-SP 2017) Sobre os instrumentos da Política Nacional do Meio Ambiente, constitui uma de suas espécies a criação de espaços territoriais, especialmente protegidos pelo Poder Público federal, estadual e municipal, tais como área de proteção ambiental, de relevante interesse ecológico e de reservas extrativistas.

CERTO

(PGM/Maringá 2015) A criação de espaços territoriais especialmente protegidos pelo Poder Público federal, estadual e municipal, tais como estações ecológicas, parques nacionais e reservas biológicas, é um dos instrumentos da Política Nacional do Meio Ambiente.

CERTO

(CESPE TJ/MA 2013) Os espaços territoriais especialmente protegidos, totalmente disciplinados na lei que regulamenta o SNUC, não integram o rol de instrumentos da PNMA.

ERRADO

VII – O sistema nacional de informações sobre o meio ambiente

O direito fundamental ao meio ambiente ecologicamente equilibrado, direito difuso, descrito no art. 225 da CF/88, tem como titular a coletividade. Assim sendo, é necessário que qualquer pessoa possa acessar as informações atinentes ao direito que lhe pertence. É, pois, dever do Estado, gestor desse direito, prestar e disponibilizar todas as informações possíveis, relativas a ele. Outrossim, o princípio da publicidade, regente de toda a atividade administrativa, aplica-se integralmente aos procedimentos ambientais, condicionando sua validade.

Além disso, o mesmo art. 225, CF/88 impõe também à coletividade o dever de proteger e preservar o meio ambiente, para as presentes e futuras gerações. Tal imposição tem como pressuposto lógico que o cidadão receba e tenha acesso às informações ambientais, para que possa, assim, decidir, participar e cooperar com a tutela do meio ambiente.

O **Sistema Nacional de Informações sobre o Meio Ambiente (SINIMA)** é elencado como instrumento da PNMA e visa efetivar o direito e **princípio da informação ambiental**. Ele é responsável por organizar, sistematizar e divulgar as informações ambientais dos órgãos e entes integrantes do SISNAMA, bem como promover a integração e o compartilhamento dessas informações, nos três níveis de governo.

> LC 140. *Art. 7º São ações administrativas da* ***União:***
>
> *VIII – organizar e manter, com a colaboração dos órgãos e entidades da administração pública dos Estados, do Distrito Federal e dos Municípios, o Sistema Nacional de Informação sobre Meio Ambiente (Sinima);*
>
> *Art. 8º São ações administrativas dos* ***Estados:***
>
> *VII – organizar e manter, com a colaboração dos órgãos municipais competentes, o Sistema Estadual de Informações sobre Meio Ambiente;*
>
> *VIII – prestar informações à União para a formação e atualização do Sinima;*
>
> *Art. 9º São ações administrativas dos* ***Municípios:***
>
> *VII – organizar e manter o Sistema Municipal de Informações sobre Meio Ambiente;*
>
> *VIII – prestar informações aos Estados e à União para a formação e atualização dos Sistemas Estadual e Nacional de Informações sobre Meio Ambiente;*

Em âmbito federal, a Lei 10.650/03 *dispõe sobre o acesso público aos dados e informações existentes nos órgãos e entidades integrantes do Sisnama*:

> Art. 2º Os ***órgãos e entidades da Administração Pública, direta, indireta e fundacional, integrantes do Sisnama, ficam obrigados a permitir o acesso público aos documentos, expedientes e processos administrativos que tratem de matéria ambiental*** *e a* ***fornecer todas as informações ambientais*** *que este-*

> *jam sob sua guarda, em meio escrito, visual, sonoro ou eletrônico, especialmente as relativas a:*
>
> *I - qualidade do meio ambiente;*
>
> *II - políticas, planos e programas potencialmente causadores de impacto ambiental;*
>
> *III - resultados de monitoramento e auditoria nos sistemas de controle de poluição e de atividades potencialmente poluidoras, bem como de planos e ações de recuperação de áreas degradadas;*
>
> *IV - acidentes, situações de risco ou de emergência ambientais;*
>
> *V - emissões de efluentes líquidos e gasosos, e produção de resíduos sólidos;*
>
> *VI - substâncias tóxicas e perigosas;*
>
> *VII - diversidade biológica;*
>
> *VIII - organismos geneticamente modificados.*
>
> ***§ 1º Qualquer indivíduo, independentemente da comprovação de interesse específico**, terá acesso às informações de que trata esta Lei, mediante requerimento escrito, no qual assumirá a obrigação de não utilizar as informações colhidas para fins comerciais, sob as penas da lei civil, penal, de direito autoral e de propriedade industrial, assim como de citar as fontes, caso, por qualquer meio, venha a divulgar os aludidos dados.*

Obs. O **Cadastro Ambiental Rural (CAR)**, criado pelo Código Florestal (art. 29), foi instituído no âmbito do SISNIMA e visa integrar as informações ambientais das propriedades e posses rurais, compondo base de dados para controle, monitoramento, planejamento ambiental e econômico e combate ao desmatamento. Constitui-se de registro público eletrônico, de âmbito nacional, e obrigatório para todos os imóveis rurais.

VIII – O Cadastro técnico federal de atividades e instrumento de defesa ambiental

Trata-se de alistamento das pessoas físicas e jurídicas que se dediquem à consultoria técnica sobre problemas ecológicos e ambientais e à indústria e comércio de equipamentos, aparelhos e instrumentos destinados ao controle de atividades efetivas ou potencialmente poluidoras.

A inscrição dos referidos profissionais no Cadastro Técnico Federal de Atividades e Instrumentos de Defesa Ambiental, administrado pelo IBAMA, é obrigatória. Outrossim, a elaboração de estudos ambientais deve ser realizada tão somente por profissionais legalmente habilitados e nele inscritos.

Consoante disposição da LPNMA:

> *Art. 17. Fica instituído, sob a administração do Instituto Brasileiro do Meio Ambiente e Recursos Naturais Renováveis - IBAMA:*

*I – **Cadastro Técnico Federal de Atividades e Instrumentos de Defesa Ambiental**, para **registro obrigatório** de pessoas físicas ou jurídicas que se dedicam a consultoria técnica sobre problemas ecológicos e ambientais e à indústria e comércio de equipamentos, aparelhos e instrumentos destinados ao controle de atividades efetiva ou potencialmente poluidoras;*

(Cespe PGM/Belo Horizonte-MG 2017) Um empreendedor pretende desenvolver atividade que utiliza recursos ambientais e é potencialmente poluidora. Nessa situação, além da licença ambiental, exige-se que o empreendimento tenha registro no cadastro técnico federal de atividades potencialmente poluidoras ou utilizadoras de recursos ambientais.

CERTO

(CESPE DPE/PI 2009) O cadastro técnico federal de atividades e instrumento de defesa ambiental é considerado instrumento da PNMA.

CERTO

IX – As penalidades disciplinares ou compensatórias ao não cumprimento das medidas necessárias à preservação ou correção da degradação ambiental

Cuida do exercício do **poder de polícia ambiental** para aplicação de sanções àqueles que comentem infrações administrativas ambientais – tutela administrativa do meio ambiente, instrumento essencial da PNMA. Tais sanções foram disciplinadas na Lei 9.605/98[35] (transcrição parcial abaixo) e regulamentadas, no âmbito federal, pelo Decreto 6.514/2008.[36]

> *Art. 70. Considera-se **infração administrativa ambiental** toda ação ou omissão que viole as regras jurídicas de uso, gozo, promoção, proteção e recuperação do meio ambiente.*
>
> *§ 1º São autoridades competentes para lavrar auto de infração ambiental e instaurar processo administrativo os **funcionários de órgãos ambientais integrantes do Sistema Nacional de Meio Ambiente – SISNAMA**, designados para as **atividades de fiscalização**, bem como os agentes das Capitanias dos Portos, do Ministério da Marinha.*
>
> *§ 2º **Qualquer pessoa**, constatando infração ambiental, poderá dirigir **representação** às autoridades relacionadas no parágrafo anterior, para efeito do exercício do seu poder de polícia.*

35 Dispõe sobre as sanções penais e administrativas derivadas de condutas e atividades lesivas ao meio ambiente, e dá outras providências.

36 Dispõe sobre as infrações e sanções administrativas ao meio ambiente, estabelece o processo administrativo federal para apuração destas infrações, e dá outras providências.

> *§ 3º A autoridade ambiental que tiver conhecimento de infração ambiental é **obrigada** a promover a sua apuração imediata, mediante processo administrativo próprio, sob pena de corresponsabilidade.*
>
> *§ 4º As infrações ambientais são apuradas em **processo administrativo próprio**, assegurado o direito de ampla defesa e o contraditório, observadas as disposições desta Lei.*
>
> *Art. 72. As infrações administrativas são punidas com as seguintes **sanções**, observado o disposto no art. 6º:*
>
> *I - advertência;*
>
> *II - multa simples;*
>
> *III - multa diária;*
>
> *IV - apreensão dos animais, produtos e subprodutos da fauna e flora, instrumentos, petrechos, equipamentos ou veículos de qualquer natureza utilizados na infração;*
>
> *V - destruição ou inutilização do produto;*
>
> *VI - suspensão de venda e fabricação do produto;*
>
> *VII - embargo de obra ou atividade;*
>
> *VIII - demolição de obra;*
>
> *IX - suspensão parcial ou total de atividades;*
>
> *X - (VETADO)*
>
> *XI - restritiva de direitos.*

Obs. As penalidades disciplinares ou compensatórias arroladas nos incisos I a IV do art. 14 da LPNMA foram revogadas pelas disposições acimas.

(PGM/Nova Lima-MG 2011) São titulares do dever-poder de implementação da política nacional do meio ambiente, os funcionários de órgãos ambientais integrantes do Sistema Nacional de Meio Ambiente – SISNAMA, designados para as atividades de fiscalização, além de outros a que se confira tal atribuição. Por isso, quando a autoridade ambiental tiver conhecimento de infração ambiental é obrigada a promover a sua apuração imediata, mediante processo administrativo próprio, sob pena de corresponsabilidade.

CERTO

X – A instituição do relatório de qualidade do meio ambiente, a ser divulgado anualmente pelo Instituto Brasileiro do Meio Ambiente e Recursos Naturais Renováveis – IBAMA

O Relatório de Qualidade Ambiental é expediente apto a veicular dados coletados sobre a situação ambiental no País (avaliação dos recursos ambientais disponíveis) e os resultados das políticas públicas aplicadas, devendo ser divulgado anualmente pelo IBAMA.

Esse instrumento da PNMA serve de importante ferramenta para análise da efetividade das políticas públicas e, fundamentado em suas informações, o Poder Público poderá manter ou alterar técnicas e escolhas para atender às necessidades ecológicas nas diversas esferas administrativas.

> (Cespe PGM/Teresina 2010) São instrumentos da Política Nacional do Meio Ambiente o licenciamento, o zoneamento, a instituição de relatório de qualidade do meio ambiente e a concessão florestal.
>
> **CERTO**

XI – A garantia da prestação de informações relativas ao Meio Ambiente, obrigando-se o Poder Público a produzi-las, quando inexistentes

Conforme analisado acima, esse instrumento da PNMA visa, semelhantemente, conceder efetividade ao direito de acesso às informações, sobre a qualidade ambiental e sobre atividades, que possam afetar o meio ambiente e a saúde humana, para seu titular – a coletividade.

Avançando, a LPNMA, no inciso em comento, impõe obrigação ao Poder Público de prestar informações ambientais, ainda que elas ainda não existam, caso em que deverá cuidar de produzi-las.

XII – O Cadastro Técnico Federal de atividades potencialmente poluidoras e/ou utilizadoras dos recursos ambientais

Este instrumento, instituído pela LPNMA, demanda o registro obrigatório de pessoas físicas ou jurídicas que se dedicam a atividades potencialmente poluidoras, em cadastro técnico federal, cujo objetivo é gerar informação, não só para qualquer um do povo, mas também para que os próprios entes do SISNAMA desenvolvam ações de controle, fiscalização e gestão ambiental.

O Cadastro Técnico Federal visa, portanto, monitorar e controlar as atividades efetiva ou potencialmente poluidoras, além de subsidiar os procedimentos de licenciamento ambiental.

Nos termos do art. 17, II, LPNMA:

> *Art. 17. Fica instituído, sob a administração do Instituto Brasileiro do Meio Ambiente e Recursos Naturais Renováveis – IBAMA:*
>
> *II – Cadastro Técnico Federal de Atividades Potencialmente Poluidoras ou Utilizadoras de Recursos Ambientais, para **registro obrigatório** de pessoas físicas ou jurídicas que se dedicam a atividades potencialmente poluidoras e/ou à extração, produção, transporte e comercialização de produtos potencialmente perigosos ao meio ambiente, assim como de produtos e subprodutos da fauna e flora.*

(Cespe TJ/DFT 2016) A competência para administrar o Cadastro Técnico Federal de Atividades e Instrumentos de Defesa Ambiental e o Cadastro Técnico Federal de Atividades Potencialmente Poluidoras ou Utilizadoras de Recursos Ambientais é do CONAMA.

ERRADO

(CESPE TRF 5ªR 2009) Cada estado da Federação deve instituir e manter, sob sua administração, um cadastro técnico de atividades potencialmente poluidoras ou utilizadoras de recursos ambientais, para registro obrigatório de pessoas físicas ou jurídicas que se dediquem a atividades potencialmente poluidoras e(ou) à extração, produção, transporte e comercialização de produtos potencialmente perigosos ao meio ambiente.

ERRADO

XIII – Instrumentos econômicos, como concessão florestal, servidão ambiental, seguro ambiental e outros

Esse dispositivo foi inserido na LPNMA pela Lei 11.284/06 e introduziu a previsão de instrumentos de natureza econômica (em rol aberto[37]) para atingimento dos fins pretendidos pela PNMA.

(FCC PGM/Teresina 2010) A Política Nacional do Meio Ambiente (PNMA), estabelecida pela Lei Federal n. 6.938/81, NÃO adota instrumentos econômicos, como a concessão florestal, a servidão ambiental, o seguro ambiental, entre outros.

ERRADO

Além dos incentivos fiscais já descritos anteriormente (inciso V), esses instrumentos econômicos referem-se a medidas estatais, de intervenção na Ordem Econômica, que servem para incentivar condutas de preservação ambiental, inibir posturas lesivas ao meio ambiente e assegurar a reparação de eventuais danos gerados por atividades licenciadas.

(TRF 3ªR 2013) A Lei n.° 6.938, de 31 de agosto de 1981, que dispõe sobre a Política Nacional de Meio Ambiente, não compreende a proteção ao meio ambiente como atividade de natureza econômica.

ERRADO

(Cespe TJ/PB 2015) A lei que instituiu a PNMA é silente em estabelecer instrumentos que regulem a atividade econômica de iniciativa privada que causar dano ao meio ambiente.

ERRADO

37 É possível mencionar como exemplo de outros instrumentos econômicos, a instituição de "fundos públicos e privados", previstos no inc. IV, do art. 4º, LC 140.

Na esteira desse raciocínio, a LPNMA condicionou a concessão de incentivos e de financiamentos públicos à comprovação do licenciamento ambiental e ao cumprimento das normas ambientais vigentes.

> *Art. 12. As entidades e órgãos de* ***financiamento*** *e* ***incentivos governamentais*** *condicionarão a aprovação de projetos habilitados a esses benefícios ao* ***licenciamento****, na forma desta Lei, e ao* ***cumprimento das normas, dos critérios e dos padrões expedidos pelo CONAMA****.*
>
> *Parágrafo único. As entidades e órgãos referidos no caput deste artigo deverão* ***fazer constar dos projetos*** *a realização de obras e aquisição de equipamentos destinados ao* ***controle de degradação*** *ambiental e a* ***melhoria da qualidade do meio ambiente****.*

(PGE/GO 2013) As entidades e órgãos de financiamento e incentivos governamentais condicionarão a aprovação de projetos habilitados a esses benefícios ao licenciamento ambiental e ao cumprimento das normas, dos critérios e dos padrões expedidos pelo Conselho Nacional do Meio Ambiente-CONAMA.

CERTO

a) Concessão florestal:

Instituto recente no direito brasileiro, a concessão florestal possibilita a exploração sustentável de produtos (madeira, frutos, sementes etc.) e serviços florestais (turismo, recreação, educação ambiental), por pessoas jurídicas que demonstrem capacidade para o manejo florestal, incluindo a oportunidade de participação de associações criadas pelas populações tradicionais.

Foi regulamentada pela Lei 11.284/2006[38], que apresenta a seguinte definição:

> *Concessão florestal é a delegação* ***onerosa****, feita pelo poder concedente, do direito de praticar* ***manejo florestal*** *sustentável para* ***exploração de produtos e serviços*** *numa unidade de manejo, mediante licitação, à pessoa jurídica, em consórcio ou não, que atenda às exigências do respectivo edital de licitação e demonstre capacidade para seu desempenho, por sua conta e risco e por prazo determinado.*

(FCC TJ/RR 2008) Por meio do instituto da concessão florestal, o poder público outorga a particular o direito de explorar economicamente uma floresta pública, em regime de manejo florestal sustentável, por determinado período de tempo, sujeito ao pagamento de uma contraprestação pela outorga.

CERTO

38 Dispõe sobre a gestão de florestas públicas para a produção sustentável; institui, na estrutura do Ministério do Meio Ambiente, o Serviço Florestal Brasileiro – SFB; cria o Fundo Nacional de Desenvolvimento Florestal – FNDF; altera as Leis nºs 10.683, de 28 de maio de 2003, 5.868, de 12 de dezembro de 1972, 9.605, de 12 de fevereiro de 1998, 4.771, de 15 de setembro de 1965, 6.938, de 31 de agosto de 1981, e 6.015, de 31 de dezembro de 1973; e dá outras providências.

b) Servidão ambiental:

Trata-se de espécie de servidão, na qual o proprietário ou possuidor de imóvel, voluntariamente, renuncia o uso e a exploração dos recursos naturais de sua propriedade para preservá-los, conservá-los ou recuperá-los.

> *Art. 9º-A. O proprietário ou possuidor de imóvel, pessoa natural ou jurídica, pode, por instrumento público ou particular ou por termo administrativo firmado perante órgão integrante do Sisnama, limitar o uso de toda a sua propriedade ou de parte dela para preservar, conservar ou recuperar os recursos ambientais existentes, instituindo servidão ambiental*[39].

(PGE/GO 2013) O proprietário ou possuidor de imóvel, pessoa natural ou jurídica, pode, por instrumento público ou particular ou por termo administrativo firmado perante órgão integrante do SISNAMA, limitar o uso de toda a sua propriedade ou de parte dela para preservar, conservar ou recuperar os recursos ambientais existentes, instituindo servidão ambiental.

CERTO

(FCC PGM/Caruaru-PE 2018) Em relação à servidão ambiental, depende de ato do órgão público competente, precedido ou não de requerimento do proprietário ou legítimo possuidor da propriedade rural.

ERRADO

(Cespe PGE/SE 2017) Murilo recebeu como herança um imóvel rural localizado no bioma cerrado. Sem ter como explorá-lo economicamente de forma direta, buscou uma alternativa temporária para auferir do imóvel alguma renda. Assim, por instrumento particular, delimitou temporariamente uma área de sua propriedade, sobre cujo uso fez incidirem limitações, com a finalidade de preservar, conservar e recuperar os recursos naturais ali existentes. Foi instituída, na área delimitada por Murilo, uma servidão ambiental.

CERTO

A servidão ambiental **não** se aplica às **Áreas de Preservação Permanente** e à **Reserva Legal** mínima exigida, pois esses espaços já se encontram protegidos diretamente pela Lei.

(CESPE PGE/AM 2016) A servidão ambiental, que pode ser onerosa ou gratuita, temporária ou perpétua, embora constitua um dos instrumentos econômicos da PNMA, não se aplica às áreas de preservação permanente nem à reserva legal mínima exigida.

CERTO

39 LPNMA.

Nada obstante, se o proprietário ou possuidor de imóvel rural mantiver **Reserva Legal** conservada e averbada em **área superior** aos percentuais exigidos (conferir nota de rodapé[40]), poderá instituir servidão ambiental sobre a área excedente[41].

Cada hectare protegido corresponderá a uma **Cota de Reserva Ambiental** (CRA), título que poderá ser comercializado.

(Cespe TJ/PR 2019) Em uma área completamente preservada, com bioma intacto, localizada em sua integralidade no bioma cerrado, existe uma propriedade particular de 100 ha, dos quais 40 ha constituem reserva legal com a devida averbação na matrícula do imóvel e com o registro no cadastro ambiental rural (CAR). Nessa situação, o limite máximo de hectares que o proprietário poderá destinar para fins de instituição de servidão ambiental corresponde a

☑ **65 ha.**

A **restrição** ao uso ou à exploração da vegetação da área sob servidão ambiental **não pode ser menor** do que aquela que é exercida para a reserva legal[42].

(Vunesp PGM/SP 2014) A restrição ao uso ou à exploração da vegetação da área sob servidão ambiental deve ser, no mínimo, a mesma estabelecida para a Reserva Legal.

CERTO

Note, ademais, que, ao instituir a servidão ambiental, o proprietário **não** estará sujeito ao **Imposto Territorial Rural (ITR)** sobre a área respectiva.

40 Devem ser observados os seguintes **percentuais mínimos** em relação à área do imóvel:

Na Amazônia Legal:	
Imóvel situado em área de florestas	80% (oitenta por cento)
Imóvel situado em área de cerrado	35% (trinta e cinco por cento)
Imóvel situado em área de campos gerais	20% (vinte por cento)
Nas demais regiões do País:	20% (vinte por cento)

41 Art. 13, §1º, CFlo.

42 CFlo. Art. 3º Para os efeitos desta Lei, entende-se por:

III – **Reserva Legal**: área localizada no interior de uma propriedade ou posse rural, delimitada nos termos do art. 12, com a função de assegurar o **uso econômico de modo sustentável dos recursos naturais** do imóvel rural, auxiliar a conservação e a reabilitação dos processos ecológicos e promover a conservação da biodiversidade, bem como o abrigo e a proteção de fauna silvestre e da flora nativa;

Lei 9393/96[43]. *Art. 10. § 1º Para os efeitos de apuração do ITR, considerar-se-á:*

II - área tributável, a área total do imóvel, menos as áreas:

d) sob regime de servidão ambiental;

A servidão ambiental poderá ser:

a) **Onerosa** – a servidão pode favorecer terceiro (detentor da servidão), para que este compense reserva legal em propriedade própria que não atende os percentuais mínimos, mediante contrapartida financeira oferecida ao instituidor.

> (FCC PGM/Caruaru-PE 2018) Em relação à servidão ambiental, pode ser temporária ou perpétua, mas nunca onerosa.
>
> **ERRADO**

b) **Gratuita**.

c) **Temporária** – prazo mínimo de **quinze anos**.

> (FCC PGM/Caruaru-PE 2018) Em relação à servidão ambiental, o prazo mínimo da servidão ambiental temporária é de 10 (dez) anos.
>
> **ERRADO**

d) **Perpétua**.

> (FMP TJ/MT 2014) É vedado instituir servidão ambiental perpétua.
>
> **ERRADO**
>
> (TJ/RS 2016) A servidão ambiental poderá ser onerosa ou gratuita. As servidões serão temporárias, devendo respeitar o prazo mínimo de 15 anos; todavia, não poderão ser perpétuas, considerando o princípio da solidariedade intergeracional.
>
> **ERRADO**

Obs. A servidão ambiental perpétua equivale, para fins creditícios, tributários e de acesso aos recursos de fundos públicos, à Reserva Particular do Patrimônio Natural – RPPN, definida no art. 21 da Lei no 9.985, de 18 de julho de 2000.

e) **Parcial** – incide sobre parte da propriedade.

f) **Total** – incide sobre a integralidade da propriedade.

Em qualquer caso, é **vedada** a **alteração da destinação** da área em que foi instituída a servidão ambiental durante o prazo de sua vigência.

43 Dispõe sobre o Imposto sobre a Propriedade Territorial Rural - ITR, sobre pagamento da dívida representada por Títulos da Dívida Agrária e dá outras providências.

(Vunesp PGM/ Registro-SP 2016) É possível, durante o prazo de vigência da servidão ambiental, a alteração da destinação da área, nos casos de transmissão do imóvel, de desmembramento ou de retificação dos limites do imóvel.

ERRADO

(FCC TJ/SC 2015) O proprietário da Fazenda Santa Rita instituiu uma servidão ambiental, pelo prazo de 05 anos, em área de 150 hectares de sua propriedade dotada de relevante interesse ecológico. Após 02 anos, a fazenda foi desmembrada. A servidão ambiental permanecerá sem alteração de destinação durante seu prazo de vigência.

CERTO

A servidão ambiental será instituída por instrumento público ou particular ou por termo administrativo dos quais deve constar, no mínimo, os seguintes itens (§1º, art. 9-A):

> I – **memorial descritivo da área** da servidão ambiental, contendo pelo menos um ponto de amarração georreferenciado;
>
> II – **objeto** da servidão ambiental;
>
> III – **direitos e deveres** do proprietário ou possuidor instituidor;
>
> IV – **prazo** durante o qual a área permanecerá como servidão ambiental.

A instituição aperfeiçoa-se com a sua **averbação** no cartório de registro de imóveis respectivo.

> *§ 4º Devem ser objeto de **averbação** na matrícula do imóvel no registro de imóveis competente:*
>
> *I – o **instrumento ou termo de instituição** da servidão ambiental;*
>
> *II – o **contrato de alienação, cessão ou transferência** da servidão ambiental.*

(TJ/PR 2014) A servidão ambiental deve ser averbada no registro de imóveis competente e não se aplica às áreas de preservação permanente e à reserva legal mínima.

CERTO

(TJ/DFT 2012) Apenas o contrato de alienação da servidão ambiental deve ser averbado na matrícula do imóvel.

ERRADO

> *§ 5º Na hipótese de **compensação de Reserva Legal**, a servidão ambiental deve ser **averbada** na matrícula de **todos os imóveis envolvidos**.*

(Vunesp TJ/SP 2015) A servidão ambiental não pode ser instituída como modo de compensação de Reserva Legal.

ERRADO

Note que o detentor da servidão ambiental poderá **aliená-la, cedê-la ou transferi-la**, total ou parcialmente, por prazo determinado ou em caráter definitivo, em favor de outro proprietário ou de entidade pública ou privada que tenha a conservação ambiental como fim social.

> (Vunesp PGM/ Registro-SP 2016) O detentor da servidão ambiental não poderá aliená-la, cedê-la ou transferi-la, total ou parcialmente, em favor de outro proprietário ou de entidade pública ou privada, ainda que este tenha a conservação ambiental como fim social.
>
> **ERRADO**
>
> (Cespe TJ/DFT 2016) O detentor que tenha recebido a servidão ambiental, de forma gratuita, em razão do caráter personalíssimo dessa, não poderá aliená-la a título oneroso e em caráter definitivo.
>
> **ERRADO**

Nesses casos, o contrato a ser averbado na matrícula do imóvel deve conter, no mínimo, os seguintes itens (art. 9-C, §1º):

> I – a **delimitação da área** submetida a preservação, conservação ou recuperação ambiental;
>
> II – o **objeto da servidão** ambiental;
>
> III – os **direitos e deveres do proprietário instituidor** e dos **futuros adquirentes ou sucessores**;
>
> IV – os **direitos e deveres do detentor** da servidão ambiental;
>
> V – os **benefícios de ordem econômica do instituidor** e do **detentor** da servidão ambiental;
>
> VI – a **previsão legal para garantir o seu cumprimento**, inclusive **medidas judiciais** necessárias, em caso de ser descumprido.

No âmbito do contrato referido, é possível identificar, entre outras obrigações estipuladas no contrato, as seguintes:

Deveres do proprietário do imóvel serviente	I – **manter a área sob servidão ambiental**; II – **prestar contas** ao detentor da servidão ambiental sobre as condições dos recursos naturais ou artificiais; III – **permitir a inspeção e a fiscalização** da área pelo detentor da servidão ambiental; IV – **defender a posse** da área serviente, por todos os meios em direito admitidos.

> (Vunesp PGM/SP 2014) É dever do detentor da servidão ambiental defender judicialmente a servidão ambiental em casos de defesa da posse da área serviente, por todos os meios em direito admitidos.
>
> **ERRADO**

Deveres do detentor da servidão ambiental	I – **documentar** as características ambientais da propriedade; II – **monitorar** periodicamente a propriedade para verificar se a servidão ambiental está sendo mantida; III – **prestar informações** necessárias a quaisquer interessados na aquisição ou aos sucessores da propriedade; IV – **manter relatórios e arquivos** atualizados com as atividades da área objeto da servidão; V – **defender judicialmente** a servidão ambiental.

Por fim, cumpre destacar que as áreas, nas quais tenham sido instituídas "servidões florestais" (espécie de servidão ambiental prevista no art. 44-A, do antigo Código Florestal), foram "transformadas" em servidão ambiental.

> *Art. 9º-A. §7º As áreas que tenham sido instituídas na forma de servidão florestal, nos termos do art. 44-A da Lei no 4.771, de 15 de setembro de 1965, passam a ser consideradas, pelo efeito desta Lei, como de servidão ambiental.*

(FCC PGM/Caruaru-PE 2018) As áreas instituídas como servidão florestal, nos termos da Medida Provisória n° 2.166/1967, de 2001, precisam de novo ato concessivo para sua conversão em servidão ambiental.

ERRADO

(Vunesp TJ/SP 2015) A servidão florestal não se confunde com a servidão ambiental, devendo esta prevalecer sobre aquela quando houver sobreposição.

ERRADO

c) Seguro ambiental:

O seguro ambiental é espécie de instrumento econômico que visa facilitar a reparação de danos causados ao meio ambiente, evitando-se que a responsabilização do poluidor seja inefetiva, ante a sua não solvabilidade.

O tema ainda está pendente de regulamentação no ordenamento brasileiro. Vale, contudo, destacar previsão específica, e ainda isolada, na Lei 12.305/10, que instituiu a Política Nacional de Resíduos Sólidos:

> Art. *40. No licenciamento ambiental de empreendimentos ou atividades que operem com resíduos perigosos, o órgão licenciador do Sisnama* ***pode exigir a contratação de seguro de responsabilidade civil por danos causados ao meio ambiente ou à saúde pública****, observadas as regras sobre cobertura e os limites máximos de contratação fixados em regulamento.*

(FCC PGM/Recife 2014) São instrumentos da política nacional do meio ambiente:

☑ **seguro ambiental, relatório de qualidade do meio ambiente e concessão florestal.**

6. RESPONSABILIDADE CIVIL OBJETIVA POR DANOS AO MEIO AMBIENTE

A Constituição Federal determina que as condutas e atividades consideradas lesivas ao meio ambiente sujeitarão os infratores, pessoas físicas ou jurídicas, a sanções penais e administrativas, independentemente da obrigação de reparar os danos causados.

Em nosso sistema jurídico a responsabilidade civil em matéria ambiental é **objetiva**.

> *A responsabilidade por dano ambiental é objetiva, informada pela teoria do risco integral, sendo o nexo de causalidade o fator aglutinante que permite que o risco se integre na unidade do ato, sendo descabida a invocação, pela empresa responsável pelo dano ambiental, de excludentes de responsabilidade civil para afastar sua obrigação de indenizar.* STJ. Jurisprudência em Teses, nº 30.

O fundamento primeiro para que a teoria da responsabilidade objetiva fosse adotada no País foi justamente a LPNMA, ao determinar, expressamente, a obrigação do poluidor à reparação, <u>independentemente de culpa</u>. De acordo com o artigo 14, parágrafo 1º, temos que:

> *Art. 14. §1º Sem obstar a aplicação das penalidades previstas neste artigo, é o poluidor obrigado,* ***independentemente da existência de culpa****, a indenizar ou reparar os danos causados ao meio ambiente e a terceiros, afetados por sua atividade. O Ministério Público da União e dos Estados terá legitimidade para propor ação de responsabilidade civil e criminal, por danos causados ao meio ambiente.*

Essa previsão legal, já em 1981, representou um marco na garantia da preservação e reparação do meio ambiental, recepcionada e confirmada pela Constituição de 1988.

(TRF 3ªR 2013) A Política Nacional de meio ambiente consagra a responsabilidade objetiva do poluidor.

CERTO

(FCC DPE/SP 2012) A Lei da Política Nacional do Meio Ambiente (Lei no 6.938/81), após seus 30 anos de vigência, cumpre, de certa forma, o papel de Código Ambiental Brasileiro, assegurando normativamente a caracterização da responsabilidade subjetiva do poluidor pela reparação ou indenização do dano ecológico causado.

ERRADO

(Proc BNDES 2010) Até a promulgação da Constituição da República Federativa do Brasil de 1988, a responsabilidade civil ambiental era subjetiva, ou seja, dependia da existência de culpa para que houvesse a obrigação de reparação dos danos causados ao meio ambiente.

ERRADO

Ademais, a disposição contida na parte final do texto legal representou, igualmente, inovação na sistemática de salvaguarda ambiental no ordenamento pátrio, ao conferir ao Ministério Público a prerrogativa da propositura da ação de responsabilidade civil e criminal por danos ao meio ambiente (*o Ministério Público da União e dos Estados terá legitimidade para propor ação de responsabilidade civil e criminal, por danos causados ao meio ambiente)*.

Atualmente, essa legitimidade está reconhecida na Lei 7.347/1985 (Lei da Ação Civil Pública), Lei 9.605/1998 (Lei de Crimes Ambientais) e Constituição Federal de 1988.

(TJ/RS 2016) O controle do cumprimento da Política Nacional do Meio Ambiente (estabelecida, com destaque, na Lei nº 6.938/1981) somente poderá ser realizado pelos órgãos e entidades da União, dos Estados, do Distrito Federal, dos Territórios e dos Municípios, e pelo Poder Público, que são responsáveis pela proteção e melhoria da qualidade ambiental e constituem o Sistema Nacional do Meio Ambiente; excepcionalmente, poderá ser realizado pelo Poder Judiciário, considerando-se o Princípio da Unidade da Jurisdição. Dessa forma, o controle da Política Nacional do Meio Ambiente não poderá ser realizado pelo Ministério Público, tampouco pelos Tribunais de Contas e Defensoria Pública.

ERRADO

(FCC DPE/SP 2012) A Lei da Política Nacional do Meio Ambiente (Lei no 6.938/81), após seus 30 anos de vigência, cumpre, de certa forma, o papel de Código Ambiental Brasileiro, assegurando normativamente o reconhecimento da legitimidade do Ministério Público para propor ação de responsabilidade civil e criminal em decorrência de danos causados ao ambiente.

CERTO

7. SISNAMA

Os órgãos e entidades da União, dos Estados, do Distrito Federal, dos Territórios e dos Municípios, bem como as fundações instituídas pelo Poder Público, responsáveis pela proteção e melhoria da qualidade ambiental, constituirão o Sistema Nacional do Meio Ambiente – SISNAMA (art. 6º, LPNMA).

(CESPE TRF 3ªR 2011) O Sistema Nacional do Meio Ambiente é constituído pelos órgãos e entidades da União, dos estados, do DF e dos municípios, bem como pelas fundações instituídas pelo poder público, responsáveis pela proteção e melhoria da qualidade ambiental.

CERTO

O SISNAMA visa dar aplicação à competência constitucional comum dos Entes Políticos (art. 23, VI e VII, e parágrafo único, CF) para implementação da política ambiental no País. Foi criado pela PNMA e está regulamentado no Decreto nº 99.274/1990.

(CESPE TJ/BA 2012) O Sistema Nacional do Meio Ambiente, considerado federal pela doutrina, é responsável pela proteção e melhoria da qualidade ambiental.

ERRADO

A LPNMA descreve a estrutura administrativa desse sistema, tema exaustivamente cobrado em provas:

I. **Órgão superior – Conselho de Governo.**

Função: *assessorar o Presidente da República na formulação da política nacional e nas diretrizes governamentais para o meio ambiente e os recursos ambientais.*

(Vunesp Proc/Câmara de Marília-SP 2016) Os órgãos e entidades da União, dos Estados, do Distrito Federal, dos Territórios e dos Municípios, bem como as fundações instituídas pelo Poder Público, responsáveis pela proteção e melhoria da qualidade ambiental, constituirão o Sistema Nacional do Meio Ambiente – SISNAMA. Dentre os órgãos que compõem tal estrutura, o órgão superior é formado pelo Conselho de Governo, com a função de assessorar o Presidente da República na formulação da política nacional e nas diretrizes governamentais para o meio ambiente e os recursos ambientais.

CERTO

(Cespe TJ/DFT 2016) O órgão superior do SISNAMA é o CONAMA, que tem a função de assessorar o presidente da República na formulação da política nacional e nas diretrizes governamentais para o meio ambiente e os recursos ambientais.

ERRADO

II. **Órgão consultivo e deliberativo – Conselho Nacional do Meio Ambiente (CONAMA).**

Função: *assessorar, estudar e propor ao Conselho de Governo, diretrizes de políticas governamentais para o meio ambiente e os recursos naturais e deliberar, no âmbito de sua competência, sobre normas e padrões compatíveis com o meio ambiente ecologicamente equilibrado e essencial à sadia qualidade de vida.*

(FCC PGM/São Luiz-MA 2016) O Conselho Nacional do Meio Ambiente - CONAMA é um órgão colegiado consultivo e deliberativo do SISNAMA.

CERTO

A competência normativa do CONAMA decorre do **poder regulamentar** da Administração Pública, autorizada diretamente pela LPNMA.

(FCC TJ/SC 2017) As resoluções normativas do Conselho Nacional do Meio Ambiente não possuem caráter cogente.

ERRADO

Nos termos do art. 8º, LPNMA:

> *Art. 8º Compete ao CONAMA:*
>
> *I – estabelecer, mediante proposta do IBAMA,* ***normas e critérios para o licenciamento de atividades efetiva ou potencialmente poluidoras****, a ser concedido pelos Estados e supervisionado pelo IBAMA;*

(Proc/Câmara de Palmas-TO 2018) Compete ao CONAMA estabelecer, mediante proposta do IBAMA, normas e critérios para o licenciamento de atividades efetiva ou potencialmente poluidoras, a ser concedido pelos Estados e supervisionado pelo IBAMA.

CERTO

(FCC TJ/PE 2013) As competências do Conselho Nacional do Meio Ambiente – CONAMA incluem, dentre outras, a fixação de critérios e padrões de qualidade do meio ambiente e a supervisão da atividade de licenciamento exercida pelos órgãos estaduais e municipais integrantes do Sistema Nacional do Meio Ambiente – SISNAMA.

ERRADO

> *II – determinar, quando julgar necessário, a realização de estudos das alternativas e das possíveis consequências ambientais de projetos públicos ou privados, requisitando aos órgãos federais, estaduais e municipais, bem assim a entidades privadas, as informações indispensáveis para apreciação dos estudos de impacto ambiental, e respectivos relatórios, no caso de obras ou atividades de significativa degradação ambiental, especialmente nas áreas consideradas patrimônio nacional.*

(PGE/PA 2011) É competência do CONAMA determinar, quando julgar necessário, a realização de estudos das alternativas e das possíveis consequências ambientais de projetos públicos ou privados, requisitando aos órgãos federais, estaduais e municipais, bem assim a entidades privadas, as informações indispensáveis para apreciação dos estudos de impacto ambiental, e respectivos relatórios, no caso de obras ou atividades de significativa degradação ambiental, especialmente nas áreas consideradas patrimônio nacional.

CERTO

> *III – (Revogado pela Lei nº 11.941, de 2009)*
>
> *IV – homologar acordos visando à transformação de penalidades pecuniárias na obrigação de executar medidas de interesse para a proteção ambiental; (VETADO);*

(CESPE TJ/BA 2012) O Conselho Nacional do Meio Ambiente pode homologar acordos para converter penalidades pecuniárias em obrigação de executar medidas de interesse para proteção ambiental.

CERTO

V – determinar, mediante representação do IBAMA, a perda ou restrição de benefícios fiscais concedidos pelo Poder Público, em caráter geral ou condicional, e a perda ou suspensão de participação em linhas de financiamento em estabelecimentos oficiais de crédito;

(CESPE TJ/PI 2012) Compete ao CONAMA, entre outras atribuições, determinar, mediante representação do IBAMA, a perda ou a restrição de benefícios fiscais concedidos pelo poder público e a perda ou a suspensão de participação em linhas de financiamento em estabelecimentos oficiais de crédito.

CERTO

(PGE/PA 2011) É competência do CONAMA determinar, mediante representação do IBAMA, a perda ou restrição de benefícios fiscais concedidos pelo Poder Público, em caráter geral ou condicional, e a perda ou suspensão de participação em linhas de financiamento em estabelecimentos oficiais de crédito.

CERTO

VI – estabelecer, privativamente, normas e padrões nacionais de controle da poluição por veículos automotores, aeronaves e embarcações, mediante audiência dos Ministérios competentes;

(Cespe PGM/Fortaleza-CE 2017) Compete privativamente ao Conselho Nacional do Meio Ambiente estabelecer normas e padrões nacionais de controle da poluição ocasionada por veículos automotores.

CERTO

(Cespe TJ/DFT 2016) O estabelecimento de normas e padrões nacionais de controle da poluição por veículos automotores, aeronaves e embarcações, mediante audiência dos ministérios competentes, é atribuição privativa do IBAMA.

ERRADO

VII – estabelecer normas, critérios e padrões relativos ao controle e à manutenção da qualidade do meio ambiente com vistas ao uso racional dos recursos ambientais, principalmente os hídricos.

Parágrafo único. O Secretário do Meio Ambiente[44] *é, sem prejuízo de suas funções, o* ***Presidente do Conama****.*

III. Órgão central – Ministério do Meio Ambiente (MMA) (antiga Secretaria do Meio Ambiente da Presidência da República).

Função: planejar, coordenar, supervisionar e controlar, como órgão federal, a política nacional e as diretrizes governamentais fixadas para o meio ambiente.

44 Leia-se: Ministro do Meio Ambiente.

(Cespe PGE/AM 2016) O Ministério do Meio Ambiente é o órgão do SISNAMA responsável por estabelecer normas e critérios para o licenciamento de atividades efetiva ou potencialmente poluidoras, a ser concedido pelos estados e supervisionado pelo IBAMA.

ERRADO

(PGM/Maringá 2015) À Secretaria do Meio Ambiente da Presidência da República, órgão superior do SISNAMA, compete planejar, coordenar, supervisionar e controlar, como órgão federal, a política nacional e as diretrizes governamentais fixadas para o meio ambiente.

ERRADO

IV. **Órgãos executores**: o **Instituto Brasileiro do Meio Ambiente e dos Recursos Naturais Renováveis – IBAMA** e o **Instituto Chico Mendes de Conservação da Biodiversidade – Instituto Chico Mendes.**

Função: executar e fazer executar a política e as diretrizes governamentais fixadas para o meio ambiente, de acordo com as respectivas competências.

Principais atribuições:

IBAMA	· exercer o poder de polícia ambiental; · executar ações das políticas nacionais de meio ambiente, referentes às atribuições federais, relativas ao licenciamento ambiental, ao controle da qualidade ambiental, à autorização de uso dos recursos naturais e à fiscalização, monitoramento e controle ambiental; e · executar as ações supletivas de competência da União.
ICMBio	· execução da política nacional das unidades de conservação[45];

45 Lei 11.516/07. Art. 1º Fica criado o Instituto Chico Mendes de Conservação da Biodiversidade – Instituto Chico Mendes, autarquia federal dotada de personalidade jurídica de direito público, autonomia administrativa e financeira, vinculada ao Ministério do Meio Ambiente, com a finalidade de:

I – executar ações da política nacional de unidades de conservação da natureza, referentes às atribuições federais relativas à proposição, implantação, gestão, proteção, fiscalização e monitoramento das unidades de conservação instituídas pela União;

II – executar as políticas relativas ao uso sustentável dos recursos naturais renováveis e ao apoio ao extrativismo e às populações tradicionais nas unidades de conservação de uso sustentável instituídas pela União;

III – fomentar e executar programas de pesquisa, proteção, preservação e conservação da biodiversidade e de educação ambiental;

IV – exercer o poder de polícia ambiental para a proteção das unidades de conservação instituídas pela União; e

V – promover e executar, em articulação com os demais órgãos e entidades envolvidos, programas recreacionais, de uso público e de ecoturismo nas unidades de conservação, onde estas atividades sejam permitidas.

Parágrafo único. O disposto no inciso IV do caput deste artigo não exclui o exercício supletivo do poder de polícia ambiental pelo Instituto Brasileiro do Meio Ambiente e dos Recursos Naturais Renováveis – IBAMA.

(Cespe TJ/CE 2018) O IBAMA e o Instituto Chico Mendes de Conservação da Biodiversidade são órgãos que têm por finalidade executar e fazer executar a política e as diretrizes governamentais fixadas para o meio ambiente.

CERTO

(Cespe PGM/Manaus 2018) O IBAMA e o ICMBio são considerados órgãos superiores do SISNAMA.

ERRADO

(FCC PGM/São Luiz-MA 2016) O Ibama e o Instituto Chico Mendes são órgãos executores do SISNAMA, sendo que o primeiro tem a atribuição de exercer o licenciamento e a fiscalização, e o segundo tem a atribuição de gerenciar o Sistema Nacional de Unidades de Conservação – SNUC.

CERTO

(CESPE TRF 3ªR 2011) Compete ao Instituto Chico Mendes de Conservação da Biodiversidade exercer, em caráter exclusivo, o poder de polícia ambiental para a proteção das unidades de conservação instituídas pela União.

ERRADO

V. **Órgãos Seccionais** – órgãos ou entidades estaduais.

Função: execução de programas, projetos e pelo controle e fiscalização de atividades capazes de provocar a degradação ambiental, em âmbito estadual.

(Cespe TJ/SC 2019) O Instituto do Meio Ambiente de Santa Catarina (IMA/SC) é o órgão ambiental da esfera estadual catarinense responsável pela execução de programas e projetos de proteção ambiental, bem como pelo controle e pela fiscalização de atividades potencialmente causadoras de degradação ambiental. De acordo com a Lei n.º 6.938/1981, o IMA/SC compõe o Sistema Nacional do Meio Ambiente (SISNAMA) na qualidade de

☑ **órgão seccional.**

(FCC PGM/São Luiz-MA 2016) As Secretariais Estaduais de Meio Ambiente são órgãos seccionais do SISNAMA.

CERTO

(PGE/GO 2013) Os órgãos ou entidades estaduais responsáveis pelos programas e projetos, bem como pelo controle e fiscalização de atividades capazes de provocar a degradação ambiental, são órgãos executores do Sistema Nacional do Meio Ambiente-SISNAMA.

ERRADO

VI. **Órgãos Locais** – órgãos ou entidades municipais.

Função: controle e fiscalização das atividades acima referidas, nas suas respectivas jurisdições.

(FCC PGM/São Luiz-MA 2016) Os Municípios fazem parte do SISNAMA e podem exercer atividade fiscalizatória de empreendimento licenciado pela União, nos casos de iminência de degradação da qualidade ambiental.

CERTO[46]

(PGM/Maringá 2015) No SISNAMA, os órgãos seccionais são municipais e atuam na execução de programas e projetos, assim como no controle e na fiscalização de atividades capazes de provocar degradação ambiental.

ERRADO

Seguindo a sistemática relacionada à divisão de competências constitucionais, os §§ 1º e 2º, do art. 6, estabelecem o seguinte:

> § 1º – Os **Estados**, na esfera de suas competências e nas áreas de sua jurisdição, elaborarão **normas supletivas e complementares** e padrões relacionados com o meio ambiente, **observados os que forem estabelecidos pelo CONAMA**.
>
> § 2º Os **Municípios, observadas as normas e os padrões federais e estaduais**, também poderão elaborar as normas mencionadas no parágrafo anterior.

(Cespe TJ/CE 2018) Uma vez que possuem representação no CONAMA, os estados, no âmbito do SNMA, não têm competência para legislar sobre normas relacionadas ao meio ambiente e devem se ater às estabelecidas pelo CONAMA.

ERRADO

(FCC TJ/SC 2017) As resoluções normativas do Conselho Nacional do Meio Ambiente vinculam todos os entes federativos diante do Sistema Nacional de Meio Ambiente.

CERTO

(CESPE TRF 5ªR 2011) As diretrizes da PNMA, dispostas na Lei n.º 6.938/1981, orientam a ação do governo federal no que se refere à qualidade ambiental e à manutenção do equilíbrio ecológico, cabendo aos estados, ao DF e aos municípios, no exercício

46 LC 140/11. Art. 17. Compete ao órgão responsável pelo licenciamento ou autorização, conforme o caso, de um empreendimento ou atividade, lavrar auto de infração ambiental e instaurar processo administrativo para a apuração de infrações à legislação ambiental cometidas pelo empreendimento ou atividade licenciada ou autorizada.

(...)

§ 2º Nos casos de iminência ou ocorrência de degradação da qualidade ambiental, **o ente federativo que tiver conhecimento do fato deverá determinar medidas para evitá-la, fazer cessá-la ou mitigá-la**, comunicando imediatamente ao órgão competente para as providências cabíveis.

§ 3º O disposto no caput deste artigo não impede **o exercício pelos entes federativos da atribuição comum de fiscalização da conformidade de empreendimentos e atividades efetiva ou potencialmente poluidores ou utilizadores de recursos naturais com a legislação ambiental em vigor**, prevalecendo o auto de infração ambiental lavrado por órgão que detenha a atribuição de licenciamento ou autorização a que se refere o caput.

de sua autonomia político-legislativa, estabelecer livremente as normas e os planos ambientais por meio de leis próprias.

ERRADO

(Cespe TJ/CE 2012) Dada a competência concorrente atribuída pela CF à União, aos estados e ao DF para legislar sobre meio ambiente, não se pode considerar que as normas e padrões ambientais estabelecidos pelo Conselho Nacional do Meio Ambiente tenham superveniência sobre as legislações estaduais do mesmo teor.

ERRADO

Outrossim, a LPNMA impôs aos órgãos central, seccionais e locais a obrigação de fornecer os **resultados das análises efetuadas e sua fundamentação**, quando solicitados por pessoa legitimamente interessada (art. 6º, §3º).

Obs. Consoante entendimento do STF, **é inconstitucional, por violar o princípio da separação dos poderes, lei estadual que exige autorização prévia do Poder Legislativo estadual (Assembleia Legislativa) para que sejam firmados instrumentos de cooperação pelos órgãos componentes do Sistema Nacional do Meio Ambiente – SISNAMA**.

Também é **inconstitucional lei estadual que afirme que Fundação estadual de proteção do meio ambiente só poderá transferir responsabilidades ou atribuições para outros órgãos componentes do SISNAMA se houver aprovação prévia da Assembleia Legislativa.**

STF. Plenário. ADI 4348/RR, Rel. Min. Ricardo Lewandowski, julgado em 10/10/2018 (Info 919).

Comentários Dizer o Direito (adaptado):[47]

A composição do SINAMA – que conta com a participação de órgãos e instituições de todos os entes da federação – é um consectário lógico do estabelecimento, pela Constituição, da **competência comum das entidades da federação para proteger o meio ambiente e combater a poluição em qualquer de suas formas, bem assim para preservar as florestas, a fauna e a flora** (art. 23, VI e VII, da CF/88).

Pelo fato de abranger órgãos e entidades de todos os entes federativos, é imprescindível que as ações voltadas à proteção do meio ambiente se concretizem mediante a **celebração de termos de cooperação ou ajustes similares** entre eles.

A Lei Complementar Estadual, ao submeter à Assembleia Legislativa local a aprovação prévia desses instrumentos de cooperação firmados entre os órgãos componentes do SISNAMA e o Estado, **viola o princípio constitucional da separação de poderes, pois permite a ingerência do Legislativo sobre o Executivo em matéria de proteção ambiental, tema de índole claramente administrativa, por envolver a execução de política pública**.

47 CAVALCANTE, Márcio André Lopes. É inconstitucional lei estadual que exige prévia autorização da ALE para que os órgãos do SISNAMA possam celebrar instrumentos de cooperação no Estado. Buscador Dizer o Direito, Manaus. Disponível em: <https://www.buscadordizerodireito.com.br/jurisprudencia/detalhes/177db6acfe388526a4c7bff88e1feb15>. Acesso em: 19/08/2019

Nesse sentido:

> (...) *Este Supremo Tribunal, por meio de reiteradas decisões, firmou o entendimento de que as normas que subordinam a celebração de convênios em geral, por órgãos do Executivo, à autorização prévia das Casas Legislativas Estaduais ou Municipais, ferem o princípio da independência dos Poderes, além de transgredir os limites do controle externo previsto na Constituição Federal.* (...)
>
> STF. Plenário. ADI 770, Rel. Min. Ellen Gracie, julgado em 01/07/2002.

Ademais a transferência de responsabilidades ou atribuições de fundação estadual, órgão componente do SISNAMA, envolve, também, assunto de competência privativa do Executivo, por estar relacionada com o **federalismo cooperativo**, que é baseado justamente na colaboração e o apoio mútuo no desempenho de políticas públicas de interesse geral. Por isso mesmo tal cooperação, de **caráter eminentemente operacional, não pode ficar condicionada à aprovação do Legislativo.**

O Poder Legislativo poderá sempre, no exercício de sua competência constitucional, exercer a fiscalização dos atos praticados sob o pálio dos acordos celebrados pelo Executivo, inclusive com o auxílio do Tribunal de Contas local. O que se mostra inconstitucional, contudo, é a imposição de autorização prévia da Assembleia para que tais acordos sejam celebrados.

(TJ/SC 2019) O condicionamento da celebração de termos de cooperação pelos órgãos do Sistema Nacional do Meio Ambiente à previa aprovação do Poder Legislativo estadual é constitucional.

ERRADO

8. TAXA DE CONTROLE E FISCALIZAÇÃO AMBIENTAL – TCFA

A Taxa de Fiscalização e Controle Ambiental (TCFA) foi instituída pela Lei 10.165/2000, que alterou a Lei nº 6.938/1981, com fundamento no art. 145, inc. II, CF/88[48], e tem como fato gerador o exercício regular do poder de polícia, conferido ao Ibama, para controle e fiscalização das atividades potencialmente poluidoras e das que se utilizem de recursos naturais.

> *Art. 17-B. Fica instituída a Taxa de Controle e Fiscalização Ambiental - TCFA, cujo fato gerador é o exercício regular do poder de polícia conferido ao Instituto Brasileiro do Meio Ambiente e dos Recursos Naturais Renováveis - Ibama para controle e fiscalização das atividades potencialmente poluidoras e utilizadoras de recursos naturais."*

48 Art. 145. A União, os Estados, o Distrito Federal e os Municípios poderão instituir os seguintes tributos:

II – taxas, em razão do exercício do poder de polícia ou pela utilização, efetiva ou potencial, de serviços públicos específicos e divisíveis, prestados ao contribuinte ou postos a sua disposição;

A constitucionalidade da exação foi confirmada mais de uma vez pelo STF:

> *A taxa de fiscalização e funcionamento fundada na área de fiscalização é constitucional, na medida em que traduz o custo da atividade estatal de fiscalização*[49].
>
> *É pacífico na jurisprudência do Supremo Tribunal Federal o entendimento de que é constitucional a Taxa de Controle e Fiscalização Ambiental instituída pela Lei*[50].

O sujeito ativo da TCFA é o IBAMA, autarquia federal, com competência fiscalizatória, e que exerce, no âmbito da União, o poder de polícia ambiental.

> *AMBIENTAL. TAXA DE CONTROLE E FISCALIZAÇÃO AMBIENTAL -TCFA. (...) PODER DE POLÍCIA. FISCALIZAÇÃO. AGENTES DO IBAMA. PRECEDENTES DO STJ E DO STF SOBRE O TEMA.* ***A atividade fiscalizatória desempenhada pelo IBAMA é autorizada expressamente pela Lei n. 10.165/2000, que teve sua constitucionalidade declarada pelo STF, da qual decorre a legitimidade da autarquia federal para cobrança da Taxa de Controle e Fiscalização Ambiental.*** [51]

> (FMP PGE/AC 2014) O fato gerador da TCFA é o exercício regular do poder de polícia conferido a todos os órgãos integrantes do Sistema Nacional do Meio Ambiente (SISNAMA) para o controle e a fiscalização das atividades potencialmente poluidoras e utilizadoras de recursos naturais.
>
> **ERRADO**

Nada obstante, pode o IBAMA celebrar convênio com Estados e Municípios, para desempenho conjunto de atividades de fiscalização, caso em que as receitas obtidas com a TCFA podem ser repartidas.

> *Art. 17-Q. É o Ibama autorizado a celebrar convênios com os Estados, os Municípios e o Distrito Federal para desempenharem atividades de fiscalização ambiental, podendo repassar-lhes parcela da receita obtida com a TCFA.*

> (TJ/RS 2016) O Conselho Nacional do Meio Ambiente é autorizado a celebrar convênios com os Estados, os Municípios e o Distrito Federal para que desempenhem atividades de fiscalização ambiental, podendo repassar-lhes parcela da receita obtida com a Taxa de Controle e Fiscalização Ambiental (TCFA).
>
> **ERRADO**

---

49 RE 856.185-AgR, rel. min. Roberto Barroso, julgamento em 4-8-2015, Primeira Turma, DJE de 24-9-2015.

50 RE 603513 AgR-EDv-AgR, Relator(a): Min. Teori Zavascki, Tribunal Pleno, julgado em 10/04/2014, DJe 30-04-2014

51 AgRg no Ag 1419767/MG, Rel. Ministro HERMAN BENJAMIN, SEGUNDA TURMA, julgado em 26/06/2012, DJe 01/08/2012

Outrossim, é possível que Estados e Municípios instituam cobrança da mesma natureza. Isso porque, consoante art. 23, VI e VII, CF/88, a competência para proteção ambiental é comum entre todos os entes federativos. Destarte, os órgãos seccionais e locais (igualmente órgãos executores da PNMA) que exerçam o efetivo poder de polícia sobre as atividades potencialmente poluidoras podem validamente instituir taxas de controle ambiental. O STF confirma o entendimento.

> *(...)**TAXA DE CONTROLE E FISCALIZAÇÃO AMBIENTAL DO ESTADO DE MINAS GERAIS TFAMG. LEI ESTADUAL** 14.940/2003 (...). **A jurisprudência do Supremo Tribunal Federal tem reconhecido a constitucionalidade de taxas cobradas em razão do controle e fiscalização ambiental, por serem cobradas em razão do exercício regular do poder de polícia**[52].*

(CESPE TRF 5ªR 2009) A lei que dispõe sobre a PNMA prevê a instituição de uma taxa de controle e fiscalização ambiental, a ser cobrada pelos diversos órgãos estaduais e municipais de meio ambiente, cujo fato gerador é o exercício regular do poder de polícia para controle e fiscalização das atividades potencialmente poluidoras e utilizadoras de recursos naturais.

ERRADO

Nos casos em que houver pagamento da TCFA instituída em nível estadual ou municipal, esse valor poderá ser **creditado**, até o limite de **60%,** para **compensação** da taxa equivalente junto ao IBAMA, relativamente ao mesmo ano.

> *Art. 17-P. Constitui **crédito** para compensação com o valor devido a título de TCFA, até o limite de **sessenta por cento** e relativamente ao **mesmo ano**, o montante efetivamente pago pelo estabelecimento ao **Estado, ao Município e ao Distrito Federal** em razão de taxa de fiscalização ambiental.*

Observe que a TCFA, cobrada de estabelecimentos já licenciados e em atividade, **não se confunde** com o valor cobrado a título de **Taxa de Licenciamento Ambiental**[53].[54]

52 STF – ARE: 738944 MG, Relator: Min. RICARDO LEWANDOWSKI, Data de Julgamento: 11/03/2014, Segunda Turma, Data de Publicação: DJe-059 DIVULG 25-03-2014 PUBLIC 26-03-2014

53 "A Taxa de Licenciamento Ambiental tem por objetivo ressarcir os gastos do poder público com o procedimento de licenciamento ambiental instaurado pelo empreendedor interessado. Dessa forma, a cobrança deve ser individualizada e referir-se aos custos específicos efetivamente verificados no procedimento de licenciamento de cada empreendimento ou atividade". Manual de Direito Ambiental. Romeu Thomé. 2016

54 TAXA DE CONTROLE E FISCALIZAÇÃO AMBIENTAL. LEI 10.165/2000. LICENCIAMENTO E FISCALIZAÇÃO AMBIENTAL. BITRIBUTAÇÃO. ENRIQUECIMENTO ILÍCITO. OFENSA AO PRINCÍPIO DA PROPORCIONALIDADE. NÃO OCORRÊNCIA. OMISSÕES QUANTO À

> *Art. 17-P. § 1º Valores recolhidos ao Estado, ao Município e ao Distrital Federal a qualquer outro título, tais* ***como taxas ou preços públicos de licenciamento e venda de produtos, não constituem crédito para compensação com a TCFA.***

Consoante disposição expressa da LPNMA, as recursos arrecadados com a TCFA terão utilização restrita em atividades de controle e fiscalização ambiental (art. 17-G, §2º).

Por sua vez, serão **sujeitos passivos** da TCFA, o exercente de atividade potencialmente poluidora e que utilize recursos naturais relacionadas na lista do Anexo VIII[55] da LPNMA. Tais contribuintes prestarão relatório anual das atividades exercidas, obrigação acessória relacionada ao controle e fiscalização ambiental.

> *Art. 17-C. É sujeito passivo da TCFA todo aquele que exerça as atividades constantes do Anexo VIII desta Lei.*
>
> *§ 1º O sujeito passivo da TCFA é obrigado a entregar até o dia 31 de março de cada ano* ***relatório das atividades exercidas*** *no ano anterior, cujo modelo será definido pelo Ibama, para o fim de colaborar com os procedimentos de controle e fiscalização.*
>
> *§ 2º O descumprimento da providência determinada no § 1o sujeita o infrator a multa equivalente a* ***vinte por cento*** *da TCFA devida, sem prejuízo da exigência desta.*

ALEGADA BITRIBUTAÇÃO, ENRIQUECIMENTO SEM CAUSA E VIOLAÇÃO AO PRINCÍPIO DA PROPORCIONALIDADE. (...) 2. Não se tem por demonstrada bitributação, em razão da cobrança concomitante da Taxa de Controle e Fiscalização Ambiental - TCFA, pelo IBAMA, e da Taxa de Licenciamento e Fiscalização Ambiental - TLFA cobrada pelo Estado, se a embargante não trouxe aos autos o texto da Lei criadora da taxa estadual, de modo a permitir a comparação de seus respectivos fatos geradores e bases de cálculo, tanto mais que há, no particular, competência concorrente da União, dos Estados, do Distrito Federal e dos Municípios. 3. Não há que falar em enriquecimento ilícito, tendo em vista que a Taxa de Controle e Fiscalização Ambiental - TCFA - foi instituída pela Lei 10.165/2000, e visa a remunerar o exercício de ato de polícia pelo IBAMA, sendo o seu valor fixado na própria lei. (STF, RE 416.601-1/DF). (TRF-1 - EDAMS: 2511 MG 2002.38.00.002511-4, Relator: DESEMBARGADOR FEDERAL ANTÔNIO EZEQUIEL DA SILVA, SÉTIMA TURMA, Data de Publicação: 25/01/2008)

55 Extração e Tratamento de Minerais, Indústria de Produtos Minerais Não Metálicos, Indústria Metalúrgica, Indústria Mecânica, Indústria de material Elétrico, Eletrônico e Comunicações, Indústria de Material de Transporte, Indústria de Madeira, Indústria de Papel e Celulose, Indústria de Borracha, Indústria de Couros e Peles, Indústria Têxtil, de Vestuário, Calçados e Artefatos de Tecidos, Indústria de Produtos de Matéria Plástica, Indústria do Fumo, Indústrias Diversas, Indústria Química, Indústria de Produtos Alimentares e Bebidas, Serviços de Utilidade, Transporte, Terminais, Depósitos e Comércio, Turismo, Uso de Recursos Naturais.

(FMP PGE/AC 2014) É sujeito passivo da TCFA todo aquele que exerça as atividades potencialmente poluidoras e utilizadoras de recursos ambientais previstas no anexo VIII da Lei Federal n.º 6.938/1981.

CERTO

Obs. É cabível a cobrança da taxa mesmo para contribuintes que não foram efetivamente visitados pela fiscalização. O STF considera que o simples fato de existir um órgão estruturado que exerça permanentemente atividade de fiscalização já permite a cobrança da taxa de polícia de todos quanto estejam sujeitos a essa fiscalização.

Assim, admite-se a cobrança periódica das pessoas sujeitas à fiscalização, tenham ou não sido concretamente fiscalizadas, desde que o órgão fiscalizador esteja estruturado e a atividade de fiscalização seja regularmente exercida. Consoante entendimento do STF:

> *A hipótese de incidência da taxa é a fiscalização de atividades poluidoras e utilizadoras de recursos ambientais, exercida pelo IBAMA (Lei 6.938/81, art. 17-B, com a redação da Lei 10.165/2000). Tem-se, pois, taxa que remunera o exercício do poder de polícia do Estado. Não há invocar o argumento no sentido de que a taxa decorrente do poder de polícia fica restrita aos contribuintes cujos estabelecimentos tivessem sido efetivamente visitados pela fiscalização, por isso que, registra Sacha Calmon, essa questão já foi resolvida, pela negativa, pelo Supremo Tribunal Federal, que deixou assentada em diversos julgados a suficiência da manutenção, pelo sujeito ativo, de órgão de controle em funcionamento (RE 116.518 e RE 230973). Andou bem a Suprema Corte brasileira em não aferrar-se ao método antiquado da vistoria porta a porta, abrindo as portas do Direito às inovações tecnológicas que caracterizam a nossa era.*[56]

A TCFA é uma taxa **trimestral**, devida **por estabelecimento**, com prazo para pagamento compreendido até o último dia útil de cada trimestre.

> *Art. 17-G. A TCFA será devida no **último dia útil de cada trimestre** do ano civil, nos valores fixados no Anexo IX desta Lei, e o recolhimento será efetuado em conta bancária vinculada ao Ibama, por intermédio de documento próprio de arrecadação, até o quinto dia útil do mês subsequente.*

O valor da tributação é definido conjugando-se o porte econômico da atividade e o potencial poluidor e utilizador dos recursos naturais do estabelecimento, critérios endossados pelo STF:

> *É legítima a utilização do porte da empresa, obtido a partir do somatório das receitas bruta de seus estabelecimentos, para mensurar o custo da atividade despendida na fiscalização que dá ensejo a cobrança da taxa*[57].

56 STF – AI: 734852 RO, Relator: Min. MARCO AURÉLIO, Data de Julgamento: 22/10/2010, Data de Publicação: DJe-213 DIVULG 05/11/2010 PUBLIC 08/11/2010

57 STF – ARE: 738944 MG, Relator: Min. RICARDO LEWANDOWSKI, Data de Julgamento: 11/03/2014, Segunda Turma, Data de Publicação: DJe-059 DIVULG 25-03-2014 PUBLIC 26-03-2014

Ademais, destaca-se sua **não-cumulatividade** – mesmo nos casos em que o estabelecimento exerça mais de uma atividade sujeita a tributação, o valor a ser pago será relativo a apenas uma destas atividades, qual seja, a de valor mais elevado.

> *Art. 17-D. A TCFA é devida* ***por estabelecimento*** *e os seus valores são os fixados no Anexo IX desta Lei.*
>
> *§ 1º Para os fins desta Lei, consideram-se:*
>
> *I – microempresa e empresa de pequeno porte, as pessoas jurídicas que se enquadrem, respectivamente, nas descrições dos incisos I e II do caput do art. 2º da Lei nº 9.841, de 5 de outubro de 1999;*
>
> *II – empresa de médio porte, a pessoa jurídica que tiver receita bruta anual superior a R$ 1.200.000,00 (um milhão e duzentos mil reais) e igual ou inferior a R$ 12.000.000,00 (doze milhões de reais);*
>
> *III – empresa de grande porte, a pessoa jurídica que tiver receita bruta anual superior a R$ 12.000.000,00 (doze milhões de reais). (Incluído pela Lei nº 10.165, de 2000)*
>
> *§ 2º O* ***potencial de poluição*** *(PP) e o* ***grau de utilização*** *(GU) de recursos naturais de cada uma das atividades sujeitas à fiscalização encontram-se definidos no Anexo VIII desta Lei.*
>
> *§ 3º* ***Caso o estabelecimento exerça mais de uma atividade sujeita à fiscalização, pagará a taxa relativamente a apenas uma delas, pelo valor mais elevado.***

(FMP PGE/AC 2014) A TCFA é devida em razão de cada atividade individualmente exercida e não por estabelecimento.

ERRADO

Importante: Nos termos expressos da LPNMA, são **isentas** do pagamento da TCFA as entidades públicas federais, distritais, estaduais e municipais, as entidades filantrópicas, aqueles que praticam agricultura de subsistência e as populações tradicionais (art. 17-G).

(FMP PGE/AC 2014) São isentas do pagamento da TCFA as entidades públicas federais, distritais, estaduais e municipais, as entidades filantrópicas, as fundações públicas ou privadas, as entidades declaradas de utilidade pública pela União, pelo Distrito Federal, pelos Estados ou pelos Municípios, aqueles que praticam agricultura de subsistência e as populações tradicionais.

ERRADO

QUESTÃO DISCURSIVA

Após financiamento do Banco Empresta Mais S/A, a madeireira Machado de Assis Ltda. decidiu investir na extração de manacás na zona rural do Município de Campinas.

Para tanto, requereu junto ao órgão ambiental competente as licenças ambientais necessárias ao empreendimento, o que lhe foi atendido, após aprovação do Estudo Prévio de Impacto Ambiental e Relatório de Impacto Ambiental (EIA/RIMA). Acrescente-se que, no momento da emissão da Licença de Instalação – LI, foi fixado valor a ser pago pela Madeireira Machado de Assis Ltda. a título de compensação ambiental.

Seis meses após ter sido concedida a Licença de Operação – LO pelo órgão ambiental, foi constatado que os níveis de exploração dos recursos madeireiros praticados pela empresa estavam causando sérios danos ambientais, pois a madeireira, ultrapassando os limites do documento autorizativo, cortou árvores pertencentes à floresta de preservação permanente.

Diante da situação hipotética narrada, responda:

a) Além da Madeireira Machado de Assis Ltda., haveria responsabilidade do Banco Empresta Mais S/A pelos danos ambientais? Quais os regimes de responsabilidade dos chamados "poluidores diretos" e "poluidores indiretos" pelo cometimento de danos ambientais?

b) Segundo a jurisprudência do STF, o instituto da compensação ambiental é constitucional?

c) É possível a cumulação de compensação ambiental com indenização por danos ambientais ou haveria bis in idem? Relacione sua resposta com os princípios ambientais pertinentes.

d) A função punitiva ou pedagógica da reparação civil, construída a partir da doutrina dos *punitive damages*, deve compor o valor da indenização pelos danos ambientais?

e) A prática empreendida pela empresa constitui infração penal? Se sim, é possível que apenas a pessoa jurídica figure no polo passivo da ação penal ou é necessária a presença das pessoas físicas responsáveis pela direção da empresa? Responda com base na legislação pertinente e na jurisprudência atual do STF e do STJ.

Espaço para resposta

___

___

___

___

Comentários

A) POLUIDORES DIRETOS E INDIRETOS E REGIMES DE RESPONSABILIZAÇÃO

A definição de poluidor direto e indireto é fundamental para a análise do caso, pois o Banco Empresta Mais S/A não realizou diretamente o dano ambiental. Apesar da Lei 6.938/1981 não definir no inciso IV do art. 3º quem seria o poluidor indireto, julgados do STJ têm se direcionado no sentido de que a interpretação do poluidor indireto é extensa e equipara a **"quem faz, quem não faz quando deveria fazer, quem deixa fazer, quem não se importa que façam, quem financia para que façam, e quem se beneficia quando outros fazem"**. (RESP nº 650728/SC, 2003, Min. Antônio Herman Benjamin).

Assim, ainda que não tenha sido responsável diretamente pelos danos ambientais, a financiadora – principal exemplo de "poluidor indireto" – poderia ser responsabilizada civilmente.

Neste sentido prescreve o art. 12 da Lei nº 6.938/1981:

> *"As entidades e órgãos de financiamento e incentivos governamentais condicionarão a aprovação de projetos habilitados a esses benefícios ao licenciamento, na forma desta Lei, e ao cumprimento das normas, dos critérios e dos padrões expedidos pelo CONAMA".*

ATENÇÃO: É de se pontuar que as pessoas jurídicas de direito público também poderão ser consideradas poluidoras, por atos comissivos ou omissivos. Assim, quando explora diretamente atividade econômica, a exemplo da atividade petrolífera, por meio de empresa estatal, a Administração Pública poderá se enquadrar como poluidora direta.

Outrossim, a concessão de uma licença ambiental irregular por um órgão ambiental que culmine em degradação ambiental colocará o Poder Público na condição de poluidor indireto.

Os últimos precedentes do STJ, inclusive da sua 2.ª Turma, declararam a responsabilidade objetiva do Estado por danos ambientais, mesmo em se tratando de omissão na fiscalização ambiental, ou seja, quando caracterizada a poluição indireta.

Mesmo que o Estado se enquadre como poluidor indireto por sua inércia em evitar o dano ambiental, após a reparação DEVERÁ regressar contra o poluidor direto. Ademais, apesar de ser solidária, a atual jurisprudência dominante no STJ (1.ª e 2.ª Turmas) é no sentido de que **a responsabilidade civil do Poder Público é de execução subsidiária**, na hipótese de omissão de cumprimento adequado do seu dever de fiscalizar que foi determinante para a concretização ou o agravamento do dano causado pelo seu causador direto

Desta forma, apenas se a execução não puder alcançar o patrimônio do poluidor direto, a exemplo da insolvência, é que o processo executivo será direcionado ao Poder Público, vez que, neste caso, toda a sociedade acaba respondendo pelo dano ambiental causado diretamente por agentes privados.

No que tange aos regimes de responsabilização, embora paire certa divergência em relação ao poluidor indireto, é amplamente majoritária a corrente que afirma a **responsabilidade civil objetiva, com base na teoria do risco integral, tanto para os poluidores diretos, como indiretos**. Isso porque a responsabilização visa, em primeira análise, à reconstituição do meio ambiente degradado, devendo-se perquirir em outro plano quem arcará, ao final, com os valos despendidos.

b) Compensação ambiental na visão do STF

A compensação ambiental, também denominada "compartilhamento-compensação ambiental" pelo ex-Ministro do STF Carlos Ayres Britto, está prevista no art. 36 da Lei n.º 9.985/2000:

> *Art. 36. Nos casos de licenciamento ambiental de empreendimentos de significativo impacto ambiental, assim considerado pelo órgão ambiental competente, com fundamento em estudo de impacto ambiental e respectivo relatório – EIA/RIMA,* ***o empreendedor é obrigado a apoiar a implantação e manutenção de unidade de conservação do Grupo de Proteção Integral****, de acordo com o disposto neste artigo e no regulamento desta Lei. (Regulamento)*
>
> *§ 1º O montante de recursos a ser destinado pelo empreendedor para esta finalidade ~~não pode ser inferior a meio por cento dos custos totais previstos para a implantação do empreendimento~~, sendo ~~o percentual~~ fixado pelo órgão ambiental licenciador, de acordo com o grau de impacto ambiental causado pelo empreendimento. (Vide ADIN nº 3.378-6, de 2008)*
>
> *§ 2º Ao órgão ambiental licenciador compete definir as unidades de conservação a serem beneficiadas, considerando as propostas apresentadas no EIA/RIMA e ouvido o empreendedor, podendo inclusive ser contemplada a criação de novas unidades de conservação.*
>
> *§ 3º Quando o empreendimento afetar unidade de conservação específica ou sua zona de amortecimento, o licenciamento a que se refere o caput deste artigo só poderá ser concedido mediante autorização do órgão responsável por sua administração, e a unidade afetada, mesmo que não pertencente ao Grupo de Proteção Integral, deverá ser uma das beneficiárias da compensação definida neste artigo.*

Portanto, nos termos do dispositivo citado, o empreendedor de atividades de significativo impacto ambiental deverá destinar recursos financeiros para implantação e manutenção de unidade de grupo de Proteção Integral (caput) ou de Uso Sustentável (§3º). Trata-se de efetiva aplicação do **princípio do usuário-pagador**, que estabelece, na forma do art. 4º, VII, da Lei de Política Nacional do Meio Ambiente (Lei 6.938/81) que o usuário de recursos naturais deve pagar por sua utilização.

Um detalhe importante que marca o instituto é o momento da fixação do seu montante, que ocorre quando da **emissão da Licença de Instalação – LI**, ou seja, antes mesmo de verificado o efetivo impacto do empreendimento ao meio ambiente. Esse, inclusive, foi um dos motivos que ensejou o ajuizamento da ADI 3378-DF, em que se sustentou, dentre outras questões, a violação aos princípios da legalidade, da harmonia e independência dos Poderes, da razoabilidade e proporcionalidade, além de ter sido alegado que o valor pago a título de compensação ambiental no momento do licenciamento, sem prévia mensuração e comprovação do dano, acarretaria enriquecimento ilícito ao Estado.

O STF, contudo, adotando as lições de Paulo Affonso Leme Machado, afirmou que **"o princípio do usuário-pagador NÃO é uma punição, pois mesmo inexistindo qualquer ilicitude no comportamento do pagador ele pode ser implementado"**. De acordo com o jurista, para tornar obrigatório o pagamento pelo uso do recurso não há necessidade de ser provado que o usuário está cometendo faltas ou infrações.

Com base nesse raciocínio, em conclusão de julgamento, o Tribunal, por maioria, julgou PARCIALMENTE PROCEDENTE o pedido formulado na ADI referida, para ser declarada COM redução de texto, as expressões "não pode ser inferior a meio por cento dos custos totais previstos para implantação do empreendimento" e "o percentual", constantes do §1º do art. 36 da Lei n.º 9.985/2000 (vide dispositivo acima, que foi tachado nas expressões declaradas inconstitucionais).

Entendeu-se que a Lei n.º 9.985/2000, tendo em conta o especial trato conferido pela CF/88 ao meio-ambiente (art. 225), instituiu uma forma de compartilhamento das despesas com as medidas oficiais de específica prevenção em face de empreendimentos de significativo impacto ambiental. Afirmou-se que esse compartilhamento-compensação ambiental não violaria o princípio da legalidade, já que a própria lei impugnada previu o modo de financiar os gastos da espécie, nem ofenderia o princípio da harmonia e independência dos poderes, visto que não houve delegação do poder legislativo ao executivo da tarefa de criar obrigações e deveres aos administrados.

Considerou-se, entretanto, que haver-se-ia de retirar as referidas expressões em razão da possibilidade de haver empreendimentos que não causassem impacto ambiental. Dessa forma, o órgão ambiental competente é que fixaria o montante compatível e proporcional ao grau de impacto ambiental do empreendimento analisado.

> *EMENTA: AÇÃO DIRETA DE INCONSTITUCIONALIDADE. ART. 36 E SEUS §§ 1º, 2º E 3º DA LEI Nº 9.985, DE 18 DE JULHO DE 2000. CONSTITUCIONALIDADE DA COMPENSAÇÃO DEVIDA PELA IMPLANTAÇÃO DE EMPREENDIMENTOS DE SIGNIFICATIVO IMPACTO AMBIENTAL. INCONSTITUCIONALIDADE PARCIAL DO § 1º DO ART. 36. 1.* ***O compartilhamento-compensação ambiental de que trata o art. 36 da Lei***

nº 9.985/2000 não ofende o princípio da legalidade, dado haver sido a própria lei que previu o modo de financiamento dos gastos com as unidades de conservação da natureza. *De igual forma,* ***não há violação ao princípio da separação dos Poderes, por não se tratar de delegação do Poder Legislativo para o Executivo impor deveres aos administrados.*** *2.* ***Compete ao órgão licenciador fixar o quantum da compensação, de acordo com a compostura do impacto ambiental a ser dimensionado no relatório – EIA/RIMA.*** *3. O art. 36 da Lei nº 9.985/2000 densifica o* ***princípio usuário-pagador****, este a significar um mecanismo de assunção partilhada da responsabilidade social pelos custos ambientais derivados da atividade econômica. 4. Inexistente desrespeito ao postulado da razoabilidade. Compensação ambiental que se revela como instrumento adequado à defesa e preservação do meio ambiente para as presentes e futuras gerações, não havendo outro meio eficaz para atingir essa finalidade constitucional. Medida amplamente compensada pelos benefícios que sempre resultam de um meio ambiente ecologicamente garantido em sua higidez. 5.* ***Inconstitucionalidade da expressão "não pode ser inferior a meio por cento dos custos totais previstos para a implantação do empreendimento"****, no § 1º do art. 36 da Lei nº 9.985/2000. O valor da compensação-compartilhamento é de ser fixado proporcionalmente ao impacto ambiental, após estudo em que se assegurem o contraditório e a ampla defesa. Prescindibilidade da fixação de percentual sobre os custos do empreendimento. 6. Ação parcialmente procedente.*

c) Possibilidade de cumulação entre compensação ambiental com indenização por danos ambientais

Destaca-se que o valor devido pelo empreendedor a título de compensação ambiental NÃO o exime do pagamento de indenização por danos ambientais que eventualmente se verifiquem no decorrer das atividades do empreendimento.

Há, portanto, a possibilidade de se cumular a compensação ambiental com indenização por danos ambientais. A cumulação é viável em decorrência da natureza jurídica diversa dos referidos institutos. Na esteira de Romeu Thomé:

> A compensação ambiental tem como intuito **compensar o meio ambiente pela utilização dos recursos naturais** oriunda de determinado empreendimento. Neste caso, o empreendedor, por força do princípio do USUÁRIO-PAGADOR, deve destinar parte significativa de seus esforços às ações que sirvam para contrabalançar o uso dos recursos naturais indispensáveis à realização do empreendimento, mesmo inexistindo qualquer ilicitude no seu comportamento.
>
> A indenização por danos ambientais tem conteúdo **claramente reparatório**, sendo devida, por força do princípio do POLUIDOR-PAGADOR, a partir do momento em que configurado o efetivo dano ao meio ambiente. O autor do dano ambiental, nesses casos, tem a obrigação de recuperar *in natura* e/ou indenizar a coletividade, conforme previsão no art. 225, §3º, da CF/88 e art. 4º, VII, da LPNMA.

Afora isso, resta claro que a compensação ambiental prevista no art. 36 da LSNUC se relaciona aos danos inevitáveis e imprescindíveis à realização do empreendimento já previstos no EIA/RIMA. Por outro lado, os danos imprevisíveis da atividade deverão ser ressarcidos por meio da recuperação do meio ambiente degradado e/ou indenização.

Pontue-se, por fim, a distinção feita por Frederico Amado acerca da cumulação de compensação ambiental e indenização por danos ambientais, que abona as lições de Romeu Thomé.

Segundo aquele autor, a resposta demanda uma análise casuística, **sendo necessário se verificar se o dano ambiental causado foi previsto ou não no EIA/RIMA**. Caso a resposta seja positiva, fica demonstrado que a compensação ambiental paga pelo proponente do projeto já abarcou o dano ambiental, não sendo possível uma nova responsabilização civil, sob pena de *bis in idem*.

Contudo, caso o dano ambiental em unidade de conservação tenha sido mais extenso do que o previsto no EIA/RIMA, ou então não tenha sido considerado no cálculo da compensação ambiental, deverá o empreendedor ser responsabilizado civilmente por sua ocorrência, não existindo *bis in idem* nesta hipótese. Inclusive, esta também foi a linha de pensamento seguida pelo STJ.

d) Inaplicabilidade da doutrina dos *punitive damages* à reparação civil por danos ambientais

A resposta ao quesito demanda conhecimento do candidato acerca da posição do STJ, firmada no REsp 1.354.536-SE, Rel. Min. Luís Felipe Salomão, julgado em 26/3/2014 pela 2ª Seção, sob a sistemática de recurso repetitivo (informativo 538). Segundo a Corte:

> ***É inadequado pretender conferir à reparação civil dos danos ambientais caráter punitivo imediato, pois a punição é função que incumbe ao direito penal e administrativo.***
>
> ***Assim, <u>NÃO há que se falar em danos punitivos (punitive damages) no caso de danos ambientais</u>, haja vista que a responsabilidade civil por dano ambiental prescinde da culpa e revestir a compensação de caráter punitivo propiciaria o bis in idem (pois, como firmado, a punição imediata é tarefa específica do direito administrativo e penal).***

Portanto, é de suma importância distinguir as esferas de responsabilidade do poluidor, a fim de que, caso o Estado seja demandado, haja defesa da advocacia pública no sentido de infirmar o incremento da indenização pela pretensa função punitiva dos danos ambientais.

e) Prática de infração penal, responsabilização penal da pessoa jurídica e dupla imputação

Subsumindo-se os fatos narrados aos comandos da Lei n.º 9.605/98, verifica-se que a Madeireira Machado de Assis Ltda. cometeu a infração prevista no art. 39 do referido diploma:

> *Art. 39. Cortar árvores em floresta considerada de preservação permanente, sem permissão da autoridade competente:*
>
> *Pena – detenção, de um a três anos, ou multa, ou ambas as penas cumulativamente.*

É importante salientar que o enunciado foi claro ao mencionar que a prática de cortar árvores em floresta de preservação permanente ocorreu fora dos limites do documento autorizativo, o que corrobora a incidência do artigo sobredito.

Na segunda parte do item, abordou-se um tema latente na jurisprudência pátria. Cuida-se da responsabilização penal de pessoas jurídicas e da aplicabilidade da chamada teoria da "dupla imputação".

Sobre esse tema, há muito surgiu dúvida sobre a necessidade de responsabilização conjunta tanto da pessoa jurídica que praticou o ato danoso, como da pessoa física por ela responsável.

Não obstante a controvérsia instalada, o Supremo Tribunal Federal manteve-se firme no seu entendimento pela desnecessidade de responsabilização de ambos, que extrai com facilidade do julgado a seguir:

> *EMENTA RECURSO EXTRAORDINÁRIO. DIREITO PENAL. CRIME AMBIENTAL. RESPONSABILIDADE PENAL DA PESSOA JURÍDICA. CONDICIONAMENTO DA AÇÃO PENAL À IDENTIFICAÇÃO E À PERSECUÇÃO CONCOMITANTE DA PESSOA FÍSICA QUE NÃO ENCONTRA AMPARO NA CONSTITUIÇÃO DA REPÚBLICA. **1. O art. 225, § 3º, da Constituição Federal não condiciona a responsabilização penal da pessoa jurídica por crimes ambientais à simultânea persecução penal da pessoa física em tese responsável no âmbito da empresa. A norma constitucional não impõe a necessária dupla imputação.** 2. As organizações corporativas complexas da atualidade se caracterizam pela descentralização e distribuição de atribuições e responsabilidades, sendo inerentes, a esta realidade, as dificuldades para imputar o fato ilícito a uma pessoa concreta. **3. Condicionar a aplicação do art. 225, §3º, da Carta Política a uma concreta imputação também a pessoa física implica indevida restrição da norma constitucional, expressa a intenção do constituinte originário não apenas de ampliar o alcance das sanções penais, mas também de evitar a impunidade pelos crimes ambientais frente às imensas dificuldades de individualização dos responsáveis internamente***

> ***às corporações, além de reforçar a tutela do bem jurídico ambiental.*** *4. A identificação dos setores e agentes internos da empresa determinantes da produção do fato ilícito tem relevância e deve ser buscada no caso concreto como forma de esclarecer se esses indivíduos ou órgãos atuaram ou deliberaram no exercício regular de suas atribuições internas à sociedade, e ainda para verificar se a atuação se deu no interesse ou em benefício da entidade coletiva. Tal esclarecimento, relevante para fins de imputar determinado delito à pessoa jurídica, não se confunde, todavia, com subordinar a responsabilização da pessoa jurídica à responsabilização conjunta e cumulativa das pessoas físicas envolvidas. Em não raras oportunidades, as responsabilidades internas pelo fato estarão diluídas ou parcializadas de tal modo que não permitirão a imputação de responsabilidade penal individual. 5. Recurso Extraordinário parcialmente conhecido e, na parte conhecida, provido. (RE 548181, Relator(a): Min. ROSA WEBER, Primeira Turma, julgado em 06/08/2013, ACÓRDÃO ELETRÔNICO DJe-213 DIVULG 29-10-2014 PUBLIC 30-10-2014)*

Ainda que firme o posicionamento no âmbito do STF, o STJ vinha entendendo de modo diverso, condicionando a responsabilização penal à dupla imputação. Essa orientação, no entanto, foi alterada, passando o STJ a acatar a interpretação que o STF conferiu ao art. 225, § 3º, da CF. Por todos, segue trecho da ementa de recente julgado a respeito do tema:

> *4. Tendo em vista que a* ***Primeira Turma do Supremo Tribunal Federal reconheceu que a necessidade de dupla imputação nos crimes ambientes é prescindível****, uma vez que viola o disposto no art. 225, § 3º, da Constituição Federal (RE n. 548.181/PR, relatora Ministra Rosa Weber, DJe 30/10/2014 - Informativo n. 714/STF),* ***a ação penal deve prosseguir somente para a pessoa jurídica acusada.***
>
> *(RHC 50.470/ES, Rel. Ministro GURGEL DE FARIA, QUINTA TURMA, julgado em 17/09/2015, DJe 06/10/2015)*

Portanto, o último item da questão deve ser respondido no sentido de é possível a responsabilização criminal por dano ao meio ambiente, sempre na modalidade subjetiva, prescindindo-se, no entanto, de dupla imputação à pessoa jurídica e pessoa à física responsável.

LICENCIAMENTO AMBIENTAL

1. INTRODUÇÃO

O meio ambiente ecologicamente equilibrado é direito fundamental pertencente a toda coletividade, e incumbe ao Poder Público ordenar e controlar as atividades que possam afetar esse equilíbrio, em atendimento ao comando inserido no art. 225 da CF/1988[1]. O uso incomum do bem ambiental, que ultrapassa os fins puramente naturais e ecológicos (uso econômico, por exemplo), deve ser previamente autorizado pelo Estado.

A Lei da Política Nacional do Meio Ambiente (Lei 6.938/81), responsável pela compatibilização do desenvolvimento das atividades econômicas com a proteção ao meio ambiente, elencou, dentre seus instrumentos, o licenciamento de atividades potencialmente poluidoras. Trata-se de controle administrativo preventivo das atividades e empreendimentos que possam causar danos ambientais e que, para tanto, devem ser autorizadas pelo Poder Público. Ademais, o licenciamento concretiza a determinação constitucional de imposição ao Poder Público de *controlar a produção, a comercialização e o emprego de técnicas, métodos e substâncias que comportem risco para a vida, a qualidade de vida e o meio ambiente* (artigo 225, §1º, V).

A regulamentação do licenciamento ordinário é feita, atualmente, pela LC 140/2011, Lei 6938/81 (LPNMA), Decreto 99.274/90 e pelas Resoluções do Conama 01/1986 e 237/1997.[2]

> (PGR 2012) O licenciamento ambiental constitui procedimento de índole preventiva, com o objetivo de gerar um ato-condição para a construção, instalação, ampliação e funcionamento de estabelecimento ou atividades que utilizem recursos ambientais ou que sejam potencialmente causadoras de degradação ambiental.
>
> **CERTO**

---

1 Art. 225. Todos têm direito ao meio ambiente ecologicamente equilibrado, bem de uso comum do povo e essencial à sadia qualidade de vida, impondo-se ao Poder Público e à coletividade o dever de defendê-lo e preservá-lo para as presentes e futuras gerações.

2 Nada obstante, é possível que hipóteses de licenciamentos especiais tenham regulamentação específica, tal como se dá na Resolução 387/2006 (licenciamento de projetos de assentamento de reforma Agrária) e Resolução nº 413/2009 (licenciamento ambiental da aquicultura).

2. CONCEITO, FUNDAMENTOS E NATUREZA JURÍDICA

O licenciamento ambiental foi definido pela Resolução 237/97 (Conama) como o *procedimento administrativo pelo qual o órgão ambiental competente licencia a localização, instalação, ampliação e a operação de empreendimentos e atividades utilizadoras de recursos ambientais, consideradas efetiva ou potencialmente poluidoras ou daquelas que, sob qualquer forma, possam causar degradação ambiental, considerando as disposições legais e regulamentares e as normas técnicas aplicáveis ao caso* (art. 1º, I).

Na mesma linha, a LC 140/11 não inovou no conceito, e apontou o licenciamento como o *procedimento administrativo destinado a licenciar atividades ou empreendimentos utilizadores de recursos ambientais, efetiva ou potencialmente poluidores ou capazes, sob qualquer forma, de causar degradação ambiental* (art. 2º, I).

(TRF 3ªR 2018) A respeito do licenciamento ambiental, é o procedimento administrativo destinado a licenciar atividades ou empreendimentos utilizadores de recursos ambientais, efetiva ou potencialmente poluidores ou capazes, sob qualquer forma, de causar degradação ambiental.

CERTO

(Vunesp PGM/São José dos Campos-SP 2017) A construção, instalação, ampliação e funcionamento de estabelecimentos e atividades utilizadoras de recursos ambientais, efetiva ou potencialmente poluidores, ou capazes, sob qualquer forma, de causar degradação ambiental, dependerão de prévio licenciamento ambiental.

CERTO

O licenciamento ambiental tem acentuado **caráter preventivo** de danos ao meio ambiente, constituindo-se um dos principais instrumentos de efetivação do **princípio da prevenção**. Por esse procedimento, o Poder Público verifica a natureza, dimensão e impactos de um empreendimento potencialmente poluidor, e condiciona o exercício da atividade ao atendimento de requisitos e condicionantes, com o fim de reduzir, tanto quanto possível, os impactos ambientais negativos.

O instituto fundamenta-se no **poder de polícia** da Administração. Segundo o conceito legal,3 o poder de polícia decorre da necessidade pública de limitar o abuso no exercício dos direitos individuais, a fim de conformá-los ao interesse

3 Art. 78, CTN. Considera-se poder de polícia atividade da administração pública que, limitando ou disciplinando direito, interesse ou liberdade, regula a prática de ato ou abstenção de fato, em razão de interesse público concernente à segurança, à higiene, à ordem, aos costumes, à disciplina da produção e do mercado, ao exercício de atividades econômicas dependentes de concessão ou autorização do Poder Público, à tranquilidade pública ou ao respeito à propriedade e aos direitos individuais ou coletivos.

público. Representa, pois, expressão do **princípio da supremacia do interesse público** sobre o privado.

(TRF 3ªR 2013) O licenciamento ambiental não constitui forma de manifestação de poder de polícia exercido pelo Estado sobre as atividades utilizadoras de recursos ambientais.

ERRADO

(Vunesp TJ/RJ 2013) A natureza jurídica do licenciamento ambiental é de poder de polícia, exclusivamente vinculado ao Poder Executivo.

CERTO

(FCC TCM/BA 2011) A sujeição de determinadas atividades ao licenciamento ambiental é tida como manifestação do poder de polícia voltada à proteção do meio ambiente porque se trata do condicionamento do exercício de direitos individuais por razões de interesse público, o que corresponde à definição do poder de polícia administrativa.

CERTO

A princípio, todos os Entes Políticos, diretamente ou por meio de seus entes integrantes da Administração Pública Indireta, possuem o dever constitucional de exercer o poder de polícia ambiental. Isso porque a proteção ao meio ambiente e o combate à poluição em qualquer de suas formas são competência comum da União, Estados, DF e Municípios. (artigo 23, VI, da CF/88[4]).

Obs. Embora, tradicionalmente, no Direito Administrativo, afirme-se que o exercício do poder de polícia é uma faculdade da Administração Pública, tendo natureza discricionária, a doutrina ambientalista[5] destaca a **natureza vinculada** do poder de polícia ambiental, inexistindo, via de regra, juízo de conveniência e oportunidade na sua exteriorização, dado o dever constitucional imposto ao Poder Público de promover a conservação do meio ambiente.

A natureza jurídica do licenciamento ambiental é de **procedimento administrativo**, composto por etapas e formalidades encadeadas e direcionadas ao consentimento (ou não) da Administração, quanto à utilização do bem ambiental pelo empreendedor.

---

4 Art. 23. É competência comum da União, dos Estados, do Distrito Federal e dos Municípios:
VI – proteger o meio ambiente e combater a poluição em qualquer de suas formas;

5 "(...) cria-se para o Poder Público um dever constitucional, geral e positivo, representado por verdadeiras obrigações de fazer, isto é, de zelar pela defesa (defender) e preservação (preservar) do meio ambiente. Não mais tem o Poder Público uma mera faculdade, mas está atado por verdadeiro dever. Quanto à possibilidade de ação positiva de defesa e preservação, sua atuação transforma-se de discricionária em vinculada. Sai da esfera da conveniência e oportunidade para se ingressar num campo estritamente delimitado, o da imposição, onde só cabe um único e nada mais que único comportamento: defender e proteger o meio ambiente". Direito do Ambiente. Édis Milaré. 2016.

3. ETAPAS

O art. 10, da Resolução Conama 237/97 aponta as etapas que o procedimento de Licenciamento Ambiental deverá obedecer:

> I – **Definição** pelo órgão ambiental competente, com a participação do empreendedor, dos **documentos, projetos e estudos ambientais, necessários** ao início do processo de licenciamento correspondente à licença a ser requerida;
>
> II – **Requerimento da licença ambiental pelo empreendedor**, acompanhado dos documentos, projetos e estudos ambientais pertinentes, dando-se a devida **publicidade**;
>
> III – **Análise pelo órgão ambiental competente**, integrante do SISNAMA, dos documentos, projetos e estudos ambientais apresentados e a realização de vistorias técnicas, quando necessárias;
>
> IV – **Solicitação de esclarecimentos e complementações pelo órgão ambiental** competente, integrante do SISNAMA, **uma única vez**, em decorrência da análise dos documentos, projetos e estudos ambientais apresentados, quando couber, podendo haver a reiteração da mesma solicitação caso os esclarecimentos e complementações não tenham sido satisfatórios;
>
> V – **Audiência pública**, quando couber, de acordo com a regulamentação pertinente;[6]

Obs. A audiência pública poderá ou não acontecer, não tendo cunho obrigatório. A sua realização dar-se-á:

a) quando o órgão competente para a concessão da licença julgar necessário;

b) quando cinquenta ou mais cidadãos requererem ao órgão ambiental a sua realização;

c) quando o Ministério Público solicitar a sua realização.

Todavia, caso não seja realizada a audiência pública, tendo havido requerimento de alguns dos legitimados, a licença concedida será inválida.

(CESPE PGE/BA 2014) A realização de audiência pública durante o procedimento de licenciamento ambiental é obrigatória caso haja solicitação de cinquenta ou mais cidadãos.

CERTO

(PGE/RO 2011) A realização de audiência pública é condição necessária para expedição de qualquer licença.

ERRADO

> VI – **Solicitação de esclarecimentos e complementações pelo órgão ambiental competente, decorrentes de audiências públicas**, quando couber, podendo

6

haver <u>**reiteração**</u> da solicitação quando os esclarecimentos e complementações não tenham sido satisfatórios;

VII – **Emissão de parecer técnico conclusivo** e, quando couber, **parecer jurídico**;

VIII – **Deferimento ou indeferimento do pedido de licença**, dando-se a devida **publicidade.**

(CESPE TJ/ES 2011) A Resolução n.º 237/1997 do Conselho Nacional do Meio Ambiente estabeleceu roteiro mínimo a ser observado nos processos de licenciamento ambiental, composto de oito etapas, entre as quais se inclui a emissão de parecer técnico conclusivo e, conforme o caso, de parecer jurídico.

CERTO

(ALEGO 2015) O atendimento integral, pelo empreendedor, das informações, documentos e estudos solicitados pela autoridade licenciadora, torna possível o funcionamento provisório do empreendimento ou da atividade, até que emitida licença ambiental.

ERRADO

Nada obstante, é importante destacar que o órgão ambiental competente pode determinar **procedimentos específicos** para as licenças ambientais, observadas a natureza, características e peculiaridades da atividade ou empreendimento e, ainda, a **compatibilização** do processo de licenciamento com as etapas de planejamento, implantação e operação.

É possível, ademais, que sejam estabelecidos **procedimentos simplificados** para as atividades e empreendimentos de <u>pequeno potencial de impacto ambiental</u>, que deverão ser aprovados pelos respectivos Conselhos de Meio Ambiente.

Por fim, a Resolução CONAMA 237/97 previu a admissão de **processo de licenciamento único** para <u>pequenos empreendimentos e atividades similares e vizinhos</u> ou para aqueles integrantes de <u>planos de desenvolvimento aprovados, previamente, pelo órgão governamental competente</u>, desde que definida a responsabilidade legal pelo conjunto de empreendimentos ou atividades.

3.1. Estudos ambientais

A realização e apresentação de estudos ambientais constitui etapa obrigatória nos procedimentos licenciatórios (item II, acima referenciado). A Resolução CONAMA 237/97 definiu o instituto:

> *Art. 1º III – **Estudos Ambientais**: são todos e quaisquer estudos relativos aos aspectos ambientais relacionados à localização, instalação, operação e ampliação de uma atividade ou empreendimento, apresentado como **subsídio para a análise da licença requerida**, tais como: relatório ambiental, plano e projeto de controle ambiental, relatório ambiental preliminar, diagnóstico ambiental, plano de manejo, plano de recuperação de área degradada e análise preliminar de risco.*

Nessa linha, a Lei de Política Nacional do Meio Ambiente (LPNMA) elencou a Avaliação de Impacto Ambiental (AIA) como **instrumento da PNMA,** para implementação dos seus objetivos fundamentais (art. 9º, III, Lei 6938/81).

Dentre as espécies de AIA, destacamos o Estudo de Impacto Ambiental - EIA (acompanhado do Relatório de Impacto Ambiental - RIMA), o mais complexo e abrangente dos estudos ambientais, somente exigido para empreendimentos com potencial de **significativo** impacto sobre o meio ambiental.

> *Art. 3º A licença ambiental para empreendimentos e atividades consideradas efetiva ou potencialmente causadoras de* ***significativa*** *degradação do meio ambiente* ***dependerá*** *de prévio* ***estudo de impacto ambiental e respectivo relatório de impacto sobre o meio ambiente (EIA/RIMA),*** *ao qual dar-se-á publicidade, garantida a realização de audiências públicas, quando couber, de acordo com a regulamentação.*
>
> *Parágrafo único. O órgão ambiental competente, verificando que a atividade ou empreendimento não é potencialmente causador de significativa degradação do meio ambiente, definirá os estudos ambientais pertinentes ao respectivo processo de licenciamento.*[7]

(CESPE PGE/PI 2014) Embora o EIA seja obrigatório em todos os processos de licenciamento, o RIMA poderá ser dispensado quando o órgão ambiental competente verificar que a atividade não causará impactos significativos ao ambiente.

ERRADO

(PGE/GO 2013) É exigida a apresentação de prévio estudo de impacto ambiental-EIA e respectivo relatório-RIMA para o licenciamento ambiental de todo e qualquer empreendimento que cause dano ao meio ambiente, devendo o empreendedor arcar com os custos de sua elaboração por equipe técnica multidisciplinar

ERRADO

(TJ/PR 2010) Para o Licenciamento Ambiental, será exigido Estudo Prévio de Impacto Ambiental e respectivo Relatório de Impacto ao Meio Ambiente – EIA/Rima, caso o empreendimento se enquadre nas hipóteses assim previstas em Resoluções Conama ou ainda caso o empreendimento possa apresentar significativo impacto ambiental.

CERTO

(PGR 2012) Em se tratando de atividades ou obras potencialmente causadoras de significativa degradação do meio ambiente, a ausência de estudo prévio de impacto ambiental vicia o procedimento de licenciamento, sujeitando-o a nulidade.

CERTO

7 Resolução CONAMA 237/97.

Note que, no tocante às demais atividades (aquelas não potencialmente causadoras de significativo impacto ambiental), o órgão licenciador determinará a espécie de estudo ambiental exigido (diferente do EIA/RIMA) para concessão da licença.

(FCC TJ/PE 2015) Analisando o pedido de licenciamento ambiental de um empreendimento imobiliário, o órgão ambiental competente exigiu um estudo ambiental simplificado (EAS) por não haver potencial de significativa degradação do meio ambiente. Tal exigência é legal, diante da ausência de potencial para significativa degradação do meio ambiente.

CERTO

Em qualquer caso, os estudos necessários ao processo de licenciamento deverão ser realizados por profissionais legalmente habilitados, **às expensas do empreendedor**, sendo todos, empreendedor e profissionais, **responsáveis** pelas informações apresentadas, sujeitando-se às sanções administrativas, civis e penais.

(CESPE TRF 1ªR 2015) O empreendedor e os profissionais que elaboram o EIA são responsáveis pelas informações apresentadas ao órgão ambiental competente e estão sujeitos a sanções nos âmbitos administrativo, penal e civil.

CERTO

(PGM/Aparecida de Goiânia 2010) O licenciamento ambiental não dispensa a realização de estudos prévios de impacto ambiental (EIA), e caso o empreendedor não suporte o custo dos estudos, a Administração Pública deve custear tal despesa.

ERRADO

4. ATIVIDADES SUJEITAS AO LICENCIAMENTO AMBIENTAL

É importante ter em mente que não são todas as atividades que estarão sujeitas a licenciamento, mas somente aquelas **utilizadoras de recursos ambientais consideradas efetiva ou potencialmente poluidoras**, bem como os **empreendimentos capazes, sob qualquer forma, de causar degradação ambiental**. Para tais atividades, o procedimento administrativo de licenciamento será obrigatório.

> *Art. 2º A localização, construção, instalação, ampliação, modificação e operação de empreendimentos e* ***atividades utilizadoras de recursos ambientais consideradas efetiva ou potencialmente poluidoras****, bem como os empreendimentos* ***capazes, sob qualquer forma, de causar degradação ambiental****, dependerão de prévio* ***licenciamento*** *do órgão ambiental competente, sem prejuízo de outras licenças legalmente exigíveis.*[8]

8 Resolução CONAMA 237/97.

Nesses casos, é irrelevante tratar-se de atividade pública ou privada, pois, independentemente do responsável pelo empreendimento, verificado o potencial degradador do meio ambiente, impõe-se o licenciamento da atividade.

A Resolução 237/97 apresenta, em **rol exemplificativo**, uma lista de atividades que demandam a realização do licenciamento, cujo rol poderá ser ampliado.

(Proc Autárquico/UEPA 2012) O licenciamento ambiental, um dos mais importantes instrumentos da Política Nacional de Meio Ambiente, é obrigatório para algumas atividades arroladas em Resolução do CONAMA, podendo ser exigido para outras atividades de acordo com entendimento discricionário do órgão ambiental, pois que, indeterminado o conceito de atividades utilizadoras de recursos ambientais, consideradas efetiva ou potencialmente poluidoras.

CERTO

(CESPE TRF 1ªR 2009) Por se tratar de ato administrativo por meio do qual o órgão ambiental competente estabelece as condições, restrições e medidas de controle ambiental que deverão ser observadas pelo empreendedor, o licenciamento ambiental aplica-se a todas as atividades utilizadoras de recursos ambientais.

ERRADO

Cita-se os tópicos elencados, cuja pormenorização pode ser conferida na resolução precitada:

- Extração e tratamento de minerais
- Indústria de produtos minerais não metálicos
- Indústria metalúrgica
- Indústria mecânica
- Indústria de material elétrico, eletrônico e comunicações
- Indústria de material de transporte
- Indústria de madeira
- Indústria de papel e celulose
- Indústria de borracha
- Indústria de couros e peles
- Indústria química
- Indústria de produtos de matéria plástica
- Indústria têxtil, de vestuário, calçados e artefatos de tecidos
- Indústria de produtos alimentares e bebidas
- Indústria de fumo
- Indústrias diversas
- Obras civis

- Serviços de utilidade
- Transporte, terminais e depósitos
- Turismo
- Atividades diversas
- Atividades agropecuárias
- Uso de recursos naturais

(FCC PGE/MT 2016) Uma Usina produtora de etanol e açúcar localizada no Estado do Mato Grosso pretende ampliar sua produção em 150 mil toneladas/ano de moagem de cana-de-açúcar. Para tanto, sob o ponto de vista ambiental, deverá submeter a ampliação pretendida ao licenciamento ambiental.

CERTO

(CESPE TJ/PB 2015) Embora a extração de combustíveis fósseis esteja disposta em resolução do CONAMA como atividade potencialmente causadora de danos ambientais, o que enseja a elaboração de estudo de impacto ambiental, a extração de minérios, como regra, não impõe essa exigência.

ERRADO

5. COMPETÊNCIA

Conforme mencionado, a CF/88 definiu a **competência comum dos Entes Políticos** para proteção do meio ambiente. Até o advento da Lei Complementar 140/11, por falta de regulamentação do art. 23 da CF, diversas correntes doutrinárias se firmaram na tentativa de estabelecer os critérios para definir, em cada caso, qual seria a autoridade competente para emitir a anuência do Estado, em matéria de licenciamento. Dentre os propagados, podemos citar o critério geográfico (localização do empreendimento ou da atividade), critério da abrangência do impacto, critério da dominialidade (competência do Ente que instituiu a unidade de conservação), critério da especificidade ou da segurança nacional (ex. caberia à União o licenciamento de atividades que envolvessem a exploração de energia nuclear ou empreendimentos militares) e o critério da prevalência do interesse.

A **LC 140/11** regulamentou o art. 23, incisos III, VI, VII e tem por objeto a ***cooperação*** *entre a União, os Estados, o Distrito Federal e os Municípios* – **federalismo cooperativo** – *nas ações administrativas decorrentes do exercício da competência comum relativas à proteção das paisagens naturais notáveis, à proteção do meio ambiente, ao combate à poluição em qualquer de suas formas e à preservação das florestas, da fauna e da flora* (art. 1º). Tal diploma normativo serviu para sepultar grande número de pontos de discordância acerca do ente competente para o licenciamento, no caso concreto. Para tanto, disciplinou a matéria especificamente e revogou as disposições correspondentes, que constavam da Resolução CONAMA 237/97.

> (FCC PGM/João Pessoa 2012) As competências constitucionais materiais relacionadas ao licenciamento ambiental, assim entendido o procedimento destinado a licenciar atividades ou empreendimentos efetiva ou potencialmente poluidores, são consideradas comuns, cabendo à lei complementar disciplinar o exercício destas competências pelas três esferas da Federação.
>
> **CERTO**

Observe que, no caso concreto, a competência para o licenciamento deve recair sobre um único Ente, **não** havendo possibilidade de **licenciamento ambiental simultâneo – vedação ao duplo licenciamento**. A regra do licenciamento por um único ente federativo prestigia os **princípios da segurança jurídica, da eficiência e da economicidade**.

> (TRF 3ªR 2018) Conforme a Lei Complementar nº 140/2011, os empreendimentos e atividades são licenciados ou autorizados, ambientalmente, apenas pela União, Estados ou Distrito Federal de forma concorrente, tendo em vista a competência prevista no artigo 24 da Constituição Federal.
>
> **ERRADO**
>
> (FCC PGE/TO 2018) De acordo com o disposto na Lei Complementar 140/2011, a atividade de licenciamento é realizada pelos entes federados de forma concorrente, fixando-se a competência de acordo com o requerimento formulado pelo empreendedor, independentemente da natureza ou finalidade de seu projeto.
>
> **ERRADO**
>
> (CESPE TRF 1ªR 2015) Nos casos devidamente justificados, para se aumentar a economicidade e eficiência, admite-se o procedimento de licenciamento ambiental conjunto, por exemplo, entre os órgãos ambientais federal e estaduais.
>
> **ERRADO**
>
> (PGE/RO 2011) Um empreendimento pode ser licenciado em mais de um nível de competência, a depender da extensão do dano.
>
> **ERRADO**

Não obstante, nada impede que os demais Entes se manifestem, sem efeito vinculante, no procedimento instaurado:

> *Art. 13. Os empreendimentos e atividades são licenciados ou autorizados, ambientalmente, por* ***um único ente federativo****, em conformidade com as atribuições estabelecidas nos termos desta Lei Complementar.*
>
> *§ 1º Os demais entes federativos interessados podem* ***manifestar-se*** *ao órgão responsável pela licença ou autorização, de maneira* ***não vinculante****, respeitados os prazos e procedimentos do licenciamento ambiental.*

(ALEGO 2015) Os empreendimentos e atividades são licenciados ou autorizados, ambientalmente, por um único ente federativo, sendo possível aos demais entes que se manifestem no procedimento, de maneira não vinculante.

CERTO

(CESPE TJ/RN 2013) Embora a emissão de licença ou autorização para a realização de empreendimentos caiba a um único ente federativo, os demais entes, se interessados, podem manifestar-se perante o órgão responsável, não tendo essa manifestação caráter vinculante.

CERTO

O art 7º dispõe sobre a competência da **União**, nos seguintes termos:

Art. 7º São ações administrativas da União:

Critério da Segurança Nacional

XIV – promover o licenciamento ambiental de empreendimentos e atividades:

*a) localizados ou desenvolvidos **conjuntamente** no Brasil e em **país limítrofe**;*

(TRF 2ªR 2017) Atividades localizadas em faixa de até 50 km da fronteira serão sempre licenciadas pela União.

ERRADO

Critério da Dominialidade

*b) localizados ou desenvolvidos no **mar territorial**, na **plataforma continental** ou na **zona econômica exclusiva**;*

(TRF 2ªR 2014) Se o empreendimento se localizar no mar territorial, na plataforma continental ou na zona econômica exclusiva, a atribuição para licenciamento será da União. A atribuição também será da União se o empreendimento incluir áreas das faixas terrestre e marítima da zona costeira, nos casos previstos em tipologia estabelecida a partir de proposição de Comissão Tripartite Nacional.

CERTO

*c) localizados ou desenvolvidos em **terras indígenas**;*

(FMP PGE/AC 2017) Compete ao órgão ambiental federal expedir licença de operação para exploração sob o regime de manejo florestal sustentável em área situada no raio de 10Km no entorno de área indígena.

ERRADO

(PGE/PA 2015) Compete à União promover o licenciamento de empreendimentos e atividades localizados ou desenvolvidos em terras indígenas e no seu entorno em um raio de 20 km.

ERRADO

Critério do Ente instituidor da UC

d) localizados ou desenvolvidos em ***unidades de conservação instituídas pela União****, exceto em Áreas de Proteção Ambiental (APAs);*

(PGE/PA 2015) Compete à União promover o licenciamento de empreendimentos e atividades localizados ou desenvolvidos em qualquer dos tipos de unidades de conservação instituídas pela União.

ERRADO

Critério Geográfico

e) localizados ou desenvolvidos em ***2 (dois) ou mais Estados****;*

(PGE/PA 2015) Compete à União promover o licenciamento de empreendimentos e atividades localizados ou desenvolvidos em 2 (dois) ou mais Estados, desde que haja concordância desses.

ERRADO

Critério da Segurança Nacional

f) de ***caráter militar****, excetuando-se do licenciamento ambiental, nos termos de ato do Poder Executivo, aqueles previstos no preparo e emprego das Forças Armadas, conforme disposto na Lei Complementar nº 97, de 9 de junho de 1999;*

(PGE/PA 2015) Compete à União promover o licenciamento empreendimentos e atividades de caráter militar, excetuando-se do licenciamento ambiental, nos termos de ato do Poder Executivo, aqueles previstos no preparo e emprego das Forças Armadas, conforme disposto em ato normativo específico.

CERTO

g) destinados a pesquisar, lavrar, produzir, beneficiar, transportar, armazenar e dispor ***material radioativo****, em qualquer estágio, ou que utilizem* ***energia nuclear*** *em qualquer de suas formas e aplicações, mediante parecer da Comissão Nacional de Energia Nuclear (Cnen); ou*

h) que atendam tipologia estabelecida por ***ato do Poder Executivo****, a partir de proposição da Comissão Tripartite Nacional, assegurada a participação de um membro do Conselho Nacional do Meio Ambiente (Conama), e considerados os critérios de porte, potencial poluidor e natureza da atividade ou empreendimento*[9]*;*

(PGE/PA 2015) Compete à União promover o licenciamento empreendimentos e atividades que atendam tipologia estabelecida por ato do Conselho Nacional do Meio Ambiente (Conama), e considerados os critérios de porte, potencial poluidor e natureza da atividade ou empreendimento.

ERRADO

9

Obs. O Decreto n. 8.437, de 22 de abril de 2015 estabeleceu que serão licenciados pela União atividades relacionadas a rodovias federais, ferrovias federais, hidrovias federais, portos organizados, terminais de uso privado e instalações portuárias, exploração e produção de petróleo, gás natural e outros hidrocarbonetos fluidos e sistemas de geração e transmissão de energia elétrica.

(FCC PGE/TO 2018) De acordo com o disposto na Lei Complementar 140/2011, a atividade de licenciamento é realizada pelos entes federados observando-se a competência primária dos Municípios, pelo critério do interesse local, delegando-se aos Estados as atividades que aqueles entes não consideram de sua competência e, em caráter excepcional, à União somente os casos em que o empreendimento exceder o território nacional.

ERRADO

(Vunesp PGM/São José dos Campos-SP 2017) Acerca do licenciamento ambiental, caberá a sua concessão exclusivamente ao Poder Executivo Federal, ouvidos os governos estadual e municipal interessados no licenciamento ambiental.

ERRADO

(TRF 2ªR 2017) Atividades que captem água de rios federais serão sempre licenciadas pela União.

ERRADO

(TRF 2ªR 2017) O licenciamento ambiental de qualquer atividade conduzida por concessionária de serviço público federal será de competência da União.

ERRADO

Por sua vez, o art. 8º firma a **competência residual** dos **Estados-membros** – todos os empreendimentos que não sejam de competência da União ou dos Municípios.

Competência Residual

Art. 8º São ações administrativas dos Estados:

XIV – promover o licenciamento ambiental de atividades ou empreendimentos utilizadores de recursos ambientais, efetiva ou potencialmente poluidores ou capazes, sob qualquer forma, de causar degradação ambiental, ***ressalvado o disposto nos arts. 7º e 9º****;*

(MPE/GO 2012) Sendo o licenciamento ambiental instrumento preventivo de proteção do meio ambiente, quanto à competência dos Estados, o legislador utilizou um critério de exclusão para defini-lo como competente para licenciar os empreendimentos que não são de competência da União e dos Municípios, associado ao critério de titularidade do bem quando se tratar de empreendimento localizado ou desenvolvido em unidades de conservação instituída pelo Estado, exceto em relação à Área de Proteção Ambiental que observa critérios próprios.

CERTO

Finalmente, no art. 9º estão elencadas as competências dos **municípios.**

> *Art. 9º São ações administrativas dos Municípios:*
>
> *XIV – observadas as atribuições dos demais entes federativos previstas nesta Lei Complementar, promover o licenciamento ambiental das atividades ou empreendimentos:*

Critério da Extensão do Impacto

> *a) que causem ou possam causar* ***impacto ambiental de âmbito local****, conforme tipologia definida pelos respectivos Conselhos Estaduais de Meio Ambiente, considerados os critérios de porte, potencial poluidor e natureza da atividade; ou*

tipologia das atividades ou empreendimentos que importem em impacto local para fins de licenciamento ambiental por parte da Secretaria Municipal do Meio Ambiente.

ERRADO

(FCC PGM/Recife-PE 2014) Uma indústria química, cuja atividade causará impacto ambiental de âmbito local, irá se instalar no Município do Recife. O licenciamento ambiental deverá ser conduzido

☑ **pelo Município do Recife, desde que a atividade conste em tipologia fixada pelo Conselho Estadual de Meio Ambiente (CONSEMA).**

Critério do Ente instituidor da UC

> *b) localizados em* ***unidades de conservação instituídas pelo Município****, exceto em Áreas de Proteção Ambiental (APAs);*

(CESPE TJ/PR 2019) Dentro de um parque municipal que consiste em unidade de conservação criada por decreto municipal, o IBAMA constatou a existência de habitações particulares licenciadas pelo estado no qual o município se encontra inserido. Tanto o IBAMA quanto a secretaria de meio ambiente do município lavraram seus respectivos autos de infração.

Nessa situação hipotética, no que se refere à competência para a autuação,

☑ **o auto de infração do município deve prevalecer sobre o do IBAMA.**

(FCC PGE/TO 2018) De acordo com o disposto na Lei Complementar 140/2011, a atividade de licenciamento é realizada pelos entes federados observada a hierarquia entre os entes federados, de modo que o Município é competente para licenciar as atividades que a União e Estados, nessa ordem, permitirem.

ERRADO

(TRF 2ªR 2014) Quando o empreendimento estiver situado em zona urbana a atribuição será do município, e do Estado quando situado na zona rural.

ERRADO

(FCC TJ/PE 2011) Os municípios brasileiros, face ao ordenamento constitucional e legal, no que se refere ao licenciamento ambiental, podem emitir licença ambiental exclusivamente nos casos que envolvam o patrimônio histórico local.

ERRADO

OBS. Ao Distrito Federal, em matéria de licenciamento, tal como se dá no regime constitucional de competências, são aplicáveis as disposições concernentes aos estados e aos municípios.

Art. 10. *São ações administrativas do Distrito Federal as previstas nos arts. 8º e 9º.*

ATENÇÃO: A competência para autorização da **supressão de vegetação** decorrente de licenciamentos ambientais é do **ente federativo licenciador**.

Art. 13. §2º *A supressão de vegetação decorrente de licenciamentos ambientais é autorizada pelo ente federativo licenciador.*

(PGM/Porto Alegre-RS 2016) A supressão de vegetação decorrente de licenciamentos ambientais é autorizada pelo ente federativo licenciador.

CERTO

5.1. Competência para licenciamento em APAs

Como visto, regra geral, o licenciamento de atividades localizadas em unidades de conservação deve ser realizado pelo Ente instituidor. No caso das Áreas de Proteção Ambiental - APA[10]s, verifica-se regra diversa.

> *Art. 12. Para fins de licenciamento ambiental de atividades ou empreendimentos utilizadores de recursos ambientais, efetiva ou potencialmente poluidores ou capazes, sob qualquer forma, de causar degradação ambiental, e para autorização de supressão e manejo de vegetação,* ***o critério do ente federativo instituidor da unidade de conservação não será aplicado às Áreas de Proteção Ambiental (APAs).***
>
> *Parágrafo único. A definição do ente federativo responsável pelo licenciamento e autorização a que se refere o caput, no caso das APAs, seguirá os critérios*

10 Lei 9985/00. Art. 15. A Área de Proteção Ambiental é uma área em geral extensa, com um certo grau de ocupação humana, dotada de atributos abióticos, bióticos, estéticos ou culturais especialmente importantes para a qualidade de vida e o bem-estar das populações humanas, e tem como objetivos básicos proteger a diversidade biológica, disciplinar o processo de ocupação e assegurar a sustentabilidade do uso dos recursos naturais.

§ 1º A Área de Proteção Ambiental é constituída por terras públicas ou privadas.

§ 2º Respeitados os limites constitucionais, podem ser estabelecidas normas e restrições para a utilização de uma propriedade privada localizada em uma Área de Proteção Ambiental.

§ 3º As condições para a realização de pesquisa científica e visitação pública nas áreas sob domínio público serão estabelecidas pelo órgão gestor da unidade.

§ 4º Nas áreas sob propriedade privada, cabe ao proprietário estabelecer as condições para pesquisa e visitação pelo público, observadas as exigências e restrições legais.

§ 5º A Área de Proteção Ambiental disporá de um Conselho presidido pelo órgão responsável por sua administração e constituído por representantes dos órgãos públicos, de organizações da sociedade civil e da população residente, conforme se dispuser no regulamento desta Lei.

previstos nas alíneas "a"[11], *"b"*[12], *"e"*[13], *"f"*[14] *e "h"*[15] *do inciso XIV do art. 7º, no inciso XIV*[16] *do art. 8º e na alínea "a"*[17] *do inciso XIV do art. 9º.*

Destarte, a análise da competência para licenciamento, nesses casos, envolve observância da abrangência da atividade e o seu decorrente impacto ambiental. Assim, por exemplo, mesmo que uma APA seja instituída pela União, se o impacto gerado pela atividade for apenas local, será o Município em que a APA está situada o ente competente para o licenciamento, conforme art. 9º, XIV, "a".

(PGM/Porto Alegre-RS 2016) O licenciamento ambiental de atividades ou empreendimentos localizados em Áreas de Proteção Ambiental deverá ser conduzido pelo ente federativo que tiver instituído a referida Unidade de Conservação.

ERRADO

(CESPE TJ/MA 2013) Como o licenciamento ambiental está sendo conduzido por ente público estadual, depreende-se que a APA foi instituída pelo estado.

ERRADO

(CESPE PGE/PI 2014) Caso os estados do Piauí e do Ceará pretendam construir 250 km de rodovia pavimentada que venha a cortar uma área de proteção ambiental (APA) instituída pela União e incluída no território de ambos os estados, mas com a maior área localizada no Piauí, a competência para o licenciamento ambiental será da União, uma vez que o empreendimento será localizado em mais de um estado.

CERTO

---

11. a) localizados ou desenvolvidos conjuntamente no Brasil e em país limítrofe;
12. b) localizados ou desenvolvidos no mar territorial, na plataforma continental ou na zona econômica exclusiva;
13. e) localizados ou desenvolvidos em 2 (dois) ou mais Estados;
14. f) de caráter militar, excetuando-se do licenciamento ambiental, nos termos de ato do Poder Executivo, aqueles previstos no preparo e emprego das Forças Armadas, conforme disposto na Lei Complementar no 97, de 9 de junho de 1999;
15. h) que atendam tipologia estabelecida por ato do Poder Executivo, a partir de proposição da Comissão Tripartite Nacional, assegurada a participação de um membro do Conselho Nacional do Meio Ambiente (Conama), e considerados os critérios de porte, potencial poluidor e natureza da atividade ou empreendimento;
16. XIV – promover o licenciamento ambiental de atividades ou empreendimentos utilizadores de recursos ambientais, efetiva ou potencialmente poluidores ou capazes, sob qualquer forma, de causar degradação ambiental, ressalvado o disposto nos arts. 7º e 9º;
17. a) que causem ou possam causar impacto ambiental de âmbito local, conforme tipologia definida pelos respectivos Conselhos Estaduais de Meio Ambiente, considerados os critérios de porte, potencial poluidor e natureza da atividade; ou

5.2. Requisitos para o ente efetuar Licenciamento Ambiental

Conquanto todos os entes federativos possuam competência constitucional para promoção do licenciamento ambiental, para o exercício dessa atribuição, é necessário que observem requisitos de duas ordens:

a) **Existência de órgão ambiental capacitado.**

Consoante indicativo da própria LC 140, considera-se órgão ambiental capacitado aquele que possui corpo técnico de profissionais devidamente habilitados e em número compatível com a demanda de licenciamentos empreendidos em sua área de atuação.

b) **Constituição de Conselhos de Meio Ambiente.**

Recorde-se que os conselhos de meio ambiente são órgãos colegiados, integrados por diferentes atores sociais, com a função deliberativa e consultiva, e que constituem mecanismo de efetivação do princípio da participação comunitária, em matéria de licenciamento.

> *Art. 20 – Os entes federados, para exercerem suas competências licenciatórias, deverão ter implementados os Conselhos de Meio Ambiente, com caráter deliberativo e participação social e, ainda, possuir em seus quadros ou a sua disposição profissionais legalmente habilitados.*[18]
>
> *Art. 17-L. As ações de licenciamento, registro, autorizações, concessões e permissões relacionadas à fauna, à flora, e ao controle ambiental são de competência exclusiva dos órgãos integrantes do Sistema Nacional do Meio Ambiente.*[19]

Obs. A LC 140 (art. 5º[20]) previu a possibilidade de um ente federativo **delegar**, mediante convênio, a execução de ações administrativas a ele atribuídas, dentre as quais as de licenciamento, desde que o ente destinatário da delegação atenda, tanto quanto, os requisitos acima referidos – disponha de órgão ambiental capacitado a executar as ações administrativas delegadas e de conselho de meio ambiente.

(PGR 2013) Por força do princípio federativo e da autonomia político-administrativa dos entes federados, são indelegáveis as competências relativas ao licenciamento ambiental.

ERRADO

---

18. Resolução CONAMA 237/97.
19. Lei 6938/1981.
20 Art. 5º O ente federativo poderá delegar, mediante convênio, a execução de ações administrativas a ele atribuídas nesta Lei Complementar, desde que o ente destinatário da delegação disponha de órgão ambiental capacitado a executar as ações administrativas a serem delegadas e de conselho de meio ambiente.

Parágrafo único. Considera-se órgão ambiental capacitado, para os efeitos do disposto no caput, aquele que possui técnicos próprios ou em consórcio, devidamente habilitados e em número compatível com a demanda das ações administrativas a serem delegadas.

(FCC TJ/SC 2015) A Defensoria Pública, preocupada com uma população carente que reside nas cercanias de novo empreendimento, ajuizou uma ação civil pública pretendendo a declaração de nulidade do licenciamento de uma Indústria conduzido pelo Estado Y, em razão de que, mediante convênio, o Estado Y delegou a execução de ações administrativas relacionadas ao licenciamento para o Município X, o qual dispõe de órgão ambiental capacitado para executar as ações delegadas e de conselho de meio ambiente. A ação deverá ser julgada

☑ **improcedente**

(PGE/GO 2013) É vedada ao ente federativo, em qualquer hipótese, a delegação a outro ente, da execução de ações administrativas com vistas à proteção do meio ambiente.

ERRADO

(CESPE TRF 3ªR 2011) Compete ao órgão ambiental municipal, ouvidos os órgãos competentes da União, dos estados e do DF, quando couber, o licenciamento ambiental de empreendimentos e atividades de impacto ambiental local, bem como o que lhe for delegado pelo estado-membro por instrumento legal ou convênio.

CERTO

(PGR 2013) A delegação de competência da União para o Estado-membro no tocante ao licenciamento ambiental retira do ente delegante a atribuição de fiscalizar e punir atividades nocivas ao meio ambiente, relativas ao objeto do licenciamento.

ERRADO

5.3. Taxa incidentes sobre o licenciamento ambiental

É possível que seja instituída, por lei, taxa incidente sobre a promoção do licenciamento, decorrente do exercício do poder de polícia ambiental, pelo ente competente. A exação tem por objetivo ressarcir o Estado pelos custos despendidos nas análises e procedimentos formais relacionados ao licenciamento.

> *Art. 13 – O* ***custo de análise para a obtenção da licença ambiental*** *deverá ser estabelecido por* ***dispositivo legal****, visando o* ***ressarcimento****, pelo empreendedor, das* ***despesas realizadas pelo órgão ambiental competente****.*
>
> *Parágrafo único. Facultar-se-á ao empreendedor acesso à planilha de custos realizados pelo órgão ambiental para a análise da licença*[21].

Note que os valores a serem cobrados do empreendedor, pelo licenciamento ambiental, devem ser **proporcionais** ao custo e a complexidade do serviço prestado pelo ente federado. Nesse sentido, é a disposição do §3º, do art. 13, LC 140:

21. Resolução CONAMA 237/97.

Art. 13. §3º Os valores alusivos às taxas de licenciamento ambiental e outros serviços afins devem guardar relação de proporcionalidade com o custo e a complexidade do serviço prestado pelo ente federativo.

Não é demais destacar que o cumprimento dessa obrigação tributária não garante ao interessado a concessão da licença requerida e nem o isenta de imposição de penalidade por infração às normas ambientais vigentes.

Obs. A taxa em comento não se confunde com a Taxa de Controle e Fiscalização – TCFA, instituída pela Lei 6938/81[22] e seu pagamento não gera crédito para compensação entre as espécies.

Art. 17-P. § 1º Valores recolhidos ao Estado, ao Município e ao Distrital Federal a qualquer outro título, tais como taxas ou preços públicos de licenciamento e venda de produtos, não constituem crédito para compensação com a TCFA.[23]

5.4. Competência Supletiva e Competência Subsidiária

Nos casos específicos em que o ente inicialmente competente para o licenciamento ambiental não atenda os requisitos para exercício dessa atribuição, instaura-se a **competência supletiva** do ente "superior", nos seguintes termos:

I. inexistindo órgão ambiental capacitado ou conselho de meio ambiente no Estado ou no Distrito Federal, a **União** deve desempenhar as ações administrativas estaduais ou distritais até a sua criação;

II. inexistindo órgão ambiental capacitado ou conselho de meio ambiente no Município, o **Estado** deve desempenhar as ações administrativas municipais até a sua criação; e

(ALEGO 2015) O desempenho das ações administrativas, nos municípios em que inexista órgão ambiental capacitado ou conselho de meio ambiente, caberá à União, até que sobrevenha a respectiva criação.

ERRADO

(CESPE TJ/RN 2013) Inexistindo órgão municipal capacitado para desempenhar ações administrativas de licenciamento ou autorização ambiental, cabe à União desempenhá-las, ainda que exista órgão ambiental estadual capaz de fazê-lo.

ERRADO

22. Art. 17-B. Fica instituída a Taxa de Controle e Fiscalização Ambiental - TCFA, cujo fato gerador é o exercício regular do poder de polícia conferido ao Instituto Brasileiro do Meio Ambiente e dos Recursos Naturais Renováveis - Ibama para controle e fiscalização das atividades potencialmente poluidoras e utilizadoras de recursos naturais."

23. Lei 6938/1981.

(PGE/GO 2013) O Estado poderá, em caráter supletivo, desde que solicitado pelo Município, realizar o licenciamento ambiental de atividades de impacto local, no caso do ente municipal não possuir órgão ambiental capacitado ou conselho de meio ambiente.

ERRADO

III. inexistindo órgão ambiental capacitado ou conselho de meio ambiente no Estado e no Município, a **União** deve desempenhar as ações administrativas até a sua criação em um daqueles entes federativos.

Semelhantemente, é pressuposto hábil a atrair a atuação supletiva de outro órgão ambiental o **não cumprimento dos prazos legais pra emissão da licença ambiental**, pelo órgão licenciador competente.

> Art. 14. *Os órgãos licenciadores devem observar os prazos estabelecidos para tramitação dos processos de licenciamento.*
>
> *§ 3º* ***O decurso dos prazos de licenciamento, sem a emissão da licença ambiental,*** *não implica emissão tácita nem autoriza a prática de ato que dela dependa ou decorra, mas* ***instaura a competência supletiva referida no art. 15****.*

Quando em atuação supletiva, o ente da Federação se substitui ao ente federativo originariamente detentor das atribuições.

Por sua vez, a **competência subsidiária** se verifica na ação do ente da Federação que visa a **auxiliar** no desempenho das atribuições decorrentes das competências comuns.

Conforme disposição do art. 16, LC 140/11, a ação administrativa subsidiária dos entes federativos dar-se-á por meio de **apoio técnico, científico, administrativo ou financeiro**, sem prejuízo de outras formas de cooperação.

Ademais, a ação subsidiária deve ser **sempre solicitada** pelo ente originariamente detentor da atribuição.

Quando em atuação subsidiária, o ente da Federação atua conjuntamente ao ente federativo detentor das atribuições.

(FCC PGM/São Luiz 2016) Considere que está em processo de licenciamento a construção de uma estrada ligando Manaus a Macapá. Além dos atributos naturais da área, existem nesta região duas importantes APAs – Área de Proteção Ambiental criadas, uma pelo Estado do Amazonas e outra pelo Estado do Amapá. Os Estados do Amazonas e do Amapá terão atuação subsidiária no licenciamento, se solicitado pela União.

CERTO

	Atuação Supletiva	Atuação Subsidiária
Pressupostos	· Inexistência órgão ambiental capacitado ou conselho de meio ambiente, no ente inicialmente competente. · Inobservância dos prazos para a emissão da licença ambiental pelo órgão licenciador competente.	· Deficiência ou fragilidade de natureza econômica, administrativa, técnica ou científica do órgão licenciador competente. · Solicitação do ente originariamente detentor da atribuição do licenciamento ou autorização.
Hipóteses	a) **União** desempenha ações administrativas estaduais ou distritais, até atendimento dos requisitos pelo Estado; b) **Estado** desempenha as ações administrativas municipais, até o atendimento dos requisitos pelo Município; c) **União** desempenha ações administrativas municipais e estaduais, até o atendimento dos requisitos por um desses entes federativos.	Apoio técnico, científico, administrativo ou financeiro, sem prejuízo de outras formas de cooperação.
	O ente da Federação competente supletivamente **se substitui** ao ente federativo originariamente detentor das atribuições.	O ente da Federação competente subsidiariamente atua **conjuntamente** ao ente federativo detentor das atribuições.

5.5. Competência para fiscalização ambiental

A competência para o licenciamento não se confunde com a atribuição para exercer a fiscalização ambiental. No exercício do poder de polícia ambiental, é de se recordar que a competência dos entes é comum e paralela, sempre existente em benefício do meio ambiente, ainda que a competência inicial seja do Ente responsável pelo licenciamento.

> *O pacto federativo atribuiu competência aos quatro entes da federação para proteger o meio ambiente através da fiscalização. A competência constitucional para fiscalizar é comum aos órgãos do meio ambiente das diversas esferas da federação, inclusive o artigo 76 da Lei Federal n. 9.605/1998 prevê a possibilidade de atuação concomitante dos integrantes do SISNAMA. Atividade desenvolvida com risco de dano ambiental a bem da União pode ser fiscalizada pelo IBAMA, ainda que a competência para licenciar seja de outro ente federado.* [24]

24 STF. AgRg no REsp 1417023/PR, DJe 25/08/2015.

(PGE/RO 2011) Somente o ente federado licenciador pode fiscalizar e aplicar sanções administrativas em relação ao empreendimento licenciado.

ERRADO

Dito de outra forma, o Ente competente para licenciar ou autorizar uma determinada atividade ou empreendimento será o responsável originário pela sua fiscalização. Nada obstante, a fiscalização ambiental, como manifestação do poder de polícia decorre da competência material comum para proteger o meio ambiente e poderá ser exercida por todos os entes.

> *1. Tratando-se de proteção ao meio ambiente, não há que falar em competência exclusiva de um ente da federação para promover medidas protetivas. Impõe-se* ***amplo aparato de fiscalização*** *a ser exercido pelos quatro entes federados, independentemente do local onde a ameaça ou o dano estejam ocorrendo. 2.* ***O Poder de Polícia Ambiental pode – e deve – ser exercido por todos os entes da Federação****, pois se trata de* ***competência comum****, prevista constitucionalmente. Portanto, a competência material para o trato das questões ambientais é comum a todos os entes.* ***Diante de uma infração ambiental, os agentes de fiscalização ambiental federal, estadual ou municipal terão o dever de agir imediatamente, obstando a perpetuação da infração.***[25]

Nesse sentido, dispôs a LC 140:

> *Art. 17. Compete ao* ***órgão responsável pelo licenciamento ou autorização****, conforme o caso, de um empreendimento ou atividade, lavrar* ***auto de infração ambiental*** *e instaurar* ***processo administrativo*** *para a apuração de infrações à legislação ambiental cometidas pelo empreendimento ou atividade licenciada ou autorizada.*

(TRF 2ªR 2017) Em regra, o ente competente para o licenciamento de uma atividade será competente para aplicar sanções administrativas ambientais à pessoa responsável pela atividade.

CERTO

(ALEGO 2015) A lavratura de auto de infração e a instauração de processo administrativo destinado a apurar infrações à legislação ambiental competem ao órgão ambiental do município em que instalado o empreendimento ou a atividade.

ERRADO

> *§ 1º* ***Qualquer pessoa legalmente identificada****, ao constatar infração ambiental decorrente de empreendimento ou atividade utilizadores de recursos ambientais,*

25 STJ. AgRg no REsp 1.373.302-CE, julgado em 11/6/2013.

efetiva ou potencialmente poluidores, ***pode*** *dirigir* ***representação*** *ao órgão a que se refere o caput, para efeito do exercício de seu poder de polícia.*

(PGE/GO 2013) Qualquer pessoa, que constate a ocorrência de infração ambiental, é obrigada a dirigir representação às autoridades competentes para o exercício do poder de polícia ambiental, sob pena de corresponsabilidade.

ERRADO

§ 2º Nos casos de ***iminência ou ocorrência de degradação*** *da qualidade ambiental,* ***o ente federativo que tiver conhecimento*** *do fato deverá determinar* ***medidas*** *para evitá-la, fazer cessá-la ou mitigá-la,* ***comunicando imediatamente*** *ao órgão competente para as providências cabíveis.*

(TRF 2ªR 2017) O ente que não tem competência para licenciar a atividade tampouco poderá aplicar medidas de polícia sobre ela.

ERRADO

(CESPE TJ/RN 2013) Não tendo sido o responsável pelo licenciamento de atividade que venha provocando degradação da qualidade ambiental, o ente federativo que tome conhecimento do fato não poderá adotar medidas para evitá-lo, devendo comunicá-lo imediatamente ao órgão competente, a quem caberá a lavratura de auto de infração ambiental.

ERRADO

§ 3º O disposto no caput deste artigo não impede o exercício pelos entes federativos da ***atribuição comum de fiscalização*** *da conformidade de empreendimentos e atividades efetiva ou potencialmente poluidores ou utilizadores de recursos naturais com a legislação ambiental em vigor,* ***prevalecendo o auto de infração ambiental lavrado por órgão que detenha a atribuição de licenciamento ou autorização a que se refere o caput.***

(PGE/GO 2013) A competência fiscalizatória em matéria ambiental é atribuição comum da União, Estados, Distrito Federal e Municípios, prevalecendo o auto de infração ambiental lavrado pelo órgão responsável pela realização do licenciamento ou autorização da atividade ou empreendimento

CERTO

Obs. Consoante o Art. 70, § 3º da lei 9.605/1998: *A autoridade ambiental que tiver conhecimento de infração ambiental é obrigada a promover a sua apuração imediata, mediante processo administrativo próprio, sob pena de corresponsabilidade.*

(CESPE TJ/AM 2016) O fiscal de determinado órgão ambiental constatou que um madeireiro cortava árvores de espécies protegidas. O madeireiro apresentou autorização para cortar exemplares que apresentavam risco de queda, mas, dado o excesso de espécimes cortados, o fiscal considerou que a situação configurava tanto infração administrativa como crime ambiental. Considerou, ainda, após exame da autorização, que o documento estava em desacordo com as normas ambientais aplicáveis, inclusive por vício de competência. Se deixar de proceder à apuração mediante processo administrativo próprio, o fiscal poderá ser corresponsabilizado pelo corte ilegal das árvores.

CERTO

Observe que, caso haja uma múltipla atuação sobre o mesmo fato e agente, prevalecerá o auto de infração da autoridade ambiental competente para a autorização ou o licenciamento da atividade.

> *I. Competência dos entes federativos em matéria de fiscalização ambiental atualmente regulada pelo art. 17 da Lei Complementar nº 140/2011, que instituiu um sistema de prevalência, sem afastar a competência comum constitucionalmente prevista.*
>
> *II. Atividade concretamente licenciada deve ser preferencialmente fiscalizada pelo órgão ambiental emissor da licença, impondo-se a efetiva atuação do órgão fiscalizador supletivo em caso de omissão do órgão primariamente competente. Em situação de duplicidade de autuações, caberá a prevalência da fiscalização realizada pelo órgão licenciador, com reconhecimento da insubsistência do auto de infração anteriormente lavrado pelo órgão fiscalizador supletivo, desde que a penalidade aplicada no processo originário ainda não esteja definitivamente constituída.*[26]

6. LICENÇA AMBIENTAL

O termo "licença" é geralmente utilizado, em direito administrativo, para definir o ato formal que manifesta a concordância do Poder Público com determinada obra ou atividade.

A licença ambiental, por sua vez, é definida na Resolução CONAMA 237 como o *ato administrativo pelo qual o órgão ambiental competente, estabelece as condições, restrições e medidas de controle ambiental que deverão ser obedecidas pelo empreendedor, pessoa física ou jurídica, para localizar, instalar, ampliar e operar empreendimentos ou atividades utilizadoras dos recursos ambientais consideradas efetiva ou potencialmente poluidoras ou aquelas que, sob qualquer forma, possam causar degradação ambiental* (art. 1º, II).

Note que licença e licenciamento não se confundem. A licença é o ato final do procedimento de licenciamento (este último engloba todos os atos e a forma como se desenvolvem).

---

26 Orientação Jurídica Normativa 49/2013, da Procuradoria Federal Especializada do IBAMA.

(CESPE TRF 1ªR 2009) O licenciamento ambiental é o conjunto de etapas constituintes do procedimento administrativo que objetiva a concessão da licença ambiental, sendo esta, portanto, uma das etapas do licenciamento.

CERTO

6.1. Natureza jurídica da Licença Ambiental

No direito administrativo a licença é concedida quando o interessado cumpre todas as exigências previstas em lei para a realização de determinada atividade, constituindo-se ato vinculado, afastada a discricionariedade do administrador quanto à sua concessão. Ademais, a licença administrativa possui caráter de definitividade, só podendo ser revogada por vício de legalidade ou manifesto interesse público, mediante indenização.

Na seara ambiental, por sua vez, conquanto carregue a mesma denominação, a licença reveste-se de características próprias.

(CESPE TRF 5ªR 2013) As regras relativas à licença estabelecida no âmbito do direito administrativo aplicam-se ao licenciamento ambiental.

ERRADO

A licença ambiental não é ato vinculado, sendo, pois, marcada pela **discricionariedade** (ainda que fundamentada em dados técnicos). Basta recordarmos que, ainda que o EIA aponte um empreendimento como desfavorável, a autoridade ambiental pode viabilizar o licenciamento (ou vice-versa), de forma que o órgão não está vinculado às conclusões veiculadas nos estudos ambientais[27]. O mesmo se dá com as conclusões alcançadas em audiência pública, quando integrante do procedimento licenciatório.

(CESPE AGU 2013) A concessão de licenciamento ambiental pelo órgão ambiental competente ficará condicionada à aprovação do estudo de impacto ambiental pelo Conselho Nacional do Meio Ambiente, quando se tratar de empreendimento causador de significativo impacto ambiental localizado em área considerada patrimônio nacional.

ERRADO

27 A não vinculatividade do Poder Público deve-se ao fato de que o EIA não oferece uma resposta objetiva e simples acerca dos prejuízos ambientais que uma determinada obra ou atividade possa causar. É um estudo amplo, que merece interpretação, em virtude de elencar os convenientes e inconvenientes do empreendimento, bem como ofertar as medidas cabíveis à mitigação dos impactos ambientais negativos e também medidas compensatórias. Não se trata de formalismo simplório, sem teor ou conteúdo interpretativo. Licenciamento e Compensação Ambiental. Erika Bechara. 2009.

(CESPE TRF 1ªR 2009) Por ser ato vinculado suis generis, a licença ambiental não poderá ser concedida quando o estudo prévio de impacto ambiental for desfavorável ao empreendimento.

ERRADO

(PGR 2012) O licenciamento ambiental constitui procedimento administrativo submetido aos princípios da publicidade e da participação comunitária, sendo a audiência pública, cujo resultado vincula a Administração no tocante à fase decisória, uma das importantes manifestações desses princípios.

ERRADO

Outrossim, mesmo que o empreendedor cumpra todos requisitos e condicionantes demandados, não há que se falar em direito subjetivo à concessão da licença requerida.

(Vunesp TJ/RJ 2011) A concessão de licença ambiental caracteriza-se como um ato administrativo vinculado, não podendo ser negada quando o particular satisfaz todos os requisitos legais relacionados ao projeto.

ERRADO

No tocante à licença já concedida, igualmente aqui **não** há que se falar em **direito adquirido** ou **definitividade**. Podem sobrevir regras mais restritivas aptas a alterar os requisitos e condicionantes de licenças já emitidas, o que impõe, inclusive, a adequação de atividades em funcionamento. A complexidade ambiental não permitiria que a atividade de concessão da licença se circunscrevesse a simples verificação de cumprimento, por parte do empreendedor, de requisitos precisos, pré-estabelecidos e imutáveis.

(CESPE PGE/PI 2014) A licença ambiental possui natureza jurídica de licença, de forma que, depois de concedida, não pode ser revista pela administração.

ERRADO

(CESPE PGE/PI 2014) A licença ambiental é conferida por prazo determinado ou indeterminado, submetendo-se, no primeiro caso, à possibilidade de renovação.

ERRADO

(CESPE PGE/PI 2014) Um empreendedor, de posse da licença ambiental prévia, mas antes de obter a licença de instalação, deu início à implantação de uma indústria de produtos químicos. Após a implantação do complexo industrial, sobreveio lei, baseada em estudos ambientais que indicaram grave risco de contaminação do sistema hídrico da região, que alterou o zoneamento ambiental da área e proibiu qualquer atividade industrial no local.

O empreendedor tem o direito adquirido de manter a sua indústria no local, uma vez que a implantação do complexo industrial já foi concluída.

ERRADO

(CESPE TRF 1ªR 2013) A licença ambiental com prazo de validade determinado é ato administrativo definitivo, e, por isso, confere ao administrado o direito de exercer a atividade na forma do licenciamento, sem revisão, até a expiração do prazo.

ERRADO

Fundamentada nessas características – é discricionária, não é permanente, tem lapso temporal de duração, não gera direito adquirido, e a continuidade da atividade está condicionada a uma renovação, com base em regras que aparecerão no futuro –, parte da doutrina afirma que a licença ambiental possui, em verdade, natureza jurídica de "autorização".

Prevalece, entretanto, que a natureza da licença ambiental é de **licença *sui generis*,**[28] por reunir características de outros institutos e afastar alguns atributos das licenças administrativas comuns[29].

(CESPE PGE/PI 2014) A licença ambiental possui natureza jurídica de autorização, de sorte que a edição de lei nova incide automaticamente nas licenças já expedidas, modificando as condicionantes dessas licenças, para adequá-las aos novos padrões ambientais.

ERRADO[30]

(CESPE TRF 1ªR 2009) O licenciamento ambiental é espécie de ato administrativo unilateral e vinculado, pelo qual a administração faculta àquele que preenche os requisitos legais o exercício de determinada atividade.

ERRADO

6.2. Publicidade da licença ambiental

O princípio da publicidade, sabemos, é postulado que rege toda a atividade administrativa. Especificamente no âmbito do licenciamento ambiental, determina o §1º, do art. 10 da LPNMA:

---

28 Podemos afirmar que a licença ambiental — enquanto licença — deixa de ser um ato vinculado para ser um ato com discricionariedade sui generis. Curso de Direito Ambiental Brasileiro. Celso Antonio Pacheco Fiorillo. 2013.

29 "Não há falar, portanto, em equívoco do legislador na utilização do vocábulo 'licença', já que disse exatamente o que queria (lex tantum dixit quam voluit). O equívoco está em se pretender identificar na 'licença ambiental', regida pelos princípios informadores do Direito do Ambiente, os mesmos traços que caracterizam a 'licença tradicional', modelada segundo o cânon do Direito Administrativo, nem sempre compatíveis. O parentesco próximo não induz, portanto, considerá-las irmãs gêmeas." Direito do Ambiente. Édis Milaré. 2016.

30 Conforme art. 19, Resolução 237/97: *Art. 19 – O órgão ambiental competente, **mediante decisão motivada**, poderá **modificar** os condicionantes e as medidas de controle e adequação, suspender ou cancelar uma licença expedida (...).*
Observe, pois, que mesmo diante de nova legislação, a modificação da licença exige decisão motivada do órgão ambiental, não gerando efeitos de forma automática.

> *§ 1º Os pedidos de* ***licenciamento****, sua renovação e a respectiva concessão serão* ***publicados*** *no jornal oficial, bem como em periódico regional ou local de grande circulação, ou em meio eletrônico de comunicação mantido pelo órgão ambiental competente.*

> (Vunesp PGM/São José dos Campos-SP 2017) Acerca do licenciamento ambiental, o seu pedido, sua renovação e sua respectiva concessão serão publicados no jornal oficial do Estado.
>
> **ERRADO**

Nesse sentido, o Decreto 99.274/90[31] (que regulamenta a LPNMA) prescreve:

> *Art. 17. 4º Resguardado o sigilo industrial,* ***os pedidos de licenciamento, em qualquer das suas modalidades****, sua* ***renovação*** *e a respectiva* ***concessão*** *da licença* ***serão objeto de publicação resumida****, paga pelo interessado, no jornal oficial do Estado e em um periódico de grande circulação, regional ou local, conforme modelo aprovado pelo Conama.*

Trata-se, pois de aplicação do **princípio da informação** ao licenciamento ambiental, cujo desrespeito atrai a ilegalidade da licença eventualmente concedida.

> (TJ/PR 2013) O licenciamento ambiental é um procedimento complexo por envolver vários órgãos e ao qual se deve dar publicidade.
>
> **CERTO**

6.3. Tipos de Licença Ambiental

A legislação classifica a licença ambiental em três espécies distintas, que poderão ser expedidas isolada ou sucessivamente, de acordo com a natureza, características e fase do empreendimento ou atividade:

a) **Licença Prévia** (LP) – concedida na **fase preliminar** do planejamento do empreendimento ou atividade aprovando sua **localização e concepção. Declara a viabilidade ambiental do empreendimento e aprova o projeto.**

Aqui, vale mencionar que, *no procedimento de licenciamento deverá constar, obrigatoriamente, a certidão da Prefeitura Municipal, declarando que o local e o tipo de empreendimento ou atividade estão em conformidade com a legislação aplicável ao uso e ocupação do solo e, quando for o caso, a autorização*

---

31 Regulamenta a Lei nº 6.902, de 27 de abril de 1981, e a Lei nº 6.938, de 31 de agosto de 1981, que dispõem, respectivamente sobre a criação de Estações Ecológicas e Áreas de Proteção Ambiental e sobre a Política Nacional do Meio Ambiente, e dá outras providências.

para supressão de vegetação e a outorga para o uso da água, emitidas pelos órgãos competentes (art. 10, §1º, Res 237).

A LP serve, ademais, para atestar a **viabilidade ambiental** do projeto e estabelecendo os **requisitos básicos e condicionantes** a serem atendidos nas próximas fases de sua implementação.

> (FCC TJ/RR 2015) A licença prévia, é concedida na fase preliminar do planejamento do empreendimento ou atividade aprovando sua localização e concepção, atestando a viabilidade ambiental e estabelecendo os requisitos básicos e condicionantes a serem atendidos nas próximas fases de sua implementação.
>
> **CERTO**

b) **Licença de Instalação** (LI) – autoriza a **instalação** do empreendimento ou atividade de acordo com as especificações constantes dos planos, programas e projetos aprovados, incluindo as medidas de controle ambiental e demais condicionantes, da qual constituem motivo determinante. A LI **permite a implantação do empreendimento**, durante a qual empreendedor deve implementar todas as condicionantes exigidas pelo órgão ambiental, condição *sine qua non* para a solicitação e obtenção da seguinte Licença de Operação.

> (CESPE PGM/Manaus-AM 2018) Concedida na fase preliminar do planejamento do empreendimento, a licença de instalação atesta a viabilidade ambiental e estabelece os requisitos básicos e condicionantes a serem atendidos nas próximas fases de implementação do projeto.
>
> **ERRADO**
>
> (TJ/PR 2014) A licença de instalação autoriza a operação da atividade ou empreendimento, sendo concedida após a realização de vistoria e da confirmação do funcionamento dos sistemas de controle ambiental.
>
> **ERRADO**

c) **Licença de Operação** (LO) – autoriza a **operação** (funcionamento) da atividade ou empreendimento, após a verificação do efetivo cumprimento do que consta das licenças anteriores, com as medidas de controle ambiental e condicionantes determinados para a operação. A LO **libera o início das atividades** e **funcionamento do empreendimento**.

Obs. Nas atividades que causem pequeno impacto ambiental, são possíveis o abandono do sistema trifásico e a adoção de **licença única**.

Obs2. É possível, ademais, que o CONAMA defina, quando necessário, **licenças ambientais específicas**, observadas a natureza, características e peculiaridades da atividade ou empreendimento e, ainda, a compatibilização do processo de licenciamento com as etapas de planejamento, implantação e operação. Ex. Outorga pelo uso de recursos hídricos, prevista na Lei 9.433/97.

6.4. Prazo para análise da licença ambiental

Requerida a licença ambiental, pelo empreendedor, é certo que a administração ambiental disporá de justo prazo para formulação de resposta (concessiva ou denegatória da licença).

É possível que o órgão ambiental estabeleça **prazos de análise diferenciados** para cada modalidade de licença (LP, LI e LO), tendo em vista as **peculiaridades** da atividade ou empreendimento, bem como para a formulação de **exigências complementares**.

Tais prazos, entretanto, devem respeitar o **limite máximo de 6 meses**, desde o protocolo do requerimento. Esse interregno, todavia, será de **12 meses,** nos casos em que se realizar, no procedimento, EIA/RIMA ou audiências públicas.

> *Art. 14 – O órgão ambiental competente poderá estabelecer prazos de análise diferenciados para cada modalidade de licença (LP, LI e LO), em função das peculiaridades da atividade ou empreendimento, bem como para a formulação de exigências complementares, desde que observado o* ***prazo máximo de 6 (seis) meses*** *a contar do ato de protocolar o requerimento até seu deferimento ou indeferimento, ressalvados os* ***casos em que houver EIA/RIMA e/ou audiência pública, quando o prazo será de até 12 (doze) meses.***
>
> *§ 1º – A contagem do prazo previsto no caput deste artigo será* ***suspensa*** *durante a* ***elaboração dos estudos ambientais complementares*** *ou preparação de* ***esclarecimentos*** *pelo empreendedor.*
>
> *§ 2º – Os prazos estipulados no caput poderão ser alterados, desde que justificados e com a concordância do empreendedor e do órgão ambiental competente.*[32]

O não cumprimento dos prazos estipulados, tal como descritos acima, sujeita o licenciamento à ação do órgão que detenha competência para atuar supletivamente *in casu*. Não há que se falar, contudo, em autorização tácita para atividade ou emissão tácita de licença ambiental.

> LC 140. *Art. 14.* ***Os órgãos licenciadores devem observar os prazos estabelecidos para tramitação dos processos de licenciamento.***
>
> *§ 3º O decurso dos prazos de licenciamento, sem a emissão da licença ambiental, não implica emissão tácita nem autoriza a prática de ato que dela dependa ou decorra, mas instaura a competência supletiva referida no art. 15.*

(CESPE TRF 5ªR 2013) O decurso dos prazos de licenciamento, sem a emissão da licença ambiental, implica autorização para a obra ou atividade, vigendo até que o órgão licenciador emita decisão definitiva sobre o caso.

ERRADO

32 Resolução 237 CONAMA.

(MPE/SC 2013) Segundo a Lei Complementar 140/2011, o decurso dos prazos de licenciamento, sem a emissão da licença ambiental implica emissão tácita e autoriza a prática de ato que dela dependa ou decorra.

ERRADO

Obs. Quando solicitados **esclarecimentos ou complementações** ao empreendedor, este deverá observar o **prazo máximo de 4 meses**, passíveis de prorrogação, para atendimento.

Res 237. Art. 15 – *O empreendedor deverá atender à solicitação de esclarecimentos e complementações, formuladas pelo órgão ambiental competente, dentro do **prazo máximo de 4 (quatro) meses**, a contar do recebimento da respectiva notificação*

*Parágrafo Único – O prazo estipulado no caput poderá ser **prorrogado**, desde que justificado e com a concordância do empreendedor e do órgão ambiental competente.*

Note que tal solicitação deve ser feita **uma única vez**, ressalvadas aquelas decorrentes de fatos novos e que, uma vez notificadas, essas exigências suspendem o prazo de aprovação da licença.

LC 140. *Art. 14. § 1º As exigências de complementação oriundas da análise do empreendimento ou atividade devem ser comunicadas pela autoridade licenciadora de **uma única vez** ao empreendedor, ressalvadas aquelas decorrentes de fatos novos.*

*§ 2º As exigências de complementação de informações, documentos ou estudos feitas pela autoridade licenciadora **suspendem o prazo de aprovação**, que continua a fluir após o seu atendimento integral pelo empreendedor.*

O descumprimento da solicitação no prazo assinalado implica o **arquivamento** do pedido de licença, o que não impede novo requerimento, atendidos os requisitos formais.

Res 237. Art. 17 – ***O arquivamento do processo de licenciamento não impedirá a apresentação de novo requerimento de licença**, que deverá obedecer aos procedimentos estabelecidos no artigo 10, mediante **novo pagamento de custo de análise**.*

(Vunesp TJ/RS 2018) O arquivamento do processo de licenciamento não impedirá a apresentação de novo requerimento de licença, ficando isento de novo pagamento de custo de análise.

ERRADO

(PGM/Aparecida de Goiânia 2010) O processo de licenciamento ambiental, quando arquivado, impedirá a apresentação de novo requerimento de licença, ainda que mediante novo pagamento de custo de análise.

ERRADO

6.5. Prazos de validade da licença ambiental

Cada uma das espécies de licença ambiental possui prazo específico definido na legislação.

(CESPE TRF 3ªR 2011) São idênticos os prazos de validade da licença prévia, da licença de instalação e da licença de operação, etapas inextinguíveis do licenciamento ambiental.

ERRADO

I. O prazo de validade da **Licença Prévia** (LP) deverá ser, no mínimo, o estabelecido pelo cronograma de elaboração dos planos, programas e projetos relativos ao empreendimento ou atividade, **não podendo ser superior a 5 (cinco) anos.**

O prazo de validade incialmente estabelecido pode ser prorrogado, desde que não ultrapasse o prazo máximo de 5 anos.

> (Vunesp TJ/RS 2018) O prazo de validade da Licença Prévia (LP) não pode ser superior a 3 (três) anos.
>
> **ERRADO**

II. O prazo de validade da **Licença de Instalação** (LI) deverá ser, no mínimo, o estabelecido pelo cronograma de instalação do empreendimento ou atividade, **não podendo ser superior a 6 (seis) anos.**

Semelhantemente, o prazo de validade incialmente estabelecido pode ser prorrogado, desde que não ultrapasse o prazo máximo de 6 anos.

> (Vunesp TJ/RS 2018) O prazo de validade da Licença de Instalação (LI) deverá ser o estabelecido pelo cronograma de instalação do empreendimento ou atividade, não podendo ser superior a 5 (cinco) anos.
>
> **ERRADO**

III. O prazo de validade da Licença de Operação (LO) deverá considerar os planos de controle ambiental e será de, <u>no mínimo</u>, **4 (quatro) anos** e, <u>no máximo</u>, **10 (dez) anos**.

6.6. Renovação da licença ambiental

Segundo art. 14, §4º, LC 140/11, a renovação de licenças ambientais deve ser requerida com **antecedência mínima** de **120 (cento e vinte) dias** da expiração de seu prazo de validade, fixado na respectiva licença.

Procedido o requerimento no prazo referido, a validade da licença em curso fica automaticamente **prorrogada** até a manifestação definitiva do órgão ambiental competente.

> (Vunesp TJ/RS 2018) A renovação da Licença de Operação (LO) de uma atividade ou empreendimento deverá ser requerida com antecedência mínima de 120 (cento e vinte) dias da expiração de seu prazo de validade, fixado na respectiva licença.
>
> **CERTO**
>
> (TJ/PR 2011) As licenças prévia, de instalação e de operação tem um prazo limite de validade respectivas de 5 anos, 6 anos e 10 anos, <u>podendo ser renovados por uma única vez</u>.
>
> **ERRADO**

6.7. Revisão da licença ambiental

Tendo em vista a extrema importância do bem ambiental e a ausência de perenidade do equilíbrio ecológico, a licença ambiental pode ser revista e alteradas suas condicionantes, ainda que cumpridos os requisitos de concessão, pelo empreendedor. Para tanto, a decisão do órgão ambiental deve estar devidamente fundamentada.

> *Art. 19 – O órgão ambiental competente, mediante decisão motivada, poderá* ***modificar*** *os condicionantes e as medidas de controle e adequação,* ***suspender ou cancelar*** *uma licença expedida, quando ocorrer:*
>
> *I – Violação ou inadequação de quaisquer condicionantes ou normas legais.*
>
> *II – Omissão ou falsa descrição de informações relevantes que subsidiaram a expedição da licença.*
>
> *III – superveniência de graves riscos ambientais e de saúde.*[33]

> (CESPE TRF 5ªR 2013) Depois de concedida a licença, esta só pode ser revista pelo poder público se identificada irregularidade no procedimento que a antecedeu.
>
> **ERRADO**

Nesse passo, temos que a licença concedida pode ser objeto de:

a) **Cassação**. Dar-se-á nas hipóteses que o empreendedor descumpre os condicionantes estabelecidos pelo órgão ambiental no ato da concessão da licença ambiental.

b) **Anulação**. Verifica-se quando observada omissão ou falsa descrição de informações relevantes que subsidiaram a expedição da licença, caso em que há ilegalidade no ato de concessão.

c) **Revogação**. Opera-se nas hipóteses de relevante interesse público, devidamente evidenciado, nas quais sobrevém, à concessão da licença, situações de risco à saúde pública ou ao meio ambiente.

> (CESPE PGE/PI 2014) Um empreendedor, de posse da licença ambiental prévia, mas antes de obter a licença de instalação, deu início à implantação de uma indústria de produtos químicos. Após a implantação do complexo industrial, sobreveio lei, baseada em estudos ambientais que indicaram grave risco de contaminação do sistema hídrico da região, que alterou o zoneamento ambiental da área e proibiu qualquer atividade industrial no local.
>
> O Estado deverá revogar a licença prévia, caso contrário, responderá solidariamente pelo dano ambiental causado.
>
> **CERTO**

33 Resolução CONAMA 237/97.

(PGE/RO 2011) Uma licença de operação concedida pela administração pública não pode ser cancelada, pois já produziu seus efeitos.

ERRADO

Atenção. Na hipótese de revogação da licença ambiental, é possível discussão, no caso concreto, do cabimento de indenização ao particular comprovadamente prejudicado, ante a frustração dos investimentos empreendidos.[34]

Observe que tais prazos podem, eventualmente, ser alterados diante das peculiaridades do caso concreto.

6.8. Regularização de atividades em funcionamento

Conquanto seja imprescindível a necessidade de realização de licenciamento antes do início de atividades que possam causar impactos ao meio ambiente, não se pode perder de vistas que é possível a irregular instalação de atividades – sem as devidas licenças.

É importante, pois, destacar que a exigência de licenciamento pode dar-se a qualquer tempo, mesmo que posteriormente ao início das atividades empreendidas. Isso porque a lei não delimitou aspecto temporal para exigência do procedimento licenciatório.

Assim, não há que se falar em direito adquirido ao funcionamento de empreendimento não licenciado, de forma que deve haver sua regularização. Nos casos em que isso não for possível, impõe-se a mudança do estabelecimento ou mesmo paralisação das definitiva das atividades.

6.9. Compensação ambiental

A Lei 9.985/2000 (Lei do Sistema Nacional de Unidades de Conservação – SNUC) determinou, no art. 36, a realização de compensação ambiental, no âmbito do licenciamento, pelo empreendedor de atividades que causem significativo impacto ambiental, nos seguintes termos:

34 *Na hipótese da superveniência de norma que impeça a continuidade de atividade regularmente aprovada, sem possibilidade de adequação às novas regras, a suspensão ou revogação da licença ambiental ou a negativa de sua renovação obrigam à indenização do favorecido. No caso de uma indústria, por exemplo, devidamente aprovada pelo órgão competente para se instalar em local onde não existe restrição para a atividade, em sobrevindo alteração na legislação de ocupação do solo que proíba seu funcionamento, é-lhe devida a indenização decorrente da interrupção de suas atividades.* Manual de Direito Ambiental. Terence Trebbepohl. 2019.

Art. 36. Nos casos de ***licenciamento ambiental de empreendimentos de significativo impacto ambiental****, assim considerado pelo órgão ambiental competente, com fundamento em estudo de impacto ambiental e respectivo relatório - EIA/ RIMA,* ***o empreendedor é obrigado a apoiar a implantação e manutenção de unidade de conservação do Grupo de Proteção Integral****, de acordo com o disposto neste artigo e no regulamento desta Lei.*

§ 1º O montante de recursos a ser destinado pelo empreendedor para esta finalidade não pode ser inferior a meio por cento dos custos totais previstos para a implantação do empreendimento, sendo o percentual fixado pelo órgão ambiental licenciador, de acordo com o grau de impacto ambiental causado pelo empreendimento. (Vide ADIN nº 3.378-6, de 2008)

(FCC PGM/Teresina-PI 2010) Nos casos de licenciamento ambiental de empreendimentos de significativo impacto ambiental, assim considerado pelo órgão ambiental competente, com fundamento em estudo de impacto ambiental e respectivo relatório – EIA/RIMA, o empreendedor é obrigado a apoiar a implantação e manutenção de unidade de conservação do Grupo de Proteção Integral.

CERTO

(PGE/RO 2011) Os recursos obtidos com a compensação ambiental devem ser utilizados para recompor os bens ambientais lesados pela obra licenciada.

ERRADO

O instituto da compensação por significativo impacto ambiental, referendado pelo STF, realiza o **Princípio do Usuário-pagador** e do **Desenvolvimento Sustentável**. Objetiva reequilibrar uma situação degradante do ambiente, uma vez que os recursos arrecadados, a esse título, serão revertidos à proteção ambiental, a fim de compensar danos (ainda que futuros[35]), de modo que os custos sociais e ambientais identificados no processo de licenciamento são incorporados aos custos globais do empreendedor.

Ação Direta de Inconstitucionalidade. Artigo 36 e seus §§ 1º, 2º e 3º da Lei 9.985, de 18 de julho de 2000. Constitucionalidade da compensação devida pela implantação de empreendimentos de significativo impacto ambiental. *Inconstitucionalidade parcial do § 1º do artigo 36. 1. O compartilhamento--compensação ambiental de que trata o artigo 36 da Lei 9.985/2000 não ofende o princípio da legalidade, dado haver sido a própria lei que previu o modo de financiamento dos gastos com as unidades de conservação da natureza. De*

35 "Pelo entendimento que temos da compensação ambiental, fazemos coro à corrente que sustenta ser ela uma reparação de danos ambientais futuros, ou seja, uma reparação antecipada ou *ex ante*, devida em virtude de danos não mitigáveis/não evitáveis, identificados antes mesmo de sua ocorrência concreta, quando do licenciamento ambiental da atividade". Licenciamento e Compensação Ambiental. Erika Bechara. 2009.

igual forma, não há violação ao princípio da separação dos Poderes, por não se tratar de delegação do Poder Legislativo para o Executivo impor deveres aos administrados. 2. Compete ao órgão licenciador fixar o quantum da compensação, de acordo com a compostura do impacto ambiental a ser dimensionado no relatório - EIA/RIMA. 3. ***O artigo 36 da Lei 9.985/2000 densifica o princípio usuário-pagador, este a significar um mecanismo de assunção partilhada da responsabilidade social pelos custos ambientais derivados da atividade econômica.*** *4. Inexistente desrespeito ao postulado da razoabilidade.* ***Compensação ambiental que se revela como instrumento adequado à defesa e preservação do meio ambiente para as presentes e futuras gerações, não havendo outro meio eficaz para atingir essa finalidade constitucional.*** *Medida amplamente compensada pelos benefícios que sempre resultam de um meio ambiente ecologicamente garantido em sua higidez (...).*[36]

(FCC PGE/SP 2009) A compensação ambiental de que trata o artigo 36 da Lei Federal 9.985/2000 foi considerada inconstitucional, não mais podendo ser exigida pelo órgão ambiental competente nos processos de licenciamento ambiental.

ERRADO

(CESPE TRF 2ªR 2013) A compensação ambiental é uma contribuição financeira que aplica o princípio do usuário-pagador e pode ser implementada na forma de investimento na redução dos prováveis danos ao meio ambiente.

CERTO

(PGE/PA 2011) É constitucional o dispositivo legal que obriga o empreendedor a apoiar a implantação e manutenção de unidade de conservação de proteção integral, pois este densifica o princípio usuário-pagador, configurando um mecanismo de assunção partilhada da responsabilidade social pelos custos ambientais derivados da atividade econômica.

CERTO

(CESPE PGE/AM 2016) O art. 36 da Lei n.º 9.985/2000 dispõe que "Nos casos de licenciamento ambiental de empreendimentos de significativo impacto ambiental, assim considerado pelo órgão ambiental competente, com fundamento em estudo de impacto ambiental e respectivo relatório — EIA/RIMA, o empreendedor é obrigado a apoiar a implantação e manutenção de unidade de conservação do Grupo de Proteção Integral, de acordo com o disposto neste artigo e no regulamento desta Lei." Segundo o STF, esse artigo materializa o princípio do usuário-pagador, instituindo um mecanismo de assunção partilhada da responsabilidade social pelos custos ambientais derivados da atividade econômica.

CERTO

Atente-se que, apesar de ter afirmado a validade dessa indenização ambiental, o STF declarou a **inconstitucionalidade** da expressão "*não pode ser inferior a meio*

36 STF, ADI 3.378, de 09.04.2008.

por cento dos custos totais previstos para a implantação do empreendimento". O entendimento é que **a compensação ambiental deve ser proporcional ao dano causado** (inclusive em valor inferior ao percentual positivado).

> *(...) 5. **Inconstitucionalidade** da expressão 'não pode ser inferior a meio por cento dos custos totais previstos para a implantação do empreendimento' no § 1º do artigo 36 da Lei 9.985/2000. **O valor da compensação-compartilhamento é de ser fixado proporcionalmente ao impacto ambiental, após estudo em que se assegurem o contraditório e a ampla defesa. Prescindibilidade da fixação de percentual sobre os custos do empreendimento.***[37]

(Vunesp PGE/SP 2018) O Supremo Tribunal Federal considerou constitucional a prefixação de um piso para a compensação ambiental devida pela implantação de empreendimento de significativo impacto ambiental, devendo os valores serem fixados proporcionalmente ao impacto ambiental, a partir do mínimo previsto na Lei n° 9.985/2000 (Lei do Sistema Nacional de Unidades de Conservação).

ERRADO

(FCC PGE/SP 2009) A compensação ambiental de que trata o artigo 36 da Lei Federal 9.985/2000 é exigida nos processos de licenciamento ambiental de empreendimentos causadores de potencial impacto significativo, apurando-se o seu valor de acordo com o grau de impacto causado.

CERTO

Cabe ao **órgão ambiental licenciador** definir as **unidades de conservação a serem beneficiadas** ou a criação de novas unidades de conservação.

> *§ 2º Ao órgão ambiental licenciador compete definir as unidades de conservação a serem beneficiadas, considerando as propostas apresentadas no EIA/RIMA e ouvido o empreendedor, podendo inclusive ser contemplada a criação de novas unidades de conservação.*

(PGE/RO 2011) Cabe ao órgão ambiental definir as Unidades de Conservação que serão beneficiadas com recursos da compensação ambiental.

CERTO

Observe que o licenciamento de empreendimento que afete UC específica exige **autorização** do órgão responsável por sua administração. Nesses casos, tal UC será necessariamente beneficiária da compensação ambiental determinada no licenciamento respectivo.

37 STF, ADI 3.378, de 09.04.2008.

> *§ 3º Quando o empreendimento afetar unidade de conservação específica ou sua zona de amortecimento, o licenciamento a que se refere o caput deste artigo só poderá ser concedido mediante autorização do órgão responsável por sua administração, e a unidade afetada, mesmo que não pertencente ao Grupo de Proteção Integral, deverá ser uma das beneficiárias da compensação definida neste artigo.*

> (CESPE TRF 1ªR 2015) Se o empreendimento de significativo impacto ambiental afetar a zona de amortecimento da unidade de conservação, o órgão licenciador deverá solicitar opinião do órgão ambiental responsável pela gestão da unidade.
>
> **ERRADO**

Recentemente o art. 36, em tela, foi alterado pela Lei 13.668/2018 que introduziu o §4º, em seu texto, a saber:

> § 4º *A obrigação de que trata o caput deste artigo poderá, em virtude do interesse público, ser cumprida em unidades de conservação de posse e domínio públicos do grupo de Uso Sustentável, especialmente as localizadas na Amazônia Legal.* (Incluído pela Lei nº 13.668, de 2018)

Trata-se de importantíssima alteração que amplia o âmbito de efetivação da compensação ambiental, para além das **UC de proteção integral**. A partir de então, a compensação ambiental pode, portanto, recair sobre **UC de posse e domínio públicos do grupo de Uso Sustentável**, com preferência sobre as localizadas na Amazônia Legal.

7. INFRAÇÕES RELACIONADAS AO LICENCIAMENTO AMBIENTAL

A legislação ambiental tipifica algumas condutas, relacionadas ao procedimento licenciatório, como infrações, de natureza penal ou administrativa, e que podem ser praticadas tanto pelo empreendedor, quanto pelos agentes da administração ambiental.

- **Na seara penal**, o art. 60, da Lei 9.605/1998 (Dispõe sobre as sanções penais e administrativas derivadas de condutas e atividades lesivas ao meio ambiente) tipifica como **crime**:

> *Art. 60. Construir, reformar, ampliar, instalar ou fazer funcionar, em qualquer parte do território nacional, estabelecimentos, obras ou serviços potencialmente poluidores,* ***sem licença ou autorização dos órgãos ambientais competentes****, ou* ***contrariando*** *as normas legais e regulamentares pertinentes:*
>
> *Pena – detenção, de um a seis meses, ou multa, ou ambas as penas cumulativamente.*

Trata-se de crime de perigo concreto, que não exige dano ambiental para realização do tipo, concretizando, em matéria penal, o **princípio da prevenção**. Note que tanto a implementação do empreendimento, ausente o licenciamento, quanto seu desenvolvimento, com contrariedade ao licenciamento obtido, configuram a infração.

(TJ/PA 2008) Iniciar a construção, a instalação, a ampliação, a reforma ou o funcionamento de estabelecimentos, obras ou serviços potencialmente poluidores sem a prévia obtenção de licença ambiental constitui infração administrativa ambiental.

ERRADO

Obs. Existem outros tipos penais, dispostos na Lei 9.605/98, que se relacionam à ausência de consentimento estatal para desempenho de atividade, dentre os quais podemos citar art. 29[38], art. 31[39], art. 33, II[40], art. 46[41] e art. 55[42].

É possível, outrossim, a tipificação de infrações contra a administração ambiental, praticadas por funcionários a seu serviço, igualmente relacionadas ao licenciamento, a saber:

> *Art. 66. Fazer o **funcionário público** afirmação falsa ou enganosa, omitir a verdade, sonegar informações ou dados técnico-científicos **em procedimentos de autorização ou de licenciamento ambiental**:*
>
> *Pena – reclusão, de um a três anos, e multa.*
>
> *Art. 67. Conceder o **funcionário público licença, autorização ou permissão em desacordo com as normas ambientais**, para as atividades, obras ou serviços cuja realização depende de ato autorizativo do Poder Público:*
>
> *Pena – detenção, de um a três anos, e multa.*

38 Art. 29. Matar, perseguir, caçar, apanhar, utilizar espécimes da fauna silvestre, nativos ou em rota migratória, sem a devida permissão, licença ou autorização da autoridade competente, ou em desacordo com a obtida: Pena – detenção de seis meses a um ano, e multa.

39 Art. 31. Introduzir espécime animal no País, sem parecer técnico oficial favorável e licença expedida por autoridade competente: Pena – detenção, de três meses a um ano, e multa.

40 II – quem explora campos naturais de invertebrados aquáticos e algas, sem licença, permissão ou autorização da autoridade competente;

41 Art. 46. Receber ou adquirir, para fins comerciais ou industriais, madeira, lenha, carvão e outros produtos de origem vegetal, sem exigir a exibição de licença do vendedor, outorgada pela autoridade competente, e sem munir-se da via que deverá acompanhar o produto até final beneficiamento: Pena – detenção, de seis meses a um ano, e multa.

Parágrafo único. Incorre nas mesmas penas quem vende, expõe à venda, tem em depósito, transporta ou guarda madeira, lenha, carvão e outros produtos de origem vegetal, sem licença válida para todo o tempo da viagem ou do armazenamento, outorgada pela autoridade competente.

42 Art. 55. Executar pesquisa, lavra ou extração de recursos minerais sem a competente autorização, permissão, concessão ou licença, ou em desacordo com a obtida: Pena – detenção, de seis meses a um ano, e multa.

Parágrafo único. Se o crime é culposo, a pena é de três meses a um ano de detenção, sem prejuízo da multa.

(TJ/PR 2010) Informações falsas ou enganosas incluídas pela equipe multidisciplinar no EIA/Rima caracterizam crime previsto expressamente na Lei 9.605/1998.

CERTO

- **Na seara administrativa**, o Decreto 6.514/2008 (Dispõe sobre as infrações e sanções administrativas ao meio ambiente, estabelece o processo administrativo federal para apuração destas infrações) aponta como infração administrativa penal:

*Art. 66. Construir, reformar, ampliar, instalar ou fazer funcionar estabelecimentos, atividades, obras ou serviços utilizadores de recursos ambientais, considerados efetiva ou potencialmente poluidores, **sem licença ou autorização dos órgãos ambientais competentes**, em **desacordo com a licença obtida** ou contrariando as normas legais e regulamentos pertinentes:*

Multa de R$ 500,00 (quinhentos reais) a R$ 10.000.000,00 (dez milhões de reais).

Parágrafo único. Incorre nas mesmas multas quem:

*I – constrói, reforma, amplia, instala ou faz funcionar estabelecimento, obra ou serviço sujeito a licenciamento ambiental localizado em **unidade de conservação ou em sua zona de amortecimento**, ou em áreas de proteção de mananciais legalmente estabelecidas, sem anuência do respectivo órgão gestor; e*

*II – **deixa de atender a condicionantes estabelecidas na licença ambiental**.*

Atenção! Não configura *bis in idem* a responsabilização do empreendedor por danos não previstos, não indenizados ou compensados no momento da concessão da licença. Dito de outra forma, não constitui *bis in idem* a instituição de compensação ambiental e a cobrança da indenização, desde que nela não se inclua a compensação anteriormente realizada ainda na fase de implantação do projeto. Trata-se de institutos de natureza distinta. Sobrevindo danos ambientais gerados pela atividade licenciada, ainda que tenha havido compensação ambiental, o empreendedor será responsabilizado, na forma do art. 225, § 3º, da CF/88[43]. Nesse sentido é o entendimento do STJ:

*PROCESSO CIVIL E AMBIENTAL (....) COMPENSAÇÃO AMBIENTAL. ART. 36 DA LEI Nº 9.985/2000. 1. (...). O artigo 36 da Lei n.º 9.985/2000 prevê o instituto de compensação ambiental com base em conclusão de EIA/RIMA, de que o empreendimento teria significativo impacto ambiental e mensuração do dano previsível e indispensável a sua realização. 3. **A compensação tem conteúdo reparatório, em que o empreendedor destina parte considerável de seus esforços em***

43 § 3º As condutas e atividades consideradas lesivas ao meio ambiente sujeitarão os infratores, pessoas físicas ou jurídicas, a sanções penais e administrativas, independentemente da obrigação de reparar os danos causados.

ações que sirvam para contrabalançar o uso de recursos naturais indispensáveis à realização do empreendimento previsto no estudo de impacto ambiental e devidamente autorizados pelo órgão competente. *4.* ***O montante da compensação deve ater-se àqueles danos inevitáveis e imprescindíveis ao empreendimento previsto no EIA/RIMA, não se incluindo aqueles que possam ser objeto de medidas mitigadoras ou preventivas.*** *5.* ***A indenização por dano ambiental, por seu turno, tem assento no artigo 225, § 3º, da Carta da República, que cuida de hipótese de dano já ocorrido em que o autor terá obrigação de repará-lo ou indenizar a coletividade.*** *Não há como se incluir nesse contexto aquele foi previsto e autorizado pelos órgãos ambientais já devidamente compensado. 6.* ***Os dois institutos têm natureza distinta, não havendo bis in idem na cobrança de indenização, desde que nela não se inclua a compensação anteriormente realizada ainda na fase de implantação do projeto.*** *7. O pleito de compensação por meio do oferecimento de gleba feito previamente pelo Governo do Distrito Federal como meio de reparar a construção da estrada em área de conservação não pode ser acolhido, seja pela inexistência de EIA/RIMA – requisito para aplicação do artigo 36 da Lei nº 9.985/2000-, seja pela existência de danos que não foram identificados nos relatórios técnicos que justificaram a dispensa do estudo. 8. A indenização fixada em R$ 116.532,00 (cento e dezesseis mil, quinhentos e trinta e dois reais) já se justificaria pela existência dos danos ambientais gerados pela obra que não foram contemplados por medidas que os minorassem ou evitassem. O simples fato de o Governo do Distrito Federal gravar determinado espaço como área de conservação ambiental não lhe permite degradar como melhor lhe aprouver outra extensão da mesma unidade sem observar os princípios estabelecidos na Carta da República.*[44]

(PGE/PA 2011) A compensação ambiental e a indenização pelo dano ambiental têm natureza distinta, não havendo bis in idem na cobrança de indenização, desde que nela não se inclua a compensação anteriormente realizada ainda na fase de implantação do projeto.

CERTO

QUESTÃO DISCURSIVA[45]

Considere que lei estadual tenha sido promulgada, exigindo autorização prévia da Assembleia Legislativa para o licenciamento de atividades utilizadoras de recursos ambientais consideradas efetivas e potencialmente poluidoras, bem como capazes, sob qualquer forma, de causar degradação ambiental. Imagine ainda que determinado empresário, com vistas a iniciar determinada atividade potencialmente poluidora, tenha requerido administrativamente aos órgãos ambientais municipal e estadual a expedição de licença ambiental, o que, após autorização prévia pela Assembleia Legislativa, foi deferido.

44 REsp 896.863/DF, Rel. Ministro CASTRO MEIRA, SEGUNDA TURMA, julgado em 19/05/2011, DJe 02/06/2011 - Grifamos).

45 A autoria da questão discursiva é da professora Clarissa Pereira Borges, a quem agradecemos a gentileza de sua concessão.

Diante do caso narrado, discorra sobre licença ambiental, apontando seu conceito, classificações e natureza jurídica, bem como abordando necessariamente os seguintes aspectos:

a) Posição do STF acerca da constitucionalidade da lei estadual mencionada;
b) Direito adquirido à licença ambiental;
c) Possibilidade de concessão de licença ambiental por órgãos de diversos entes.

Espaço para resposta

___

___

___

___

___

___

___

___

Comentários

Nos termos do art. 1º, II, da Resolução 237 do CONAMA, licença ambiental é ***ato administrativo*** *pelo qual o órgão ambiental competente, estabelece as condições, restrições e medidas de controle ambiental que deverão ser obedecidas pelo empreendedor, pessoa física ou jurídica, para localizar, instalar, ampliar e operar empreendimentos ou atividades utilizadoras dos recursos ambientais* ***consideradas efetiva ou potencialmente poluidoras*** *ou aquelas que, sob qualquer forma, possam causar degradação ambiental* (art. 1º, II).

Ressalte-se que licença e licenciamento não se confundem. A licença é o ato final do procedimento de licenciamento (este último engloba todos os atos e a forma como se desenvolvem).

Conforme art. 8º da sobredita resolução, as licenças ambientais podem ser: **a) licença prévia:** concedida na fase preliminar do planejamento do empreendimento ou atividade aprovando sua localização e concepção, atestando a viabilidade ambiental e estabelecendo os requisitos básicos e condicionantes a serem atendidos nas próximas fases de sua implementação; **b) licença de instalação**: autoriza a instalação do empreendimento ou atividade de acordo com as especificações constantes dos planos, programas e projetos aprovados, incluindo as medidas de controle ambiental e demais condicionantes, da qual constituem motivo determinante; **c) licença de operação**: autoriza a operação da atividade ou empreendimento, após a verificação do efetivo cumprimento do que consta das licenças anteriores, com as medidas de controle ambiental e condicionantes determinados para a operação.

No que tange à natureza jurídica da licença, a despeito da acirrada divergência doutrinária, entende-se majoritariamente pelo seu cariz ***sui generis***, ou seja, não pode ser considerada uma autorização administrativa, tampouco uma licença administrativa no sentido genuíno.

Sobre a constitucionalidade de lei estadual que exija autorização da Assembleia Legislativa para o licenciamento de atividades utilizadoras de recursos ambientais consideradas efetivas e potencialmente poluidoras, bem como capazes, sob qualquer forma, de causar degradação ambiental, o STF decidiu o tema na ADI 3252/RO. Segundo a Corte, condicionar a aprovação de licenciamento ambiental à prévia autorização da Assembleia Legislativa implica **indevida interferência do Poder Legislativo na atuação do Poder Executivo, não autorizada pelo art. 2º da Constituição** (Precedente: ADI 1.505. **Compete à União legislar sobre normas gerais em matéria de licenciamento ambiental** (art. 24, VI, da Constituição). Assim, sob essa perspectiva, a lei estadual da narrativa é inconstitucional.

Ademais, quanto à existência de direito adquirido à licença ambiental, o art. 19 da Resolução 237 do CONAMA responde:

> Art. 19 – O órgão ambiental competente, mediante decisão motivada, **poderá modificar os condicionantes e as medidas de controle e adequação, suspender ou cancelar uma licença expedida**, quando ocorrer:
>
> I – Violação ou inadequação de quaisquer condicionantes ou normas legais.
>
> II – Omissão ou falsa descrição de informações relevantes que subsidiaram a expedição da licença.
>
> III – superveniência de graves riscos ambientais e de saúde. (grifou-se)

Assim, com base no dispositivo referenciado, o princípio da supremacia do interesse público, bem como o comportamento negativo do administrado informam a possibilidade de modificação, suspensão ou cancelamento da licença antes de expirado o seu prazo natural. Esse entendimento foi abonado pelo STF na Rcl 18526/RJ:

> A concessão de licença ambiental, seja de instalação ou operação, não é direito subjetivo do interessado e, mais que isso, não gera direito adquirido à manutenção da atividade ou empreendimento por tempo indefinido, diante do prazo determinado e da possibilidade de modificação, suspensão ou cancelamento (STF. Rcl 18526 RJ. Rel. Min. CÁRMEN LÚCIA. Julgado em 08/10/2014).

Por fim, em relação ao licenciamento simultâneo, a despeito da competência comum das três esferas de governo (União, estados, DF e municípios) conferida pela Constituição Federal (art. 23, VI), não é possível que o licenciamento seja deflagrado por mais de um ente, com esteio no art. 7º da Resolução 237 do CONAMA, combinado com o art. 13 da Lei Complementar 140, que determinam que cada empreendimento deve ser licenciado apenas por um órgão ambiental (municipal, estadual ou federal), conforme as regras de competências da LC 140/2011. É possível, no entanto, que haja manifestação dos demais entes de maneira não vinculante.

> **Resolução 237/CONAMA**
>
> Art. 7º – Os empreendimentos e atividades serão licenciados em um único nível de competência, conforme estabelecido nos artigos anteriores.
>
> **LC 140/2011**
>
> Art. 13. Os empreendimentos e atividades são licenciados ou autorizados, ambientalmente, **por um único ente federativo**, em conformidade com as atribuições estabelecidas nos termos desta Lei Complementar.
>
> § 1º Os demais entes federativos interessados podem manifestar-se ao órgão responsável pela licença ou autorização, de maneira não vinculante, respeitados os prazos e procedimentos do licenciamento ambiental.

PARTE II

DIREITO AGRÁRIO

TEORIA GERAL DO DIREITO AGRÁRIO

1. CONCEITO E CONTEÚDO

O Direito Agrário é o conjunto de normas (princípios e regras), de direito público e de direito privado, disciplinadoras das relações jurídicas da atividade agrária, que tem como base

- a função social da propriedade (ou da terra),
- a proteção dos recursos naturais,
- o aumento da produtividade agrária
- e a justiça social.

Vale dizer, o Direito Agrário disciplina a **relação** do **homem** com a **terra** e seus recursos naturais, buscando o **progresso socioeconômico** a partir da promoção da **função social da terra**. Trata-se de um ramo "híbrido" do Direito, a mesclar elementos, institutos e conceitos de direito público (ITR, desapropriação, reforma agrária) e de direito privado (usucapião, contratos agrários), na linha do crescente fenômeno da constitucionalização não só do direito civil, mas do direito privado como um todo.

> DIREITO AGRÁRIO. RECURSO ESPECIAL. CONTRATO AGRÁRIO. CLÁUSULA DE RENÚNCIA AO DIREITO DE INDENIZAÇÃO POR BENFEITORIAS. IMPOSSIBILIDADE. 1. Os contratos de direito agrário são regidos tanto por elementos de direito privado como por normas de caráter público e social, de observação obrigatória e, por isso, irrenunciáveis, tendo como finalidade precípua a proteção daqueles que, pelo seu trabalho, tornam a terra produtiva e dela extraem riquezas, conferindo efetividade à função social da propriedade. 2. Apesar de sua natureza privada e de ser regulado pelos princípios gerais que regem o direito comum, o contrato agrário sofre repercussões de direito público em razão de sua importância para o Estado, do protecionismo que se quer emprestar ao homem do campo, à função social da propriedade e ao meio ambiente, fazendo com que a máxima do *pacta sunt servanda* não se opere em absoluto nestes casos. 3. Nos contratos agrários, é proibida a cláusula de renúncia à indenização pelas benfeitorias necessárias e úteis, sendo nula qualquer disposição em sentido diverso. 4. Na hipótese, todavia, da moldura fática e das cláusulas esmiuçadas pelas instâncias ordinárias, verifico que não houve renúncia ao direito de reparação; ao revés, ao que se percebe as partes acordaram forma de composição por meio de extensão do

prazo de parceria. 5. É de se destacar que é da praxe do direito agrário, conforme se percebe de diversas passagens da norma, a utilização da benfeitoria como forma de compensação/indenização no âmbito de seus contratos. 6. Recurso especial a que se nega provimento. (REsp 1182967/RS, Rel. Ministro LUIS FELIPE SALOMÃO, QUARTA TURMA, julgado em 09/06/2015) (grifo nosso)

O conteúdo essencial do Direito Agrário é a **atividade agrária**. Analisando o art. 4°, inciso I, da Lei nº 4.504/64 (Estatuto da Terra), tem-se a definição de imóvel rural, de onde também se extrai o conceito de atividade agrária, que é considerada a exploração extrativa agrícola, pecuária ou agroindustrial. Rafael Freiria e Taisa Dosso[1] lecionam que a doutrina pátria adota a teoria italiana da agrariedade, de autoria de Antônio Carrozza, para definir a atividade agrária principal:

> "Segundo a citada teoria, o fator predominante é o desenvolvimento de um ciclo biológico, concernente tanto à criação de animais como de vegetais, que surge ligado direta ou indiretamente ao desfrute das forças e dos recursos naturais, resultando na obtenção de frutos (vegetais ou animais) destináveis ao consumo direto, como tais, ou derivados de transformações. Assim, é possível definir a atividade agrária como aquela que tem como fator determinante o ciclo biológico da natureza, concernente tanto à criação de animais como de vegetais."

A **atividade agrária** possui três **aspectos fundamentais**[2]:

1) ATIVIDADE IMEDIATA:	Abrange a atuação humana em relação a terra e todos os recursos da natureza.
2) OBJETIVOS E INSTRUMENTOS DA ATIVIDADE:	➢ Preservação de recursos naturais; ➢ Atividade extrativa de Produtos inorgânicos e orgânicos; ➢ Captura de seres orgânicos (caça e pesca) ➢ Produtiva (agricultura e pecuária).
3) ATIVIDADES CONEXAS:	O comércio propriamente dito, envolvendo: ➢ Transporte de produtos agrícolas; ➢ Processos industriais ➢ Atividades lucrativas (comércio da produção).

A atividade agrária também recebe outra classificação por parte da doutrina[3]:

1 FREIRIA, Rafael Costa; DOSSO, Taisa Cintra, p. 11.

2 FREIRIA, Rafael Costa; DOSSO, Taisa Cintra, p. 12.

3 FREIRIA, Rafael *apud* LARANJEIRA, Raymundo. Propedêutica do direito agrário. São Paulo: LTr; 1975, p. 36.

1) Explorações rurais TÍPICAS:	Abrange: • a lavoura, • a pecuária, • o extrativismo vegetal e animal • e a hortigranjearia.
2) Exploração rural ATÍPICA:	Abrange a agroindústria (processo de transformação ou beneficiamento da matéria-prima gerada pela atividade agrária imediata/típica. Deve ser considerada como complemento das chamadas atividades agrárias típicas).
3) ATIVIDADE COMPLEMENTAR de exploração rural:	Abrange o transporte e comercialização de produtos.

2. PRINCÍPIOS DO DIREITO AGRÁRIO

A doutrina não é uníssona na definição dos princípios do Direito Agrário, razão pela qual, elencamos alguns dos mais relevantes. Mas é importante frisar desde já que muitos dos princípios de Direito Agrário decorrem do Princípio da Função Social da propriedade rural e refletem as previsões constitucionais dos arts. 184 a 191 da CF/88.

2.1. Princípio da Função Social da Propriedade.

A CF/88, no art. 5º, XXIII, condicionou o exercício do direito de propriedade rural e urbano ao atendimento da função social, representando verdadeiro vetor estruturante e fundamental da disciplina jurídica agrária. O direito de propriedade, então, tem papel de elemento de desenvolvimento da sociedade, trazendo ao proprietário um conjunto de deveres positivos e negativos (obrigação real ou *propter rem*). Isso porque tal direito não é absoluto, devendo ser compatibilizado com outros direitos, ainda mais no ramo agrário, em que a propriedade da terra é vista como instrumento de Política Agrária.

> O direito de propriedade não se reveste de caráter absoluto, eis que, sobre ele, pesa grave hipoteca social, a significar que, descumprida a função social que lhe é inerente (CF, art. 5º, XXIII), legitimar-se-á a intervenção estatal na esfera dominial privada, observados, contudo, para esse efeito, os limites, as formas e os procedimentos fixados na própria Constituição da República. O acesso à terra, a solução dos conflitos sociais, o aproveitamento racional e adequado do imóvel rural, a utilização apropriada dos recursos naturais disponíveis e a preservação do meio ambiente constituem elementos de realização da função social da propriedade. [ADI 2.213 MC, rel. min. Celso de Mello, j. 4-4-2002, P, DJ de 23-4-2004.] = MS 25.284, rel. min. Marco Aurélio, j. 17-6-2010, P, DJE de 13-8-2010 (grifo nosso)

A própria Constituição da República, ao impor ao poder público dever de fazer respeitar a integridade do patrimônio ambiental, não o inibe, quando necessária a intervenção estatal na esfera dominial privada, de promover a desapropriação de imóveis rurais para fins de reforma agrária, especialmente porque um dos instrumentos de realização da função social da propriedade consiste, precisamente, na submissão do domínio à necessidade de o seu titular utilizar adequadamente os recursos naturais disponíveis e de fazer preservar o equilíbrio do meio ambiente (...). [MS 22.164, rel. min. Celso de Mello, j. 30-10-1995, P, DJ de 17-11-1995.]

No mesmo sentido, o Código Civil/2002:

> Art. 1.228. O proprietário tem a faculdade de usar, gozar e dispor da coisa, e o direito de reavê-la do poder de quem quer que injustamente a possua ou detenha.
>
> §1º O direito de propriedade deve ser exercido em consonância com as suas finalidades econômicas e sociais e de modo que sejam preservados, de conformidade com o estabelecido em lei especial, a flora, a fauna, as belezas naturais, o equilíbrio ecológico e o patrimônio histórico e artístico, bem como evitada a poluição do ar e das águas;

O princípio da função social da propriedade também está presente na ordem econômica, conforme art. 170, III, da CF/88:

> Art. 170. A ordem econômica, fundada na valorização do trabalho humano e na livre iniciativa, tem por fim assegurar a todos existência digna, conforme os ditames da justiça social, observados os seguintes princípios:
>
> III – função social da propriedade;

À propósito, de forma mais específica, o art. 186, II, da CF/88 estabelece critérios para aferição do cumprimento da função social pelos usos da propriedade rural, os quais devem ser atendidos simultaneamente:

> Art. 186. A função social é cumprida quando a propriedade rural atende, simultaneamente, segundo critérios e graus de exigência estabelecidos em lei, aos seguintes requisitos:
>
> I – Aproveitamento racional e adequado;
>
> II – Utilização adequada dos recursos naturais disponíveis e preservação do meio ambiente;
>
> III – observância das disposições que regulam as relações de trabalho;
>
> IV – Exploração que favoreça o bem-estar dos proprietários e dos trabalhadores.

(FCC Procurador de Caruaru/PE 2018) A função social é cumprida quando a propriedade rural atende, alternativamente, segundo critérios e graus de exigência estabelecidos em lei, ao aproveitamento racional e adequado da propriedade, a utilização adequada dos recursos naturais disponíveis e preservação do meio ambiente, a observância das disposições que regulam as relações de trabalho e a exploração que favoreça o bem-estar dos proprietários e dos trabalhadores.

ERRADO

(CESPE AGU 2013) O princípio da função social da propriedade, aplicado ao direito agrário, atribui ao proprietário o direito de usar, gozar e dispor da coisa como melhor lhe aprouver.

ERRADO

Detalhando ainda mais, o art. 9° da Lei nº 8.629/93 traz o conteúdo de cada vetor constitucional definidor da função social da propriedade:

I – APROVEITAMENTO RACIONAL E ADEQUADO:	O aproveitamento que atinja os graus de utilização da terra e de eficiência na exploração especificados nos §§ 1º a 7º do art. 6º desta lei (Lei nº 8.629/93, art 9º, §1º)
II – UTILIZAÇÃO ADEQUADA DOS RECURSOS NATURAIS DISPONÍVEIS [...]:	Quando a exploração se faz respeitando a vocação natural da terra, de modo a manter o potencial produtivo da propriedade (Lei nº 8.629/93, art 9º, §2º)
II – [...] E PRESERVAÇÃO DO MEIO AMBIENTE:	A manutenção das características próprias do meio natural e da qualidade dos recursos ambientais, na medida adequada à manutenção do equilíbrio ecológico da propriedade e da saúde e qualidade de vida das comunidades vizinhas (Lei nº 8.629/93, art 9º, §3º)
III – OBSERVÂNCIA DAS DISPOSIÇÕES QUE REGULAM AS RELAÇÕES DE TRABALHO:	Implica tanto o respeito às leis trabalhistas e aos contratos coletivos de trabalho, como às disposições que disciplinam os contratos de arrendamento e parceria rurais (Lei nº 8.629/93, art 9º, §4º)
IV – EXPLORAÇÃO QUE FAVOREÇA O BEM-ESTAR DOS PROPRIETÁRIOS E DOS TRABALHADORES:	É a que objetiva o atendimento das necessidades básicas dos que trabalham a terra, observa as normas de segurança do trabalho e não provoca conflitos e tensões sociais no imóvel (Lei nº 8.629/93, art 9º, §5º)

(CESPE AGU 2010) A função social da propriedade caracteriza-se pelo fato de o proprietário condicionar o uso e a exploração do imóvel não só aos seus interesses particulares, mas, também, à satisfação de objetivos para com a sociedade, como a obtenção de determinado grau de produtividade, o respeito ao meio ambiente e o pagamento de impostos.

CERTO[4]

4 (...) 6. Ocorre que a função social da propriedade se caracteriza pelo fato do proprietário condicionar o uso e a exploração do imóvel não só de acordo com os seus interesses particulares e egoísticos, mas pressupõe o condicionamento do direito de propriedade à satisfação de objetivos para com

(FCC DPE/MA 2015) José é proprietário de um imóvel rural de 700 hectares, com 40 hectares cultivados. O restante da área está ocupado com pastagem altamente degradada. A rentabilidade da área cultivada garante um excelente padrão de vida a José e sua família. A Fazenda é cortada por três cursos d'água sem área de preservação permanente. Não há reserva legal. José possui três funcionários, com jornada de trabalho integral, que recebem R$ 200,00 por mês. A propriedade rural

a) pode ou não cumprir sua função social a depender da safra da área cultivável.

b) cumpre sua função social, uma vez que gera renda a seu proprietário.

c) cumpre sua função social, pois emprega três funcionários.

d) cumpre sua função social, pois possui atividade econômica.

e) não cumpre sua função social.

GABARITO: E

2.2. Princípio da Primazia da Utilização da Terra

Prevalência do efetivo uso da terra em detrimento do direito individual e egoístico de propriedade do imóvel rural, o que fundamenta a desapropriação do imóvel para fins de reforma agrária, por exemplo. Desse modo, a utilização contínua e sem oposição, cumpridora da função social da terra por determinado lapso temporal (critério material, efetivo trabalho sobre a terra) se sobrepõe sobre a titulação dominial (critério formal, nome do proprietário no registro do imóvel rural).

2.3. Princípio da Redistribuição das Propriedades Imobiliárias Inadequadas

Trata a desapropriação por interesse social para fins de reforma agrária como aspecto positivo da intervenção estatal, ante o não cumprimento da função social (art. 184, CF/88). Neste caso, deve ser paga justa e prévia indenização, por meio de títulos da dívida agrária, a fim de compensar o decréscimo patrimonial

a sociedade, tais como a obtenção de um grau de produtividade, o respeito ao meio ambiente, o pagamento de impostos, etc.7. Sobreleva nesse ponto, desde o advento da Emenda Constitucional n. 42/2003, o pagamento do ITR como questão inerente à função social da propriedade. O proprietário, por possuir o domínio sobre o imóvel, deve atender aos objetivos da função social da propriedade; por conseguinte, se não há um efetivo exercício de domínio, não seria razoável exigir desse proprietário o cumprimento da sua função social, o que se inclui aí a exigência de pagamento dos impostos reais.8. Na peculiar situação dos autos, ao considerar-se a privação antecipada da posse e o esvaziamento dos elementos de propriedade sem o devido êxito do processo de desapropriação, é inexigível o ITR diante do desaparecimento da base material do fato gerador e da violação dos referidos princípios da propriedade, da função social e da proporcionalidade.9. Recurso especial não provido.(RESP 1144982/PR, Rel. Min. Mauro Campbell Marques, 2ªTurma)

sofrido, sob pena de enriquecimento ilícito por parte do ente desapropriante (art. 5º, XXIV, CF/88).

> Art. 5º, XXIV – a lei estabelecerá o procedimento para desapropriação por necessidade ou utilidade pública, ou por interesse social, mediante justa e prévia indenização em dinheiro, ressalvados os casos previstos nesta Constituição;
>
> Art. 184. Compete à União desapropriar por interesse social, para fins de reforma agrária, o imóvel rural que não esteja cumprindo sua função social, mediante prévia e justa indenização em títulos da dívida agrária, com cláusula de preservação do valor real, resgatáveis no prazo de até vinte anos, a partir do segundo ano de sua emissão, e cuja utilização será definida em lei.

2.4. Princípio da Privatização de Terras Públicas

A função social da propriedade não se coaduna com a improdutividade e a ociosidade, de maneira que o Poder Público deve garantir que as terras públicas tenham uso racional, observando o interesse público. Assim, a destinação de terras públicas e devolutas será compatibilizada com a política agrícola e com o plano nacional de reforma agrária (art. 188 da CF/88). Nesse sentido, o art. 13 da Lei nº 8.629/93 aduz que "as terras rurais de domínio da União, dos Estados e dos Municípios ficam destinadas, preferencialmente, à execução de planos de reforma agrária".

2.5. Princípio da Dicotomia do Direito Agrário

O Direito Agrário é considerado dicotômico por ter como perspectivas de atuação:

- Política da Reforma Agrária (arts. 184 a 186, CF/88)
- Política Agrícola ou de desenvolvimento (arts. 187 a 191, CF/88).

2.6. Princípio da Proteção à propriedade Rural produtiva, à pequena e à média propriedade e à propriedade familiar

São insuscetíveis de desapropriação para fins de reforma agrária (art. 185 da CF/88):

a) a pequena e média propriedade rural, assim definida em lei, desde que seu proprietário não possua outra;

b) e a propriedade produtiva.

Além disso, a pequena propriedade rural, desde que trabalhada pela família, não será objeto de penhora para pagamento de débitos decorrentes de sua atividade produtiva, conforme previsto no artigo 5º, XXVI, da CF/88.

(FUNDEP DPE/MG 2019) Segundo o princípio da proteção familiar, desde que explorada pela família, a pequena propriedade rural não será objeto de penhora para pagamento de débito decorrente de sua atividade produtiva.

CERTO

2.7. Princípio do Monopólio Legislativo da União para legislar sobre matéria agrária

A CF/88 determina que a competência legislativa da União para legislar sobre Direito Agrário é privativa (art. 22, I). Esta competência também se estende à desapropriação (art. 22, II). Além disso, lei complementar federal poderá autorizar os Estados a legislar sobre questões específicas dessas matérias (art. 22, parágrafo único).

2.8. Princípio do Estímulo ao Cooperativismo

Orienta a melhoria na condição de vida das pessoas e o fortalecimento do espírito comunitário, através do estímulo às cooperativas e associações.

2.9. Princípio do Fortalecimento da Empresa Agrária

Indica a criação de condições para a constituição de empresas agrárias que realizem atividades agrícolas, mantendo o respeito aos condicionantes da função social da propriedade. Devem ser estimuladas as empresas que se dedicam às atividades agrárias com a finalidade de obtenção de renda.

O Estatuto da Terra (art. 4º, VI, Lei nº 4.504/64) conceitua a Empresa Rural como o empreendimento, constituído por pessoa física ou jurídica, pública ou privada, que explora economicamente o imóvel rural.

> Art. 4º, VI – "Empresa Rural" é o empreendimento de pessoa física ou jurídica, pública ou privada, que explore econômica e racionalmente imóvel rural, dentro de condição de rendimento econômico ...Vetado... da região em que se situe e que explore área mínima agricultável do imóvel segundo padrões fixados, pública e previamente, pelo Poder Executivo. Para esse fim, equiparam-se às áreas cultivadas, as pastagens, as matas naturais e artificiais e as áreas ocupadas com benfeitorias;

O STJ entende que o Estatuto da Terra não se aplica à empresa rural de grande porte, haja vista que referido microssistema legal é voltado à tutela do trabalhador do campo[5].

5 REsp 1447082/TO, Rel. Ministro Paulo de Tarso Sanseverino, Terceira Turma, julgado em 10/05/2016.

2.10. Princípio da Proteção Especial da Propriedade Indígena

Também chamado de Princípio do "Indigenato", tem previsão no art. 231 da CF, trazendo proteção especial para a propriedade indígena, no sentido reconhecer aos índios sua organização social, costumes, línguas, crenças e tradições, bem como os direitos originários sobre as terras que tradicionalmente ocupam, competindo à União demarcá-las, proteger e fazer respeitar todos os seus bens.

2.11. Princípios conforme Benedito Ferreira Marques

Dada a relevância do autor, para Benedito Ferreira Marques, podem ser apresentados como princípios do Direito Agrário, particularmente no Brasil, os seguintes:

1) o monopólio legislativo da União;
2) a utilização da terra se sobrepõe à titulação dominial;
3) a propriedade da terra é garantida, mas condicionada ao cumprimento da função social;
4) o Direito Agrário é dicotômico: compreende política de reforma (Reforma Agrária) e política de desenvolvimento (Política Agrícola);
5) as normas jurídicas primam pela prevalência do interesse público sobre o privado;
6) a reformulação da estrutura fundiária é uma necessidade constante;
7) o fortalecimento do espírito comunitário, através de cooperativas e associações;
8) o combate ao latifúndio, ao minifúndio, ao êxodo rural, à exploração predatória e aos mercenários da terra;
9) a privatização dos imóveis rurais públicos;
10) a proteção à propriedade familiar, à pequena e à média propriedade;
11) o fortalecimento da empresa agrária;
12) a proteção da propriedade consorcial indígena;
13) o dimensionamento eficaz das áreas exploráveis:
14) a proteção do trabalhador rural; e
15) a conservação e a preservação dos recursos naturais e a proteção do meio ambiente

QUESTÃO DISCURSIVA

(CESPE, PGEBA, 2014) Suponha a existência de um imóvel rural denominado Fazenda Bahia, cuja situação prática é assim descrita: o imóvel é produtivo, mas a atividade nele exercida é orientada pelo desmate das áreas de preservação permanente e de reserva legal, em contrariedade ao que dispõe a legislação específica, verificando-se ilícitos contra o meio ambiente, conduzido como forma de ampliação da eficiência na exploração. Em face dessa situação hipotética, discorra sobre a possibilidade de desapropriação por interesse social, para fins de reforma agrária, do imóvel rural Fazenda Bahia à luz da jurisprudência do STF, abordando, necessariamente, os seguintes aspectos:

a) Função social da propriedade e conceito jurídico de propriedade;
b) Dimensão ambiental da função social da propriedade rural;
c) Confronto entre o art. 185, II, e o art. 186, ambos da CF/1988.

Espaço para resposta

____

____

____

____

____

____

____

____

Padrão de resposta (CESPE)

Em face da situação hipotética apresentada, deverá o(a) candidato(a), em razão dos precedentes do STF, citados na ADI nº 2.213 e no MS nº 22.164/SP, cogitar da possibilidade da desapropriação por interesse social, para fins de reforma agrária, da Fazenda Bahia, que, embora produtiva, tenha desmatado área de preservação permanente e de reserva legal, de acordo com os trechos abaixo:

> ADI nº 2.213: "(...) O direito de propriedade não se reveste de caráter absoluto, eis que, sobre ele, pesa grave hipoteca social, a significar que, descumprida a função social que lhe é inerente (CF, art. 5º, XXIII), legitimar-se-á a intervenção estatal na esfera dominial privada, observados, contudo, para esse efeito,

os limites, as formas e os procedimentos fixados na própria Constituição da República. O acesso à terra, a solução dos conflitos sociais, o aproveitamento racional e adequado do imóvel rural, a utilização apropriada dos recursos naturais disponíveis e a preservação do meio ambiente constituem elementos de realização da função social da propriedade. A desapropriação, nesse contexto – enquanto sanção constitucional imponível ao descumprimento da função social da propriedade – reflete importante instrumento destinado a dar consequência aos compromissos assumidos pelo Estado na ordem econômica e social. Incumbe, ao proprietário da terra, o dever jurídico-social de cultivá-la e de explorá-la adequadamente, sob pena de incidir nas disposições constitucionais e legais que sancionam os senhores de imóveis ociosos, não cultivados e/ou improdutivos, pois só se tem por atendida a função social que condiciona o exercício do direito de propriedade, quando o titular do domínio cumprir a obrigação (1) de favorecer o bem-estar dos que na terra labutam; (2) de manter níveis satisfatórios de produtividade; (3) de assegurar a conservação dos recursos naturais; e (4) de observar as disposições legais que regulam as justas relações de trabalho entre os que possuem o domínio e aqueles que cultivam a propriedade. (...)"

MS nº 22.164/SP: "(...) A própria Constituição da República, ao impor ao Poder Público o dever de fazer respeitar a integridade do patrimônio ambiental, não o inibe, quando necessária a intervenção estatal na esferal dominial privada, de promover a desapropriação de imóveis rurais para fins de reforma agrária, especialmente porque um dos instrumentos de realização da função social da propriedade consiste, precisamente, na submissão do domínio à necessidade de o seu titular utilizar adequadamente os recursos naturais disponíveis e de fazer preservar o equilíbrio do meio ambiente (CF, art. 186, II), sob pena de, em descumprindo esses encargos, expor-se à desapropriação-sanção a que se refere o art. 184 da Lei Fundamental. (...)"

Contudo, em razão de precedentes divergentes do STF quanto ao tema, em especial, o trazido no MS nº 22.193/SP, poderá, ainda, o(a) candidato(a), em razão da situação hipotética, mencionar da impossibilidade de desapropriação por interesse social, para fins de reforma agrária, do imóvel rural Fazenda Bahia, por ser o imóvel produtivo, conforme trecho da decisão abaixo:

> MS nº 22.193/SP: "(...) Caracterizado que a propriedade é produtiva, não se opera a desapropriação-sanção – por interesse social para os fins de reforma agrária -, em virtude de imperativo constitucional (CF, art. 185, II) que excepciona, para a reforma agrária, a atuação estatal, passando o processo de indenização, em princípio, a submeter-se às regras constantes do inciso XXIV, do artigo 5°, da Constituição Federal, "mediante justa e prévia indenização" (...)"

De acordo com as possibilidades acima elencadas, deverão, ainda, os(as) candidatos(as) abordarem, necessariamente, os seguintes aspectos:

LETRA A

A propriedade não é mais um direito absoluto, e sobre ela está gravada naturalmente uma hipoteca social perpétua: o cumprimento da função social. Nesse sentido, é correto dizer que a função social da propriedade é elemento constitutivo do direito de propriedade, de acordo com o citado na ADI nº 2.213.

E mais, o princípio da "função social da propriedade" pode propiciar a desapropriação da propriedade territorial rural. "É assegurada a todos a oportunidade de acesso à propriedade da terra, condicionada pela sua função social, na forma prevista no Estatuto da Terra" (Lei n. 4.504, de 30-111964, art. 2º). O sistema brasileiro mantém o direito subjetivo da propriedade, embora em caráter relativo. O princípio da função social da propriedade não é o caminho aberto para a socialização das terras rurais por parte do Estado, pois há necessidade de justificativa da venda forçada sempre mediante a indenização devida, como preço dela, em dinheiro e títulos públicos. É a forma legal encontrada pela Lei Maior para realizar a reforma agrária sem ferir o princípio do art. 5º e seu inciso XXII. (Fonte: Direito constitucional ambiental brasileiro / José Joaquim Gomes Canotilho, José Rubens Morato Leite, organizadores. 4ª ed. rev. São Paulo: Saraiva, 2011).

Em um segundo momento, ou seja, com relação ao conceito jurídico de propriedade, deverá o(a) candidato(a) elencar que a lei assegura ao proprietário o direito de usar, gozar e dispor de seus bens e de reavê-los do poder de quem quer que injustamente os possua ou detenha (CC, art. 1.228). É o princípio geral que protege o direito de propriedade, que se estende à terra urbana ou rural. Nessa, que se costuma chamar propriedade ou imóvel rural, a aquisição se faz pela transcrição do título de transferência no Registro de Imóveis (compra e venda, doação, permuta etc.); pela acessão; pelo usucapião e pelo direito hereditário (CC, arts. 1.245, 1.248, 1.238 e seg., 1.784). Essa garantia encontra amparo em norma constitucional que dispõe: "É garantido o direito de propriedade" (art. 5º, XXII, da CF/88). Vai mais longe a Constituição quando assegura a inviolabilidade dos direitos concernentes à propriedade (Constituição de 1988, art. 5º). A regra da lei maior, que é a síntese do art. 1.228 do CC, abre exceção quando ressalva aquele direito, dizendo que ele cede à desapropriação por necessidade ou utilidade pública ou por interesse social. É uma forma de perda do domínio ou do imóvel rural, sem que interfira a vontade de seu proprietário. O que seja "necessidade ou utilidade pública" no-lo diz o art. 5º do Decretolei nº 3.365. É uma forma muito antiga de intervenção do Estado na propriedade imóvel: sempre foi aceita como medida de interesse social. (Fonte: Curso completo de direito agrário / Silvia C. B. Opitz, Oswaldo Opitz. 6ª ed. rev. e atual. São Paulo: Saraiva, 2012).

Letra B

O art. 186 da CF/88 dispõe o seguinte:

> Art. 186. A função social é cumprida quando a propriedade rural atende, simultaneamente, segundo critérios e graus de exigência estabelecidos em lei, aos seguintes requisitos: I - aproveitamento racional e adequado; II - utilização adequada dos recursos naturais disponíveis e preservação do meio ambiente; III - observância das disposições que regulam as relações de trabalho; IV - exploração que favoreça o bem-estar dos proprietários e dos trabalhadores. (Grifou-se).

Deflui da ordem jurídica positivada que no conceito de função social está contido o conceito de produtividade, mas que no conceito de produtividade também estão contidas parcelas dos conceitos de função ambiental, função trabalhista e função bem estar, isto é, que a função social é continente e conteúdo da produtividade.

Letra C

A questão que se coloca para o candidato consiste na aparente contradição entre os seguintes dispositivos constitucionais:

> Art. 185. São insuscetíveis de desapropriação para fins de reforma agrária: I – a pequena e média propriedade rural, assim definida em lei, desde que seu proprietário não possua outra; II – a propriedade produtiva. Parágrafo único. A lei garantirá tratamento especial à propriedade produtiva e fixará normas para o cumprimento dos requisitos relativos a sua função social. (Grifou-se).
>
> Art. 186. A função social é cumprida quando a propriedade rural atende, simultaneamente, segundo critérios e graus de exigência estabelecidos em lei, aos seguintes requisitos: I – aproveitamento racional e adequado; II – utilização adequada dos recursos naturais disponíveis e preservação do meio ambiente; III – observância das disposições que regulam as relações de trabalho; IV – exploração que favoreça o bem-estar dos proprietários e dos trabalhadores. (Grifou-se).

Partindo de uma interpretação sistemática e levando em consideração os princípios de interpretação constitucionais, tais como o da unidade da constituição, da máxima efetividade das normas constitucionais, da força normativa da constituição, dentre outros, concluiu-se pela possibilidade de desapropriação da propriedade que descumpre qualquer dos aspectos enumerados no art. 186 da Carta Magna.

O conceito de produtividade do art. 185 está alçado à ideia de razão humana e social. Portanto, a propriedade, para não sofrer a desapropriação-sanção, deve cumprir simultaneamente os requisitos do aproveitamento racional e adequado, da utilização adequada dos recursos naturais disponíveis e preservação do meio ambiente; de observância das disposições que regulam as relações de trabalho e de exploração que favoreça o bem-estar dos proprietários e dos trabalhadores.

A partir do entendimento de que a Constituição não se interpreta em tiras, aos pedaços, é possível sustentar que a previsão do art. 185 deverá ser lida e interpretada em conjunto com os arts. 184 e 186, de forma que ambos os textos e demais dispositivos constitucionais espraiados na Carta, como, por exemplo, o art. 5º, XXIII e art. 170, III, sejam preservados e efetivados, e pela qual a leitura dos dispositivos poderia ser assim formulada: é insuscetível de desapropriação para fins de reforma agrária a propriedade produtiva, quando, simultaneamente, preserve o meio ambiente, respeite as relações trabalhistas, promova bem estar aos proprietários e aos trabalhadores, sem causar conflitos sociais.

Fonte doutrinária: Joaquim Modesto Pinto Júnior e Valdez Adriani Farias. Função social da propriedade: dimensões ambiental e trabalhista. Brasília: Núcleos de Estudos Agrários e Desenvolvimento Rural – NEAD, 2005.

INSTITUTOS DE DIREITO AGRÁRIO NA CONSTITUIÇÃO FEDERAL

A Constituição Federal de 1988 trouxe previsões próprias de Direito Agrário nos arts. 184 a 191. O capítulo denominado "Da Política Agrícola e Fundiária e da Reforma Agrária", reflete o princípio da dicotomia do Direito Agrário, em que:

- arts. 184 a 186 → tratam de Política Fundiária e de Reforma Agrária;
- art. 187 a 191 → tratam de Política Agrícola.

Nesse ponto, debruça-se sobre a aquisição do imóvel rural por estrangeiros, as terras indígenas, as terras devolutas e o confisco agrário. Os tópicos que tratam da usucapião constitucional agrário, da reforma agrária e da desapropriação agrária serão analisados em momento posterior.

1. AQUISIÇÃO DO IMÓVEL RURAL POR ESTRANGEIROS

Nos termos da CF/88, art. 190, a lei regulará e limitará a aquisição ou o arrendamento de propriedade rural por pessoa física ou jurídica estrangeira e estabelecerá os casos que dependerão de autorização do Congresso Nacional. Para normatizar tal determinação, a Lei nº 5.709/71 orienta o estrangeiro, pessoa natural ou jurídica, no cumprimento das formalidades legais exigidas para aquisição e arrendamento de imóvel rural no Brasil, de modo que, já no art. 1º, condiciona a aquisição do imóvel rural por estrangeiro residente no país ou pessoa jurídica estrangeira autorizada a funcionar no Brasil à observância dos seus preceitos.

Nesse sentido, o art. 23, da Lei nº 8.629/93 também condiciona o arrendamento de imóvel rural à observância da Lei nº 5.709/71, de maneira que a aquisição de imóvel rural, por pessoas físicas ou jurídicas estrangeiras, que viole as prescrições da lei é nula de pleno direito.

> Lei 8.629/93, Art. 23. O estrangeiro residente no País e a pessoa jurídica autorizada a funcionar no Brasil só poderão arrendar imóvel rural na forma da Lei nº 5.709, de 7 de outubro de 1971.
>
> § 1º Aplicam-se ao arrendamento todos os limites, restrições e condições aplicáveis à aquisição de imóveis rurais por estrangeiro, constantes da lei referida no *caput* deste artigo.
>
> § 2º Compete ao Congresso Nacional autorizar tanto a aquisição ou o arrendamento além dos limites de área e percentual fixados na Lei nº 5.709, de 7

de outubro de 1971, como a aquisição ou arrendamento, por pessoa jurídica estrangeira, de área superior a 100 (cem) módulos de exploração indefinida.

Lei 5.709/71, Art. 15 – A aquisição de imóvel rural, que viole as prescrições desta Lei, é nula de pleno direito. O tabelião que lavrar a escritura e o oficial de registro que a transcrever responderão civilmente pelos danos que causarem aos contratantes, sem prejuízo da responsabilidade criminal por prevaricação ou falsidade ideológica. O alienante está obrigado a restituir ao adquirente o preço do imóvel.

(CESPE PGE/BA 2014) – A aquisição de imóvel rural por pessoas físicas ou jurídicas estrangeiras sem a observância dos requisitos legais enseja nulidade relativa do ato praticado.

ERRADO

Os principais diplomas normativos sobre o tema são:

- Lei nº 5.709, de 7 de outubro de 1971;
- Lei nº 6.634, de 2 de maio de 1979;
- Art. 23 da Lei nº 8.629, de 25 de fevereiro de 1993;
- Instrução Normativa nº 88, de 13 de dezembro de 2017.

Em áreas situadas em faixa de fronteira, não existe vedação expressa quanto à aquisição de imóveis rurais por pessoas físicas ou jurídicas estrangeiras. A Lei nº 6.634/79, no art. 2º, aduz que, salvo com o assentimento prévio do Conselho de Segurança Nacional, será vedada, na Faixa de Fronteira, a prática dos atos referentes a:

a) transações com imóvel rural, que impliquem a obtenção, por estrangeiro, do domínio, da posse ou de qualquer direito real sobre o imóvel;

b) participação, a qualquer título, de estrangeiro, pessoa natural ou jurídica, em pessoa jurídica que seja titular de direito real sobre imóvel rural;

Contudo, o art. 11, parágrafo único, da nº Lei 5.709/71 prevê que, trimestralmente, os Cartórios de Registros de Imóveis remeterão, sob pena de perda do cargo, à Corregedoria da justiça dos Estados a que estiverem subordinados e ao Ministério da Agricultura, relação das aquisições de áreas rurais por pessoas estrangeiras e quando se tratar de imóvel situado em área indispensável à segurança nacional (como é o caso das faixas de fronteira[1]), a relação mencionada neste artigo deverá ser remetida também à Secretaria-Geral do Conselho de Segurança Nacional. Assim, caso o imóvel esteja localizado em faixa de fronteira ou em

1 CF, art. 20, § 2º A faixa de até cento e cinquenta quilômetros de largura, ao longo das fronteiras terrestres, designada como faixa de fronteira, é considerada fundamental para defesa do território nacional, e sua ocupação e utilização serão reguladas em lei

área indispensável à segurança nacional, a autorização e o registro dependerão de aprovação prévia do Conselho de Defesa Nacional.

Os **requisitos essenciais obrigatórios** a serem atendidas pelos estrangeiros interessados em adquirir ou arrendar terras no Brasil são:

a) **Ser pessoa natural estrangeira residente no País, pessoa jurídica estrangeira autorizada a funcionar no Brasil e pessoa jurídica brasileira equiparada à estrangeira.**

A **pessoa natural estrangeira** deve ter residência permanente no Brasil e ser inscrita no Registro Nacional de Estrangeiro (RNE), com classificação permanente.

A **pessoa jurídica estrangeira** deve: comprovar inscrição na Junta Comercial; ter autorização para funcionar no País; apresentar projeto de exploração agrícola, pecuário, florestal, turístico, industrial ou de colonização, vinculado aos seus objetivos estatutários ou sociais, o qual deve ser aprovado pelo órgão federal competente, de acordo com cada tipo de exploração.

A **pessoa jurídica brasileira equiparada à pessoa jurídica estrangeira**, à luz do Parecer nº LA-01, da Advocacia-Geral da União, fica sujeita ao regime estabelecido pela Lei nº 5.709/1971, ou seja, necessita de autorização do Incra para aquisição de imóvel rural no país.

Para aquisição ou arrendamento, a pessoa jurídica brasileira equiparada deve: comprovar a inscrição na Junta Comercial do Estado de localização de sua sede; elaborar projeto de exploração agrícola, pecuário, florestal, turístico, industrial ou de colonização, vinculados aos seus objetivos estatutários ou contratuais.

OBS: As regras da Lei nº 5.709/71 se aplicam a qualquer alienação ou arrendamento de imóvel rural por pessoa jurídica estrangeira ou a ela equiparada, em casos como: fusão ou incorporação de empresas, de alteração do controle acionário da sociedade, ou de transformação de pessoa jurídica brasileira para pessoa jurídica estrangeira, bem como a aquisição ou arrendamento indiretos por meio de participações de quotas sociais ou ações de empresas detentoras de imóveis rurais.

OBS: É vedada a alienação ou arrendamento de imóvel rural por

- Pessoa física estrangeira não residente no País;
- Pessoa jurídica estrangeira não autorizada a funcionar no País.

b) **Imóvel Rural.** O imóvel rural deve estar devidamente registrado no Cartório de Registro de Imóveis e regularmente cadastrado no Sistema Nacional de Cadastro Rural (SNCR) do Incra, exceto no caso de aquisição por usucapião.

Se tiver área superior a 20 Módulos de Exploração Indefinida (MEI), para aquisição ou arrendamento por pessoa natural estrangeira, tal pretensão deve ser precedida por projeto de exploração agrícola, pecuário, florestal, turístico, industrial ou de colonização, vinculado aos seus objetivos estatutários ou sociais.

Para adquirir ou arrendar imóveis rurais com área superior aos limites permitidos por lei, é necessária autorização do Congresso Nacional.

c) **Limitação da Área.** Não é possível adquirir ou arrendar quantidade ilimitada de área. Existe uma limitação, calculada com base no Módulo de Exploração Indefinida – MEI, que é uma unidade de medida de área, expressa em hectares, a partir do conceito de imóvel rural, sem levar em conta a exploração econômica do imóvel. A dimensão do MEI varia entre 5 e 100 hectares, de acordo com a região e município de localização do imóvel rural.

<table>
<tr><td rowspan="4">PESSOA FÍSICA</td><td>Até 3 MEI</td><td>Aquisição livre
(Exceção: faixa de fronteira e segunda aquisição)</td></tr>
<tr><td>Acima de 3 até 20 MEI</td><td>Autorização sem projeto de exploração</td></tr>
<tr><td>Acima de 20 até 50 MEI</td><td>Autorização com projeto de exploração</td></tr>
<tr><td>Acima de 50 MEI</td><td>Autorização do Congresso Nacional com projeto de exploração</td></tr>
<tr><td rowspan="2">PESSOA JURÍDICA</td><td>Até 100 MEI</td><td>Autorização com projeto de exploração</td></tr>
<tr><td>Acima de 100 MEI</td><td>Autorização do Congresso Nacional com projeto de exploração</td></tr>
</table>

d) **Limites Territoriais.** Os limites territoriais são aplicados às pessoas estrangeiras (naturais e jurídicas) e à pessoa jurídica brasileira equiparada. A soma das áreas rurais pertencentes a pessoas estrangeiras não poderá ultrapassar a um quarto da superfície dos Municípios onde se situem, comprovada por certidão do Registro de Imóveis, ou seja, os estrangeiros podem adquirir ou arrendar até 25% da área territorial de cada Município.

Ademais, as pessoas da mesma nacionalidade não poderão ser proprietárias, em cada Município, de mais de 40% do limite acima (um quarto), ou seja, de mais de 10% de sua superfície territorial.

As exceções aos limites territoriais são:

- Área inferior a 3 (três) MEI;
- Quando o adquirente tiver filho brasileiro ou for casado com pessoa brasileira sob o regime de comunhão de bens;
- Sucessão legítima quando o estrangeiro residir no Brasil.

> (CESPE PGE/BA 2014) A soma das áreas dos imóveis rurais pertencentes a pessoas físicas ou jurídicas estrangeiros não poderá ultrapassar um quarto da superfície dos municípios em que se situem.
>
> CERTO

e) **Direitos Reais**. A Lei nº 5.709/71 permite a aquisição e o arrendamento de imóvel rural por estrangeiro mediante autorização do Incra. Os demais direitos reais não estão contemplados na lei, portanto, não estão sujeitos às suas restrições. Por exemplo: usufruto, direito de uso, anticrese, hipoteca, enfiteuse, direito de habitação, direito de superfície, servidão e penhor.

f) **Planta e Memorial Descritivo**. O imóvel rural deverá ser georreferenciado ao Sistema Geodésico Brasileiro.

2. TERRAS INDÍGENAS

Tratando da Ordem Social, a Constituição Federal apresenta um capítulo específico para o direito dos índios, o que o faz nos arts. 231 e 232. As terras que ocupam possuem tratamento especial, e sua relação com a matéria agrarista se dá em razão de que nestas terras são praticadas atividades agrárias típicas, como a caça, pesca e atividades de extrativismo.

A Lei nº 6.001/73 (Estatuto do Índio) regula a situação jurídica dos índios ou silvícolas e das comunidades indígenas, com o propósito de preservar a sua cultura e integrá-los, progressiva e harmoniosamente, à comunhão nacional.

As terras tradicionalmente ocupadas pelos índios são bens da União (art. 20, XI, CF/88), ou seja, a propriedade é da União, mas a posse, permanente, é dos índios, cabendo-lhes o usufruto exclusivo das riquezas do solo, dos rios e dos lagos nelas existentes (art. 232, §2º). A Constituição Federal, então, não reconhece aos índios a propriedade sobre as terras por eles tradicionalmente ocupadas. Portanto, estas terras, por serem bens públicos da União, são inalienáveis, indisponíveis e insuscetíveis de prescrição aquisitiva (art. 231, §4º).

O art. 231, *caput*, reconhece aos índios sua organização social, costumes, línguas, crenças e tradições, e os direitos originários sobre as terras que tradicionalmente ocupam, de maneira que compete à União demarcá-las, proteger e fazer respeitar todos os seus bens.

O conceito de **terras tradicionalmente ocupadas pelos índios** está no §1º do art. 231, considerando as terras:

- por eles **habitadas** em caráter permanente,
- utilizadas para suas atividades **produtivas**,
- imprescindíveis à **preservação** dos recursos ambientais necessários a seu bem-estar
- necessárias à sua **reprodução** física e cultural, segundo seus usos, costumes e tradições.

Vale destacar que o STF estabeleceu como marco temporal de ocupação da terra pelos índios, para efeito de reconhecimento como terra indígena, a data da promulgação da Constituição, em 5 de outubro de 1988[2]. Assim, as terras ocupadas, em passado remoto, por aldeamentos indígenas não são bens da União. Nessa conformidade, a competência para o julgamento de ação de usucapião de terras localizadas em antigo aldeamento indígena é da Justiça Estadual, não subsistindo interesse da União[3]. Reforça tal entendimento a Súmula 650 do STF:

> Súmula 650 STF: Os incisos I e XI do art. 20 da Constituição Federal não alcançam terras de aldeamentos extintos, ainda que ocupadas por indígenas em passado remoto.

Obs.: Márcio Cavalcante, nesse ponto, ensina sobre o **renitente esbulho**:

Como regra, se os índios não estavam na posse da área em 05/10/1988, ela não será considerada terra indígena (art. 231 da CF/88). Existe, contudo, uma exceção a essa regra. Trata-se do chamado renitente esbulho. Assim, se, na época da promulgação da CF/88, os índios não ocupavam a terra porque dela haviam sido expulsos em virtude de conflito possessório, considera-se que eles foram vítimas de esbulho e, assim, essa área será considerada terra indígena para os fins do art. 231. Vale ressaltar que, para que se caracterize o renitente esbulho, é necessário que, no momento da promulgação da CF/88, os índios ainda estivessem disputando a posse da terra ou tivessem sido delas expulsos há pouco tempo. Se eles foram dela expulsos muitos anos antes de entrar em vigor a CF/88, não se configura o chamado "renitente esbulho".

Por outro lado, nas terras indígenas, o aproveitamento dos recursos hídricos, incluídos os potenciais energéticos, a pesquisa e a lavra das riquezas minerais em terras indígenas só podem ser efetivados com autorização do Congresso Nacional, ouvidas as comunidades afetadas, ficando-lhes assegurada participação nos resultados da lavra, na forma da lei (art. 231, §3º).

OBS: Cabe ao Congresso Nacional, por decreto legislativo, autorizar, em terras indígenas, a exploração e o aproveitamento de recursos hídricos e a pesquisa e lavra de riquezas minerais (art. 49, XVI, CF).

Vale lembrar que são considerados nulos e extintos, não produzindo efeitos jurídicos, os atos que tenham por objeto a ocupação, o domínio e a posse das terras a que se refere este artigo, ou a exploração das riquezas naturais do solo, dos rios e dos lagos nelas existentes, ressalvado relevante interesse público da União, segundo o que dispuser lei complementar, não gerando a nulidade e a extinção direito a indenização ou a ações contra a união, salvo, na forma da lei, quanto às benfeitorias derivadas da ocupação de boa-fé (art. 231, §6º). Assim, a eventual

2 ARE 803.462 AgR, rel. min. Teori Zavascki, 2ª T, j. 9-12-2014, DJE 29 de 12-2-2015.

3 AI 814.128 AgR-ED, rel. min. Luiz Fux, 1ª T, j. 23-6-2015, DJE 156 de 10-8-2015.

existência de registro imobiliário em nome de particular não torna oponível à União Federal esse título de domínio privado, pois a Constituição pré-excluiu do comércio jurídico as terras indígenas *res extra commercium*[4].

Nas terras indígenas não se aplicam o art. 174, §§ 3° e 4°, dispositivos constitucionais que colocam como papel do Estado favorecer a organização da atividade garimpeira em cooperativas, não devendo haver incentivo a este tipo de organização (art. 231, §7º).

Não se pode olvidar também que é vedada a remoção dos grupos indígenas de suas terras. Contudo, há exceções:

- *ad referendum*[5] do Congresso Nacional, em caso de catástrofe ou epidemia que ponha em risco sua população,
- ou no interesse da soberania do País, após deliberação do Congresso Nacional,

Em qualquer das exceções acima, é garantido o retorno imediato logo que cesse o risco (art. 231, §5º).

Por fim, os índios, suas comunidades e organizações são partes legítimas para ingressar em juízo em defesa de seus direitos e interesses, intervindo o Ministério Público em todos os atos do processo (art. 232 da CF/88). A Constituição, no art. 129, V, ainda elenca como uma das funções institucionais do Ministério Público defender judicialmente os direitos e interesses das populações indígenas.

(FCC PGE/MT 2011) Assinale a alternativa correta sobre as terras tradicionalmente ocupadas pelos índios.

a) São de domínio da União.

b) As riquezas do solo são de usufruto da FUNAI, que possui a obrigação legal de reparti-las.

c) É vedado o aproveitamento do potencial energético em terra indígena.

d) É permitida a remoção definitiva dos grupos indígenas de suas terras, desde que haja autorização do Congresso Nacional, em caso de relevante interesse público.

e) É válida a alienação de terras indígenas, desde que o grupo esteja adaptado à cultura branca e assistido pela FUNAI.

GABARITO: A

4 RMS 29.193 AgR-ED, rel. min Celso de Mello, j. 16-12-2014, 2ª T, DJE de 19-2-2015.

5 Significa "para apreciação", "para aprovação", "para ser referendado". É utilizado para atos que dependem de aprovação ou ratificação de uma autoridade ou de um poder competente para serem válidos.

(FCC PGE/MT 2016) São terras tradicionalmente ocupadas pelos índios

a) as por eles habitadas em caráter permanente, as utilizadas para suas atividades produtivas, as imprescindíveis à preservação dos recursos ambientais necessários a seu bem-estar e as necessárias à sua reprodução física e cultural, segundo seus usos, costumes e tradições.

b) as por eles habitadas em caráter permanente ou provisório, as utilizadas para suas atividades produtivas, as imprescindíveis à preservação dos recursos ambientais necessários a seu bem-estar e as necessárias à sua reprodução física e cultural, segundo seus usos, costumes e tradições.

c) apenas aquelas por eles utilizadas para suas atividades produtivas e para moradia.

d) as por eles habitadas em caráter provisório e as utilizadas para suas atividades produtivas.

e) as terras declaradas por portaria da Fundação Nacional do Índio.

GABARITO: A

3. COMUNIDADES TRADICIONAIS E AS TERRAS OCUPADAS POR REMANESCENTES DAS COMUNIDADES DOS QUILOMBOS

3.1. Comunidades Quilombolas

Assim como os povos indígenas, a relação das comunidades quilombolas com o direito agrário se dá pelo reconhecimento de propriedades definitivas a essas comunidades, onde também são desenvolvidas atividades agrárias. De acordo com o art. 20 do Decreto 4.887/2003, para os fins de política agrícola e agrária, os remanescentes das comunidades dos quilombos receberão dos órgãos competentes tratamento preferencial, assistência técnica e linhas especiais de financiamento, destinados à realização de suas atividades produtivas e de infraestrutura.

O art. 68 do ADCT dispõe que aos remanescentes das comunidades dos quilombos que estejam ocupando suas terras é reconhecida a propriedade definitiva, devendo o Estado emitir-lhes os títulos respectivos. O Decreto 4.887/2003 regulamenta o art. 68 do ADCT, determinando o procedimento para identificação, reconhecimento, delimitação, demarcação e titulação das terras ocupadas por remanescentes das comunidades dos quilombos.

Consideram-se **remanescentes das comunidades dos quilombos**, os grupos étnico-raciais, segundo critérios de autoatribuição, com trajetória histórica própria, dotados de relações territoriais específicas, com presunção de ancestralidade negra relacionada com a resistência à opressão histórica sofrida. A caracterização dos remanescentes das comunidades dos quilombos será atestada mediante autodefinição da própria comunidade.

São consideradas terras ocupadas por remanescentes das comunidades dos quilombos as utilizadas para a garantia de sua reprodução física, social, econômica e cultural (art. 2º, §3º).

Note-se que é competência do Ministério do Desenvolvimento Agrário, por meio do INCRA, a identificação, reconhecimento, delimitação, demarcação e titulação das terras ocupadas pelos remanescentes das comunidades dos quilombos, sem prejuízo da competência concorrente dos Estados, do Distrito Federal e dos Municípios (art. 3º). A propósito, em todas as fases do procedimento administrativo os remanescentes das comunidades dos quilombos poderão participar, diretamente ou por meio de representantes por eles indicados (art. 6º).

O INCRA, após concluir os trabalhos de campo de identificação, delimitação e levantamento ocupacional e cartorial, publicará edital por duas vezes consecutivas no Diário Oficial da União e no Diário Oficial da unidade federada onde se localiza a área sob estudo (art. 7º). Ato contínuo, todos os interessados terão o prazo de 90 dias para oferecer contestações ao relatório, juntando as provas pertinentes e, não havendo impugnações ou sendo elas rejeitadas, o INCRA concluirá o trabalho de titulação da terra ocupada pelos remanescentes das comunidades dos quilombos (art. 9º).

Após os trabalhos de identificação e delimitação, o INCRA remeterá o relatório técnico aos seguintes órgãos e entidades, para, no prazo comum de 30 dias, opinar sobre as matérias de suas respectivas competências: I – Instituto do Patrimônio Histórico e Nacional – IPHAN; II – Instituto Brasileiro do Meio Ambiente e dos Recursos Naturais Renováveis – IBAMA; III – Secretaria do Patrimônio da União, do Ministério do Planejamento, Orçamento e Gestão; IV – Fundação Nacional do Índio – FUNAI; V – Secretaria Executiva do Conselho de Defesa Nacional; VI – Fundação Cultural Palmares. Caso não haja manifestação desses órgãos e entidades, considera-se tácita a concordância com o conteúdo do relatório técnico.

Incidindo, nos territórios ocupados por remanescentes das comunidades dos quilombos, título de domínio particular não invalidado por nulidade, prescrição ou comisso, e nem tornado ineficaz por outros fundamentos, será realizada vistoria e avaliação do imóvel, objetivando a adoção dos atos necessários à sua desapropriação, quando couber (art. 13).

Verificada a presença de ocupantes nas terras dos remanescentes das comunidades dos quilombos, o INCRA acionará os dispositivos administrativos e legais para o reassentamento das famílias de agricultores pertencentes à clientela da reforma agrária ou a indenização das benfeitorias de boa-fé, quando couber (art. 14).

Após a expedição do título de reconhecimento de domínio, a Fundação Cultural Palmares garantirá assistência jurídica, em todos os graus, aos remanescentes das comunidades dos quilombos, para defesa da posse contra esbulhos e turbações, para a proteção da integridade territorial da área delimitada e sua utilização por terceiros (art. 16).

A titulação será reconhecida e registrada mediante outorga de título coletivo e pró-indiviso às comunidades dos quilombos, com obrigatória inserção de cláusula de inalienabilidade, imprescritibilidade e de impenhorabilidade (art. 17).

Por fim, a expedição do título e o registro cadastral a ser procedido pelo INCRA far-se-ão sem ônus de qualquer espécie, independentemente do tamanho da área (art. 22).

(FCC PGE/MT 2016) Aos remanescentes das comunidades dos quilombos que estejam ocupando suas terras é

a) reconhecida a posse definitiva, devendo o Estado emitir-lhes os títulos respectivos.

b) reconhecida a propriedade definitiva, devendo o Estado emitir-lhes os títulos respectivos.

c) reconhecida a propriedade individual de cada família, devendo o Estado criar programas de incentivo para a aquisição onerosa do título de propriedade.

d) reconhecida a propriedade, impondo-se às famílias a criação de uma associação para promover a aquisição, a título oneroso, do território.

e) assegurado o direito de preferência na aquisição do território.

GABARITO: B

3.2. Comunidades Tradicionais

Os povos que já possuem uma regulamentação, como é o caso dos povos indígenas e dos quilombolas, estão excluídos do regime jurídico geral das comunidades tradicionais disposto no Decreto 6.040/2007, que instituiu a Política Nacional de Desenvolvimento Sustentável dos Povos e Comunidades Tradicionais. No decreto não há um regime para a definição e demarcação das terras ocupadas pelas comunidades tradicionais, mas, apenas princípios, objetivos gerais e específicos, instrumentos de implementação e planos de desenvolvimento sustentável. O Decreto traz os seguintes conceitos:

POVOS E COMUNIDADES TRADICIONAIS:	grupos culturalmente diferenciados e que se reconhecem como tais, que possuem formas próprias de organização social, que ocupam e usam territórios e recursos naturais como condição para sua reprodução cultural, social, religiosa, ancestral e econômica, utilizando conhecimentos, inovações e práticas gerados e transmitidos pela tradição;
TERRITÓRIOS TRADICIONAIS:	os espaços necessários a reprodução cultural, social e econômica dos povos e comunidades tradicionais, sejam eles utilizados de forma permanente ou temporária, observado, no que diz respeito aos povos indígenas e quilombolas, respectivamente, o que dispõem os arts. 231 da Constituição e 68 do Ato das Disposições Constitucionais Transitórias e demais regulamentações
DESENVOLVIMENTO SUSTENTÁVEL:	o uso equilibrado dos recursos naturais, voltado para a melhoria da qualidade de vida da presente geração, garantindo as mesmas possibilidades para as gerações futuras

4. TERRAS DEVOLUTAS

As terras devolutas são bens públicos que não possuem afetação pública, nem foram incorporados ao domínio privado, ainda que estejam irregularmente sob sua posse, ou seja, são aquelas que **não** estão aplicadas a qualquer **uso público ou** inseridas no **domínio privado**.

São classificadas como **bens dominicais**, ou seja, são os bens públicos desafetados, que não são utilizados pela coletividade ou para prestação de serviços administrativos e públicos. Por essa razão, também são denominadas de bens públicos disponíveis ou do domínio privado do estado. Lembre-se que, ao contrário dos bens de uso comum e de uso especial, os bens dominicais podem ser alienados na forma da lei (arts. 100 e 101 do CC).

Tratando-se de bem público, não são reputadas *res nullius* (coisa de ninguém). Além disso, **não** há possibilidade de **apossamento por particular** nem tampouco de **usucapião**. Eventual particular que esteja ocupando o terreno não tem a sua posse, mas a mera detenção decorrente da tolerância ou permissão do Poder Público. Cuida-se de uma **ocupação precária**, ainda que exercida por vários anos. Por isso mesmo, é passível de reclamação da Administração a qualquer tempo[6].

> CUIDADO! Nem toda terra devoluta é bem público dominical. Se determinada terra devoluta tem por finalidade a proteção ambiental, por exemplo, é considerada um bem público especial, dada sua destinação pública. Tal exceção é prevista no art. 225, § 5º da CF/88, que dispõe que "são indisponíveis as terras devolutas ou arrecadadas pelos Estados, por ações discriminatórias, necessárias à proteção dos ecossistemas naturais". Dado o caráter de indisponibilidade, encontram-se sob o mesmo regime jurídico dos bens de uso comum do povo e de uso especial.

O texto do art. 3º da Lei 601/1850 (Lei das Terras) utilizou-se de critério enumerativo negativo, pois, sem conceituar precisamente, definiu as terras devolutas por exclusão.

> Art. 3º São terras devolutas:
>
> §1º As que não se acharem aplicadas a algum uso público nacional, provincial ou municipal.
>
> §2º As que não se acharem no domínio particular por qualquer título legitimo, nem forem havidas por sesmarias e outras concessões do Governo Geral ou Provincial, não incursas em comisso por falta do cumprimento das condições de medição, confirmação e cultura.
>
> §3º As que não se acharem dadas por sesmarias, ou outras concessões do Governo, que, apesar de incursas em comisso, forem revalidadas por esta Lei.
>
> §4º As que não se acharem ocupadas por posses, que, apesar de não se fundarem em título legal, forem legitimadas por esta Lei.

6 REsp 489.732-DF, Rel. Min. Barros Monteiro, julgado em 5/5/2005.

As terras devolutas, dependendo da localização, são bens da União ou dos Estados, conforme dispõe a Constituição da República nos arts. 20, II[7] e 26, IV[8]. Em regra, pertencem aos Estados, com exceção daquelas indispensáveis à defesa das fronteiras (faixa de até 150 km de largura para dentro do território nacional), das fortificações e construções militares, das vias federais de comunicação e à preservação ambiental, que são de propriedade da União.

ATENÇÃO! O terreno localizado em faixa de fronteira, por si só, não é considerado de domínio público, não a torna devoluta, nem autoriza inclusão entre os bens de domínio da União. Não havendo registro de propriedade do imóvel, inexiste, em favor do Estado, presunção *iuris tantum* de que sejam terras devolutas, cabendo a este provar a titularidade pública do bem. Caso contrário, o terreno pode ser usucapido. (REsp 674.558/RS, Rel. Min. Luis Felipe Salomão, 4ª Turma)

(FCC DPE/MA 2018) De acordo com a legislação e a jurisprudência a respeito das terras devolutas:

a) são todas as desprovidas de registro imobiliário, presumindo-se a configuração de terra devoluta e dispensando o Estado de provar a titularidade do bem.

b) são bens de domínio exclusivo da União, inexistindo terra devoluta pertencente aos Estados.

c) são terras públicas com destinação específica, isto é, bens de uso especial.

d) são bens públicos que se destinam ao uso comum.

e) as concessões de terras devolutas situadas na faixa de fronteira, feitas pelos Estados, autorizam, apenas, o uso, permanecendo o domínio com a União.

GABARITO: E

---

7 Art. 20. São Bens da União: [...] II – as terras devolutas indispensáveis à defesa das fronteiras, das fortificações e construções militares, das vias federais de comunicação e à preservação ambiental, definidas em lei;

8 Art. 26. Incluem-se entre os bens dos Estados: [...] IV – as terras devolutas não compreendidas entre as da União.

Importante ressaltar que as concessões de terras devolutas situadas na faixa de fronteira, feitas pelos Estados, autorizam apenas o uso, permanecendo o domínio com a União, ainda que se mantenha inerte ou tolerante, em relação aos possuidores (Súmula 477 STF).

No tocante à questão fundiária, o art. 188 da CF/88 traz o princípio agrário da privatização das terras públicas, em que a destinação de terras devolutas deve ser compatível com a política agrícola e com o plano nacional de reforma agrária. De outro lado, pelo viés ambiental, o art. 225, §5º, da CF/88 determina que as terras devolutas necessárias à proteção dos ecossistemas naturais (assim como as arrecadadas pelos Estados por ações discriminatórias) são indisponíveis.

ATENÇÃO! Não se pode caracterizar as terras ocupadas pelos indígenas como devolutas. Ademais, as terras tradicionalmente ocupadas pelos índios são bens da União (art. 20, XI, da CF/88) e, portanto, não podem ser consideradas como terras devolutas de domínio do Estado-membro. STF. Plenário. ACO 362/MT e ACO 366/MT, Rel. Min. Marco Aurélio, julgados em 16/8/2017 (Info 873).

O art. 5º do Decreto-Lei 9.760/1946 traz critérios para a caracterização das terras devolutas federais:

> Art. 5º São devolutas, na faixa da fronteira, nos Territórios Federais e no Distrito Federal, as terras que, não sendo próprios nem aplicadas a algum uso público federal, estadual territorial ou municipal, não se incorporaram ao domínio privado:
>
> a) por fôrça da Lei nº 601, de 18 de setembro de 1850, Decreto nº 1.318, de 30 de janeiro de 1854, e outras leis e decretos gerais, federais e estaduais;
>
> b) em virtude de alienação, concessão ou reconhecimento por parte da União ou dos Estados;
>
> c) em virtude de lei ou concessão emanada de govêrno estrangeiro e ratificada ou reconhecida, expressa ou implícitamente, pelo Brasil, em tratado ou convenção de limites;
>
> d) em virtude de sentença judicial com fôrça de coisa julgada;
>
> e) por se acharem em posse contínua e incontestada com justo título e boa-fé, por têrmo superior a 20 (vinte) anos;
>
> f) por se acharem em posse pacífica e ininterrupta, por 30 (trinta) anos, independentemente de justo título e boa-fé;
>
> g) por fôrça de sentença declaratória proferida nos têrmos do art. 148 da Constituição Federal, de 10 de Novembro de 1937.

Segundo Maria Sylvia Zanella Di Pietro[9], os Municípios podem ser titulares de terras devolutas, desde que os Estados lhe concedam o domínio.

9 DI PIETRO, Maria Sylvia Zanella, p. 973.

4.1. Processo de Discriminação das Terras Devolutas da União

Visto que as terras devolutas não têm localização e limites claramente estabelecidos, necessitam ser demarcadas e separadas das outras propriedades. Para estabelecer o real domínio, ou seja, se particular ou pública, o Estado deve discriminar essas terras. A Lei nº 601/1850 já previa, em seu art. 10, a discriminação das terras devolutas, mas a restringiu ao âmbito meramente administrativo. Somente pelo Decreto-lei 9.760/1946 se concebeu a ação discriminatória.

Atualmente, essa separação ou discriminação pode ser administrativa ou judicial. A **via judicial somente** será **utilizada se insuficiente** a **via administrativa**, e o instrumento adequado é a Ação Discriminatória, prevista na Lei nº 6.383/76. Após a discriminação, essas terras deixam de ser devolutas e passam a ser simplesmente terras públicas.

A Lei nº 6.383/76 trata da discriminação de terras devolutas da União e contempla os dois procedimentos, administrativo e judicial, que são marcados por uma **etapa** de **chamamento de interessados e** outra de **demarcação.**

4.1.1. Procedimento Administrativo

O procedimento administrativo está regulado nos arts. 2º a 17 da Lei nº 6.383/76.

O processo discriminatório administrativo será **instaurado** por **Comissão Especial**, que é criada por ato do presidente do INCRA e constituída de três membros (art. 2º):

- um bacharel em Direito, que é seu Presidente,
- um Engenheiro Agrônomo,
- e um funcionário do órgão competente, que exercerá as funções de secretário.

OBS: O presidente da Comissão Especial comunicará a instauração do processo discriminatório administrativo a todos os oficiais de Registro de Imóveis da jurisdição (art. 15).

Instaurado o processo discriminatório administrativo, o oficial do Registro de Imóveis não efetuará matrícula, registro, inscrição ou averbação estranhas à discriminação, relativamente aos imóveis situados, total ou parcialmente, dentro da área discriminada, sem que desses atos tome prévio conhecimento o presidente da Comissão Especial. Em caso de descumprimento, o presidente da Comissão Especial solicitará que a Procuradoria do INCRA utilize os instrumentos previstos no Código de Processo Civil, incorrendo o oficial do Registro de Imóveis infrator nas penas do crime de prevaricação (art. 16).

Os autos do processo se iniciam mediante **autuação** de um **memorial descritivo** da **área discriminada** (art. 3º), do qual constam:

- o perímetro com suas características e confinâncias;
- a indicação dos registros imobiliários das propriedades, obtidos na respectiva circunscrição imobiliária levantada;
- o rol das ocupações conhecidas;
- o esboço circunstanciado da gleba a ser discriminada ou seu levantamento aerofotogramétrico;
- e quaisquer outras informações que possam interessar ao feito.

Ato contínuo, o Presidente da Comissão Especial **convocará** os **interessados por edital** para **apresentarem**, no prazo de **60 dias** e em local determinado no edital de convocação, seus títulos, documentos, informações de interesse e, se for o caso, testemunhas (art. 4º, *caput*).

O **edital** terá **ampla divulgação**, de maneira que deve ser afixado em lugar público na sede dos municípios e distritos, onde se situar a área nele indicada, e publicado, por duas vezes, no Diário Oficial da União, nos órgãos oficiais do Estado ou Território Federal e na imprensa local, onde houver, com **intervalo mínimo** de **8 dias** e **máximo** de **15 dias** entre a primeira e a segunda publicação (art. 4º, §3º).

O **prazo de apresentação** dos interessados será contado **a partir** da **segunda publicação** no Diário Oficial da União (art. 4º, §4º). O **não-atendimento** ao edital de convocação estabelece a **presunção** de **discordância** e acarretará imediata propositura da ação judicial (art. 14). Nessa esteira, Benedito Ferreira Marques[10] ensina que:

> "Como o comparecimento dos interessados, atendendo à convocação que lhes foi feita, tem por escopo principal excluir o seu imóvel da discriminação projetada, convém que eles apresentem a cadeia dominial dos seus imóveis, comprovando que a origem dominial é sadia. Devem, ainda, estimar o valor das áreas possuídas, indicando-lhes as confrontações, as benfeitorias com seu respectivo valor, as atividades nela desenvolvidas, a existência de financiamentos e de eventuais garantias reais sobre eles incidentes, e, ainda, a prova de estarem em dia com os tributos."

Autuada toda a documentação recebida dos interessados, de modo a ficar bem caracterizado o domínio ou a ocupação com suas respectivas confrontações, a Comissão Especial procederá, obrigatoriamente, à **vistoria** nos **imóveis**, a fim de identificá-los (arts. 5º e 6º).

---

10 MARQUES, Benedito Ferreira, p. 77 e 78.

Em seguida, o **presidente da Comissão Especial**, dentro de **30 dias improrrogáveis**, deverá **pronunciar**-se sobre as alegações, títulos de domínio, documentos dos interessados e boa-fé das ocupações, mandando lavrar os respectivos termos (art. 7º), notificando os interessados para que, no prazo não inferior a 8 dias, nem superior a 30 dias, assinem os respectivos termos (art. 10). O não-atendimento à notificação estabelece a presunção de discordância e acarretará imediata propositura da ação judicial (art. 14). Os presumíveis proprietários e ocupantes não terão acesso ao crédito oficial ou aos benefícios de incentivos fiscais, bem como terão cancelados os respectivos cadastros rurais junto ao órgão competente.

Reconhecida a existência de dúvida sobre a legitimidade do título, o presidente da Comissão Especial reduzirá a termo as irregularidades encontradas, encaminhando-o à Procuradoria do INCRA, para propositura da ação discriminatória (art. 8º).

Após, inicia-se a **fase demarcatória**, com a designação de um agrimensor para, em dia e hora avençados com os interessados, que poderão, se quiserem, indicar peritos para colaborar, iniciar o levantamento geodésico e topográfico das terras discriminadas (art. 11).

Concluídos os trabalhos demarcatórios, o Presidente da Comissão Especial mandará lavrar o Termo de Encerramento da discriminação administrativa (art. 12), providenciado o registro, em nome da União (ou dos Estados) das terras devolutas (art. 13).

Obs.: Em regra, os **particulares não** pagam **custas** no **processo administrativo**. Contudo, haverá custas para serviços de demarcação e diligências a seu exclusivo interesse (art. 17).

4.1.2. Procedimento Judicial – Ação Discriminatória

O procedimento judicial de discriminação de terras devolutas (**ação discriminatória**) é regulamentado pelos arts. 18 a 23 da Lei nº 6.383/76. Em relação às terras devolutas da União, o INCRA fica investido de poderes de representação da União para promover a discriminação judicial.

Nas lições de Benedito Ferreira Marques[11], a **instauração** se dá na ocorrência de qualquer das seguintes situações:

a) no procedimento administrativo, em caso de dúvida sobre a legitimidade do título apresentado pelo interessado particular (art. 8º);

11 MARQUES, Benedito Ferreira, p. 79.

b) no procedimento administrativo, em caso de não atendimento ao edital de convocação por parte dos interessados, importando na presunção de discordância ao procedimento da discriminação (arts. 14 e 19, II);

c) quando o procedimento discriminatório administrativo for dispensado ou interrompido por presumida ineficácia (art. 19, I);

d) quando os notificados praticarem atentado, que consiste na alteração de divisas da área discriminada, na derrubada de cobertura vegetal, na construção de cercas e transferências de benfeitorias a qualquer título, sem assentimento do representante da União (arts. 19, III, 24 e 25).

A competência para processar e julgar a ação discriminatória é da Justiça Federal quando houve interesse da União (art. 19, parágrafo único). Nas hipóteses de discriminação judicial de terras devolutas estaduais, que não envolverem interesse da União, a ação deve ser promovida perante a Justiça Estadual. O art. 27 orienta a aplicação, no que couber, de ambos os procedimentos discriminatórios, às terras devolutas estaduais, observando que: a) os procedimentos administrativos serão promovidos por intermédio de órgão específico que haja no Estado interessado, ou mediante convênio com o do Governo Federal (INCRA); b) para os procedimentos judiciais, a competência é estabelecida pela Lei de Organização Judiciária do respectivo Estado.

A lei estabelece que no processo discriminatório judicial será observado o procedimento sumaríssimo (sumário) do CPC/73. Ocorre que, com a vigência CPC/2015, tanto o rito sumário como o ordinário foram transformados no procedimento comum. Contudo, na interpretação do art. 1.046, § 1º, do CPC/2015[12], os processos ainda não sentenciados deverão obedecer ao rito sumário previsto no art. 275 do antigo CPC (Lei nº 5.869/73).

A **petição inicial** deve ser instruída com o memorial descritivo da área (art. 20, §1º)[13]. Em seguida, ocorre a **citação** dos interessados, que será feita, necessariamente, por meio de edital, publicado simultaneamente, duas vezes no Diário Oficial da União (ou dos Estados) e na imprensa local, onde houver, com intervalo mínimo de 8 dias e de 15 dias, no máximo, entre a primeira e a segunda

---

12 Art. 1.046. Ao entrar em vigor este Código, suas disposições se aplicarão desde logo aos processos pendentes, ficando revogada a Lei no 5.869, de 11 de janeiro de 1973. § 1º As disposições da Lei nº 5.869, de 11 de janeiro de 1973, relativas ao procedimento sumário e aos procedimentos especiais que forem revogadas aplicar-se-ão às ações propostas e não sentenciadas até o início da vigência deste Código.

13 Lei nº 6.385/76, art. 3º – A Comissão Especial instruirá inicialmente o processo com memorial descritivo da área, no qual constará: I – o perímetro com suas características e confinância, certa ou aproximada, aproveitando, em princípio, os acidentes naturais; II – a indicação de registro da transcrição das propriedades; III – o rol das ocupações conhecidas; IV – o esboço circunstanciado da gleba a ser discriminada ou seu levantamento aerofotogramétrico; V – outras informações de interesse.

publicações (art. 20, §2º). Confere-se um prazo de 60 dias para os interessados apresentarem os seus títulos, documentos e informações de seu interesse e, se for o caso, o rol de testemunhas.

Proferida a sentença, cabe recurso de **apelação** no **efeito meramente devolutivo**, sendo facultada a execução provisória (art. 21).

Logo após, inicia-se a fase de demarcação, cuja sentença homologatória servirá de título de proprietário para o registro imobiliário competente (art. 587 do CPC c/c art. 22, parágrafo único, da Lei 6.383/76). Na demarcação observar-se-á, no que couber, o procedimento prescrito nos artigos 579 a 587 do Código de Processo Civil.

Cabe destacar que o procedimento discriminatório judicial tem **caráter preferencial e prejudicial** em relação **às** ações em andamento, referentes ao domínio ou à posse de imóveis situados, no todo ou em parte, na área discriminada, hipótese que enseja o deslocamento da competência, seja para a Justiça Federal, seja para outro Juízo da Justiça Estadual (art. 23).

Obs.: No processo discriminatório judicial os vencidos pagarão as custas a que houverem dado causa e participarão *pro rata* das despesas da demarcação, considerada a extensão da linha ou linhas de confrontação com as áreas públicas (art. 26).

Obs.: Iniciado qualquer dos processos discriminatórios, administrativo ou judicial, não poderão alterar-se quaisquer divisas na área discriminada, sendo defesa a derrubada da cobertura vegetal, a construção de cercas e transferências de benfeitorias a qualquer título, sem assentimento do representante da União (art. 24). A infração desta determinação constituirá atentado, cabendo a aplicação das medidas cautelares previstas no Código de Processo Civil (art. 25).

(FCC PGE/MT 2011) É correto afirmar sobre discriminação de terras devolutas:

a) Apenas pode ser feita por meio judicial.

b) Seu fundamento jurídico é o domínio eminente que o Estado detém sobre todas as terras que estão situadas no território nacional, originariamente públicas, fato este que lhe outorga o poder de identificar suas terras devolutas.

c) A ação discriminatória não pode ser realizada de maneira generalizada em determinadas regiões previamente selecionadas ou em Municípios.

d) Compete exclusivamente à União promover ação discriminatória.

e) Depois de verificada a condição de terra devoluta na ação discriminatória, o autor deverá ajuizar ação demarcatória.

GABARITO: B

4.2. Legitimação da posse em terras devolutas

A legitimação de posse é instituto de natureza administrativa, regulamentado pelos arts. 29 a 31 da Lei nº 6.386/76, em que o ocupante de terras devolutas, que as tenha tornado produtivas com o seu trabalho e o de sua família, fará jus à legitimação da posse de área contínua até 100 hectares, desde que preencha os seguintes requisitos:

> I – Não seja proprietário de imóvel rural;
>
> II – Comprove a morada permanente e cultura efetiva, pelo prazo mínimo de 1 ano.

A Lei nº 4.504/64 (Estatuto da Terra), em seu art. 99, dispõe que a transferência do domínio ao posseiro de terras devolutas federais efetivar-se-á no competente processo administrativo de legitimação de posse. Hoje a legitimação é regulamentada pela Instrução Normativa nº 80/2014 do INCRA, que fixa diretrizes para os procedimentos de legitimação de posse em terras públicas rurais da União ou do INCRA. Duas são as titulações possíveis: a) Título de Domínio – TD, de caráter oneroso; e b) Licença de Ocupação – LO, de caráter gratuito.

A legitimação da posse de que trata a Lei 6.386/76 consiste no fornecimento de uma Licença de Ocupação, através de um processo administrativo, pelo prazo mínimo de mais 4 anos, findo o qual o ocupante terá a preferência para aquisição do lote, pelo valor histórico da terra nua, satisfeitos os requisitos de morada permanente e cultura efetiva e comprovada a sua capacidade para desenvolver a área ocupada. Aos portadores de Licenças de Ocupação é assegurada a preferência para aquisição de área até 100 hectares, e, o que exceder esse limite, pelo valor atual da terra nua. A Licença de Ocupação será intransferível *inter vivos* e inegociável, não podendo ser objeto de penhora e arresto.

A União poderá, por necessidade ou utilidade pública, em qualquer tempo que necessitar do imóvel, cancelar a Licença de Ocupação e imitir-se na posse do mesmo, promovendo, sumariamente, a sua desocupação no prazo de 180 dias. As benfeitorias existentes serão indenizadas pela importância fixada através de avaliação pelo INCRA, considerados os valores declarados para fins de cadastro. Caso o interessado se recuse a receber o valor estipulado, o mesmo será depositado em juízo.

Diante desta situação, o portador da Licença de Ocupação fará jus, se o desejar, à instalação em outra gleba da União, assegurada a indenização e computados os prazos de morada habitual e cultura efetiva da antiga ocupação.

5. CONFISCO AGRÁRIO

O art. 243 da CF/88 prevê a desapropriação confiscatória, ou confisco, em que as propriedades rurais e urbanas de qualquer região do País onde forem localizadas culturas ilegais de **plantas psicotrópicas** ou a exploração de **trabalho escravo** na forma da lei serão expropriadas e destinadas à reforma agrária e a programas de habitação popular, sem qualquer indenização ao proprietário e sem prejuízo de outras sanções previstas em lei. Ademais, o parágrafo único do mesmo artigo dispõe que todo e qualquer bem de valor econômico apreendido em decorrência do tráfico ilícito de entorpecentes e drogas afins e da exploração de trabalho escravo será confiscado e reverterá a fundo especial com destinação específica, na forma da lei. Perceba que, diferente das demais espécies de desapropriação, **não** há direito à **indenização** ao proprietário,

Os pressupostos ou motivos do confisco são:

a) no imóvel estarem localizadas **culturas ilegais de plantas psicotrópicas**; ou

b) no imóvel haver **exploração de trabalho escravo**.

Quanto à extensão da área a ser expropriada, já decidiu o STF que a expropriação recai sobre a totalidade do imóvel, ainda que o cultivo ilegal ou a utilização de trabalho escravo tenham ocorrido em apenas parte dele[14].

As regras e o procedimento para essa expropriação estão disciplinados na Lei nº 8.257/91 e no Decreto nº 577/92, dentre as quais se destaca[15]:

1. PROCESSO JUDICIAL:	A desapropriação confiscatória ocorre por meio de processo judicial, de **competência** da **Justiça Federal**.
2. PETIÇÃO INICIAL:	A denominada **ação expropriatória** é de legitimidade da **União**, pois apenas este ente é competente para realizar a expropriação do art. 243 da CF. Deve ser proposta contra o proprietário do imóvel (expropriado).
3. CITAÇÃO:	Recebida a inicial, o juiz determinará a **citação** do expropriado, no prazo de **5 dias**.
4. PERITO:	Ao ordenar a citação, o Juiz nomeará perito para avaliar o imóvel, que entregará o **laudo** em **8 dias**.
5. CONTESTAÇÃO:	O prazo para contestação e indicação de assistentes técnicos será de **10 dias**, a contar da data da juntada do mandado de citação aos autos.
6. AUDIÊNCIA:	O juiz determinará **audiência de instrução e julgamento**, que deverá ser realizada no prazo máximo de **15 dias**, a contar da data da contestação. É vedado o adiamento da audiência, salvo motivo de força maior, devidamente justificado. Se a audiência, pela impossibilidade da produção de toda a prova oral no mesmo dia, tiver que ser postergada, em nenhuma hipótese será ela marcada para data posterior a 3 dias.

14 RE 543974, Rel. Min. Eros Grau, Tribunal Pleno, julgado em 26/03/2009.

15 CAVALCANTE, Márcio André Lopes.

7. MANDADO DE IMISSÃO NA POSSE:	O juiz poderá imitir, liminarmente, a União na posse do imóvel expropriando, garantindo-se o contraditório pela realização de audiência de justificação. Trata-se de **tutela provisória de urgência** determinando que o proprietário saia do imóvel e este fique na posse da União. O **INCRA** é quem irá **imitir-se, em nome da União,** na posse do imóvel expropriado (art. 6º do Decreto nº 577/92).
8. PROVA TESTEMUNHAL:	Na audiência de instrução e julgamento cada parte poderá indicar **até 5 testemunhas**.
9. OITIVA DO MINISTÉRIO PÚBLICO:	Apesar de omissão da Lei nº 8.257/91, entende-se que o Ministério Público Federal se manifestará como fiscal da ordem jurídica, nos termos do art. 178, I, do CPC/2015.
10. SENTENÇA:	Encerrada a instrução, o Juiz prolatará a sentença em **5 dias**.
11. IMÓVEL EM GARANTIA:	A expropriação ocorrerá mesmo que o imóvel esteja em garantia, pois aquela prevalece sobre direitos reais de garantia. Assim, **não** se admite **embargos de terceiro** fundados em dívida hipotecária, anticrética ou pignoratícia.
12. RECURSO:	Da sentença, caberá **apelação**.
13. TRÂNSITO EM JULGADO:	Após o trânsito em julgado da sentença expropriatória, o imóvel será incorporado ao patrimônio da União. A gleba, por sua vez, deve ser destinada à reforma agrária e a programas de habitação popular.

Obs.: Se o proprietário não participou dos fatos ensejadores da expropriação, mas agiu com culpa, deverá ser expropriado. No entanto, a expropriação pode ser afastada, desde que o proprietário comprove que não teve culpa pelo fato de estarem cultivando plantas psicotrópicas em seu imóvel, ainda que *in vigilando* **ou** *in eligendo*. Nesse caso, cabe ao proprietário (e não à União) o ônus da prova. (RE 635336, Rel. Min. Gilmar Mendes, Tribunal Pleno, julgado em 14/12/2016)

QUESTÃO DISCURSIVA

A Constituição Federal de 1988, inovando em relação às cartas políticas anteriores, assegurou às populações tradicionais o direito de permanência nas terras por elas ocupadas.

Desta feita, as populações indígenas receberam tratamento benevolente da Carta Magna, com vistas, em última análise, à proteção do patrimônio cultural nacional.

Considerando o contexto narrado, responda aos seguintes questionamentos:

a) O que é indigenato?

b) Segundo a CF/88 e o STF, o que se entende por "terras tradicionalmente ocupadas pelos índios"? Aborde os critérios utilizados pelo STF para tal definição.

c) O que significa "renitente esbulho"? Qual sua importância na definição do que seja "terras tradicionalmente ocupadas pelos índios"? Relacione sua resposta com a chamada "ocupação passada" ou "desocupação forçada no passado".

d) É possível a ampliação de terra indígena demarcada em período anterior à promulgação da CF/88?

Espaço para resposta

____

____

____

____

____

____

____

____

Comentários

A) Indigenato

A Constituição Federal de 1988, seguindo a tradição legislativa que remonta aos tempos da Colônia, assegurou aos índios em seu art. 231 o direito originário aos territórios tradicionalmente ocupados, como forma de respeitar o espaço territorial necessário à sobrevivência desses grupos étnicos, bem como de seu especial modo de viver.

Como brilhantemente ensina José Afonso da Silva, o instituto do indigenato não se confunde com a posse civil. Isso porque nesta a aquisição é sempre derivada, enquanto no indigenato o direito é *ab ovo*, desde tempos imemoriais, não dependendo de legitimação de qualquer tipo.

O indigenato, portanto, é um instituto ligado à originalidade do direito das populações indígenas sobre as terras tradicionalmente ocupadas. Afonso da

Silva afirma que a Constituição Federal, em seu art. 231, adotou o indigenato, ao mencionar "direitos originários".

Com o indigenato, reconhece-se aos índios um direito anterior à sua própria vigência normativa, pois gerado a partir da posse segundo seus usos e costumes e reprodução física e cultural - algo que não depende de um reconhecimento positivado para existir.

Essa garantia de um direito originário causa certo desconforto a alguns doutrinadores. Afinal, de certa forma, todo o país estaria originariamente sob a posse indígena. Nesse sentido, cabe esclarecer, como fazem José Afonso da Silva, Ayres Britto e Menezes Direito, que o caráter desse direito nada tem a ver sua antiguidade, mas com o **desenvolvimento de um modo de vida tradicional.** Por essa razão, para afastar controvérsia, Ayres Britto determina em seu voto, no caso Raposa Serra do Sol, que **a ocupação tradicional deve ser verificada a partir de 05 de outubro de 1988 - data da promulgação da atual Constituição.**

Insta salientar que, com a incorporação do critério temporal, o STF, conduzido pelo voto-vista do Ministro Menezes Direito, erigiu uma nova categoria jurídica: a **teoria do fato indígena**, segundo a qual, para configuração das terras como indígenas, é essencial aferir se a ocupação pelos índios possui as características de persistência e constância (marco da tradicionalidade), na data da promulgação do permissivo constitucional - 05/10/1988 (marco temporal). A teoria do fato indígena seria, portanto, um aperfeiçoamento do indigenato, de modo a se levar em consideração, além do marco de tradicionalidade, um marco temporal, a fim de se garantir a segurança jurídica e evitar "as dificuldades de uma investigação imemorial da ocupação".

Indigenato	Teoria do fato indígena
Reconhecimento do direito originário dos índios à ocupação das terras tradicionais. Possui natureza imemorial e anterior à sua própria positivação.	Com fins a evitar as dificuldades do regresso a tempos imemoriais, propõe o acréscimo do critério temporal ao aspecto da tradicionalidade. Relaciona-se à segurança jurídica.
Obs.: José Afonso da Silva afirma que a teoria do indigenato já registrava a necessidade de fixar um marco temporal delimitador dos direitos dos índios, restando, por isso, desnecessária a distinção entre as categorias sobreditas.	

Dito isto, cumpre assentar que o regime de proteção dos direitos dos índios sobre as terras tradicionalmente ocupadas decorre da especial finalidade de proteção da cultura e dos meios de vida dessas populações. Assim, a posse indígena é *qualificadíssima*, sendo os direitos sobre as terras tradicionalmente ocupadas, por força constitucional, inalienáveis, indisponíveis e imprescritíveis (art. 231, §4º, da CF/88). Por sua vez, são nulos e extintos os atos que tenham por objeto a ocupação, o domínio e a posse das terras a que se refere o artigo citado, ou a exploração das riquezas naturais do solo, rios e dos lagos nelas existentes, ressalvando-se apenas hipóteses de interesse público, conforme dispuser a lei complementar.

Além disso é vedada a remoção dos grupos indígenas de suas terras, salvo, *ad referendum* do Congresso Nacional, em caso de catástrofe ou epidemia que ponha em risco sua população, ou no interesse da soberania do país, após deliberação do Congresso Nacional, garantida sempre a retomada do território assim que cessar o motivo da remoção. Outra proteção aos territórios é a restrição ao aproveitamento dos recursos hídricos, energéticos e minerais, que só pode ser feito por terceiros após a oitiva das comunidades afetadas e autorização do Congresso Nacional (art. 231, §3º, da CF/88).

Fácil perceber que os "direitos originários" dos índios, garantidos na CF/88, são alçados à categoria de direito fundamental, notadamente por dizer respeito à própria sobrevivência e perpetuação das comunidades nativas e de sua cultura.

Se já não bastasse a proteção constitucional, tem-se ainda a Convenção 169 da OIT, órgão das Nações Unidas, como exemplo de legislação internacional de direitos humanos que protege os territórios destinados dos grupos indígenas.

b) Terras tradicionalmente ocupadas pelos índios

Nos termos do art. 231, §1º, da CF/88,

> § 1º São terras tradicionalmente ocupadas pelos índios as por eles habitadas em caráter permanente, as utilizadas para suas atividades produtivas, as imprescindíveis à preservação dos recursos ambientais necessários a seu bem-estar e as necessárias a sua reprodução física e cultural, segundo seus usos, costumes e tradições.

Desta feita, pelo conceito emprestado pela Constituição da República, são terras tradicionalmente ocupadas pelos índios:

i. As que eles habitam em caráter permanente;
ii. As utilizadas para suas atividades produtivas;
iii. As imprescindíveis à preservação dos recursos ambientais necessários a seu bem-estar;
iv. E as necessárias à sua reprodução física e cultural (segundo seus usos, costumes e tradições).

Conforme mencionado no item anterior, o STF afirmou, no caso Raposa Serra do Sol, que a definição de "terras tradicionalmente ocupadas pelos índios" perpassa pela análise de dois critérios cumulativos:

i. **Marco de tradicionalidade da ocupação**: efetiva relação dos índios com a terra;
ii. **Marco temporal da ocupação**: habitação na data da promulgação da CF/88.

Portanto, na definição do que seja "terras tradicionalmente ocupadas pelos índios, o candidato deve mencionar, NECESSARIAMENTE, os comandos o art. 231, §1º, da CF/88 e o entendimento do STF firmado no caso Raposa Serra do Sol.

c) Renitente esbulho e desdobramentos

Pelo marco temporal, acima comentado, afirma-se que, se os índios não estavam na posse da área em 05/10/1988, ela não poderia ser considerada terra indígena (art. 231 da CF/88).

Entretanto, o STF assentou uma exceção a essa regra. Trata-se do chamado **renitente esbulho**, expressão cunhada pelo ex-Ministro Carlos Britto no julgamento da Pet. 3388.

Assim, **se, na época da promulgação da CF/88, os índios não ocupassem a terra porque dela haviam sido expulsos em virtude de conflito possessório, deve-se considerar que eles foram vítimas de esbulho e essa área deverá ser considerada terra indígena para os fins do art. 231.**

Nas palavras do Min. Teori Zavascki,

> *O renitente esbulho se caracteriza pelo efetivo conflito possessório, iniciado no passado e persistente até o marco demarcatório temporal da data da promulgação da Constituição de 1988, materializado por circunstâncias de fato ou por controvérsia possessória judicializada.*

Márcio André, do Dizer o Direito[16], faz a seguinte análise:

> Durante os debates no STF sobre a regularidade da demarcação da reserva indígena "Raposa Serra do Sol" diversos fazendeiros alegaram o seguinte: quando a CF/88 foi promulgada, em 05/10/1988, os índios já não mais estavam naquele local e as terras eram ocupadas por não-índios; logo, não se poderia considerar que eram terras indígenas (art. 231).
>
> O STF, contudo, rechaçou esse argumento alegando que a posse dos fazendeiros era fruto de esbulho, ou seja, eles teriam expulsado os índios daqueles locais, conforme demonstrado no laudo e parecer antropológicos.
>
> Importante chamar atenção para o fato de que, segundo os estudos relevaram também, antes de serem expulsos, os índios lutaram e tentaram resistir. Na verdade, mesmo após serem obrigados a sair do local, continuaram lutando pela terra, movimento que perdurou até chegar ao fim o processo de demarcação.
>
> Daí vem o nome renitente esbulho.
>
> Esbulho é a perda do bem pela violência, pela clandestinidade ou precariedade.
>
> Renitente significa contumaz, teimoso, repetitivo, insistente.
>
> Assim, o esbulho praticado contra os indígenas foi contumaz, insistente, considerando que os índios ofereceram resistência e continuaram lutando pela terra mesmo após de lá saírem.

16 https://www.dizerodireito.com.br/2015/01/terras-tradicionalmente-ocupadas-pelos.html

Deve-se consignar, ademais, que renitente esbulho não se confunde com **ocupação passada** ou com **desocupação forçada no passado**. Isso porque, para que se caracterize o renitente esbulho, é necessário que, no momento da promulgação da CF/88, os índios ainda estivessem disputando a posse da terra ou tivessem sido delas expulsos há pouco tempo. Se eles habitaram naquela localidade e optaram por sair ou se foram dela expulsos muitos anos antes de entrar em vigor a CF/88 (e desistiram de lutar), não se configura o chamado "renitente esbulho". Exemplo: no ARE 803462 AgR/MS, apreciado pelo STF, a última ocupação indígena na área ocorreu no ano de 1953, data em que os índios foram expulsos da região. Nessa situação, o STF entendeu que não estava caracterizado o renitente esbulho, mas sim "a desocupação forçada ocorrida no passado" já que, no momento da promulgação da CF/88, já havia se passado muitos anos da saída dos índios do local e eles não mais estavam em conflito possessório por aquelas terras.

O STF cuida aborda o instituto da ocupação passada em sua súmula 650:

> **Súmula 650 do STF:** Os incisos I e XI do art. 20 da CF não alcançam terras de aldeamentos extintos, ainda que ocupadas por indígenas em passado remoto.

O Dizer o Direito[17] ilustra o quanto exposto com a seguinte tabela:

TERRAS TRADICIONALMENTE OCUPADA PELOS ÍNDIOS		
Regra	**Exceção**	**Observação**
Somente são consideradas "terras tradicionalmente ocupadas pelos índios" aquelas que eles habitavam na data da promulgação da CF/88 (marco temporal) e, complementarmente, se houver a efetiva relação dos índios com a terra (marco da tradicionalidade da ocupação).	Mesmo que, em 05/10/1988, os índios não ocupassem mais a terra, esta poderá ser considerada ser considerada "terra tradicionalmente ocupada pelo índio" se tais povos foram expulsos (esbulhados) do local e mesmo assim continuaram lutando por aquela área, de forma que a situação de esbulho foi insistente (renitente).	Se os índios habitaram naquela localidade e optaram por sair ou se foram dela expulsos muitos anos antes de entrar em vigor a CF/88 (e desistiram de lutar), não se configura o chamado "renitente esbulho". Assim, renitente esbulho não se confunde com ocupação passada ou com desocupação forçada no passado.

D) DEMARCAÇÃO DE TERRAS INDÍGENAS

Sobre o tema, destaque-se o Decreto nº 1.775/96 que dispõe sobre o procedimento administrativo de demarcação das terras indígenas. Aqui, a demarcação ocorre no âmbito do Poder Executivo, de maneira que não há participação Congresso Nacional. Nesse sentido já se manifestou o STF:

17 Ibidem.

> Somente à União, por atos situados na esfera de atuação do Poder Executivo, compete instaurar, sequenciar e concluir formalmente o processo demarcatório das terras indígenas, tanto quanto efetivá-lo materialmente, nada impedindo que o presidente da República venha a consultar o Conselho de Defesa Nacional (inciso III do § 1º do art. 91 da CF), especialmente se as terras indígenas a demarcar coincidirem com faixa de fronteira. As competências deferidas ao Congresso Nacional, com efeito concreto ou sem densidade normativa, exaurem-se nos fazeres a que se referem o inciso XVI do art. 49 e o § 5º do art. 231, ambos da CF. [Pet 3.388, rel. min. Ayres Britto, j. 19-3-2009, P, DJE de 1º-7-2010.]

A demarcação suscita questões interessantes, tal como a situação da existência de pessoas não indígenas morando nas terras demarcadas. A consequência é retirada de todas do local, sem direito à indenização, uma vez que ocupam terras pertencentes à União. O mesmo raciocínio se aplica aos Estados e Municípios, pois comprovada a histórica presença indígena na área, descabe qualquer indenização em favor dos entes[18]. Excepcionalmente, tais pessoas serão indenizadas pelas benfeitorias realizadas no local, desde que fique provada a ocupação de boa-fé.

Além disso, mesmo que possuam títulos de propriedade registrados em cartório, lembre-se que são nulos os atos que reconheçam direitos de ocupação, domínio (propriedade) ou a posse relacionados com imóveis localizados dentro de terras indígenas, nos termos do art. 231, §6º, da CF/88.

Em relação ao questionamento acima, STF[19] e STJ[20] firmaram o entendimento de que se uma terra indígena foi demarcada antes da CF/88, é vedada sua remarção ampliativa posterior, em prestígio ao princípio da segurança jurídica. Desse modo, ocorrendo a demarcação da terra indígena antes da CF/88, não é possível que agora ela seja remarcada, ampliando-se a área anteriormente já reconhecida. Por fim, há uma exceção, permitindo-se a ampliação, que ocorre em caso de vício de ilegalidade do ato de demarcação e desde que respeitado o prazo decadencial de 5 anos (art. 54 da Lei nº 9.754/99).

---

18 ACO 362, rel. min. Marco Aurélio, j. 16-8-2017.

19 STF. 2ª Turma. RMS 29542/DF, Rel. Min. Cármen Lúcia, julgado em 30/9/2014 (Info 761)

20 STJ. 1ª Seção. MS 21.572-AL, Rel. Min. Sérgio Kukina, julgado em 10/6/2015 (Info 564)

USUCAPIÃO CONSTITUCIONAL AGRÁRIO

1. INTRODUÇÃO

Usucapião é forma originária de aquisição da propriedade, na qual o possuidor de coisa alheia exerce a posse, de forma contínua e pacífica (sem oposição) por período de tempo suficiente, segundo a lei, para adquirir a propriedade. É instituto pelo qual se adquire propriedade (móvel ou imóvel) e outros direitos reais (tais como a servidão, a superfície, o usufruto, o uso e a habitação) pela posse prolongada da coisa, com a observância dos requisitos legais. É **modo originário** de aquisição, pois inexiste ato volitivo de transmissão da propriedade, não havendo nenhuma relação jurídica entre o novo proprietário (usucapiente) e o anterior.

> Existem, basicamente, duas formas de **aquisição de propriedade**: a originária e a derivada.
>
> Diz-se **originária** quando a propriedade é adquirida sem levar em conta qualquer vínculo anterior com o antigo dono, de modo que o novo proprietário irá adquirir a propriedade plena, sem qualquer restrição ou ônus.
>
> Já a aquisição **derivada** decorre de um vínculo anterior com o antigo dono/possuidor (um contrato de compra e venda, por exemplo), de modo que o novo proprietário, em regra, recebe a coisa com as restrições/ônus existentes à época da transferência. Há um ato de transmissão da propriedade, isto é, o proprietário antecedente transfere o bem para o seu sucessor.

Embora também chamada de "**prescrição aquisitiva**", não se confunde com a prescrição extintiva. É, ao mesmo tempo, causa de aquisição, para o beneficiário, e extinção de direitos, para o proprietário. Trata-se de uma forma de prescrição, por isso submete-se a todas as causas de suspensão e interrupção previstas na parte geral do Código Civil. Sebastião de Assis Neto[1] afirma que "sob o ponto de vista da disponibilidade dos direitos, a usucapião se aproxima da prescrição, pois, enquanto o usucapiente adquire a propriedade, o proprietário perde o direito de propriedade pelo decurso do tempo".

---

1 NETO, Sebastião de Assis; JESUS, Marcelo de; MELO, Maria Izabel de, p. 1410.

Resumidamente, as espécies de usucapião podem ser de:

BENS MÓVEIS:	Art. 1.260 a 1.262, CC
BENS IMÓVEIS:	• Usucapião ordinário – art. 1.242, CC; • Usucapião extraordinário – art. 1.238, CC; • Usucapião especial urbano ou pro habitacione – art. 183, §§ 1º, 2º e 3º, CF e art. 1. 240, CC • Usucapião familiar: art. 1.240-A, CC; • Usucapião especial rural ou constitucional agrário, rústico ou pro labore – art. 191, CF e 1.239, CC; • Usucapião especial indígena – Lei 6.001/73; • Usucapião coletiva – art. 10 do Estatuto da Cidade (Lei 10.257/2001).

Existem duas espécies de usucapião especial: o agrário e o indígena. A USUCAPIÃO **CONSTITUCIONAL RURAL ou USUCAPIÃO AGRÁRIO** está inserido no capítulo da política agrícola e fundiária da CF/88 e tem escopo de fixar o homem ao campo, conferindo a possibilidade de, em curto espaço de tempo, atribuir propriedade ao possuidor que pessoalmente dá função social à gleba rural, tornando-a produtiva e nela fixando moradia. É fundamentado na posse-trabalho, pois há utilização econômica do bem possuído, através do trabalho.

Teve origem no direito brasileiro com a Constituição de 1934. O Estatuto da Terra (Lei nº 4.504/64), em seu artigo 98, disciplinou o instituto:

> Art. 98. Todo aquele que, não sendo proprietário rural nem urbano, ocupar por dez anos ininterruptos, sem oposição nem reconhecimento de domínio alheio, tornando-o produtivo por seu trabalho, e tendo nele sua morada, trecho de terra com área caracterizada como suficiente para, por seu cultivo direto pelo lavrador e sua família, garantir-lhes a subsistência, o progresso social e econômico, nas dimensões fixadas por esta Lei, para o módulo de propriedade, adquirir-lhe-á o domínio, mediante sentença declaratória devidamente transcrita.

Posteriormente, a Lei nº 6.969/81 (dispõe sobre a Aquisição, Por Usucapião Especial, de Imóveis Rurais) regulamentou o tema, modificando alguns requisitos:

> Art. 1º – Todo aquele que, não sendo proprietário rural nem urbano, possuir como sua, por 5 (cinco) anos ininterruptos, sem oposição, área rural contínua, não excedente de 25 (vinte e cinco) hectares, e a houver tornado produtiva com seu trabalho e nela tiver sua morada, adquirir-lhe-á o domínio, independentemente de justo título e boa-fé, podendo requerer ao juiz que assim o declare por sentença, a qual servirá de título para transcrição no Registro de Imóveis.

Por fim, trazendo algumas alterações com relação ao Estatuto da Terra (redução de prazo para 5 anos), bem como com relação à Lei nº 6.969/81 (aumento da dimensão máxima de 25 hectares para 50 hectares), a Constituição Federal de 1988, em seu art. 191, trouxe a usucapião especial rural como regra constitucional, nos seguintes termos:

> Art. 191. Aquele que, não sendo proprietário de imóvel rural ou urbano, possua como seu, por cinco anos ininterruptos, sem oposição, área de terra, em zona rural, não superior a cinquenta hectares, tornando-a produtiva por seu trabalho ou de sua família, tendo nela sua moradia, adquirir-lhe-á a propriedade.
>
> Parágrafo único. Os imóveis públicos não serão adquiridos por usucapião.

A regra do art. 191 da Constituição Federal foi reproduzida no artigo 1.239 do Código Civil:

> Art. 1.239. Aquele que, não sendo proprietário de imóvel rural ou urbano, possua como sua, por cinco anos ininterruptos, sem oposição, área de terra em zona rural não superior a cinquenta hectares, tornando-a produtiva por seu trabalho ou de sua família, tendo nela sua moradia, adquirir-lhe-á a propriedade.

A usucapião tem importância como instrumento de política agrária. Nas lições de Rafael Freiria e Taisa Dosso[2], o art. 191 da CF/88 elenca três balizas delineadas pelo constituinte em matéria agrária:

- o direito à moradia do trabalhador rural (art. 6°, *caput*, c/c art. 187, VIII),
- aliado à produtividade do imóvel,
- bem como o incentivo à agricultura familiar (art. 5°, XXVI).

2. REQUISITOS DA USUCAPIÃO CONSTITUCIONAL RURAL

Os requisitos para a usucapião constitucional rural são:

- Posse (com *animus domini*) mansa e pacífica (sem oposição) pelo prazo de 5 anos;
- Imóvel objeto da usucapião tem que estar localizado em zona rural;
- Imóvel objeto da usucapião não pode ter área superior a 50 hectares (equivalente a 500.000m^2);
- O beneficiário da usucapião não pode ter outro imóvel, rural ou urbano;

2 FREIRIA, Rafael Costa; DOSSO, Taisa Cintra, p. 63.

- O beneficiário da usucapião deve tornar a área produtiva por meio de seu trabalho ou do trabalho de sua família (materialização do princípio da função social da propriedade);
- O beneficiário da usucapião deve morar no imóvel objeto da usucapião (não precisa ter morado durante todos os 5 anos da posse);
- É dispensado o justo título, sendo a boa-fé presumida.

Os requisitos da usucapião agrário podem ser classificados em quatro tipos: a) Requisitos pessoais: consideram à pessoa do possuidor. b) Requisitos reais: consideram o objeto de usucapião; c) Requisitos formais: consideram a posse e o lapso de tempo; d) Requisitos específicos previstos no art. 191 da CF/88 – consideram a produtividade e a moradia.

a) Requisitos pessoais. Os requisitos pessoais estão relacionados ao usucapiente do imóvel rural e ao proprietário que o perde. Para adquirir a propriedade, o usucapiente deve ser capaz, conforme estabelecido no art. 1º do Código Civil. Explica Benedito Silvério Ribeiro[3] que "não possuindo os incapazes a faculdade ao exercício pessoal de direitos da lei civil, o que constitui exceção à permissibilidade de agir na esfera jurídica, não importando a capacidade real ou de fato do agente no campo material ou mesmo psicológico, poderão fazê-lo os seus representantes, desde que atuem no intento de beneficiar aqueles".

Em relação a quem perde a propriedade, conforme esclarece Orlando Gomes[4], não há exigência relativa à capacidade, bastando que seja proprietário do imóvel. Porém, atente-se ao fato de que há proprietários que não podem perder a propriedade por usucapião, a exemplo das pessoas jurídicas de direito público, cujos bens são imprescritíveis por determinação constitucional.

Além disso, as causas que obstam, suspendem ou interrompem a prescrição também se aplicam aa usucapião por força do art. 1.244, CC. Desse modo, também não é possível usucapião, por exemplo, contra incapazes, nem entre cônjuges na constância da sociedade conjugal, ou entre ascendentes e descendentes durante o poder familiar. As aludidas causas se encontram previstas nos arts. 197 a 201 (impeditivas e suspensivas) e 202 a 204 (interruptivas), todos do Código Civil.

---

3 RIBEIRO, Benedito Silvério. Tratado de usucapião: volume 1. São Paulo: Saraiva, 2003, p. 247 *apud* MELO, Jane de Sousa. A usucapião rural de bem imóvel em face da função socioambiental: uma análise da tendência jurisprudencial brasileira. In: Âmbito Jurídico, Rio Grande, XVII, n. 131, dez 2014. Disponível em: <http://www.ambito-juridico.com.br/site/?n_link=revista_artigos_leitura&artigo_id=15550>. Acesso em jan 2019.

4 GOMES, Orlando apud FREIRIA, 2016, p. 64.

CC, Art. 1.244. Estende-se ao possuidor o disposto quanto ao devedor acerca das causas que obstam, suspendem ou interrompem a prescrição, as quais também se aplicam à usucapião.

(FCC PGE/MT 2016) José, embora sem justo título nem boa-fé, exerceu, por dez anos, sem interrupção, nem oposição, a posse de imóvel registrado em nome de Caio, menor impúbere, nele estabelecendo sua moradia habitual. De acordo com o Código Civil, não ocorreu usucapião, porque se aplicam à usucapião as causas que obstam, suspendem ou interrompem a prescrição.

CERTO

Obs.: Aplicam-se aa usucapião as disposições gerais acerca da prescrição extintiva, por força do art. 1.244, CC. Institutos como a citação em ação reivindicatória, por exemplo, interrompem a prescrição aquisitiva em favor do possuidor. A respeito, debate-se intensamente se qualquer ato inequívoco de oposição do proprietário é suficiente para a interrupção desse prazo prescricional ou se seria necessário o ajuizamento de demanda correta (reivindicatória) para a caracterização desse ato interruptivo. Em julgamento sobre o tema, o STJ considerou, por maioria, que, se o proprietário se vale de ação possessória, ao final considerada improcedente ou inadequada para a consecução do objetivo de reivindicar a propriedade, não se considerará interrompido o prazo para a usucapião[5].

Obs.: Não se aplica à usucapião a regra do art. 487, parágrafo único, do CPC/2015, que permite ao juiz conhecer de ofício da prescrição, independentemente de provocação da parte. O preceito deve ser lido de modo sistemático com o art. 240, § 4°, do CPC/2015, que explicita que a regra somente se aplica aos prazos extintivos e, portanto, não aos prazos aquisitivos.

> DIREITO CIVIL E PROCESSUAL CIVIL. IMPOSSIBILIDADE DE DECLARAÇÃO DE OFÍCIO DA USUCAPIÃO. O § 5º do art. 219 do CPC ("O juiz pronunciará, de ofício, a prescrição") não autoriza a declaração, de ofício, da usucapião. No ordenamento jurídico brasileiro, existem duas formas de prescrição: (i) a prescrição extintiva e (ii) a prescrição aquisitiva. A prescrição extintiva (i) – a prescrição propriamente dita – conduz à perda do direito de ação por seu titular negligente, ao fim de certo lapso de tempo. Por sua vez, a prescrição aquisitiva (ii) -usucapião – faz com que um determinado direito seja adquirido pela inércia e pelo lapso temporal. Ambas têm em comum os elementos tempo e inércia do titular, mas, enquanto na primeira eles dão lugar à extinção do direito, na segunda produzem a sua aquisição. Realmente, o § 5º do art. 219 do CPC não estabeleceu qualquer distinção em relação à espécie de prescrição. Sendo assim, num primeiro momento, poder-se-ia cogitar ser possível ao julgador declarar de ofício a aquisição mediante usucapião de propriedade. Entretanto, essa assertiva não pode ser aplicada. Primeiro, porque o disposto no § 5º do art. 219 está intimamente ligado às causas extintivas, conforme expressamente dispõe o art. 220 – "O disposto no artigo anterior aplica-se a todos os prazos extintivos previstos na lei" -, sendo que a simples leitura dos arts. 219 e 220 demonstra a impropriedade de se pretender projetar os ditames do § 5º do art. 219 para as hipóteses de usucapião. Segundo, pois a prescrição extintiva e a usucapião são institutos díspares, sendo inadequada a aplicação da disciplina de um deles frente ao outro, vez que a

5 REsp 149.186/RS, Rel. Ministro Fernando Gonçalves, Quarta Turma, julgado em 04/11/2003.

expressão prescrição aquisitiva tem vínculos mais íntimos com fundamentos fáticos/históricos do que a contornos meramente temporais. Essa diferenciação é imprescindível, sob pena de ocasionar insegurança jurídica, além de violação aos princípios do contraditório e ampla defesa, pois, no processo de usucapião, o direito de defesa assegurado ao confinante é impostergável, eis que lhe propicia oportunidade de questionar os limites oferecidos ao imóvel usucapiendo. Como simples exemplo, se assim fosse, nas ações possessórias, o demandante poderia obter um julgamento de mérito, pela procedência, antes mesmo da citação da outra parte, afinal o magistrado haveria de reconhecer a prescrição (na hipótese, a aquisitiva-usucapião) já com a petição inicial, no primeiro momento. Consequentemente, a outra parte teria eliminada qualquer possibilidade de defesa do seu direito de propriedade constitucionalmente assegurado, sequer para alegar uma eventual suspensão ou interrupção daquele lapso prescricional. Ademais, conforme a doutrina, o juiz, ao sentenciar, não pode fundamentar o decidido em causa não articulada pelo demandante, ainda que por ela seja possível acolher o pedido do autor. Trata-se de decorrência do dever de o juiz decidir a lide "nos limites em que foi proposta, sendo-lhe defeso conhecer de questões, não suscitadas, a cujo respeito a lei exige a iniciativa da parte" (art. 128 do CPC). Ainda de acordo com a doutrina, essa vedação, em razão do princípio da igualdade das partes no processo, aplica-se não só ao demandado, mas, também, ao réu, de sorte que o juiz não poderia reconhecer ex officio de uma exceção material em prol do réu, como por exemplo, a exceção de usucapião. REsp 1.106.809-RS, Rel. originário Min. Luis Felipe Salomão, Rel. para acórdão Min. Marco Buzzi, julgado em 3/3/2015, DJe 27/4/2015.

Quanto ao beneficiário da usucapião constitucional agrário, apenas a pessoa física pode figurar em tal posição. Isso porque a pessoa jurídica não possui família que possa tornar a terra produtiva, requisitos essenciais para configurar o mencionado instituto. Podem se beneficiar tanto o brasileiro nato quanto o naturalizado. O estrangeiro também pode, observando-se o disposto no art. 190 da CF/88 e as limitações da Lei nº 5.709/71.

> CF, Art. 190. A lei regulará e limitará a aquisição ou o arrendamento de propriedade rural por pessoa física ou jurídica estrangeira e estabelecerá os casos que dependerão de autorização do Congresso Nacional.

Ademais, o usucapiente não pode ser proprietário de imóvel urbano ou rural. Neste ponto, Rafael Freiria e Taísa Dosso[6] aduzem que é pacífico o entendimento doutrinário de que não há impedimento quanto à propriedade de outro imóvel antes ou depois do lapso temporal de 5 anos exigidos pelo art. 191 da CF. O que não se permite é ser proprietário de outro imóvel no momento em que se iniciou a posse *ad usucapionem* e durante o tempo necessário à configuração da usucapião constitucional agrário. A doutrina[7] ainda ensina que:

6 Rafael Costa Freiria, Taisa Cintra Dosso. Direito Agrário. Salvador: Juspodivm, 2016.

7 Código civil comentado: doutrina e jurisprudência / Claudio Luiz Bueno de Godoy ... [et al]; coordenação Cezar Peluso. 12. ed. Barueri – SP: Manole, 2018.

Fala a lei em propriedade, de modo que nada impede o usucapiente ser possuidor, ou titular de direito real de gozo, fruição ou de garantia sobre coisa alheia. A vedação diz respeito à propriedade plena, de modo que não alcança a propriedade fiduciária, que constitui patrimônio de afetação com escopo de garantia, e nem o direito de superfície, que tem por objeto apenas a construção ou plantação temporariamente separada do solo. Em determinadas situações, o condomínio não constitui óbice subjetivo à usucapião rural, quando ficar evidenciado que a fração ideal e a ausência de posse impedem que o usucapiente estabeleça no imóvel comum sua moradia, ou o torne produtivo com seu trabalho. Já se julgou que condômino com posse localizada pode requerer usucapião especial rural da gleba que ocupa com exclusividade (RJTJSP 96 /249). (...)

Não cabe ao usucapiente provar fato negativo, o de não ser proprietário de imóvel distinto. Quando muito, podem-se exigir certidões negativas imobiliárias da comarca na qual se situa o imóvel usucapiendo. O contestante é que prova o fato positivo da propriedade sobre outro imóvel durante o lapso temporal aquisitivo.

b) Requisitos reais. Os requisitos reais estão relacionados aos bens e direitos suscetíveis de serem usucapidos, já que nem todos podem ser adquiridos por usucapião.

Questão relevante para a Fazenda Pública se dá em relação à possibilidade de **usucapião de terras devolutas**[8-9]. Isso porque o art. 2º da Lei nº 6.969/81 permitia expressamente a usucapião agrário das referidas terras[10]. Quanto ao tema, o STF já manifestou na Súmula 340 que "desde a vigência do Código Civil, os bens dominicais, como os demais bens públicos, não podem ser adquiridos por usucapião". Desse modo, para o STF, prevalece o entendimento de que, pela proibição contida no parágrafo único do ar. 191 da CF/88, não é possível a usucapião de terras devolutas, dada a natureza pública destas. Portanto, o art. 4º, §2º da Lei

8 CF, Art. 20. São bens da União: II – as terras devolutas indispensáveis à defesa das fronteiras, das fortificações e construções militares, das vias federais de comunicação e à preservação ambiental, definidas em lei;

Art. 26. Incluem-se entre os bens dos Estados: IV – as terras devolutas não compreendidas entre as da União.

9 As terras devolutas pertencem, em regra, desde a Constituição de 1891 (art. 64), aos Estados-membros, excetuando-se aquelas indispensáveis à defesa das fronteiras, das fortificações e construções militares, das vias federais de comunicação e à preservação ambiental, que são de propriedade da União (CF/88, art. 20, II).

10 Lei 6.969/81, Art. 2º – A usucapião especial, a que se refere esta Lei, abrange as terras particulares e as terras devolutas, em geral, sem prejuízo de outros direitos conferidos ao posseiro, pelo Estatuto da Terra ou pelas leis que dispõem sobre processo discriminatório de terras devolutas.

nº 6.969/81, que permite a usucapião de terras devolutas, não foi recepcionado pela atual Carta Magna[11].

> A área objeto da presente ação constitui bem público dominical, sobre o qual não pode incidir usucapião, nos termos dos arts. 183, § 3º, e 191, parágrafo único, da CF. Em que pese a demonstração pelo autor da posse mansa e pacífica do bem por período superior a vinte anos, sendo o imóvel propriedade da União, impossível a sua aquisição pela usucapião. [AI 852.804 AgR, Rel. min. Luiz Fux, j. 4-12-2012, 1ª T, DJE de 1º-2-2013.]

Contrariamente ao entendimento do STF, o STJ vem entendendo que mesmo se tratando de terras devolutas, não se admite a simples presunção de que sejam bens públicos. Faz-se necessária, para tanto, a efetiva comprovação de posse pelo Estado, mediante apresentação de respectivo título e registro do determinado terreno em disputa. Em outras palavras, não basta ao Estado, na defesa de seu patrimônio, simplesmente alegar que determinada terra é devoluta pelo simples fato de não pertencer em registro, nem formalmente, a um particular. Desta forma, as terras devolutas podem ser enquadradas como bens dominicais sem destinação, sujeitas ao interesse particular.

Para o STJ, só não é possível a usucapião de terras devolutas desde que, na ausência de registro, a entidade pública demonstre que a propriedade da terra é pública. Do contrário não será tido por bem dominial e, portanto, alienável e passível de usucapião. Por sua vez, ensina Pontes de Miranda que se a terra não está registrada como pública, não pode ser tida como presumidamente pública por tratar-se de terra devoluta, mas sim, nos termos da lei civil é terra de ninguém e, portanto, usucapível.

Na ausência de prova cabal da titularidade de entidade pública quanto a bem tido por terra devoluta, cabe ao requerente a usucapião do bem. Portanto, ainda que se considere a terra devoluta como patrimônio público impossível de se usucapir, esta condição terá de ser comprovada pelo Estado. E este tem sido o entendimento do STJ, para quem a inexistência de prova do registro em nome do Estado autoriza a consolidação do domínio em nome do possuidor interessado, mediante usucapião.

Ademais, mesmo localizado em faixa de fronteira, a falta de transcrição no ofício imobiliário não presume que o imóvel esteja incluído no rol das terras devolutas. O imóvel só pertencerá à União se for provado que é indispensável à defesa da fronteira. Veja os seguintes julgados:

> RECURSO ESPECIAL. USUCAPIAO. FAIXA DE FRONTEIRA. POSSIBILIDADE. AUSÊNCIA DE REGISTRO ACERCA DA PROPRIEDADE DO

11 Nesse sentido, Celso Antônio Bandeira de Mello, Maria Sylvia Zanella di Pietro, Maria Helena Diniz, Silvia C.B. Opitz e Oswaldo Optiz.

IMÓVEL. INEXISTÊNCIA DE PRESUNÇAO EM FAVOR DO ESTADO DE QUE A TERRA É PÚBLICA. 1. O terreno localizado em faixa de fronteira, por si só, não é considerado de domínio público, consoante entendimento pacífico da Corte Superior. 2. Não havendo registro de propriedade do imóvel, inexiste, em favor do Estado, presunção *iuris tantum* de que sejam terras devolutas, cabendo a este provar a titularidade pública do bem. Caso contrário, o terreno pode ser usucapido. 3. Recurso especial não conhecido. (STJ, REsp 674558/RS, 4a T., Rel. Min. LUIS FELIPE SALOMAO, DJE 26.10.2009)

CIVIL E PROCESSUAL CIVIL - RECURSO ESPECIAL - AÇAO DE USUCAPIAO - FAIXA DE FRONTEIRA - TERRAS DEVOLUTAS - REQUISITO PRESCINDÍVEL - CARACTERIZAÇAO - REEXAME DE PROVAS - SÚMULA 7/STJ - IMPOSSIBILIDADE. 1. - O aresto combatido está todo lastreado no exame da prova, conforme bem ressaltou o Acórdão, o fato de estar localizado em zona de fronteira, por si só, não o caracteriza como terra devoluta. Por consequência lógica, não aplicou ao caso as normas infraconstitucionais invocadas no recurso ora em exame, uma vez que não restou caracterizada a condição de terra devoluta, tal como definido e disciplinado nos referidos diplomas legais. Assim sendo, para se infirmar tal conclusão necessariamente se teria que reexaminar o conjunto probatório, o que é inviável (Súmula 07 do STJ). 2. - A simples circunstância da área objeto de litígio estar localizada na faixa de fronteira, por si só, não a torna devoluta, nem autoriza inclusão entre os bens de domínio da União. Súmula 83. 3. - Recurso Especial improvido. (STJ, REsp 736742/SC, 3ª T., rel. Min. SIDNEI BENETI, DJe 23/11/2009)

DIREITO CIVIL E PROCESSUAL CIVIL. USUCAPIÃO. IMÓVEL URBANO. AUSÊNCIA DE REGISTRO ACERCA DA PROPRIEDADE DO IMÓVEL. INEXISTÊNCIA DE PRESUNÇÃO EM FAVOR DO ESTADO DE QUE A TERRA É PÚBLICA. 1. A inexistência de registro imobiliário do bem objeto de ação de usucapião não induz presunção de que o imóvel seja público (terras devolutas), cabendo ao Estado provar a titularidade do terreno como óbice ao reconhecimento da prescrição aquisitiva. 2. Recurso especial não provido (REsp. 964.223/RN, Rel. Min. Luis Felipe Salomão, julgado em 18/10/2011)

Obs.: Em que pese as terras públicas não serem usucapíveis, a Lei 11.481/07 acresceu a concessão de uso especial para fins de moradia no rol de direitos reais do art. 1.225 do Código Civil e a regulamentou, dando a seguinte redação ao art. 22-A da Lei nº 9.636/98:

> Art. 22-A. A concessão de uso especial para fins de moradia aplica-se às áreas de propriedade da União, inclusive aos terrenos de marinha e acrescidos, e será conferida aos possuidores ou ocupantes que preencham os requisitos legais estabelecidos na Medida Provisória nº 2.220, de 4 de setembro de 2001. (Incluído pela Lei nº 11.481, de 2007) (grifo nosso)
>
> § 1º O direito de que trata o caput deste artigo não se aplica a imóveis funcionais. (Incluído pela Lei nº 11.481, de 2007)
>
> § 2º Os imóveis sob administração do Ministério da Defesa ou dos Comandos da Marinha, do Exército e da Aeronáutica são considerados de interesse da defesa nacional para efeito do disposto no inciso III do caput do art. 5º da Medida Provisória nº 2.220, de 4 de setembro de 2001, sem prejuízo do estabelecido no § 1º deste artigo. (Incluído pela Lei nº 11.481, de 2007)

À propósito, não são suscetíveis de usucapião:

1) as terras tradicionalmente ocupadas pelos índios, que são inalienáveis e indisponíveis, e os direitos sobre elas considerados imprescritíveis (art. 231, § 4°, CF[12]). O STJ já decidiu que "as terras tradicionalmente ocupadas por silvícolas não perdem a característica de perenidade possessória, mesmo quando não estão demarcadas" (STJ, Resp. 116.427-2/PR, 2 T., DJe de 28/2/2011);
2) as terras devolutas ou arrecadadas pelos Estados, por ações discriminatórias. necessárias à proteção dos ecossistemas naturais (art. 225, § 5º, CF[13]);
3) as áreas indispensáveis à segurança nacional (art. 3º da Lei 6.969/81);
4) as terras habitadas por silvícolas (art. 3º da Lei 6.969/81);
5) as áreas de interesse ecológico, consideradas como tais as reservas biológicas ou florestais (art. 3º da Lei 6.969/81);
6) as áreas dos parques nacionais, estaduais ou municipais, assim declarados pelo Poder Executivo competente (art. 3º da Lei 6.969/81);
7) as coisas que estão fora do comércio ou naturalmente inalienáveis, ou seja, os bens que não podem ser negociados, como o mar, o ar, a luz solar;

Já as coisas tomadas fora do comércio pela vontade humana, seja por cláusula de inalienabilidade ou imposição testamentária não impedem que sejam usucapidas. Também assim entende o STJ, dizendo que "a existência de cláusula de inalienabilidade não obsta o reconhecimento da usucapião" (REsp 27.513/SP, Rel. Ministro Barros Monteiro, 4ª Turma, julgado em 12/02/1996. Igualmente: REsp 418.945/SP, Rel. Ministro Ruy Rosado de Aguiar, 4ª Turma, julgado em 15/08/2002).

8) os bens públicos, como os terrenos de marinha e acrescidos;
9) os casos do art. 5º do Decreto 87.040/92 (**Art. 5º.** São insuscetíveis de usucapião os imóveis de uso das Forças Armadas ou destinados a seus fins e serviços, e os terrenos de marinha e seus acrescidos, essenciais a execução da política de segurança nacional, assim como quaisquer outras terras, públicas não devolutas.)
10) a faixa de fronteira: faixa de 150 Km de largura ao longo da fronteira brasileira. (art. 20, II e §2º, CF);

---

12 Art. 231. São reconhecidos aos índios sua organização social, costumes, línguas, crenças e tradições, e os direitos originários sobre as terras que tradicionalmente ocupam, competindo à União demarcá-las, proteger e fazer respeitar todos os seus bens. § 4º As terras de que trata este artigo são inalienáveis e indisponíveis, e os direitos sobre elas, imprescritíveis.

13 Art. 225. Todos têm direito ao meio ambiente ecologicamente equilibrado, bem de uso comum do povo e essencial à sadia qualidade de vida, impondo-se ao Poder Público e à coletividade o dever de defendê-lo e preservá- lo para as presentes e futuras gerações. § 5º São indisponíveis as terras devolutas ou arrecadadas pelos Estados, por ações discriminatórias, necessárias à proteção dos ecossistemas naturais.

Em relação à possibilidade de **usucapião na faixa de fronteira**, entende a jurisprudência que não existe impedimento a que a usucapião recaia sobre imóvel situado em faixa de fronteira, por ausência de óbice constitucional ou legal. Não havendo registro de propriedade do imóvel, inexiste, em favor do Estado, presunção relativa de que sejam terras devolutas, cabendo a este provar a titularidade pública do bem. Caso contrário, o terreno pode ser usucapido. Para o STJ, o terreno localizado em faixa de fronteira, por si só, não é considerado de domínio público. Preconiza a CF/88 em seu art. 188 que a destinação de terras públicas e devolutas será compatibilizada com a política agrícola e com o plano nacional de reforma agrária.

O próprio art. 5º, do Decreto-lei 9.760/1946, ao prescrever que "são devolutas, na faixa da fronteira, (...)" as terras que "não se incorporaram ao domínio privado", admite que nem todas as terras localizadas na faixa de fronteira são devolutas, sendo possível, portanto, em relação às que não são, a usucapião das indigitadas glebas.

Assim, é pacífico nos Tribunais Superiores que desde a CF/88 faz-se necessário que a entidade pública demonstre que a terra devoluta é pública. Do contrário não será tido por bem dominial e, portanto, alienável e passível de usucapião. As terras devolutas, integrantes do domínio público, por não estarem afetadas a um fim público, são de direito disponível, tal qual os bens particulares. Reforça esse entendimento a Lei 601/1850, que em seu art. 3º determina:

> Art. 3º São terras devolutas:
>
> 1º As que não se acharem aplicadas a algum uso público nacional, provincial ou municipal.
>
> 2º As que não se acharem no domínio particular por qualquer título legítimo, nem forem havidas por sesmarias e outras concessões do Governo Geral ou Provincial, não incursas em comisso por falta do cumprimento das condições de medição, confirmação e cultura.
>
> 3º As que não se acharem dadas por sesmarias, ou outras concessões do Governo, que, apesar de incursas em comisso, forem revalidadas por esta Lei.
>
> 4º As que não se acharem ocupadas por posses, que, apesar de não se fundarem em título legal, forem legitimadas por esta Lei.

O fato de ser fronteira não exclui a premissa de que cabe ao Poder Público provar tratar-se o imóvel em discussão de terra pública, devendo para tanto fazer demonstração através de título hábil, qual seja o registro do mesmo. Não havendo prova, a alegação de que é terra devoluta, ou de que se trata de faixa fronteiriça não é suficiente para que o bem seja tido por dominial e, portanto, não usucapível.

RECURSO ESPECIAL. USUCAPIAO. FAIXA DE FRONTEIRA. POSSIBILIDADE. AUSÊNCIA DE REGISTRO ACERCA DA PROPRIEDADE DO IMÓVEL. INEXISTÊNCIA DE PRESUNÇAO EM FAVOR DO ESTADO DE QUE A TERRA É PÚBLICA. 1. O terreno localizado em faixa de fronteira, por si só, não é considerado de domínio público, consoante entendimento pacífico da Corte Superior. 2. Não havendo registro de propriedade do imóvel, inexiste, em favor do Estado, presunção *iuris tantum* de que sejam terras devolutas, cabendo a este provar a titularidade pública do bem. Caso contrário, o terreno pode ser usucapido. 3. Recurso especial não conhecido. (STJ, REsp 674558/RS, Min. Rel. LUIS FELIPE SALOMAO - QUARTA TURMA) (grifo nosso)

CIVIL E PROCESSUAL CIVIL - RECURSO ESPECIAL - AÇAO DE USUCAPIAO - FAIXA DE FRONTEIRA - TERRAS DEVOLUTAS - REQUISITO PRESCINDÍVEL - CARACTERIZAÇAO - REEXAME DE PROVAS - SÚMULA 7/STJ - IMPOSSIBILIDADE. 1. - O aresto combatido está todo lastreado no exame da prova, conforme bem ressaltou o Acórdão, o fato de estar localizado em zona de fronteira, por si só, não o caracteriza como terra devoluta. Por consequência lógica, não aplicou ao caso as normas infraconstitucionais invocadas no recurso ora em exame, uma vez que não restou caracterizada a condição de terra devoluta, tal como definido e disciplinado nos referidos diplomas legais. Assim sendo, para se infirmar tal conclusão necessariamente se teria que reexaminar o conjunto probatório, o que é inviável (Súmula 07 do STJ). 2. - A simples circunstância da área objeto de litígio estar localizada na faixa de fronteira, por si só, não a torna devoluta, nem autoriza inclusão entre os bens de domínio da União. Súmula 83. 3. - Recurso Especial improvido. (STJ, REsp 736742 / SC, TERCEIRA TURMA, DJe 23/11/2009) (grifo nosso)

AGRAVO REGIMENTAL NO RECURSO ESPECIAL. 1. A situação descrita nos autos atrai a incidência da súmula 07 do e. STJ, visto que o Acórdão recorrido está calçado na apreciação da prova, concluindo por afirmar que não se trata de terra devoluta e nem indispensável à defesa das fronteiras. 2. É possível a usucapião de imóvel situado em faixa de fronteira. 3. Agravo regimental improvido. (AgRg no REsp 577.106/SC, Rel. Ministro LUIS FELIPE SALOMÃO, QUARTA TURMA, julgado em 28/10/2008, DJe 01/12/2008) (grifo nosso)

CIVIL. AÇÃO DE USUCAPIÃO. IMÓVEL FOREIRO. LOCALIZAÇÃO EM ÁREA DE FRONTEIRA. DOMÍNIO ÚTIL USUCAPÍVEL. I. Possível a usucapião do domínio útil de imóvel reconhecidamente foreiro, ainda que situado em área de fronteira. II. Recurso especial não conhecido. (REsp 262.071/RS, Rel. Ministro ALDIR PASSARINHO JUNIOR, QUARTA TURMA, julgado em 05/10/2006 (grifo nosso)

AGRAVO REGIMENTAL NO AGRAVO EM RECURSO ESPECIAL. PROCESSUAL CIVIL. IMÓVEL. USUCAPIÃO. FAIXA DE FRONTEIRA. POSSIBILIDADE. TERRA DEVOLUTA. PRESUNÇÃO. INEXISTÊNCIA. TITULARIDADE. UNIÃO. ÔNUS DA PROVA. SÚMULA Nº 83/STJ. 1. A jurisprudência desta Corte Superior é firme no sentido de que as terras situadas em faixa de fronteira não são, por si só, terras devolutas, cabendo à União o

> encargo de provar a titularidade pública do bem. 2. Estando o acórdão recorrido em consonância com o entendimento do Superior Tribunal de Justiça, incide o disposto na Súmula nº 83/STJ. 3. Agravo regimental não provido. (AgRg no AREsp 692.824/SC, Rel. Ministro RICARDO VILLAS BÔAS CUEVA, TERCEIRA TURMA, julgado em 15/03/2016, DJe 28/03/2016) (grifo nosso)
>
> USUCAPIÃO. TERRA DEVOLUTA SITUADA NA FAIXA DE FRONTEIRA. DESCARACTERIZAÇÃO. POSSIBILIDADE DE USUCAPIÃO EM TERRAS DESDOBRADAS DE PORÇÃO MAIOR JÁ PERTENCENTE AO DOMÍNIO PRIVADO. NÃO CARACTERIZAÇÃO DE INDISPENSABILIDADE À SEGURANÇA NACIONAL. - O simples fato de situar-se o imóvel em área de fronteira não a torna devoluta, mormente quando o imóvel usucapiendo encontra-se encravado entre vários imóveis com titulação, o que indica tenha sido proveniente de desdobramento de áreas maiores já de Domínio particular. - Para a caracterização de terra devoluta indispensável à defesa das fronteiras, deve haver uma comprovação lógica e fática de que a ocupação de tais áreas por particulares coloque em risco os interesses da União no resguardo e proteção de suas fronteiras, o que não ocorreu no caso dos autos. - Apelo e remessa oficial improvidos.' (TRF-4ª R., AC 412875/ 2001.04.01.028021-6/SC, Quarta Turma, Relator Des. Fed. Joel Ilan Paciornik, dec. unân., DJU 14/8/2002). (grifo nosso)
>
> ADMINISTRATIVO. USUCAPIÃO. TERRAS DEVOLUTAS. AUSÊNCIA DE COMPROVAÇÃO. IMPOSSIBILIDADE JURÍDICA DO PEDIDO. INOCORRÊNCIA. 1. Mantida a sentença que julgou procedente o pedido de usucapião, pois não ficou comprovado que se tratasse realmente de terras devolutas. Ademais, ao contrário do entendimento adotado pela decisão monocrática, as terras devolutas são bens públicos com natureza peculiar, pelo modo como foram concebidas no ordenamento jurídico, portanto, não há óbice à usucapião desse tipo de terras. Ademais, restou comprovado o preenchimento dos requisitos necessários ao reconhecimento do domínio. 2.Apelação e remessa oficial improvidas.' (TRF-4ª R., AC 271901- 1999.04.01.029494-2/SC, Terceira Turma, Relator Des. Fed. Marga Inge Barh Tessler, dec. unânime, DJU 31/5/2000) (grifo nosso)

Na usucapião especial rural, o imóvel deve estar localizado em área rural/ zona rural. Para fins deste instituto, a caracterização de área rural se dá com base no critério da localização (critério geográfico). A legislação brasileira, quando cuida da definição de imóvel rural, apresenta dois critérios básicos: o da destinação e o geográfico. O critério da destinação do imóvel é utilizado para fins de incidência de ITR, ou seja, considera-se rural o imóvel que for destinado à atividade agrícola, independentemente de sua localização.

> Lei 4.504/64, Art. 4º Para os efeitos desta Lei, definem-se:
>
> I – "Imóvel Rural", o prédio rústico, de área contínua qualquer que seja a sua localização que se destina à exploração extrativa agrícola, pecuária ou

agro-industrial, quer através de planos públicos de valorização, quer através de iniciativa privada;

Lei 8.629/93, Art. 4º Para os efeitos desta lei, conceituam-se:

I- Imóvel Rural – o prédio rústico de área contínua, qualquer que seja a sua localização, que se destine ou possa se destinar à exploração agrícola, pecuária, extrativa vegetal, florestal ou agro-industrial;

Em relação à área, não há limite constitucional mínimo, mas, sim, máximo. Conclui-se, então, ser possível a usucapião constitucional agrária de área menor que 50 hectares. O STJ possui entendimento de que pode ser deferida usucapião especial rural ainda que a área do imóvel seja inferior ao módulo rural. Além disso, ainda que não seja superior a 50 hectares, deve a área ser contínua, não sendo possível a soma de áreas.

DIREITO CIVIL E CONSTITUCIONAL. POSSIBILIDADE DE USUCAPIÃO DE IMÓVEL RURAL DE ÁREA INFERIOR AO MÓDULO RURAL. Presentes os requisitos exigidos no art. 191 da CF, o imóvel rural cuja área seja inferior ao "módulo rural" estabelecido para a região (art. 4º, III, da Lei 4.504/1964) poderá ser adquirido por meio de usucapião especial rural. De fato, o art. 65 da Lei 4.504/1964 (Estatuto da Terra) estabelece que "O imóvel rural não é divisível em áreas de dimensão inferior à constitutiva do módulo de propriedade rural". A Lei 4.504/1964 (Estatuto da Terra) – mais especificamente, o seu art. 4º, III (que prevê a regra do módulo rural), bem como o art. 65 (que trata da indivisibilidade do imóvel rural em área inferior àquele módulo) -, ainda que anterior à Constituição Federal de 1988, buscou inspiração, sem dúvida alguma, no princípio da função social da propriedade. Nesse contexto, cabe afirmar que a propriedade privada e a função social da propriedade estão previstas na Constituição Federal de 1988 dentre os direitos e garantias individuais (art. 5º, XXIII), sendo pressupostos indispensáveis à promoção da política de desenvolvimento urbano (art. 182, § 2º) e rural (art. 186, I a IV). No caso da propriedade rural, sua função social é cumprida, nos termos do art. 186 da CF, quando seu aproveitamento for racional e apropriado; quando a utilização dos recursos naturais disponíveis for adequada e o meio ambiente preservado, assim como quando as disposições que regulam as relações de trabalho forem observadas. Realmente, o Estatuto da Terra foi pensado a partir da delimitação da área mínima necessária ao aproveitamento econômico do imóvel rural para o sustento familiar, na perspectiva de implementação do princípio constitucional da função social da propriedade, importando sempre e principalmente, que o imóvel sobre o qual se exerce a posse trabalhada possua área capaz de gerar subsistência e progresso social e econômico do agricultor e sua família, mediante exploração direta e pessoal – com a absorção de toda a força de trabalho, eventualmente com a ajuda de terceiros. A Constituição Federal de 1988, em seu art. 191, cujo texto se faz idêntico no art. 1.239 do CC, disciplinou a usucapião especial rural, nos seguintes termos: "Aquele que, não

> sendo proprietário de imóvel rural ou urbano, possua como seu, por cinco anos ininterruptos, sem oposição, área de terra, em zona rural, não superior a cinquenta hectares, tornando-a produtiva por seu trabalho ou de sua família, tendo nela sua moradia, adquirir-lhe-á a propriedade". Como se verifica neste artigo transcrito, há demarcação de área máxima passível de ser usucapida, não de área mínima, o que leva os doutrinadores a concluírem que mais relevante que a área do imóvel é o requisito que precede a ele, ou seja, o trabalho realizado pelo possuidor e sua família, que torna a terra produtiva e lhe confere função social. A usucapião especial rural é caracterizada pelo elemento posse-trabalho. Serve a essa espécie tão somente a posse marcada pela exploração econômica e racional da terra, que é pressuposto à aquisição do domínio do imóvel rural, tendo em vista a intenção clara do legislador em prestigiar o possuidor que confere função social ao imóvel rural. Assim, a partir de uma interpretação teleológica da norma, que assegure a tutela do interesse para a qual foi criada, conclui-se que, assentando o legislador, no ordenamento jurídico, o instituto da usucapião rural, prescrevendo um limite máximo de área a ser usucapida, sem ressalva de um tamanho mínimo, estando presentes todos os requisitos exigidos pela legislação de regência, não há impedimento à aquisição usucapicional de imóvel que guarde medida inferior ao módulo previsto para a região em que se localize. Ressalte-se que esse entendimento vai ao encontro do que foi decidido pelo Plenário do STF, que, por ocasião do julgamento do RE 422.349-RS (DJe 29/4/2015), fixou a seguinte tese: "Preenchidos os requisitos do art. 183 da CF, o reconhecimento do direito à usucapião especial urbana não pode ser obstado por legislação infraconstitucional que estabeleça módulos urbanos na respectiva área onde situado o imóvel (dimensão do lote)". REsp 1.040.296, Rel. originário Min. Marco Buzzi, Rel. para acórdão Min. Luis Felipe Salomão, julgado em 2/6/2015, DJe 14/8/2015 (Informativo 566 STJ) (grifo nosso)

No mesmo sentido, o Enunciado 594 do CJF:

> Enunciado 594 CJF – É possível adquirir a propriedade de área menor do que o módulo rural estabelecido para a região, por meio da usucapião especial rural.
>
> Justificativa: A usucapião especial é modalidade de aquisição originária da propriedade, surgida no mundo jurídico para valorizar a fixação do homem no campo. Daí porque é exigido que a pessoa tenha sua moradia no local e lá execute trabalho produtivo.
>
> De outro lado, a CF e o CC não fixaram um patamar mínimo para a área passível de usucapião. Exige-se, apenas, que a área não pode ser superior a 50 hectares. Em face da anomia, os tribunais vinham entendendo que tal área não poderia ser inferior ao módulo rural da região a que pertence, como exigido pelo art. 65 do Estatuto da Terra. Sob tal matiz, foram editados os Enunciados 308 e 313, pelo CJF (4ª Jornada).
>
> Entretanto, diferentes teses doutrinárias seguiam em direção oposta. Demais disso, algumas decisões passaram a absorver essa tendência, como a

> exarada pela Corregedoria-Geral da Justiça de São Paulo (Processo CG n. 2010/00120171) e algumas proferidas pelo TJSP (Apelação n. 990.10.243.764–7, Rel. Des. Francisco Eduardo Loureiro e AC 297.150–4/1–00, da 1ª. C. de D. Privado, Rel. Des. De Santi Ribeiro, 02/09/2008). Recentemente, decisão da 4ª Turma do STJ, colocando termo às controvérsias, fixou entendimento no sentido de que é possível a aquisição da propriedade, mediante a usucapião especial, de área menor do que o módulo rural estabelecido para a região, considerando que ele atua como instrumento voltado, primordialmente, para a função social. Por tal, incentiva a produtividade da terra e protege aqueles que a ocupam. Demais disso, consideraram que o 191 da CF e o art. 1.239 do CC nada determinaram a respeito. Em sendo assim, não cabe ao intérprete discriminar o que o legislador não discriminou. Não há conflito entre o enunciado proposto e os enunciados 308 e 313 do CJF, em sua 4ª Jornada.

No tocante à possibilidade de usucapir área superior ao limite máximo constitucional, há divergência na doutrina. O Enunciado 313 do CJF assim dispõe:

> Enunciado 313 CJF – Arts. 1.239 e 1.240: Quando a posse ocorre sobre área superior aos limites legais, não é possível a aquisição pela via da usucapião especial, ainda que o pedido restrinja a dimensão do que se quer usucapir.

Dentre os agraristas há crítica ao referido enunciado. Benedito F. Marques, até mesmo defende a relativização desta regra em casos excepcionais, pois o que interessa é a posse-trabalho que assegura a função social do imóvel agrário. Forma-se, então, duas correntes:

1ª corrente (Lenine Nequete): se a área for superior a 50 hectares, não é possível ser reconhecido a usucapião *pro labore*, já que há limite constitucional máximo.

2ª corrente (Pontes de Miranda, Silvia C. B. Opitz e Oswaldo Optiz): é possível a usucapião especial rural da área superior a 50 hectares. No caso, até 50 hectares, a usucapião se dará com fulcro no art. 191 da CF/88, devendo o excedente de área ser objeto de usucapião ordinário ou extraordinário, nos termos da lei civil, embora continue sendo cultivado pelo usucapiente especial.

c) Requisitos formais. Relacionam-se aos elementos da usucapião, sendo eles comuns (posse, o lapso de tempo e a sentença judicial) e especiais (justo título e a boa-fé). A usucapião constitucional rural é espécie de usucapião extraordinário (art. 1.238, CC), pois não se exige justo título e nem boa-fé.

> Obs.: Tanto a posse justa como injusta (com exceção da posse precária) são aptas a gerar a usucapião. Basta que seja mansa e pacífica (sem oposição) e dure ao menos 5 anos.
>
> Mas o que vem a ser essa posse mansa e pacífica? É a posse não contestada, não perturbada pelo proprietário.

A posse na usucapião especial rural é a exercida com *animus domini* (também denominada de posse qualificada), ou seja, basta provar a exteriorização da propriedade. A posse deve ainda ser atual, ininterrupta, pelo prazo legal de 5 anos, sem oposição, mansa e pacífica, direta e pessoal, devendo o possuidor tornar o imóvel produtivo.

A união, ou soma, de posses, pode ocorrer de forma universal (art. 1.207, primeira parte, CC), chamada de sucessão (*sucessio possessionis*), ou de forma singular (art. 1.207, segunda parte, CC) que prevê que "ao sucessor singular é facultado unir sua posse à do antecessor para os efeitos legais", denominada de acessão (*acessio possessionis*).

Para fins de usucapião constitucional rural, o sucessor singular (*accessio possessionis*) não pode unir sua posse à do antecessor, uma vez que a lei exige que a propriedade rural se torne produtiva pelo trabalho do possuidor e que este tenha nela sua morada. Por sua vez, a sucessão a título universal (*successio possessionis*) é possível. Desse modo, o sucessor universal continua com o direito à posse do antecessor, se com ele morava e cultivava a terra a usucapir.

Em resumo, a *accessio possessionis* não se aplica à usucapião agrária, haja vista que a Constituição Federal exige requisitos pessoais para sua caracterização (moradia e produtividade pelo trabalho do possuidor ou de sua família). Já a *sucessio possessionis* poderá se aplicar à usucapião agrária, mas desde que o sucessor (herdeiro) comprove que residia na terra e trabalhava nela. Assim, a acessão da posse não é possível, mas a sucessão da posse é possível. Corrobora esse entendimento o Enunciado 317 do Conselho da Justiça Federal:

> Enunciado 317 CJF – Art. 1.243. A *accessio possessionis*, de que trata o art. 1.243, primeira parte, do Código Civil, não encontra aplicabilidade relativamente aos arts. 1.239 e 1.240 do mesmo diploma legal, em face da normatividade da usucapião constitucional urbano e rural, arts. 183 e 191, respectivamente.

Sobre esse tema, Benedito Ferreira Marques[14] ainda diz que:

> É ponto pacífico na doutrina agrarista que, na usucapião agrário, não se conhece a figura do preposto, nem se admite que a posse do antecessor se some à do atual, para efeito de composição do tempo necessário à prescrição aquisitiva. A posse há de ser direta e pessoal e ininterrupta. Quando muito se concebe a *successio passessionis* em caso de morte do possuidor, porque, no contexto agrário, a chamada "propriedade familiar" constitui um dos seus postulados. Ademais, se bem analisado o fundamento da usucapião agrário, é à família que ele se destina, à família do produtor rural, do pequeno produtor, por isso que

14 MARQUES, Benedito Ferreira, p. 101.

se estabeleceu um limite de área (na Lei 6.969/81, 25 há, na nova Constituição, 50 ha, art. 191, CF/88).

O art. 191 da CF/88 aumentou o limite máximo de 25 hectares previsto na Lei nº 6.969/81, para 50 hectares, conservando o prazo de 5 anos. O art. 1º da Lei nº 6.969/81, que proíbe a usucapião rural em imóvel de área superior a 25 hectares, não foi recepcionado pela CF/88 nesta parte, pois a Carta Magna permite tal modalidade de usucapião em imóvel de área não superior a 50 hectares.

d) Requisitos específicos da usucapião constitucional rural (produtividade e moradia). A Constituição Federal, em estreita relação com a função social da propriedade, trouxe requisitos específicos da usucapião constitucional rural:

a) necessidade de tornar a terra **produtiva**: o possuidor, ou sua família, deve desenvolver no imóvel atividade agrícola, extrativa, agroindustrial ou pecuária, atendendo a função social da propriedade rural, nos termos do art. 186 da CF/88. Nada impede a utilização de prepostos ou empregados, desde que somem esforços ao trabalho pessoal do possuidor e de seus familiares.

b) necessidade de o possuidor estabelecer sua **moradia** no imóvel objeto de usucapião, tendo em vista a finalidade da usucapião especial rural, que é a fixação do homem no campo. Assim, configura verdadeira "propriedade familiar"[15], ou seja, a área rural contínua, direta e pessoalmente explorada pelo agricultor e sua família, com a condição de ter nela sua moradia.

Obs.: O legislador não estendeu aa usucapião especial rural uma das limitações aplicadas somente à usucapião especial urbana, qual seja, a de que o direito não pode ser reconhecido ao possuidor mais de uma vez. Poderia, portanto, o possuidor que já se beneficiou anteriormente do instituto e alienou a gleba usucapida, inaugurar um novo período de posse quinquenal sobre outra gleba rural.[16]

3. PROCESSO E PROCEDIMENTO DA USUCAPIÃO ESPECIAL RURAL

O procedimento da usucapião especial rural está disposto na Lei nº 6.969/81. A ação de usucapião rural deverá tramitar, em regra, na Justiça Comum Estadual, mais especificamente no foro da situação do imóvel (art. 4º). Havendo interesse da União e existindo vara da Justiça Federal no foro da situação do imóvel, nesta tramitará. Se não houver vara da Justiça Federal a ação tramitará na Justiça Estadual, mas o recurso de apelação será dirigido ao Tribunal Regional Federal

15 Lei 4.504/64, Art. 4º Para os efeitos desta Lei, definem-se: II – "Propriedade Familiar", o imóvel rural que, direta e pessoalmente explorado pelo agricultor e sua família, lhes absorva toda a força de trabalho, garantindo-lhes a subsistência e o progresso social e econômico, com área máxima fixada para cada região e tipo de exploração, e eventualmente trabalho com a ajuda de terceiros;

16 Código civil comentado: doutrina e jurisprudência/Claudio Luiz Bueno de Godoy ... [et al]; coordenação Cezar Peluso. 12. ed. Barueri – SP: Manole, 2018.

(TRF), conforme art. 109, §§3º e 4º da CF c/c art. 4º, *caput* e §1º da Lei 6.969/81 e súmula 11 do STJ. Quem avalia se há ou não interesse da União é a Justiça Federal. Caso entenda que não existe tal interesse, o juízo determina o envio dos autos para a Justiça Estadual.

> Súmula 11 STJ - A presença da União ou de qualquer de seus entes, na ação de usucapião especial, não afasta a competência do foro da situação do imóvel.
>
> Lei 6.969/81, Art. 4º - A ação de usucapião especial será processada e julgada na comarca da situação do imóvel.
>
> § 1º - Observado o disposto no art. 126 da Constituição Federal, no caso de usucapião especial em terras devolutas federais, a ação será promovida na comarca da situação do imóvel, perante a Justiça do Estado, com recurso para o Tribunal Federal de Recursos, cabendo ao Ministério Público local, na primeira instância, a representação judicial da União.

CF, Art. 109. Aos juízes federais compete processar e julgar:

> § 3º Serão processadas e julgadas na justiça estadual, no foro do domicílio dos segurados ou beneficiários, as causas em que forem parte instituição de previdência social e segurado, sempre que a comarca não seja sede de vara do juízo federal, e, se verificada essa condição, a lei poderá permitir que outras causas sejam também processadas e julgadas pela justiça estadual.
>
> § 4º Na hipótese do parágrafo anterior, o recurso cabível será sempre para o Tribunal Regional Federal na área de jurisdição do juiz de primeiro grau.

O art. 5º da Lei nº 6.969/81 impõe prioridade de julgamento, além de um procedimento especial (chamado sumaríssimo) para a ação de usucapião rural, o qual é caracterizado pela celeridade e simplicidade. Contudo, o Novo CPC não trouxe tal rito. Dessa forma, nas disposições transitórias, o art. 1.049, parágrafo único, previu a solução para o caso, dizendo que na hipótese de a lei remeter ao procedimento sumário, será observado o procedimento comum, com as modificações previstas na própria lei especial, se houver[17].

Deve-se, então, ler a lei com cautela, já que a lei especial deve estar de acordo com as disposições do Novo Código. A petição inicial da ação de usucapião especial rural deve observar os requisitos do art. 319 do CPC, bem como o art. 5° da Lei 6.969/81. Assim, além dos requisitos comuns a qualquer petição inicial, deve haver também:

---

17 CPC, Art. 1.049. Sempre que a lei remeter a procedimento previsto na lei processual sem especificá-lo, será observado o procedimento comum previsto neste Código.
Parágrafo único. Na hipótese de a lei remeter ao procedimento sumário, será observado o procedimento comum previsto neste Código, com as modificações previstas na própria lei especial, se houver.

a) **individualização do imóvel**, com dispensa da juntada da respectiva planta (art. 5º, §1º);

b) se a posse e os requisitos da usucapião não puderem ser comprovados documentalmente, poderá o autor requerer a designação de **audiência preliminar**, a fim de **justificar a posse**, caso em que será mantido nela até decisão final (art. 5º, §1º). Havendo audiência preliminar, deverão ser citados e cientificados todos os indicados nos itens "c", "d" e "e" abaixo, para dela participarem.

O art. 5º, §4º, dispõe que o prazo para contestar corre da intimação da decisão que declarar justificada a posse. A Lei nº 6.969/81 não estabelece, no entanto, um prazo, devendo ser considerado o prazo de 15 dias, conforme previsto no CPC/2015. Rafael Freiria[18] salienta que:

Não justificada a posse, sentencia o juiz com a extinção do processo. Justificada a posse e assim declarada judicialmente, o autor será mantido no imóvel, até a decisão final, reconhecendo-se ou não o domínio. Se, embora justificada a posse, ocorrer a revelia dos citados, é facultado ao juiz o julgamento antecipado da lide. Havendo contestação, e após eventuais atividades de saneamento, será designada audiência de instrução e julgamento. Da decisão que julgar a ação, caberá recurso de apelação ao Tribunal de Justiça do Estado respectivo.

c) o requerimento para a **citação pessoal** daquele em cujo nome esteja transcrito o imóvel usucapiendo, ou seja, aquele em cujo nome a **propriedade** esteja **registrada** (art. 5º, §2º);

d) a **citação pessoal** dos **confinantes** (art. 5º, §2º). Atente-se para a Súmula 391 do STF que informa que "o confinante certo deve ser citado pessoalmente para a ação de usucapião". Tal disposição continua válida, mas o CPC/2015 previu uma exceção a essa regra no art. 246, § 3º:

> §3º Na ação de usucapião de imóvel, os confinantes serão citados pessoalmente, exceto quando tiver por objeto unidade autônoma de prédio em condomínio, caso em que tal citação é dispensada.

e) a **citação por edital** dos réus **ausentes**, **incertos** e **desconhecidos**, na forma do art. 257 do CPC (art. 5º, §2º).

Conforme § 2º, do art. 5º, da Lei 6.969/81, a citação feita nos termos acima (itens "c", "d" e "e"), valerá para todos os atos do processo.

f) a **cientificação por carta** (AR) para que manifestem interesse na causa, os representantes da **Fazenda Pública** da União, dos Estados, do Distrito Federal, dos Territórios e dos Municípios, no prazo de **45 dias** (art. 5º, §3º).

18 FREIRIA, Rafael; DOSSO, Taisa, p. 76.

Na petição inicial o autor deverá também comprovar que preenche os requisitos exigidos para a usucapião rural. E poderá requerer, ainda, os benefícios da justiça gratuita, que, por força do art. 6º da Lei nº 6.969/81, estende seus efeitos também para as custas e emolumentos cartorários para o registro da sentença favorável que for prolatada. Provado que o autor tinha situação econômica bastante para pagar as custas do processo e os honorários de advogado, sem prejuízo do sustento próprio e da família, o juiz lhe ordenará que pague, com correção monetária, o valor das isenções concedidas, ficando suspensa a transcrição da sentença até o pagamento devido.

> Art. 6º - O autor da ação de usucapião especial terá, se o pedir, o benefício da assistência judiciária gratuita, inclusive para o Registro de Imóveis.

O art. 7º da Lei nº 6.969/81 prevê que a usucapião pode ser invocado como matéria de defesa, ou seja, caso seja ajuizada qualquer ação contra o possuidor com o objetivo de retirar sua posse, este poderá se defender alegando usucapião, valendo a sentença que o reconhecer como título registrável. Nesse caso, a usucapião do réu-possuidor poderá ser declarada na própria sentença (caráter dúplice), ou seja, o réu-possuidor não precisará mais ajuizar ação de usucapião. O dispositivo está em consonância com a Súmula 237 do STF que assim dispõe:

> Súmula 237 STF - A usucapião pode ser arguida em defesa.
>
> Art. 7º - A usucapião especial poderá ser invocada como matéria de defesa, valendo a sentença que a reconhecer como título para transcrição no Registro de Imóveis.

Por fim, segundo o STJ, a simples contestação em ação de usucapião não é suficiente, por si só, para caracterizar oposição apta a interromper o prazo da posse mansa e pacífica[19].

Para que a sentença declaratória de usucapião de imóvel rural sem matrícula seja registrada no Cartório de Registro de Imóveis, é necessário o prévio registro da reserva legal no Cadastro Ambiental Rural (CAR). De fato, o art. 16, § 8º, da Lei 4.771/1965 (Código Florestal revogado) previa que a área de reserva legal deveria ser averbada à margem da inscrição de matrícula do imóvel no registro de imóveis competente, sendo vedada a alteração de sua destinação, nos casos de transmissão a qualquer título, de desmembramento ou de retificação da área. No mesmo sentido, há previsão no art. 167 da Lei 6.015/1973 (Lei dos Registros Públicos). Assim, por uma construção jurisprudencial, respaldada em precedentes do STJ, firmou-se o entendimento de que a averbação da reserva legal seria condição para o registro de qualquer ato de transmissão, desmembramento ou retificação de

19 REsp 1210396/DF, Rel. Ministro Luis Felipe Salomão, Quarta Turma, julgado em 12/04/2012.

área de imóvel rural (REsp 831.212-MG, Terceira Turma, DJe 22/9/2009; RMS 18.301-MG, Segunda Turma, DJ 3/10/2005). Nessa linha de raciocínio, seria o caso de impor a averbação da reserva legal como condição para o registro da sentença de usucapião. Contudo, a Lei 12.651/2012 (novo Código Florestal) deu tratamento diverso à matéria da reserva legal ambiental. O novo Código instituiu o Cadastro Ambiental Rural (CAR), que passou a concentrar as informações ambientais dos imóveis rurais, sendo dispensada a averbação da reserva legal no Registro de Imóveis (art. 18, § 4º). Assim, ante esse novo cenário normativo, como condição para o registro da sentença de usucapião no Cartório de Registro de Imóveis, é necessário o prévio registro da reserva legal no CAR. A nova lei não pretendeu reduzir a eficácia da norma ambiental, pretendeu tão somente alterar o órgão responsável pelo "registro" da reserva legal, que antes era o Cartório de Registro de Imóveis, e agora passou a ser o órgão ambiental responsável pelo CAR. A propósito, verifica-se que a parte final do art. 16, § 8º, do Código revogado foi praticamente reproduzida no art. 18, caput, in fine, do novo Código Florestal, tendo havido apenas a supressão da hipótese de "retificação da área". A supressão da hipótese de "retificação de área" teve um propósito específico, de permitir, excepcionalmente, a mudança de localização da reserva legal. Desse modo, a omissão acerca da hipótese de "retificação de área" não atenuou a eficácia da norma em relação às outras hipóteses previstas na lei anterior e repetidas na lei nova. REsp 1.356.207-SP, Rel. Min. Paulo de Tarso Sanseverino, julgado em 28/4/2015, DJe 7/5/2015.

REFORMA AGRÁRIA E POLÍTICA AGRÁRIA

1. DA POLÍTICA AGRÁRIA

A política agrária é o sistema oficial de atribuição de direitos reais sobre terras agrícolas e foi o principal fator de organização da sociedade brasileira até meados do século passado. É uma modalidade de **política pública** com vistas ao **desenvolvimento do setor agrícola** e com fundamento constitucional, consistindo no conjunto de princípios e regras disciplinadoras do desenvolvimento do setor agrícola. É gênero, cujas espécies são política agrícola e política fundiária.

O tema foi abordado pela Constituição Federal de 1988 de modo esparso, sem sistematização, de modo que ao longo do seu texto existem disposições sobre alguns de seus instrumentos, como a usucapião constitucional rural, o Imposto Territorial Rural (ITR), a reforma agrária e a desapropriação agrária, além do art. 187 e art. 50 do Ato das Disposições Constitucionais Transitórias.

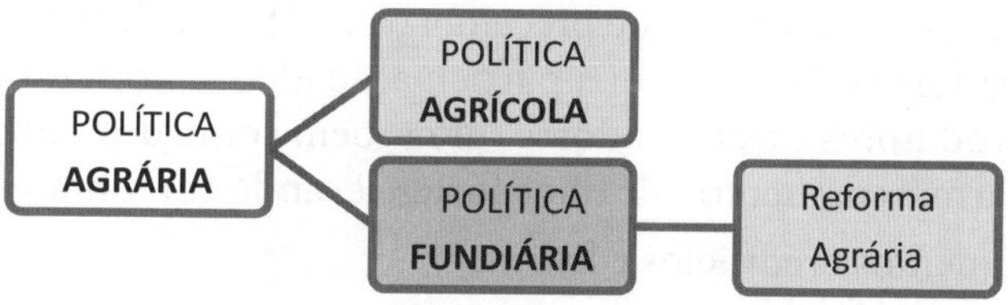

A **POLÍTICA FUNDIÁRIA**, conforme ensina Luís Pinto Ferreira[1], disciplina a **posse da terra e seu uso adequado** (função social da propriedade). Seu objetivo é promover o acesso à terra àqueles que saibam produzir, dentro de uma sistemática moderna, especializada e profissionalizada. A **reforma agrária** é um dos instrumentos de política fundiária.

Já a **POLÍTICA AGRÍCOLA**, prevista no art. 1°, §2°, do Estatuto da Terra (Lei nº 4.504/64) é o "conjunto de providências de amparo à propriedade da terra, que se destinem a orientar, no interesse da economia rural, as **atividades agropecuárias**, seja no sentido de garantir-lhes o pleno emprego, seja no de harmonizá-las com o processo de industrialização do país".

1 FERREIRA, Luiz Pinto. Curso de Direito Agrário. 5 ed. São Paulo: Saraiva, 2002, p. 157.

O Decreto 55.891/65, que " regulamenta o Capítulo I do Título I e a Seção III do Capítulo IV do Título II da Lei nº 4.504, de 30 de novembro de 1964 – Estatuto da Terra", elenca como objetivos primordiais da Política Agrícola:

> Art. 1º A Reforma Agrária a ser executada e a Política Agrícola a ser promovida, de acordo com os direitos e obrigações concernentes aos bens imóveis rurais, na forma estabelecida na Lei no 4.504, de 30 de novembro de 1964, Estatuto da Terra, terão por objetivos primordiais:
>
> II – A Política Agrícola: a promoção das providências de amparo à propriedade rural, que se destinem a orientar, nos interesses da economia rural, as atividades agropecuárias, seja no sentido de garantir-lhes o pleno emprego, seja no de harmonizá-las com o processo de industrialização do País.

A Lei nº 8.171/91, que dispõe sobre a política agrícola, entende por atividade agrícola "a produção, o processamento e a comercialização dos produtos, subprodutos e derivados, serviços e insumos agrícolas, pecuários, pesqueiros e florestais".

Dispõe ainda o art. 8° da referida lei que o planejamento agrícola será feito em consonância com o que dispõe o art. 174 da CF/88, de forma democrática e participativa, através de planos nacionais de desenvolvimento agrícola plurianuais, planos de safras e planos operativos anuais, observadas as definições constantes da referida lei.

A política agrícola, conforme preceitua o art. 187 da CF/88, será planejada e executada na forma da lei[2], com a participação efetiva do setor de produção, envolvendo produtores e trabalhadores rurais, bem como dos setores de comercialização, de armazenamento e de transportes, levando em conta, especialmente:

a) os instrumentos creditícios e fiscais;
b) os preços compatíveis com os custos de produção e a garantia de comercialização;
c) o incentivo à pesquisa e à tecnologia;
d) a assistência técnica e extensão rural;
e) o seguro agrícola;
f) o cooperativismo;
g) a eletrificação rural e produção e;
h) a habitação para o trabalhador rural.

Incluem-se no planejamento agrícola as atividades agroindustriais, agropecuárias, pesqueiras e florestais (art. 187, § 1°, CF/88).

---

2 Lei 8.171/91, que dispõe sobre a política agrícola e Lei 8.174/91, que dispõe sobre princípios da política agrícola.

Assim, não se deve confundir reforma agrária com política agrícola, na medida em que esta é a política que orienta, no interesse da economia rural, a atividade agropecuária, traçando planos, com a finalidade de harmonizá-la com o processo de industrialização do país e de melhorar a utilização da terra. Desse modo, a **reforma agrária e política agrícola** são institutos **complementares**, conforme dispõe a legislação:

- art. 187, §2°, da CF/88: serão compatibilizadas as ações de política agrícola e de reforma agrária.
- art. 188, *caput*, da CF/88: a destinação de terras públicas e devolutas será compatibilizada com a política agrícola e com o plano nacional de reforma agrária
- art. 24 da Lei nº 8.629/93: as ações de reforma agrária devem ser compatíveis com as ações de política agrícola, e constantes no Plano Plurianual.

2. DA REFORMA AGRÁRIA

A estrutura fundiária brasileira herdou como principal característica do "Sistema de Sesmarias" a alta concentração de terras (latifúndio), acentuando a desigualdade social na área rural. Nesse sentido, a reforma agrária surge com o objetivo de fazer cumprir a destinação econômica e social da terra, para que seja devidamente utilizada, promovendo melhor distribuição mediante modificações no regime de sua posse e uso, a fim de atender aos **princípios de justiça social** e ao **aumento de produtividade**. Assim prioriza-se:

- ➢ corrigir a distorção fundiária, diminuindo a concentração de terras nas mãos de poucos (latifúndio), em prol da justiça social.
- ➢ uso da terra, com o fim de ampliar sua produtividade, evitando os minifúndios.

O regime jurídico da reforma agrária, no Brasil, é constituído pelas seguintes normas:

a) Lei nº 4.504/64 (Estatuto da Terra ou Código Agrário);

b) Constituição Federal de 1988 (Política Agrícola e Fundiária e à Reforma Agrária, arts. 184 a 191) e;

c) Lei nº 8.629/93 ou Lei Agrária (regulamenta os dispositivos constitucionais relativos à reforma agrária).

A CF/88 dedicou um capítulo inteiro ao tema, prevendo como competência exclusiva da União, a desapropriação do imóvel que não cumprir sua função social, mediante prévia e justa indenização em títulos da dívida agrária, com cláusula de preservação do valor real, resgatáveis no prazo de até 20 anos, a partir do segundo ano de sua emissão e cuja utilização será definida em lei. As operações de transferência de imóveis desapropriados para fins de reforma agrária, bem como a transferência ao beneficiário do programa, serão imunes de impostos federais, estaduais e municipais. E ainda são insuscetíveis de desapropriação para fins de reforma agrária: a pequena e média propriedade rural, desde que seu proprietário não possua outra; e a propriedade produtiva.

O STF possui entendimento de que qualquer desapropriação para fins de reforma agrária (mesmo que não seja a desapropriação sanção) só pode ser feita pela União. Não cabe aos estados-membros ou aos municípios, a pretexto de se utilizarem da desapropriação por interesse social prevista no art. 5º, XXIV, da CF/88, implementarem projetos que visem a estabelecimento de colônias agrícolas e assentamentos rurais, cujos fins são inerentes à reforma agrária[3].

A Lei nº 4.504/94, art. 1º, §1º, **define** Reforma Agrária:

> Art. 1°, §1º - Considera-se reforma agrária o conjunto de medidas que visam a promover melhor distribuição da terra, mediante modificações no regime de sua posse e uso, a fim de atender aos princípios de justiça social e ao aumento de produtividade.

O art. 16 da mesma lei traz o **objetivo** da reforma agrária:

> [...] estabelecer um sistema de relações entre o homem, a propriedade rural e o uso da terra, capaz de promover a justiça social, o progresso e o bem-estar do trabalhador rural e o desenvolvimento econômico do País, com a **gradual extinção do minifúndio e do latifúndio**. (grifo nosso)

A lei também traz os conceitos de **minifúndio** e **latifúndio**, cuja gradual extinção é objetivada:

> Art. 4º Para os efeitos desta Lei, definem-se:
>
> IV – "Minifúndio", o imóvel rural de área e possibilidades inferiores às da propriedade familiar;
>
> V – "Latifúndio", o imóvel rural que:
>
> a) exceda a dimensão máxima fixada na forma do artigo 46, § 1°, alínea b, desta Lei (600 módulos fiscais), tendo-se em vista as condições ecológicas, sistemas agrícolas regionais e o fim a que se destine;
>
> b) não excedendo o limite referido na alínea anterior, e tendo área igual ou superior à dimensão do módulo de propriedade rural (de área igual ou superior a 1 módulo até 600 módulos), seja mantido inexplorado em relação às possibilidades físicas, econômicas e sociais do meio, com fins especulativos,

3 RE 482452 AgR, Rel. Min. Dias Toffoli, Segunda Turma, julgado em 15/03/2016.

ou seja deficiente ou inadequadamente explorado, de modo a vedar-lhe a inclusão no conceito de empresa rural;

Obs.: Pode existir latifúndio tanto de terras produtivas quanto de terras improdutivas. Ademais, a área do terreno não é o único fator de caracterização da terra como latifúndio, pois também deve-se considerar o nível de aproveitamento da terra, ou seja, um imóvel de 1 módulo rural (pequeno, portanto) que esteja improdutivo pode ser caracterizado como latifúndio.

É importante diferenciar os instrumentos destinados à realização da reforma agrária e os meios de sua realização. Os **instrumentos** são formas de incentivo ao cumprimento da função social da propriedade que, se não cumprida, induzem à reforma agrária. Já os **meios** de realização da reforma agrária são aqueles que possibilitam o acesso à propriedade rural, viabilizando a modificação na estrutura agrária.

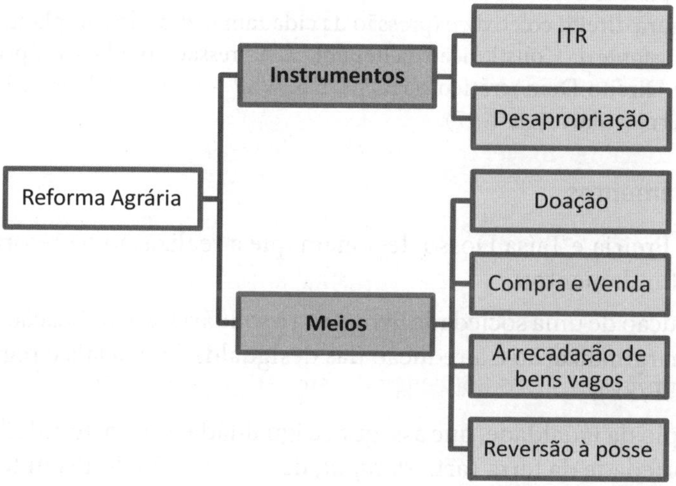

O INCRA (Instituto Nacional de Colonização e Reforma Agrária) é a autarquia federal responsável pela implementação da reforma agrária e realização do ordenamento fundiário nacional. Criado pelo Decreto nº 1.110, de 9 de julho de 1970, atualmente está implantado em todo o território nacional por meio de Superintendências Regionais (SR), que são órgãos descentralizados responsáveis pela coordenação e execução das ações do Incra nos estados.

Atua, junto ao Incra, uma Procuradoria Federal Especializada (PFE/Incra), órgão de execução da Procuradoria Geral Federal (PGF), que possui as seguintes competências:

- representar judicial e extrajudicialmente a Autarquia;
- exercer as atividades de consultoria e assessoramento jurídicos aos órgãos do INCRA;

- apurar a liquidez, certeza e exigibilidade dos créditos, de qualquer natureza, inerentes às atividades da Autarquia, inscrevendo-os em dívida ativa, para fins de cobrança amigável ou judicial;
- coordenar, orientar e supervisionar as atividades dos Assistentes junto aos Tribunais Regionais Federais e das Procuradorias Regionais na condução dos procedimentos administrativos e dos processos judiciais.

A concretização da Reforma Agrária é impulsionada por diversos movimentos sociais, dentre eles o Movimento dos Trabalhadores Rurais Sem Terra (MST)[4] é o principal. O surgimento desses movimentos decorreu de um modelo agrário adotado pelas elites do país. Quanto à legitimidade do MST para tanto, veja o posicionamento do STJ:

> "Reforma Agrária. Movimento Sem-Terra. Movimento popular visando a implantar a reforma agrária não caracteriza crime contra o patrimônio. Configura direito coletivo, expressão da cidadania, visando a implantar programa constante da Constituição da República. A pressão popular é própria do Estado de Direito Democrático" (HC nº. 5.574/SP - 6ª T. - Rel. Min. Luiz Vicente Cernicchiaro, j. 8-4-97).

2.1. Fundamentos

Rafael Freiria e Taísa Dosso[5] lecionam que a realização da reforma agrária possui três fundamentos:

a) construção de uma sociedade livre, justa e solidária, a erradicação da pobreza e da marginalização e a redução das desigualdades sociais e regionais (art. 3º da CF/88);

b) princípio da igualdade, que assegura a igualdade de oportunidade de acesso à propriedade da terra (art. 5º, *caput*, da CF e art. 20 do Estatuto da Terra);

c) função social da propriedade.

2.2. Métodos

Os principais modelos de reforma agrária são:

a) **MARXISTA-LENINISTA ou COLETIVISTA** de confisco da propriedade, em que não há pagamento de indenização. Fundamenta-se na doutrina socialista e consiste na nacionalização da terra, passando a propriedade

---

4 Surgiu na década de 80 como um movimento de ativismo político e social que busca a justiça social no campo, com uma melhor distribuição de terras e a garantia das condições necessárias para a sua exploração, de modo que a propriedade cumpra sua função social.

5 FREIRIA, Rafael; DOSSO, Taisa, p. 83.

para o Estado, que detém os meios de produção, reservando ao homem do campo apenas o direito de uso da terra;

b) **LIBERAL** ou **PRIVATISTA**, em que há justa indenização em dinheiro pela desapropriação. É o modelo adotado no Brasil (art. 184, CF), ressalvando-se que a indenização se dá através de títulos da dívida pública. Fundamenta-se no sistema capitalista, admitindo a propriedade privada. Desse modo, a terra pertence a quem a explora (seja pequeno, médio ou grande produtor), pois os bens existem para a satisfação do homem, que deve exercer esse direito condicionado ao bem comum, ou seja, de modo a garantir o cumprimento da função social da propriedade, uma vez que o direito de propriedade não é absoluto.

2.3. Características

Benedito Ferreira Marques[6] sintetiza as principais características da Reforma Agrária:

a) Forma de **intervenção do Estado na propriedade privada**: os principais instrumentos da Reforma Agrária são a desapropriação e a tributação;

> (UEPA PGE/PA 2012) A reforma agrária consiste em modalidade de intervenção do Estado na propriedade privada, tendo como principais instrumentos a desapropriação e a tributação.
>
> CERTO

b) **Especificidade**: é peculiar a cada país, uma vez que o "que se faz em determinado país não serve para outro, porque cada qual tem a sua formação territorial diferenciada";

c) **Transitória**: "No Brasil, ela é preconizada como tarefa a ser executada paulatinamente, extinguindo-se gradualmente o minifúndio e o latifúndio, sendo a distribuição das terras a ela destinadas feita sob a forma de Propriedade Familiar". O art. 33 do Estatuto da Terra ainda prevê que a Reforma Agrária será realizada por meio de planos periódicos, nacionais e regionais, com prazos e objetivos determinados, de acordo com projetos específicos.

d) Redimensiona as áreas mínimas e máximas a serem alvo da reforma: 1 módulo, no mínimo, e 600 módulos, no máximo;

e) **Depende** de uma **Política Agrícola** eficiente: não basta a simples redistribuição de terras aos beneficiários. É necessário oferecer condições mínimas para que os beneficiários desenvolvam as atividades agrárias. Lembre-se que

6 MARQUES, Benedito Ferreira , p. 132.

o art. 187, §2º, da CF determina que devem ser compatibilizadas as ações da Política Agrícola com as da Reforma Agrária (art. 187, § 2º, CF/88).

f) **Natureza Constitucional**: a CF/88 elencou como objetivo fundamental a justiça social (art. 3º, I), acarretando sua observância na ordem econômica (art. 170) e na ordem social (art. 193), além de tratar da função social da propriedade.

2.4. Objetivos

Os objetivos básicos da Reforma Agrária são promover a **justiça social** e o **aumento da produtividade**, buscando a gradual extinção do minifúndio e do latifúndio. O art. 16 da Lei nº 4.504/64 informa que a Reforma Agrária visa a estabelecer um sistema de relações entre o homem, a propriedade rural e o uso da terra, capaz de promover a justiça social, o progresso e o bem-estar do trabalhador rural e o desenvolvimento econômico do País, com a gradual extinção do minifúndio e do latifúndio.

Em reforço, o Decreto 55.891/65 elenca como objetivos primordiais da Reforma Agrária:

> Art. 1º A Reforma Agrária a ser executada e a Política Agrícola a ser promovida, de acordo com os direitos e obrigações concernentes aos bens imóveis rurais, na forma estabelecida na Lei nº 4.504, de 30 de novembro de 1964, Estatuto da Terra, terão por objetivos primordiais:
>
> I – A Reforma Agrária: a melhor distribuição da terra e o estabelecimento de um sistema de relações entre o homem, a propriedade rural e o uso da terra, que atendam aos princípios da justiça e ao aumento da produtividade, garantindo o progresso e o bem-estar do trabalhador rural e o desenvolvimento do País, com a gradual extinção do minifúndio e do latifúndio.

Benedito Ferreira Marques ainda defende que, como o instrumento mais utilizado para a implementação da Reforma Agrária, no Brasil, é a desapropriação de imóveis que não estejam cumprindo a sua função social, os objetivos do ato expropriatório se confundem com os da Reforma Agrária.

Lei 4.504/64, Art. 18. A desapropriação por interesse social tem por fim:

a) condicionar o uso da terra a sua função social;

b) promover a justa e adequada distribuição da propriedade;

c) obrigar a exploração racional da terra;

d) permitir a recuperação social e econômica da região;

e) estimular pesquisas pioneiras, experimentação, demonstração e assistência técnica;

f) efetuar obras de renovação, melhoria e valorização dos recursos naturais;

g) incrementar a eletrificação e a industrialização no meio rural;

h) facultar a criação de áreas de proteção à fauna, à flora ou a outros recursos naturais, a fim de preservá-los de atividades predatórias.

2.5. Beneficiários

O art. 189 da CF/88 determina que "os beneficiários da distribuição de imóveis rurais pela reforma agrária receberão títulos de domínio ou de concessão de uso, inegociáveis pelo prazo de 10 anos". A partir da Lei nº 11.481/2007, também existe a possibilidade de concessão de direito real de uso (CDRU). Nos termos do parágrafo único do mesmo artigo, "o título de domínio e a concessão de uso serão conferidos ao homem ou à mulher, ou a ambos, independentemente do estado civil, nos termos e condições previstos em lei".

A Lei nº 8.629/93, que regulamenta os dispositivos constitucionais relativos à reforma agrária, dispõe em seu art. 19 que o processo de seleção de indivíduos e famílias candidatos a beneficiários do Programa Nacional de Reforma Agrária será realizado por projeto de assentamento, observada a ordem de preferência na distribuição de lotes. Tal tópico será mais bem desenvolvido no estudo da desapropriação para fins de reforma agrária.

DESAPROPRIAÇÃO AGRÁRIA

1. INTRODUÇÃO

No ordenamento jurídico brasileiro, o **direito de propriedade** não é considerado absoluto, pois seu uso é **condicionado** pelo direito de **propriedade de outros indivíduos e** por **limitações** impostas pelo **direito público**, dentre as quais se destaca o dever de observância da **função social**, conforme estabelece o art. 5º, XXII e XXIII, da CF/88. Para o STF[1], sobre o direito de propriedade "pesa grave hipoteca social, a significar que, descumprida a função social que lhe é inerente, legitimar-se-á a intervenção estatal na esfera dominial privada, observados, contudo, para esse efeito, os limites, as formas e os procedimentos fixados na própria Constituição da República". Fernanda Marinela[2] ensina que "reconhecendo a função social da propriedade, a Constituição não nega o direito exclusivo do dono sobre a coisa, mas exige que o seu uso seja condicionado ao bem-estar geral".

A **propriedade urbana** cumpre sua **função social** quando atende às exigências fundamentais de ordenação da cidade expressas no plano diretor, assegurando o atendimento das necessidades dos cidadãos quanto à qualidade de vida, à justiça social e ao desenvolvimento das atividades econômicas (CF/88, art. 182, §2º e Lei nº 10.257/01, art. 39).

---

1 O acesso à terra, a solução dos conflitos sociais, o aproveitamento racional e adequado do imóvel rural, a utilização apropriada dos recursos naturais disponíveis e a preservação do meio ambiente constituem elementos de realização da função social da propriedade. A desapropriação, nesse contexto – enquanto sanção constitucional imponível ao descumprimento da função social da propriedade – reflete importante instrumento destinado a dar consequência aos compromissos assumidos pelo Estado na ordem econômica e social. – Incumbe, ao proprietário da terra, o dever jurídico-social de cultivá-la e de explorá-la adequadamente, sob pena de incidir nas disposições constitucionais e legais que sancionam os senhores de imóveis ociosos, não cultivados e/ou improdutivos, pois só se tem por atendida a função social que condiciona o exercício do direito de propriedade, quando o titular do domínio cumprir a obrigação (1) de favorecer o bem-estar dos que na terra labutam; (2) de manter níveis satisfatórios de produtividade; (3) de assegurar a conservação dos recursos naturais; e (4) de observar as disposições legais que regulam as justas relações de trabalho entre os que possuem o domínio e aqueles que cultivam a propriedade. (ADI 2213 MC, Relator(a): Min. CELSO DE MELLO, Tribunal Pleno, julgado em 04/04/2002)

2 MARINELA, Fernanda. Direito Administrativo. p. 1088.

No tocante aos **imóveis rurais**, a própria Constituição especificou os critérios para que a **função social** fosse atendida, devendo ser observados simultaneamente:

I – Aproveitamento racional e adequado;

II – Utilização adequada dos recursos naturais disponíveis e preservação do meio ambiente;

III – Observância das disposições que regulam as relações de trabalho;

IV – Exploração que favoreça o bem-estar dos proprietários e dos trabalhadores.

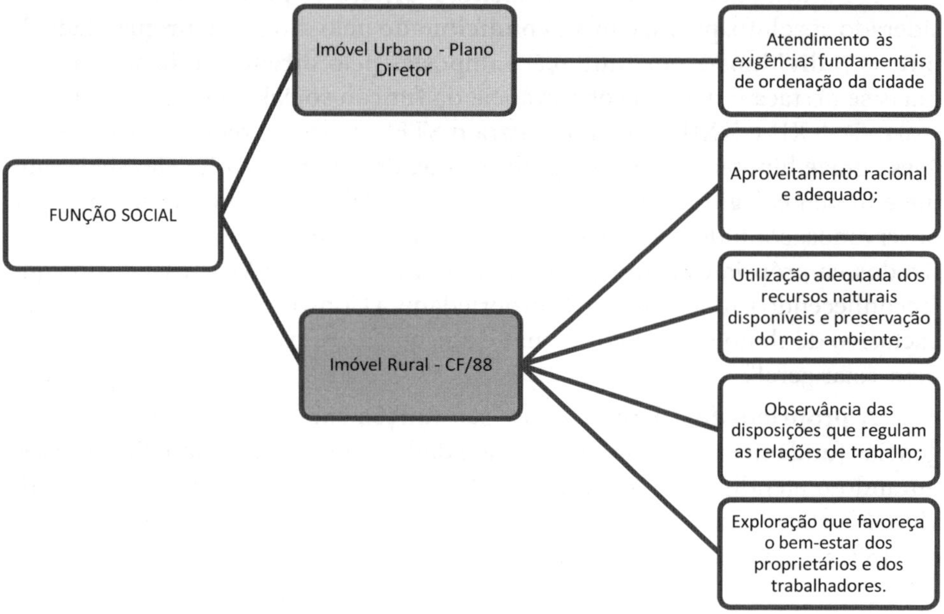

Conforme já se manifestou o STF:

> "...só se tem por atendida a função social que condiciona o exercício do direito de propriedade, quando o titular do domínio cumprir a obrigação (1) de favorecer o bem-estar dos que na terra labutam; (2) de manter níveis satisfatórios de produtividade; (3) de assegurar a conservação dos recursos naturais; e (4) de observar as disposições legais que regulam as justas relações de trabalho entre os que possuem o domínio e aqueles que cultivam a propriedade..." [ADI 2.213 MC, Rel. Min. Celso de Mello]

De fato, incumbe ao proprietário da terra o dever jurídico-social de cultivá-la e de explorá-la adequadamente, sob pena de incidir nas disposições constitucionais e legais que sancionam os senhores de imóveis ociosos, não cultivados ou improdutivos. Mas o que ocorre caso haja descumprimento dos requisitos constitucionais? A consequência também é tratada pela Constituição Federal, que autoriza que a União intervenha na propriedade de modo supressivo por meio da **desapropriação do imóvel rural por interesse social**, destinando-o à **reforma agrária**, mediante prévia e justa indenização em Títulos da Dívida Agrária (TDA), resgatáveis no prazo de até 20 anos. Portanto, a propriedade rural que não cumprir sua função social pode ser desapropriada para fins de reforma agrária.

> CF, Art. 184. Compete à União desapropriar por interesse social, para fins de reforma agrária, o imóvel rural que não esteja cumprindo sua função social, mediante prévia e justa indenização em títulos da dívida agrária, com cláusula de preservação do valor real, resgatáveis no prazo de até vinte anos, a partir do segundo ano de sua emissão, e cuja utilização será definida em lei.
>
> § 1º As benfeitorias úteis e necessárias serão indenizadas em dinheiro.
>
> § 2º O decreto que declarar o imóvel como de interesse social, para fins de reforma agrária, autoriza a União a propor a ação de desapropriação.
>
> § 3º Cabe à lei complementar estabelecer procedimento contraditório especial, de rito sumário, para o processo judicial de desapropriação.
>
> § 4º O orçamento fixará anualmente o volume total de títulos da dívida agrária, assim como o montante de recursos para atender ao programa de reforma agrária no exercício.
>
> § 5º São isentas de impostos federais, estaduais e municipais as operações de transferência de imóveis desapropriados para fins de reforma agrária.

STF: A imunidade tributária prevista no art. 184, §5º, da CF não alcança os títulos da dívida agrária em poder de terceiros. Com esse entendimento, a Turma, ponderando que a referida imunidade tem por objetivo a proteção do proprietário do imóvel expropriado e não se estende à negociação dos títulos decorrentes da desapropriação, conheceu de recurso extraordinário da União Federal e lhe deu provimento para reformar acórdão do STJ que estendera à empresa, terceira possuidora de TDA's, a imunidade do art. 184, § 5º, da CF. (RE 179.696-DF, rel. Min. Néri da Silveira, 16.12.99.)

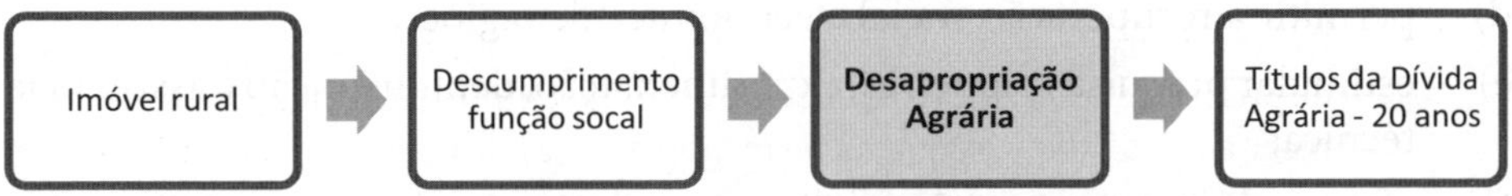

Celso Antônio Bandeira de Mello[3] define **desapropriação** como um procedimento administrativo mediante o qual o poder público, compulsoriamente

3 MELLO, Celso Antônio Bandeira de, p. 889.

e por ato unilateral, despoja alguém de um bem, adquirindo-o originariamente, mediante indenização prévia e justa.

A legislação caracteriza a **reforma agrária** como um "conjunto de modalidades que visem a promover melhor distribuição de terra, mediante modificação no regime de posse e uso, a fim de atender aos princípios de justiça social e ao aumento da produtividade" (art. 1º, §1º, da Lei 4.504/64).

O Decreto nº 9.311, de 15 de março de 2018, que regulamenta a Lei nº 8.629/99 no que tange aos procedimentos administrativos para a seleção das famílias beneficiárias da reforma agrária, conceituou reforma agrária como o "conjunto de medidas que visam a realizar uma melhor distribuição da terra com acesso a políticas públicas para promover o desenvolvimento social e econômico das famílias beneficiárias" (art. 2º).

A **desapropriação agrária**, desapropriação por interesse social para fins de reforma agrária ou desapropriação-sanção é sanção constitucional imponível pelo descumprimento da função social da propriedade rural. Constitui importante instrumento de compatibilização do interesse público com o particular, restringindo o exercício do direito na busca do bem-estar social e destinado a reforçar os compromissos assumidos pelo Estado na ordem econômica e social.

A Lei nº 4.504/64 dispõe, em seu art. 17, que o acesso à propriedade rural será promovido mediante a distribuição ou a redistribuição de terras, adotando a desapropriação por interesse social como uma das medidas. O interesse social da desapropriação é de promover a justa distribuição da propriedade imóvel rural, condicionando o seu uso ao bem-estar social e ao cumprimento de sua função social.

Os **fins** da desapropriação por interesse social estão elencados no art. 18 da Lei nº 4.504/64:

a) condicionar o uso da terra à sua função social;
b) promover a justa e adequada distribuição da propriedade;
c) obrigar a exploração racional da terra;
d) permitir a recuperação social e econômica de regiões;
e) estimular pesquisas pioneiras, experimentação, demonstração e assistência técnica;
f) efetuar obras de renovação, melhoria e valorização dos recursos naturais;
g) incrementar a eletrificação e a industrialização no meio rural;
h) facultar a criação de áreas de proteção à fauna, à flora ou a outros recursos naturais, a fim de preservá-los de atividades predatórias.

Atualmente, a desapropriação agrária é regulamentada pelas seguintes normas: Lei 4.504/64 (Estatuto da Terra); Lei Complementar nº 76/93 (Procedimento contraditório especial, de rito sumário, para o processo de desapropriação de imóvel rural, por interesse social, para fins de reforma agrária); e Lei nº 8.629/93 (Regulamenta os dispositivos constitucionais relativos à reforma agrária).

2. SUJEITO ATIVO E SUJEITO PASSIVO DA DESAPROPRIAÇÃO AGRÁRIA

A **competência** para a desapropriação agrária é da União:

- **Legislativa**: competência privativa da **União** para legislar sobre normas gerais e abstratas da desapropriação (art. 22, II, CF).
- **Material**: incumbe à **União**, com exclusividade, promover a desapropriação (art. 184, CF), mas a competência é operada pelo **INCRA**, autarquia federal executora da reforma agrária (art. 2º, §1º, LC 76/93).
- **Jurisdicional**: é da Justiça Federal (art. 109, I, CF).

> (CESPE Analista Ministerial MPE/PI 2018) Em se tratando de imóvel rural que não cumpre a sua função social, a União tem competência privativa para desapropriá-lo por interesse social e para fins de reforma agrária, devendo a necessária ação judicial ser processada e julgada pelo juízo federal competente.
>
> CERTO

Já decidiu o STF que é inconstitucional, por invadir a competência legislativa da União e violar o princípio da separação dos poderes, norma distrital que submeta as desapropriações, no âmbito do Distrito Federal, à aprovação prévia da Câmara Legislativa do Distrito Federal[4]. Os Estados-membros e os Municípios não dispõem do poder de desapropriar imóveis rurais por interesse social para efeito de reforma agrária, inclusive para fins de implementação de projetos de assentamento rural ou de estabelecimento de colônias agrícolas[5-6]. Em verdade, inexiste qualquer obstáculo a que os Estados façam incidir a sua ação expropriatória sobre imóveis rurais, contanto que essa atividade não se destine a promover

4 ADI 969, rel. min. Joaquim Barbosa, j. 27-9-2006.

5 RE 496.861 AgR, rel. min. Celso de Mello, 2ª T, j. 30-6-2015.

6 É vedado aos Estados e Municípios promover desapropriação para fins de reforma agrária, ainda que mediante pagamento da justa indenização em dinheiro, máxime porque: (i) o art. 184 da Carta Magna estabelece de forma patente que a competência para desapropriar imóveis rurais para fins de reforma agrária é da União; (ii) o art. 188 da Lei Maior prevê a implementação de um Plano Nacional de Reforma Agrária, sem cogitar da existência de Planos Estaduais com tal finalidade; (iii) a Legislação federal que rege o assunto, editada com base na competência privativa prevista no art. 22, I,da Constituição, atribui somente à União e ao INCRA a tarefa de desapropriar com vistas à Reforma Agrária (art. 2º da Lei Complementar 76/93; art. 16, parágrafo único, do Estatuto da Terra – Lei nº4.504/64; e art. 2º, § 1º, da Lei nº 8.629/93). (AC 2910 MC-AgR, Rel. Min. Ellen Gracie, Rel. p/ Acórdão: Min. Cármen Lúcia, Tribunal Pleno, julgado em 11/12/2014)

e a executar programas de reforma agrária, pois a competência privativa pertence, somente, à União.

Pode sofrer desapropriação qualquer imóvel rural pertencente a pessoa física ou jurídica, de direito público ou privado, que incorra nos requisitos do art. 184 da CF/88. Mas são insuscetíveis de desapropriação para fins de reforma agrária a pequena e média propriedade rural, assim definida em lei, desde que seu proprietário não possua outra e a propriedade produtiva.

> (VUNESP PC/BA 2018) A pequena e a média propriedade rural são insuscetíveis de desapropriação para fins de reforma agrária, ainda que o seu proprietário possua outra propriedade rural.
>
> ERRADO

3. OBJETO DA DESAPROPRIAÇÃO AGRÁRIA

O objeto da desapropriação agrária é o **imóvel rural** que **não cumpra** sua **função social**. Imóvel rural é aquele em que se desenvolvem atividades de natureza agrária (exploração extrativa agrícola, pecuária ou agro-industrial), qualquer que seja a sua localização (critério da destinação – art. 4º, Lei nº 4.504/64). Já decidiu o STJ que "compete ao INCRA promover somente a desapropriação por interesse social, para fins de reforma agrária, a qual recairá, sempre, sobre imóvel rural. A definição de imóvel rural, em sede de desapropriação para fins de reforma agrária, é aferida pela sua destinação, não interessando que esteja localizado em zona urbana"[7].

> (CESPE MPE/RR 2012) De acordo com a doutrina majoritária e a jurisprudência do STJ, não cabe desapropriação por interesse social, promovida pelo INCRA, de imóvel rural localizado em área urbana.
>
> ERRADO

Porém, a **Constituição Federal** traz duas **exceções** no art. 185, informando que são **insuscetíveis** de **desapropriação** para fins de reforma agrária: I – a pequena e média propriedade rural, assim definida em lei, desde que seu proprietário não possua outra; e II – a propriedade produtiva.

A Lei nº 8.629/93 define **pequena propriedade** como o imóvel rural entre um e quatro módulos fiscais. Já a **média propriedade** é o imóvel rural superior a quatro até quinze módulos fiscais. Conclui-se que acima de quinze módulos a propriedade já está sujeita à desapropriação agrária

7 AgRg na AR 3.971/GO, Rel. Ministra DENISE ARRUDA, Primeira Seção, julgado em 11/06/2008.

STF: **A pequena e a média propriedades rurais, ainda que improdutivas, não estão sujeitas ao poder expropriatório da União Federal**, em tema de reforma agrária, em face da cláusula de inexpropriabilidade que deriva do art. 185, I, da Constituição da República. **A incidência dessa norma constitucional não depende, para efeito de sua aplicabilidade, da cumulativa satisfação dos pressupostos nela referidos (dimensão territorial do imóvel ou grau adequado de produtividade fundiária). Basta que qualquer desses requisitos se verifique para que a imunidade objetiva prevista no art. 185 da Constituição atue plenamente, em ordem a pré-excluir a possibilidade jurídica de a União Federal valer-se do instrumento extraordinário da desapropriação-sanção.** – A prova negativa do domínio a que se refere a cláusula final do inciso I do art. 185 da Constituição não incumbe ao proprietário que sofre a ação expropriatória da União Federal. O *onus probandi*, em tal situação, compete ao poder expropriante, que dispõe, para esse efeito, de amplo acervo informativo ministrado pelos dados constantes do Sistema Nacional de Cadastro Rural mantido pelo INCRA. – **A divisão do imóvel rural, por constituir direito assegurado ao condômino pelo ordenamento positivo, pode ocorrer mesmo quando já iniciada a fase administrativa do procedimento expropriatório instaurado para fins de reforma agrária. Se, da divisão do imóvel, resultarem glebas que, objeto de matrícula e registro próprios, venham a qualificar-se como médias propriedades rurais, tornar-se-á impossível a desapropriação-sanção prevista no art. 184 da Carta Política.** Sendo assim, não se reveste de legitimidade jurídico-constitucional a declaração expropriatória do Presidente da República veiculada em decreto publicado em momento posterior ao do registro do título consubstanciador do ato de divisão do imóvel rural. – A alegação governamental de que essa divisão do imóvel rural, por frustrar a execução do projeto de reforma agrária, qualificar-se-ia como ato caracterizador de fraude ou de simulação – que constituem vícios jurídicos que não se presumem – reclama dilação probatória incomportável na via sumaríssima do mandado de segurança. O argumento que imputa conduta maliciosa ao particular que sofre a expropriação-sanção não pode prevalecer contra a eficácia jurídico-real que deriva da norma inscrita no art. 252 da Lei dos Registros Públicos. (MS 21919, Relator(a): Min. CELSO DE MELLO, Tribunal Pleno, julgado em 22/09/1994) (grifo nosso)

STF: Não basta o desmembramento do registro imobiliário em matrículas distintas qualificadas como pequenas ou médias propriedades rurais sem que se proceda, no "mundo dos fatos", à exploração econômica autônoma de cada uma dessas novas unidades registradas. Daí o caráter *iuris tantum* da presunção do registro imobiliário. O entendimento contrário conduz a hipótese na qual, para escapar à desapropriação-sanção, bastaria o desmembramento do latifúndio improdutivo em tantas matrículas quantas fossem necessárias à configuração de pequenas e médias propriedades de titularidades distintas, sem qualquer alteração no modo de exploração da gleba rural. (MS 28445, Relator(a): Min. EROS GRAU, julgado em 04/05/2010)

(FCC PGE/MT 2011) Em relação à reforma agrária é incorreto afirmar:

a) Toda pequena e média propriedade rural são insuscetíveis de desapropriação para fins de reforma agrária.

b) A propriedade rural improdutiva que não cumprir sua função social poderá ser desapropriada para fins de reforma agrária.

c) A competência para desapropriar para fins de reforma agrária é exclusiva da União.

d) Na desapropriação para fins de reforma agrária, a indenização será prévia e justa em títulos da dívida agrária, com cláusula de preservação do valor real, resgatáveis no prazo de até 20 anos, a partir do segundo ano de sua emissão.

e) As benfeitorias úteis e necessárias serão indenizadas em dinheiro.

GABARITO: A

O STF entende que a área total dos imóveis deve ser o parâmetro para classificá-los como pequenas, médias ou grandes propriedades. Logo, a extensão do imóvel rural objeto de desapropriação por interesse social, para fins de reforma agrária, corresponde à totalidade da área medida, dela não se podendo excluir, para fins de dimensionamento, as áreas não aproveitáveis (MS nº 24.719[8] e MS 25.066[9]). O STJ, no julgamento do REsp nº 1.161.517/GO, adotou o mesmo raciocínio:

> O § 3º do art. 50 do Estatuto da Terra (Lei n. 4.504/64) evidencia que a finalidade da norma em testilha respeita ao cálculo da extensão aproveitável dos imóveis rurais para fins de incidência do Imposto Territorial Rural - ITR. Diante disso, é de concluir-se que o dispositivo do Estatuto da Terra em questão exclusivamente se refere a critério de natureza tributária, para possibilitar o cálculo do ITR. Logo, é **defesa a utilização desses parâmetros tributários para dimensionar se imóveis rurais são passíveis, ou não, de expropriação para fins de reforma agrária, na medida em que é vedada a utilização de regra de direito tributário como forma de integrar eventual lacuna na Lei das Desapropriações**. (grifo nosso)

Em caso análogo, o STJ vedou a utilização do §6º do art. 46 do Estatuto da Terra, para fracionar imóvel rural de acordo com o número de herdeiros por ocasião da transmissão *causa mortis* e verificar se tal propriedade era passível, ou não, de ser expropriada para fins de reforma agrária, justamente em razão da impossibilidade de utilização de parâmetros tributários para dimensionar o tamanho do imóvel[10].

---

8 A classificação da propriedade como pequena, média ou grande não depende da área aproveitável do imóvel, mas, exclusivamente, de sua área total [...] certo que a classificação da propriedade rural em pequena, média ou grande, subordina-se à extensão da área, vale dizer, da área medida, por isso que "nem o art. 185 da Constituição, nem a Lei nº 8.629, de 1993, estabelecem regra destinada a excluir a área considerada não aproveitável da área total do imóvel rural, para o fim de proceder-se à sua classificação."

9 Ementa: 1) MANDADO DE SEGURANÇA. ADMINISTRATIVO. DESAPROPRIAÇÃO PARA FINS DE reforma AGRÁRIA. CÁLCULO DA EXTENSÃO DA PROPRIEDADE RURAL. ÁREAS INSUSCETÍVEIS DE APROVEITAMENTO ECONÔMICO. IMPOSSIBILIDADE DE SUA DESCONSIDERAÇÃO. 2) A EXCLUSÃO DA ÁREA INAPROVEITÁVEL ECONOMICAMENTE RESTRINGE-SE AO CÁLCULO DO IMPOSTO SOBRE A propriedade (ART. 50, §§ 3º E 4º, DA LEI Nº 4.504). 3) A propriedade rural NO QUE CONCERNE À SUA DIMENSÃO TERRITORIAL, COM O OBJETIVO DE VIABILIZAR A DESAPROPRIAÇÃO PARA FINS DE reforma AGRÁRIA, RECLAMA DEVAM SER COMPUTADAS AS ÁREAS INSUSCETÍVEIS DE APROVEITAMENTO ECONÔMICO. O DIMENSIONAMENTO DO IMÓVEL PARA OS FINS DA LEI Nº 8.629/93 DEVE CONSIDERAR A SUA ÁREA GLOBAL. PRECEDENTE DO STF (MS Nº 24.924, REL. MIN. EROS GRAU). 4) SEGURANÇA DENEGADA. (MS 25066, Relator(a): Min. MARCO AURÉLIO, Relator(a) p/ Acórdão: Min. LUIZ FUX, Tribunal Pleno, julgado em 14/12/2011

10 REsp 1161517/GO, Rel. Ministro BENEDITO GONÇALVES, PRIMEIRA TURMA, julgado em 18/09/2012.

Questão semelhante é a do imóvel rural em comum por força de herança. O art. 46, §6°, da Lei nº 4.504/64 informa que, nesse caso, as partes ideais são consideradas como se divisão houvesse, devendo ser cadastrada a área que, na partilha, tocaria a cada herdeiro e admitidos os demais dados médios verificados na área total do imóvel rural. Seria este artigo aplicável à desapropriação para reforma agrária? O STF entende que não. A *saisine* torna múltipla apenas a titularidade do imóvel rural, que permanece uma única propriedade até que sobrevenha a partilha (art. 1.791 e parágrafo único, CC). A finalidade do art. 46, § 6º, do Estatuto da Terra é instrumentar o cálculo do coeficiente de progressividade do Imposto Territorial Rural – ITR. O preceito não deve ser usado como parâmetro de dimensionamento de imóveis rurais destinados à reforma agrária, matéria afeta à Lei nº 8.629/93. A existência de condomínio sobre o imóvel rural não impede a desapropriação-sanção do art. 184 da CF/88, cujo alvo é o imóvel rural que não esteja cumprindo sua função social[11].

No mesmo sentido, o STJ decidiu que os arts. 46, § 6º, e 50, § 6º, do Estatuto da Terra (Lei nº 4.504/64) e o art. 24 e os seus incisos II, III e IV do Decreto nº 55.891/65 referem-se, exclusivamente, a critérios de natureza tributária, para possibilitar o cálculo do coeficiente de progressividade do ITR. Logo, é defesa a utilização desses parâmetros tributários para dimensionar se imóveis rurais são passíveis, ou não, de expropriação para fins de reforma agrária[12].

Nos termos do art. 185, II, da CF/88, também não pode ser objeto de desapropriação agrária a **propriedade produtiva**. O art. 6º da Lei nº 8.629/93 considera propriedade produtiva aquela que, explorada econômica e racionalmente, atinge, simultaneamente, graus de utilização da terra e de eficiência na exploração, segundo índices fixados pelo órgão federal competente. A Instrução Normativa INCRA nº 11/2003 estabelece os procedimentos para cálculo dos Graus de Utilização da Terra (GUT), e de Eficiência na Exploração (GEE).

O **grau de utilização** da terra deverá ser igual ou superior a **80%**, calculado pela relação percentual entre a área efetivamente utilizada e a área aproveitável total do imóvel. O **grau de eficiência na exploração** da terra deverá ser igual ou superior a **100%**, e será obtido de acordo com a seguinte sistemática:

I – Para os produtos vegetais, divide-se a quantidade colhida de cada produto pelos respectivos índices de rendimento estabelecidos pelo órgão competente do Poder Executivo, para cada Microrregião Homogênea;

11 MS 24573, Relator(a): Min. GILMAR MENDES, Relator(a) p/ Acórdão: Min. EROS GRAU, Tribunal Pleno, julgado em 12/06/2006

12 REsp 1161535/PA, Rel. Ministro Benedito Gonçalves, 1ª Turma, julgado em 01/03/2011.

II – Para a exploração pecuária, divide-se o número total de Unidades Animais (UA) do rebanho, pelo índice de lotação estabelecido pelo órgão competente do Poder Executivo, para cada Microrregião Homogênea;

III – A soma dos resultados obtidos nos itens anteriores, dividida pela área efetivamente utilizada e multiplicada por 100, determina o grau de eficiência na exploração.

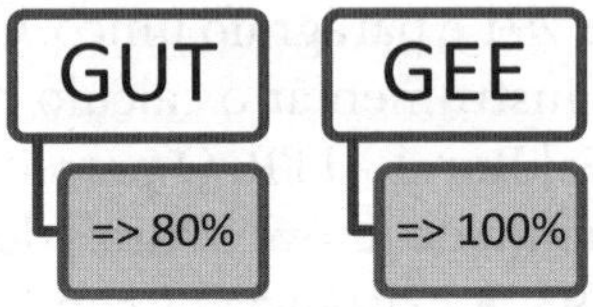

Contudo, **não perderá** a **qualificação** de **propriedade produtiva** o imóvel que, por razões de força maior, caso fortuito ou de renovação de pastagens tecnicamente conduzida, devidamente comprovados pelo órgão competente, deixar de apresentar, no ano respectivo, os graus de eficiência na exploração, exigidos para a espécie (art. 6º, §7º, Lei nº 8.629/93).

No caso de **imóveis contíguos** de um mesmo proprietário, a aferição da **produtividade** deve ser feita **por gleba** e não pelo imóvel como um todo, devendo a desapropriação incidir apenas em parte do conjunto de prédios rústicos[13].

Vale frisar que são garantidos os incentivos fiscais referentes ao ITR relacionados com os graus de utilização e de eficiência na exploração, conforme o disposto no art. 49 da Lei nº 4.504/64 (art. 6º, §8º, Lei nº 8.629/93).

O Poder Público pode revisar administrativamente os índices de produtividade. Diz o art. 11 da Lei nº 8.629/93 que os parâmetros, índices e indicadores que informam o conceito de produtividade serão ajustados, periodicamente, de modo a levar em conta o progresso científico e tecnológico da agricultura e o desenvolvimento regional, pelos Ministros de Estado do Desenvolvimento Agrário e da Agricultura e do Abastecimento, ouvido o Conselho Nacional de Política Agrícola.

Ainda nesse tópico, o STF entende que a análise da produtividade do imóvel é questão que foge ao âmbito do mandado de segurança, pois exige dilação probatória[14].

Existem também **exceções legais** à desapropriação para fins de reforma agrária:

---

13 MS 23743, Rel. Min. Dias Toffoli, julgado em 01/08/2012.

14 MS 24449, Rel. Min. Ellen Gracie, Tribunal Pleno, julgado em 06/03/2008.

Lei 4.504/64, art. 19, § 3º Salvo por motivo de necessidade ou utilidade pública, estão isentos da desapropriação:

a) os imóveis rurais que, em cada zona, não excederem de três vezes o módulo rural de cada região;

b) os imóveis que satisfizerem os requisitos pertinentes à empresa rural[15], enunciados no artigo 4º, inciso VI;

c) os imóveis que, embora não classificados como empresas rurais, situados fora da área prioritária de Reforma Agrária, tiverem aprovados pelo Instituto Brasileiro de Reforma Agrária, e em execução projetos que em prazo determinado, os elevem àquela categoria, ou seja, esteja sendo executado projeto que vise à implementação da empresa rural.

Lei nº 8.629/93, Art. 7º Não será passível de desapropriação, para fins de reforma agrária, o imóvel que comprove estar sendo objeto de implantação de projeto técnico que atenda aos seguintes requisitos:

I – Seja elaborado por profissional legalmente habilitado e identificado;

II – Esteja cumprindo o cronograma físico-financeiro originalmente previsto, não admitidas prorrogações dos prazos;

III – preveja que, no mínimo, 80% (oitenta por cento) da área total aproveitável do imóvel seja efetivamente utilizada em, no máximo, 3 (três) anos para as culturas anuais e 5 (cinco) anos para as culturas permanentes;

IV – Haja sido aprovado pelo órgão federal competente, na forma estabelecida em regulamento, no mínimo seis meses antes da comunicação de que tratam os §§ 2º e 3º do art. 2º[16].

Lei nº 8.629/93, Art. 8º Ter-se-á como racional e adequado o aproveitamento de imóvel rural, quando esteja oficialmente destinado à execução de atividades de pesquisa e experimentação que objetivem o avanço tecnológico da agricultura. (Neste caso há presunção de produtividade).

Parágrafo único. Para os fins deste artigo só serão consideradas as propriedades que tenham destinados às atividades de pesquisa, no mínimo, 80% da área total aproveitável do imóvel, sendo consubstanciadas tais atividades em projeto:

---

15 Lei 4.504/64, art. 4º Para os efeitos desta Lei, definem-se: VI – "Empresa Rural" é o empreendimento de pessoa física ou jurídica, pública ou privada, que explore econômica e racionalmente imóvel rural, dentro de condição de rendimento econômico ...Vetado... da região em que se situe e que explore área mínima agricultável do imóvel segundo padrões fixados, pública e previamente, pelo Poder Executivo. Para esse fim, equiparam-se às áreas cultivadas, as pastagens, as matas naturais e artificiais e as áreas ocupadas com benfeitorias;

16 § 2º Para os fins deste artigo, fica a União, através do órgão federal competente, autorizada a ingressar no imóvel de propriedade particular para levantamento de dados e informações, mediante prévia comunicação escrita ao proprietário, preposto ou seu representante.

§ 3º Na ausência do proprietário, do preposto ou do representante, a comunicação será feita mediante edital, a ser publicado, por três vezes consecutivas, em jornal de grande circulação na capital do Estado de localização do imóvel.

I - Adotado pelo Poder Público, se pertencente a entidade de administração direta ou indireta, ou a empresa sob seu controle;

II - Aprovado pelo Poder Público, se particular o imóvel.

Art. 10. Para efeito do que dispõe esta lei, consideram-se não aproveitáveis (para fins de reforma agrária):

I - As áreas ocupadas por construções e instalações, excetuadas aquelas destinadas a fins produtivos, como estufas, viveiros, sementeiros, tanques de reprodução e criação de peixes e outros semelhantes;

II - As áreas comprovadamente imprestáveis para qualquer tipo de exploração agrícola, pecuária, florestal ou extrativa vegetal;

III - as áreas sob efetiva exploração mineral;

IV - As áreas de efetiva preservação permanente e demais áreas protegidas por legislação relativa à conservação dos recursos naturais e à preservação do meio ambiente.

As **terras rurais** de domínio da **União**, dos **Estados** e dos **Municípios** ficam destinadas, **preferencialmente**, à execução de planos de **reforma agrária** (art. 13). Excetuam-se as reservas indígenas, os parques e os imóveis rurais de propriedade pública cuja exploração vise, direta ou indiretamente, a pesquisa, experimentação, demonstração e fomento de atividades relativas ao desenvolvimento da agricultura, pecuária, preservação ecológica, áreas de segurança, treinamento militar, educação de todo tipo, readequação social e defesa nacional. Nesses casos, faculta-se destinação diversa dessas áreas para fins de outras políticas públicas.

(FMP Concursos DPE/PA 2015) Para a implementação da política pública de reforma agrária, a lei determina seja ela executada, preferentemente, sobre terras de domínio público.

CERTO

O art. 9º da Lei nº 4.504/64 reforça a destinação preferencial das terras públicas rurais para execução do plano de reforma agrária ao dizer que dentre as terras públicas, terão prioridade as seguintes: I - as de propriedade da União, que não tenham outra destinação específica; II - as reservadas pelo Poder Público para serviços ou obras de qualquer natureza, ressalvadas as pertinentes à segurança nacional, desde que o órgão competente considere sua utilização econômica compatível com a atividade principal, sob a forma de exploração agrícola; III - as devolutas da União, dos Estados e dos Municípios.

STF: A norma inscrita no **art. 225, §4º, da Constituição não atua, em tese, como impedimento jurídico à efetivação, pela União Federal, de atividade expropriatória destinada a promover e a executar projetos de reforma agrária nas áreas referidas nesse preceito constitucional, notadamente nos imóveis rurais situados no Pantanal Mato-Grossense.** A própria Constituição da República, ao impor ao poder público o dever de fazer respeitar a integridade do patrimônio ambiental, não o inibe, quando necessária a intervenção estatal na esfera dominial privada, de promover a desapropriação de imóveis rurais para fins de reforma agrária, especialmente porque um dos instrumentos de realização da função social da propriedade consiste, precisamente, na submissão do domínio à necessidade de o seu titular utilizar adequadamente os recursos naturais disponíveis e de fazer preservar o equilíbrio do meio ambiente (CF, art. 186, II), sob pena de, em descumprindo esses encargos, expor-se à desapropriação-sanção a que se refere o art. 184 da Lei Fundamental" (MS 22164, Rel. Min. Celso de Mello, Tribunal Pleno, julgado em 30/10/1995). (grifo nosso)

STF: é **possível** a realização de **desapropriação para fins de reforma agrária em imóveis abrangidos por áreas de proteção ambiental**, desde que cumprida a legislação pertinente (MS 25576 AgR, Rel. Min. Ricardo Lewandowski, Tribunal Pleno, julgado em 22/06/2011). (grifo nosso)

STJ: A desconsideração da área de reserva legal para fins de verificação de produtividade do imóvel em desapropriação para reforma agrária exige sua respectiva averbação individualizada e prévia à vistoria (REsp 1482518/BA, Rel. Min. Og Fernandes, 2ª Turma, julgado em 05/06/2018).

STJ: Não se encontrando averbada no registro imobiliário antes da vistoria, a reserva florestal não poderá ser excluída da área total do imóvel desapropriando para efeito de cálculo da produtividade do imóvel rural. (AgRg no REsp 1301751/MT, Rel. Min. Herman Benjamin, 2ª Turma, julgado em 08/04/2014. Info 539)

4. PROCEDIMENTO DA DESAPROPRIAÇÃO AGRÁRIA

Para o estudo do procedimento, deve-se consultar a Lei Complementar nº 76/93 (Lei Processual da Reforma Agrária) e a Lei nº 8.629/93 (Lei Material da Reforma Agrária). A desapropriação possui duas fases: a) Administrativa; b) Judicial.

4.1. Fase Administrativa

4.1.1. Vistoria preliminar ou prévia

O art. 2º, §2º, da Lei nº 8.629/93 autoriza o levantamento de dados e informações mediante a vistoria preliminar para verificação do cumprimento da função social da propriedade. Para realização dessa vistoria, o Incra fica autorizado a ingressar no imóvel de propriedade particular para levantamento de dados e informações, mediante prévia comunicação escrita ao proprietário, preposto ou seu representante. Assim, oportuniza-se a efetiva participação do proprietário, ou de preposto designado, no levantamento de dados que tem por objetivo a determinação da produtividade do imóvel.

(UEPA PGE/PA 2015) A vistoria prévia prevista no artigo 2º, §2º, da Lei 8629/1993, decorrência do devido processo legal, incide em qualquer desapropriação que venha a ser intentada pela autarquia agrária, mesmo nos casos de desapropriação por necessidade ou utilidade pública.

ERRADO

O STF considera indispensável que a comunicação seja feita com antecedência, permitindo a efetiva participação do proprietário, ou de preposto[17]. Ante a inexistência de prazo para que a comunicação seja considerada prévia, a Instrução Normativa INCRA nº 81/2014[18] determinou que seja realizada com antecedência mínima de 3 dias úteis, da qual deverá constar o período estimado para ingresso no imóvel rural, desde que o período estimado para ingresso não extrapole o prazo de 30 dias da data do ofício de comunicação prévia. Passados mais de 30 dias da notificação, o imóvel poderá ser vistoriado se houver o assentimento do proprietário ou proceder-se-á nova comunicação.

STF: A nulidade da notificação fica afastada com a comprovação de que o levantamento pericial foi acompanhado por prepostos do proprietário do imóvel, sem qualquer impugnação ou recurso na esfera administrativa. É desnecessária a expedição de notificação à entidade de classe, desde que não tenha sido ela a deflagrar o processo expropriatório (MS 25.016, Rel. Min. ELLEN GRACIE, Tribunal Pleno, DJ 25.11.2005).

---

17 MS 22320, Relator(a): Min. Moreira Alves, Tribunal Pleno, julgado em 11/11/1996.

18 Art. 8º O ingresso no imóvel rural de propriedade particular para o levantamento de dados e informações visando à elaboração do Laudo Agronômico de Fiscalização – LAF, far-se-á mediante prévia comunicação ao proprietário, preposto ou seu representante legal, de acordo com o previsto nos §§ 2º e 3º do art. 2º da Lei nº 8.629, de 1993: I – pessoalmente, provada pela assinatura do proprietário, preposto ou representante legal, devidamente identificado, com a data do recebimento da comunicação; ou II – por via postal, com aviso de recebimento em mãos próprias – AR-MP; ou III – por via extrajudicial, por meio do Tabelionato de Notas.

§ 1º Será admitida a comunicação por meio de edital, a ser publicada por 3 (três) vezes consecutivas em jornal de grande circulação na capital do Estado de localização do imóvel rural, quando não tiverem êxito os meios de comunicação previstos nos incisos I, II ou III, devidamente comprovado.

§ 2º A comunicação prévia de que trata este artigo deverá ser feita com antecedência mínima de 3 (três) dias úteis, da qual deverá constar o período estimado para ingresso no imóvel rural, desde que o período estimado para ingresso não extrapole o prazo de 30 (trinta) dias da data do ofício de comunicação prévia.

§ 3º Havendo mais de um proprietário, o prazo previsto no parágrafo anterior será contado a partir da entrega da última comunicação.

§ 4º Passados mais de 30 dias da notificação, o imóvel poderá ser vistoriado se houver o assentimento do proprietário ou proceder-se-á nova comunicação.

§ 5º Quando se tratar de imóvel rural indicado com base no art. 2º do Decreto nº 2.250, de 1997, a realização da vistoria será comunicada às entidades representativas dos trabalhadores rurais e das classes produtoras, a fim de que possam indicar representante técnico para acompanhar o levantamento de dados e informações.

Obs.: A Lei nº 4.504/64 traz algumas disposições sobre a vistoria:

Art. 6º A União, os Estados, o Distrito Federal e os Municípios poderão unir seus esforços e recursos, mediante acordos, convênios ou contratos para a solução de problemas de interesse rural, principalmente os relacionados com a aplicação da presente Lei, visando a implantação da Reforma Agrária e à unidade de critérios na execução desta.

§2º A União, mediante convênio, poderá delegar aos Estados, ao Distrito Federal e aos Municípios o cadastramento, as vistorias e avaliações de propriedades rurais situadas no seu território, bem como outras atribuições relativas à execução do Programa Nacional de Reforma Agrária, observados os parâmetros e critérios estabelecidos nas leis e nos atos normativos federais.

§ 4º Para a realização da vistoria e avaliação do imóvel rural para fins de reforma agrária, poderá o Estado utilizar-se de força policial.

Obs.: O Decreto 2.250/97 estabelece que as entidades estaduais representativas de trabalhadores rurais e agricultores poderão indicar ao Incra ou ao órgão colegiado competente, áreas suscetíveis de desapropriação para fins de reforma agrária, devendo o respectivo órgão proceder à vistoria no imóvel no prazo de 120 dias, sob pena de responsabilidade administrativa[19].

Na ausência do proprietário, do preposto ou do representante, a comunicação será feita mediante edital, a ser publicado por três vezes consecutivas, em jornal de grande circulação na capital do Estado de localização do imóvel (art. 2º, §3º, Lei nº 8.629/93).

Não será considerada qualquer modificação, quanto ao domínio, à dimensão e às condições de uso do imóvel, introduzida ou ocorrida até 6 meses após a data da comunicação para levantamento de dados e informações (art. 2º, §4º, Lei nº 8.629/93). Não se trata de prazo de validade do laudo pericial nem termo final para a edição do decreto expropriatório. Dispõe apenas que o laudo não deverá levar em conta as alterações sobre domínio, dimensão e condições de

19 O Decreto 2.250/1997 (que dispõe sobre a vistoria em imóvel rural destinado a reforma agrária e dá outras providências) prevê, em seus arts. 1º e 2º, que:

Art. 1º As entidades estaduais representativas de trabalhadores rurais e agricultores poderão indicar ao órgão fundiário federal ou ao órgão colegiado de que trata o art. 2º, § 1º, da Medida Provisória nº 1.577, de 11 de junho de 1997, áreas passíveis de desapropriação para reforma agrária.

Parágrafo único. Formalizada a indicação de que trata o caput, o órgão fundiário procederá à vistoria no prazo de até 120 dias, sob pena de responsabilidade administrativa.

Art. 2º A realização da vistoria prevista no artigo anterior será comunicada à entidade representativa dos trabalhadores rurais e das classes produtoras, a fim de que cada entidade possa indicar um representante técnico para acompanhar o levantamento de dados e informações.

Art. 3º Os laudos de vistoria, bem como as atualizações cadastrais resultantes, serão comunicados ao proprietário do imóvel rural, que poderá exercer, no prazo de quinze dias, direito de manifestação.

Art. 4º O imóvel rural que venha a ser objeto de esbulho não será vistoriado, para os fins do art. 2º da Lei nº 8.629, de 25 de fevereiro de 1993, enquanto não cessada a ocupação, observados os termos e as condições estabelecidos em portaria do Presidente do Instituto Nacional de Colonização e Reforma Agrária - INCRA.

uso do imóvel ocorridas no referido período, ou seja, eventuais modificações são desconsideradas perante o processo de fiscalização instaurado pelo Incra[20].

Para o STF, a doação ou a alienação devidamente registradas no cartório de imóveis antes da expedição do decreto expropriatório, ainda que já iniciados os procedimentos de levantamento de dados pelo Incra, impedem a desapropriação quando preenchidos os requisitos objetivos estabelecidos no art. 185, I, da CF. O registro público imobiliário reveste-se de presunção *iures tantum* de validade e que somente pode ser desconstituído mediante a comprovação pela autoridade desapropriante de eventual vício no ato jurídico averbado. (MS 22.645, Rel. Min. Néri da Silveira, Tribunal Pleno, DJ 24.8.2001)

O STF já se manifestou no sentido de que é possível o desmembramento da propriedade após o decurso de mais de seis meses da data da vistoria (MS 24190, Rel. Min. Ellen Gracie, Tribunal Pleno, julgado em 10/12/2003).

(CESPE AGU 2010) O desmembramento do imóvel rural, para caracterizar as frações desmembradas como média propriedade rural, tudo devidamente averbado no registro imobiliário, e atrair a vedação contida no art. 185, inciso I, da CF, poderá ser efetivado mesmo após a realização da vistoria para fins expropriatórios, mas antes do decreto presidencial.

CERTO

No caso de fiscalização decorrente do exercício de poder de polícia, a comunicação será dispensada (art. 2º, §5º, Lei nº 8.629/93). A lei exige a comunicação prévia do proprietário apenas para fiscalizar a produtividade[21]. Mas para fiscalizar os demais aspectos da função social da propriedade[22] a lei dispensa a comunicação, pois tais verificações ficariam inviabilizadas se alguma comunicação prévia fosse feita[23].

O imóvel rural de domínio público ou particular objeto de **esbulho possessório** ou **invasão**[24] **motivada por conflito agrário ou fundiário de caráter coletivo** não será vistoriado, avaliado ou desapropriado nos 2 anos seguintes à sua desocupação, ou no dobro desse prazo (4 anos), em caso de reincidência.

20 MS 23.598, STF, Rel. Min. MAURÍCIO CORRÊA, TRIBUNAL PLENO, julgado em 13.09.2000

21 CF, art. 186. A função social é cumprida quando a propriedade rural atende, simultaneamente, segundo critérios e graus de exigência estabelecidos em lei, aos seguintes requisitos: I – aproveitamento racional e adequado;

22 CF, art. 186. [...] II – utilização adequada dos recursos naturais disponíveis e preservação do meio ambiente; III – observância das disposições que regulam as relações de trabalho; IV – exploração que favoreça o bem-estar dos proprietários e dos trabalhadores.

23 MS 24547, Relator(a): Min. Ellen Gracie, Tribunal Pleno, julgado em 14/08/2003.

24 Tecnicamente, "invasão" designa movimento de quem pretende subtrair algo de alguém, sem a devida compensação. Melhor seria utilizar o termo "ocupação" movimento de reivindicação pela implantação da reforma agrária.

Desse modo, verifica-se que a vistoria, avaliação ou desapropriação pelo Incra de imóvel para fins de reforma agrária é vedada, quando há esbulho possessório ou invasão motivada por conflito agrário ou fundiário de caráter coletivo. Deve ser apurada a responsabilidade civil e administrativa de quem concorra com qualquer ato omissivo ou comissivo que propicie o descumprimento dessas vedações (art. 2º, §6º, Lei nº 8.629/93).

Nesse ponto, tratando-se de imóvel invadido, o STF[25] já decidiu que a invasão que impedirá o imóvel rural de ser vistoriado, avaliado ou desapropriado nos 2 anos seguintes à sua desocupação é aquela que ocorre antes ou durante a fase de vistoria prévia, a ponto de alterar os graus de utilização da terra e de eficiência em sua exploração, comprometendo os índices fixados em lei. Se os técnicos do INCRA vistoriaram o imóvel rural antes da invasão, concluindo pelo descumprimento da função social, é o imóvel suscetível de desapropriação[26]. Também a ocupação de área ínfima ou por tempo efêmero não impede que a vistoria seja realizada[27]. Em síntese, a norma não se aplica às ocupações ocorridas posteriormente às vistorias realizadas pelo Incra ou nas situações de ocupação de área ínfima ou por tempo.

Súmula 354 STJ: A invasão do imóvel é causa de suspensão do processo expropriatório para fins de reforma agrária.

(UEPA PGE/PA 2015) A invasão de imóvel rural de domínio particular, após regularmente realizada a vistoria prévia pela autarquia agrária, não impede a desapropriação para fins de reforma agrária.

CERTO

Será excluído do Programa de Reforma Agrária do Governo Federal quem, já estando beneficiado com lote em Projeto de Assentamento, ou sendo pretendente desse benefício na condição de inscrito em processo de cadastramento e seleção de candidatos ao acesso à terra (art. 2º, §7º, Lei nº 8.629/93):

- for efetivamente identificado como participante direto ou indireto em conflito fundiário que se caracterize por invasão ou esbulho de imóvel rural de domínio público ou privado em fase de processo administrativo de vistoria ou avaliação para fins de reforma agrária, ou que esteja sendo objeto de processo judicial de desapropriação em vias de imissão de posse ao ente expropriante;

25 MS 25186, Relator(a): Min. CARLOS BRITTO, Tribunal Pleno, julgado em 13/09/2006

26 MS 24136, Relator(a): Min. MAURÍCIO CORRÊA, Tribunal Pleno, julgado em 11/09/2002

27 MS 23857, Relator(a): Min. ELLEN GRACIE, Tribunal Pleno, julgado em 23/04/2003.

- e bem assim quem for efetivamente identificado como participante de invasão de prédio público, de atos de ameaça, sequestro ou manutenção de servidores públicos e outros cidadãos em cárcere privado,
- ou de quaisquer outros atos de violência real ou pessoal praticados em tais situações.

Na hipótese de fraude ou simulação de esbulho ou invasão, por parte do proprietário ou legítimo possuidor do imóvel, o órgão executor do Programa Nacional de Reforma Agrária aplicará (art. 2º-A, Lei nº 8.629/93):

- pena administrativa de R$ 55.000,00 a R$ 535.000,00
- e o cancelamento do cadastro do imóvel no Sistema Nacional de Cadastro Rural,
- sem prejuízo das demais sanções penais e civis cabíveis.

A entidade, a organização, a pessoa jurídica, o movimento ou a sociedade de fato que, de qualquer forma, direta ou indiretamente, auxiliar, colaborar, incentivar, incitar, induzir ou participar de invasão de imóveis rurais ou de bens públicos, ou em conflito agrário ou fundiário de caráter coletivo, não receberá, a qualquer título, recursos públicos (art. 2º, §8º, Lei nº 8.629/93). Se, nessa hipótese, a transferência ou repasse dos recursos públicos já tiverem sido autorizados, assistirá ao Poder Público o direito de retenção, bem assim o de rescisão do contrato, convênio ou instrumento similar (art. 2º, §9º, Lei nº 8.629/93).

4.1.2. Decreto declaratório ou expropriatório

O Presidente da República expede um **decreto** individualizando o bem objeto da desapropriação, **declarando** o imóvel de **interesse social** para fins de **reforma agrária**, em razão do imóvel não cumprir sua função social. Contudo, tal decreto não opera a transmissão da propriedade para o Estado (art. 2º, LC 76/93).

A partir da publicação do decreto, operam-se alguns efeitos:

1) Sujeição do imóvel à força expropriatória do Estado, autorizando que o adentre no imóvel para fazer notificações e medições;
2) Fixação do estado do bem, para fins de verificar o regime de benfeitorias. As benfeitorias necessárias realizadas são indenizadas independentemente de autorização do Poder Público. As benfeitorias úteis só serão indenizadas se autorizadas pelo Poder Público. As voluptuárias não serão indenizadas.
3) Inicia a fluência do prazo decadencial de 2 anos.

STF: É parte legítima para impetrar mandado de segurança contra decreto que declara de interesse social para fins de reforma agrária o atual proprietário do imóvel, ainda que outros fossem os proprietários no momento em que foi realizada a vistoria pelo INCRA (MS 25325, Rel. Min. Joaquim Barbosa, Tribunal Pleno, julgado em 01/08/2008).

O decreto expropriatório tem prazo decadencial de **2 anos** contados da sua publicação, devendo a desapropriação ser feita amigavelmente, por meio de escritura pública, ou judicialmente, por meio de ação judicial de desapropriação, neste período. Ou seja, a ação de desapropriação deverá ser proposta dentro do prazo de 2 anos, contados da publicação do decreto declaratório, pois o decreto que declarar o imóvel como de interesse social, para fins de reforma agrária, autoriza a União a propor ação de desapropriação.

Obs.: O art. 10 do DL nº 3.365/41 dispõe que a desapropriação por necessidade, utilidade pública ou interesse social deverá efetivar-se mediante acordo ou intentar-se judicialmente, dentro de 5 anos, contados da data da expedição do respectivo decreto e findos os quais este caducará. Esse prazo não se aplica à desapropriação por interesse social para fins de reforma agrária, que é regulada pela Lei nº 8.629/93, devendo-se observar o prazo de 2 anos.

(CESPE – 2013 – DPE-TO – Defensor Público) Em relação à desapropriação de imóvel rural para fins de reforma agrária: A ação de desapropriação deverá ser proposta no prazo de cinco anos, contado da publicação do decreto declaratório.

ERRADO

4.1.3. Vistoria de avaliação

Declarado o interesse social para fins de reforma agrária, fica o expropriante legitimado a promover a vistoria e a avaliação do imóvel, inclusive com o auxílio de força policial, mediante **prévia autorização** do **juiz**, responsabilizando-se por eventuais perdas e danos que seus agentes vierem a causar, sem prejuízo das sanções penais cabíveis (art. 2º, §2º, LC 76/93).

Obs.: O art. 2°, §2°, da LC 76/93 autoriza, após decreto declaratório de interesse social para fins de reforma agrária, o ingresso na propriedade particular para vistoria com fins de avaliação e fixação do montante a ser indenizado ao proprietário, desde que haja autorização judicial. Então, somente após a decretação de interesse social pelo Presidente da República será realizada a vistoria de avaliação do imóvel.

Não confundir com a hipótese do art. 2°, §2°, da Lei 8.629/93, que permite o ingresso, antes do decreto presidencial, para levantamento de dados e informações visando aferir se a propriedade cumpre sua função social, bastando prévia comunicação escrita ao proprietário, preposto ou seu representante. No entanto, não há óbice na realização de ambas as vistorias em conjunto[28].

> DESAPROPRIAÇÃO PARA FINS DE REFORMA AGRÁRIA. AVALIAÇÃO DA TERRA NUA E BENFEITORIAS ANTES DO DECRETO PRESIDENCIAL. FASES DISTINTAS DO PROCEDIMENTO EXPROPRIATÓRIO REGIDAS POR DIPLOMAS LEGAIS ESPECÍFICOS. AFERIÇÃO DO GRAU DE PRODUTIVIDADE FEITA POR GLEBA E NÃO PELO IMÓVEL COMO UM TODO: POSSIBILIDADE. ALEGAÇÃO DE INOBSERVÂNCIA DO PERÍODO DE 12 MESES PARA O LEVANTAMENTO DOS DADOS E INFORMAÇÕES DO IMÓVEL. TRAMITAÇÃO DE AÇÃO CAUTELAR, QUE NÃO SUSPENDE

28 MS 23744, Relator(a): Min. MAURÍCIO CORRÊA, Tribunal Pleno, julgado em 21/06/2001.

NEM INTERROMPE A REALIZAÇÃO DOS ATOS EXPROPRIATÓRIOS. PRECEDENTES. 1. A primeira fase do procedimento expropriatório destina-se ao levantamento de dados e informações do imóvel expropriando, no qual os técnicos do órgão fundiário são autorizados a ingressar (Lei nº 8.629/93, artigo 2º, § 2º). A segunda, ao procedimento judicial, disciplinado por lei complementar, conforme previsto no § 3º do artigo 184 da Constituição Federal, durante a qual a Administração poderá novamente, vistoriar a área com a finalidade de avaliar a terra nua e as benfeitorias (LC 76/93, artigo 2º, § 2º). 2. Nada impede, porém, que a Administração faça a avaliação a partir dos dados colhidos na primeira fase, se julgá-los suficientes, não fazendo uso da faculdade que a lei complementar lhe dá para ingressar novamente no imóvel. 3. A avaliação a partir da primeira vistoria não é causa de nulidade do decreto presidencial, mesmo porque nenhum prejuízo sofreu o proprietário. *Pas de nullité sans grief*. 4. Aferição do grau de produtividade feita por gleba e não pelo imóvel como um todo. Esta Corte já decidiu que a União, após a vistoria de toda a área, pode optar pela desapropriação de apenas parte dela (MS nº 22.075-MT, Ilmar Galvão, DJ de 09.06.95). 5. O mandado de segurança não é meio idôneo para se buscar solução referente à classificação do imóvel objeto da desapropriação. Inexistência de direito líquido e certo à intangibilidade do primeiro laudo em face do segundo. Ausência de provas pré-constituídas. Precedentes. 6. Alegação de inobservância do período de 12 meses para o levantamento dos dados do imóvel. Improcedência da afirmação, visto que as glebas foram desmembradas após ter sido vistoriado o imóvel, como um todo, sendo desnecessária a reavaliação de cada parcela. 7. Tramitação de ação cautelar de produção antecipada de prova sobre as mesmas questões tratadas no *mandamus*. As duas ações são independentes. Os atos do procedimento expropriatório não se vinculam ao desfecho da ação cautelar. Segurança denegada. (MS 23744, Relator(a): Min. MAURÍCIO CORRÊA, Tribunal Pleno, julgado em 21/06/2001)

(FCC MPE/PA 2014) A União editou Decreto de Desapropriação da Fazenda Santa Rita, localizada no Estado do Pará, declarando interesse social para fins de reforma agrária. Após este ato, ingressou administrativamente no imóvel, com auxílio de força policial, para promover sua vistoria e avaliação. A conduta da Administração pública foi

A) ilegal pelo uso da força policial, que não é admitido nos conflitos de reforma agrária.

B) legal, uma vez que a edição do Decreto, neste caso, autoriza a Administração pública a ingressar no imóvel, com auxílio de força policial, sem necessidade de autorização judicial.

C) legal, uma vez que a Administração pública pode, em qualquer situação, ingressar na propriedade privada, com auxílio de força policial, valendo-se de seu Poder de Polícia.

D) ilegal, diante da necessidade de haver uma autorização formal do Conselho Federal da Reforma Agrária.

E) ilegal, diante da necessidade de haver, neste caso, prévia autorização judicial.

GABARITO: E

4.2. Fase Judicial

Para adentrar na fase judicial, pressupõe-se que não houve acordo na fase administrativa. A ação de desapropriação deverá ser proposta dentro do prazo de 2 anos, contado da publicação do decreto declaratório (art. 3º da LC 76/93).

STJ: Na vigência de liminar impedindo a prática de atos tendentes a efetivar a desapropriação, inclusive a propositura da correspondente ação, não ocorre a situação de decadência do decreto expropriatório. (REsp nº 1.085.795/PE, Rel. Min. Teori Albino Zavascki)

O procedimento judicial da desapropriação de imóvel rural, por interesse social, para fins de reforma agrária, obedecerá ao contraditório especial, de rito **sumário** (art. 1º da LC 76/93). O CPC/2015 estabelece, no art. 1.046, § 2º, que permanecem em vigor as disposições especiais dos procedimentos regulados em outras leis, aos quais se aplicará supletivamente o código processual civil.

A legitimidade ativa para a ação é do Incra (art. 2º, §1, da LC 76/93). A legitimidade passiva é do proprietário do imóvel rural que não cumpriu a função social.

A **PETIÇÃO INICIAL** deve observar o art. 319 do CPC, bem como o art. 5º da LC 76/93:

> Art. 5º A petição inicial, além dos requisitos previstos no Código de Processo Civil, conterá a oferta do preço e será instruída com os seguintes documentos:
>
> I – Texto do decreto declaratório de interesse social para fins de reforma agrária, publicado no Diário Oficial da União;
>
> II – Certidões atualizadas de domínio e de ônus real do imóvel;
>
> III – documento cadastral do imóvel;
>
> IV – Laudo de vistoria e avaliação administrativa, que conterá, necessariamente:
>
> a) descrição do imóvel, por meio de suas plantas geral e de situação, e memorial descritivo da área objeto da ação;
>
> b) relação das benfeitorias úteis, necessárias e voluptuárias, das culturas e pastos naturais e artificiais, da cobertura florestal, seja natural ou decorrente de florestamento ou reflorestamento, e dos semoventes;
>
> c) discriminadamente, os valores de avaliação da terra nua e das benfeitorias indenizáveis.
>
> V – comprovante de lançamento dos Títulos da Dívida Agrária correspondente ao valor ofertado para pagamento de terra nua; (Incluído pela Lei Complementar nº 88, de 1996).
>
> VI – Comprovante de depósito em banco oficial, ou outro estabelecimento no caso de inexistência de agência na localidade, à disposição do juízo, correspondente ao valor ofertado para pagamento das benfeitorias úteis e necessárias. (Incluído pela Lei Complementar nº 88, de 1996).

O juiz, ao **DESPACHAR** a petição **INICIAL**, de plano ou no prazo máximo de 48 horas (art. 6º da LC 76/93):

I – Mandará **imitir** o **autor na posse** do imóvel. Ao despachar a petição inicial, o Juiz Federal concederá, liminarmente, a imissão provisória na posse ao INCRA, isto é, antes mesmo da citação do proprietário do imóvel rural. Imissão prévia ou provisória na posse é o ato de tomar posse legal da coisa antes do pagamento da quantia arbitrada ao desapropriado. O juiz poderá, para a efetivação da imissão na posse, requisitar força policial (art. 6º, §2º, da LC 76/93).

A LC nº 76/93 presume a urgência, razão pela qual a imissão na posse não necessita ser demonstrada. Diferente é a situação do art. 15 do Decreto-Lei nº 3.365/41, em que a urgência deve ser alegada pelo Poder Público para deferimento da imissão provisória na posse.

II – Determinará a citação do expropriando para contestar o pedido e indicar assistente técnico, se quiser. Concomitantemente ao deferimento da imissão de posse, será determinada a citação do proprietário expropriando para, querendo, contestar a ação e indicar assistente técnico. Na desapropriação para fins de reforma agrária, a contestação possui amplo caráter cognitivo.

III – expedirá mandado ordenando a averbação do ajuizamento da ação no registro do imóvel expropriando, para conhecimento de terceiros.

Inexistindo dúvida acerca do domínio, ou de algum direito real sobre o bem, ou sobre os direitos dos titulares do domínio útil, e do domínio direto, em caso de enfiteuse ou aforamento, ou, ainda, inexistindo divisão, hipótese em que o valor da indenização ficará depositado à disposição do juízo enquanto os interessados não resolverem seus conflitos em ações próprias, poderá o expropriando requerer o levantamento de 80% da indenização depositada, quitado os tributos e publicados os editais, para conhecimento de terceiros, a expensas do expropriante, duas vezes na imprensa local e uma na oficial, decorrido o prazo de 30 dias (art. 6º, §1º, da LC nº 76/93).

Na existência de disputas, estas serão dirimidas em ação própria, afastando da ação de desapropriação qualquer discussão que não seja vinculada diretamente ao ato expropriatório. Porém, se a discussão dominial for matéria prejudicial, admite-se discussão nos próprios autos da desapropriação, permanecendo os valores depositados bloqueados até a solução definitiva da questão[29].

No curso da ação poderá o Juiz designar, com o objetivo de fixar a prévia e justa indenização, **AUDIÊNCIA DE CONCILIAÇÃO** que será realizada nos 10 primeiros dias a contar da citação, e na qual deverão estar presentes o autor, o réu e o Ministério Público. As partes ou seus representantes legais serão intimados via postal (art. 6º, §3º, da LC 76/93).

Aberta a audiência, o Juiz ouvirá as partes e o Ministério Público, propondo a conciliação (art. 6º, §4º, da LC 76/93). Se houver acordo, lavrar-se-á o respectivo termo, que será assinado pelas partes e pelo Ministério Público ou seus representantes legais (art. 6º, §5º, da LC 76/93) e homologado por sentença (art. 10 da LC

---

29 REsp 710.628/PR, Rel. Ministro Herman Benjamin, Segunda Turma, julgado em 17/12/2009.

76/93). A Instrução Normativa INCRA nº 34 de 23/05/2006 estabelece critérios e procedimentos para a realização de acordo judicial e extrajudicial nas ações de desapropriação para fins de reforma agrária. No acordo é vedada a inclusão de pagamento de juros de mora, juros compensatórios, parcelas relativas a honorários de advogado, de assistente técnico do expropriado e de parcelas indenizatórias em desacordo com o previsto no §2º do art. 12 da Lei nº 8.629/93[30].

A transação deverá ser proposta na audiência de conciliação, nos termos do §3º do art. 6º da LC nº 76/93. Excepcionalmente, poderá ser realizado acordo em ocasião diversa, quando o proprietário aquiescer ao valor da avaliação administrativa do INCRA, requerendo tão somente a redução dos prazos de resgate dos Títulos da Dívida Agrária. Nesse caso, os Títulos da Dívida Agrária serão expedidos originariamente com prazos reduzidos, devendo o acordo ser homologado judicialmente. Atente-se que também é possível a realização do acordo após a sentença de 1º grau, nos termos do art. 11 da mencionada instrução normativa. Desde que não importe no aumento do valor de mercado do imóvel fixado na condenação.

Integralizado o valor acordado, nos 10 dias úteis subsequentes ao pactuado, o Juiz expedirá mandado ao registro imobiliário, determinando a matrícula do bem expropriado em nome do expropriante (art. 6º, §6º, da LC 76/93). A Lei nº 8.629/93 prevê a redução do prazo de resgate dos Títulos da Dívida Agrária quando feito o acordo, nos termos do art. 5º, §§ 4º a 6º.

Não havendo acordo, o valor que vier a ser acrescido ao depósito inicial por força de laudo pericial acolhido pelo Juiz será depositado em espécie para as benfeitorias, juntado aos autos o comprovante de lançamento de Títulos da Dívida Agrária para terra nua, como integralização dos valores ofertados (art. 10, parágrafo único, da LC 76/93).

Cumpre ressaltar que a audiência de conciliação não suspende o curso da ação (art. 6º, §7º, da LC 76/93).

> (CESPE AGU 2010) A sentença homologatória de acordo firmado entre as partes, em sede de processo de desapropriação, não pode ser anulada por meio de ação popular, mesmo que caracterizado o desvio de finalidade.
>
> ERRADO[31]

---

30 Lei 8.629/93, art. 12, § 2º Integram o preço da terra as florestas naturais, matas nativas e qualquer outro tipo de vegetação natural, não podendo o preço apurado superar, em qualquer hipótese, o preço de mercado do imóvel.

31 PROCESSUAL CIVIL - DECISÃO JUDICIAL HOMOLOGATÓRIA DE ACORDO EM AÇÃO DE DESAPROPRIAÇÃO - ANULABILIDADE POR AÇÃO POPULAR. A decisão judicial que homologa acordo entre os litigantes do processo não produz coisa julgada material, podendo ser anulada a avença por ação diversa da rescisória. (REsp 536.762/RS, Rel. Ministra ELIANA CALMON, SEGUNDA TURMA, julgado em 21/06/2005, DJ 15/08/2005, p. 240)

A **CITAÇÃO** do expropriando será feita na pessoa do proprietário[32] do bem, ou de seu representante legal, obedecido o disposto no art. 75 do CPC[33] (art. 7º da LC 76/93). Em se tratando de enfiteuse[34] ou aforamento, serão citados os titulares do domínio útil e do domínio direto, exceto quando for contratante a União (art. 7º, §1º, da LC 76/93). No caso de espólio, inexistindo inventariante, a citação será feita na pessoa do cônjuge sobrevivente ou na de qualquer herdeiro ou legatário que esteja na posse do imóvel (art. 7º, §2º, da LC 76/93).

Serão ainda citados os confrontantes que, na fase administrativa do procedimento expropriatório, tenham, fundamentadamente, contestado as divisas do imóvel expropriando (art. 7º, §4º, da LC 76/93). Trata-se de litisconsórcio necessário, permitindo a contestação pelo confrontante que teme a desapropriação de parcela de seu imóvel.

Já aqueles que figuram como titulares de direitos reais sobre o imóvel desapropriando serão **INTIMADOS** da ação (art. 7º, §3º, da LC 76/93).

O autor, além de outras formas previstas na legislação processual civil, poderá requerer que a citação do expropriando seja feita pelo correio, através de

32 CC, Art. 1.227. Os direitos reais sobre imóveis constituídos, ou transmitidos por atos entre vivos, só se adquirem com o registro no Cartório de Registro de Imóveis dos referidos títulos (arts. 1.245 a 1.247), salvo os casos expressos neste Código.

33 CPC, Art. 75. Serão representados em juízo, ativa e passivamente: I – a União, pela Advocacia-Geral da União, diretamente ou mediante órgão vinculado; II – o Estado e o Distrito Federal, por seus procuradores; III – o Município, por seu prefeito ou procurador; IV – a autarquia e a fundação de direito público, por quem a lei do ente federado designar; V – a massa falida, pelo administrador judicial; VI – a herança jacente ou vacante, por seu curador; VII – o espólio, pelo inventariante; VIII – a pessoa jurídica, por quem os respectivos atos constitutivos designarem ou, não havendo essa designação, por seus diretores; IX – a sociedade e a associação irregulares e outros entes organizados sem personalidade jurídica, pela pessoa a quem couber a administração de seus bens; X – a pessoa jurídica estrangeira, pelo gerente, representante ou administrador de sua filial, agência ou sucursal aberta ou instalada no Brasil; XI – o condomínio, pelo administrador ou síndico.

§ 1º Quando o inventariante for dativo, os sucessores do falecido serão intimados no processo no qual o espólio seja parte.

§ 2º A sociedade ou associação sem personalidade jurídica não poderá opor a irregularidade de sua constituição quando demandada.

§ 3º O gerente de filial ou agência presume-se autorizado pela pessoa jurídica estrangeira a receber citação para qualquer processo.

§ 4º Os Estados e o Distrito Federal poderão ajustar compromisso recíproco para prática de ato processual por seus procuradores em favor de outro ente federado, mediante convênio firmado pelas respectivas procuradorias.

34 CC, Art. 2.038. Fica proibida a constituição de enfiteuses e subenfiteuses, subordinando-se as existentes, até sua extinção, às disposições do Código Civil anterior, Lei nº 3.071, de 1º de janeiro de 1916, e leis posteriores.

§ 1º Nos aforamentos a que se refere este artigo é defeso: I – cobrar laudêmio ou prestação análoga nas transmissões de bem aforado, sobre o valor das construções ou plantações; II – constituir subenfiteuse.

§ 2º A enfiteuse dos terrenos de marinha e acrescidos regula-se por lei especial.

carta com aviso de recepção, firmado pelo destinatário ou por seu representante legal (art. 8º da LC 76/93).

Obs.: A Lei nº 9.871/1999, no art. 3º, trazia regra específica de citação que dizia que caso a desapropriação, por interesse social, para fins de reforma agrária, recaia sobre imóvel rural, objeto de registro, no Registro de Imóveis, em nome de particular, que não tenha sido destacado, validamente, do domínio público por título formal ou por força de legislação específica, o Estado, no qual situada a área, será citado para integrar a ação de desapropriação.

Contudo, tal norma foi revogada pela Lei nº 13.178/2015, de maneira que a exigência de citação do Estado não é mais exigida.

A **CONTESTAÇÃO** deve ser oferecida no prazo de 15 dias e versar sobre **matéria de interesse da defesa**, excluída a apreciação quanto ao interesse social declarado (art. 9º da LC 76/93), ou seja, o expropriado não pode apenas insurgir-se contra a declaração de interesse social. Assim, a contestação da desapropriação agrária é mais ampla que a do Decreto-Lei nº 3.365/41, que determina em seu art. 20 que a contestação só poderá versar sobre vício do processo judicial ou impugnação do preço e que qualquer outra questão deverá ser decidida por ação direta. Confira decisão do STF:

> REFORMA AGRÁRIA. IMÓVEL RURAL PARA ESSE FIM DECLARADO DE INTERESSE SOCIAL. MANDADO DE SEGURANÇA POR MEIO DO QUAL SE POSTULA SEJA CONFERIDO EFEITO SUSPENSIVO À MEDIDA DE PRODUÇÃO ANTECIPADA DE PROVA PERICIAL, DESTINADA À DEMONSTRAÇÃO DE QUE SE TRATA DE IMÓVEL PRODUTIVO, IMUNE À DESAPROPRIAÇÃO. Manifesto despropósito da pretensão, posto que a prova obtida pelo meio indicado deverá ser oferecida, ou mesmo produzida, no bojo da própria ação de desapropriação, hoje de amplo caráter cognitivo, como previsto no art. 9º. da LC nº 76/93. (MS 22698, Relator(a): Min. Ilmar Galvão, Tribunal Pleno, julgado em 05/06/1997).

Nesta oportunidade, já decidiu o STF que o silêncio do INCRA acerca do resultado da vistoria não é causa de nulidade do decreto presidencial, pois a matéria referente à produtividade do imóvel poderá ser objeto da ação de desapropriação disciplinada pela LC 76/93[35]. O STJ, por sua vez, entende que é possível o debate acerca do domínio público dos imóveis, no bojo da ação de desapropriação para fins de reforma agrária, desde que suscitado pela própria entidade pública a quem caberia pagar por eventual indenização[36].

35 MS 24272, Relator(a): Min. Maurício Corrêa, Tribunal Pleno, julgado em 24/10/2002.

36 REsp 710.628/PR, Rel. Ministro Herman Benjamin, Segunda Turma, julgado em 17/12/2009.

(CESPE DPE/TO 2013) No processo de desapropriação para fins de reforma agrária, a contestação deve ser oferecida no prazo de trinta dias.

ERRADO

Há expressa previsão do direito de extensão, ou seja, a possibilidade de o expropriado requerer a desapropriação total e a indenização completa do imóvel, nos casos em que a parte remanescente se tornar inútil economicamente. Intentada a **desapropriação parcial**, o proprietário poderá requerer, na contestação, a desapropriação de todo o imóvel, quando a área remanescente ficar: I – reduzida a superfície inferior à da pequena propriedade rural; ou II – prejudicada substancialmente em suas condições de exploração econômica, caso seja o seu valor inferior ao da parte desapropriada (art. 4º da LC 76/93).

(CESPE DPE/TO 2013) Tratando-se de desapropriação parcial, o proprietário poderá requerer, na contestação, que a desapropriação atinja todo o imóvel quando a área remanescente ficar reduzida a superfície inferior à da média propriedade ou prejudicada substancialmente em suas condições de exploração econômica, caso seja o seu valor inferior ao da parte desapropriada.

ERRADO

Recebida a contestação, o juiz, se for o caso, determinará a realização de **PROVA PERICIAL**, adstrita a **pontos impugnados** do laudo de vistoria administrativa, a que se refere o art. 5º, inciso IV e, simultaneamente: I – designará o perito do juízo; II – formulará os quesitos que julgar necessários; III – intimará o perito e os assistentes para prestar compromisso, no prazo de 5 dias; IV – intimará as partes para apresentar quesitos, no prazo de 10 dias (art. 9º, §1º, da LC 76/93). A prova pericial será concluída no prazo fixado pelo juiz, não excedente a 60 dias, contado da data do compromisso do perito (art. 9º, §2º, da LC 76/93).

O STJ entende ser razoável ato judicial que determina a realização de nova perícia por ocasião da fase de execução da sentença, para que não haja superindenizações na desapropriação, respeitando-se o princípio constitucional da justa indenização:

> ADMINISTRATIVO. DESAPROPRIAÇÃO. FASE EXECUTÓRIA. DETERMINAÇÃO DE NOVA AVALIAÇÃO. FIXAÇÃO DA TERRA NUA INCLUINDO A COBERTURA FLORÍSTICA. ART. 12 DA LEI 8.629/93. 1. Recurso especial intentado contra acórdão, exarado em agravo de instrumento, que reformou decisão monocrática designadora de nova perícia na área objeto da ação expropriatória, em fase de execução, por entender que o juiz de primeiro grau elevou premissa fática equivocada quanto aos cálculos, para chegar à conclusão adotada. 2. A desapropriação, como ato de intervenção estatal na propriedade privada, é a forma mais drástica de manifestação do

poder de império, sendo imprescindível a presença da justa indenização como pressuposto de admissibilidade do ato expropriatório. 3. Posicionamento do Relator: filiação à corrente que entende ser impossível a *res judicata*, só pelo fundamento de impor segurança jurídica, sobrepor-se aos princípios da moralidade pública e da razoabilidade nas obrigações indenizatórias assumidas pelo Estado. Esse pensamento não nega a proteção do direito subjetivo de qualquer uma das partes, pelo contrário, a sua preservação apresenta-se devidamente fortalecida quando a decisão operante da coisa julgada vivifica sem qualquer ataque a princípios maiores constitucionais e que se refletem na proteção da cidadania. 4. Há razoabilidade em ato judicial de determinação de nova perícia técnica no intuito de se aferir, com maior segurança, o valor real no mercado imobiliário da área em litígio sem prejudicar qualquer das partes envolvidas. Resguarda-se, nesse atuar, maior proximidade com a garantia constitucional da justa indenização, seja pela proteção ao direito de propriedade, seja pela preservação do patrimônio público. 5. Inobstante em decisão anterior já transitada em julgado se haja definido o valor da indenização, é diante das peculiaridades do caso concreto que se pode estudar a necessidade da realização de nova avaliação. 6. Reforma do acórdão que afastou a designação de nova perícia. 7. Recurso especial provido. (REsp 602.636/MA, Rel. Ministro José Delgado, 1ª Turma, julgado em 06/05/2004)

A **AUDIÊNCIA DE INSTRUÇÃO E JULGAMENTO** será realizada em prazo não superior a 15 dias, a contar da conclusão da perícia (art. 11 da LC 76/93).

O juiz proferirá **SENTENÇA** na audiência de instrução e julgamento ou nos 30 dias subsequentes, indicando os fatos que motivaram o seu convencimento (art. 12 da LC 76/93).

Ao fixar o valor da indenização, o juiz considerará, além dos laudos periciais, outros meios objetivos de convencimento, inclusive a pesquisa de mercado (art. 12, §1º, da LC 76/93). Imperando em nosso ordenamento jurídico os princípios do livre convencimento do juiz e da persuasão racional, não está o julgador obrigado a adotar o laudo do perito oficial, podendo fundamentar sua decisão no laudo do assistente técnico dos autores, desde que esse efetivamente melhor represente o valor de mercado do bem[37]. Considera-se justa a indenização que reflita o preço atual de mercado do imóvel em sua totalidade, aí incluídas as terras e acessões naturais, matas e florestas e as benfeitorias indenizáveis (art. 12 da Lei 8.629/93). Quando há grande lapso temporal entre a data da avaliação pela perícia e a prolação da sentença, o STJ possui entendimento de que a indenização deve ser fixada com referência à data da imissão[38].

---

37 REsp 223.390/PR, Rel. Ministro Milton Luiz Pereira, Primeira Turma, julgado em 06/12/2001.

38 Resp 922.998-PR, 1ª Turma, Min. Teori Albino Zavascki, Dj 11.09.2008

O valor da indenização corresponderá ao valor apurado na data da perícia, ou ao consignado pelo juiz, corrigido monetariamente até a data de seu efetivo pagamento (art. 12, §2º, da LC 76/93). Entretanto, o STJ entende que o dispositivo legal deve ser afastado na hipótese de grande lapso temporal entre a imissão na posse e a prova técnica, ou grande valorização imobiliária[39].

Na sentença, o juiz individualizará o valor do imóvel, de suas benfeitorias e dos demais componentes do valor da indenização (art. 12, §3º, da LC 76/93).

Tratando-se de enfiteuse ou aforamento, o valor da indenização será depositado em nome dos titulares do domínio útil e do domínio direto e disputado por via de ação própria (art. 12, §4º, da LC 76/93).

Da sentença que fixar o preço da indenização caberá **APELAÇÃO** com efeito simplesmente **devolutivo**, quando interposta pelo **expropriado** e, em **ambos os efeitos**, quando interposta pelo **expropriante** (art. 13 da LC 76/93). A apelação interposta pelo expropriado necessita de preparo[40]. De outro lado, nos termos do art. 18 da LC 76/93, a apelação interposta pelo Incra dispensa preparo. O STJ estende tal situação às ações conexas:

> TRIBUTÁRIO. RECURSO ESPECIAL. ISENÇÃO DE CUSTAS. LC 76/93. AÇÕES DESAPROPRIATÓRIAS. [...] 2. A isenção de preparo e de emolumentos não se restringe à ação desapropriatória, mas a todos os feitos que com ela guardem relação, inclusive as medidas cautelares. 3. Recurso especial improvido. (REsp 552.233/RS, Rel. Min. Castro Meira, 2ª Turma, julgado em 14/06/2005, DJ 15/08/2005)

A Lei Complementar ainda prevê hipótese de **REMESSA NECESSÁRIA**, determinando que a sentença que condenar o expropriante em quantia superior a 50% sobre o valor oferecido na inicial, fica sujeita a duplo grau de jurisdição (art. 13, §1º, da LC 76/93). Aplica-se, aqui, a Súmula 45 do STJ, que consolida o entendimento de que "no reexame necessário, é defeso ao Tribunal agravar a condenação imposta à Fazenda Pública".

No julgamento dos recursos decorrentes da ação desapropriatória não haverá revisor (art. 13, §2º, da LC 76/93). O CPC/2015 não mais previu a figura do revisor, pois não existe um dispositivo semelhante ao art. 551 do CPC/1973.

A pedido do expropriado, após o **TRÂNSITO EM JULGADO** da sentença, será levantada a indenização ou o depósito judicial (art. 16 da LC 76/93). Esse levantamento se refere aos 20% restantes do depósito prévio do valor da indenização

---

39 REsp 1306051/MA, Rel. Ministro NAPOLEÃO NUNES MAIA FILHO, PRIMEIRA TURMA, julgado em 08/05/2018.

40 REsp 963.673/RN, Rel. Ministro LUIZ FUX, PRIMEIRA TURMA, julgado em 05/02/2009.

relativos à terra nua e às benfeitorias indenizáveis. O pedido deverá ser realizado pelo próprio expropriado somente após o trânsito em julgado da sentença ou do acórdão que venha a substitui-la. Lembre-se que, nos termos do art. 6º, inciso I e § 1º, da LC 76/93, efetuado o depósito prévio do valor da indenização, o magistrado concederá a imissão na posse do bem expropriado, cabendo ao proprietário o direito de levantar até 80% do valor depositado em juízo, mediante a prova da propriedade, da quitação de eventuais dívidas fiscais que recaiam sobre o bem e da publicação de editais para fins de conhecimento de terceiros.

Ademais, serão deduzidos o valor de tributos e multas incidentes sobre o imóvel, exigíveis até a data da imissão na posse pelo expropriante (art. 16 da LC 76/93). A disposição normativa exige comprovação de quitação de tributos e multas do imóvel rural, ou seja, a regularidade fiscal do imóvel, e não da pessoa do expropriado.

OUTRAS REGRAS

- Efetuado ou não o levantamento, ainda que parcial, da indenização ou do depósito judicial, será expedido em favor do expropriante, no prazo de 48 horas, **MANDADO TRANSLATIVO** do **DOMÍNIO** para o Cartório do Registro de Imóveis competente, sob a forma e para os efeitos da Lei de Registros Públicos. O registro da propriedade nos cartórios competentes far-se-á no prazo improrrogável de 3 dias, contado da data da apresentação do mandado (art. 17 e parágrafo único da LC 76/93). Assim, haverá a transmissão formal da propriedade desapropriada para fins de reforma agrária a partir do registro do título no Registro de Imóveis, finalizando a fase executória da desapropriação (e não da ação judicial de desapropriação).
- As ações concernentes à desapropriação de imóvel rural, por interesse social, para fins de reforma agrária, têm caráter **PREFERENCIAL** e **PREJUDICIAL** em relação a outras ações referentes ao imóvel expropriando, e independem do pagamento de preparo ou de emolumentos (art. 18 da LC 76/93). As leis que regem a desapropriação por utilidade pública (DL nº 3.365/41) e por interesse social comum (Lei nº 4.132/62) não lhes conferem o caráter preferencial. Apesar da prejudicialidade estabelecida por lei, que deveria lhe garantir a ininterruptibilidade do procedimento, o STJ entende que a discussão da produtividade do imóvel é questão prejudicial ao andamento da desapropriação e ao deferimento da imissão na posse, permitindo a suspensão processual nos termos do art. 313 do CPC[41].

41 RMS 11.765/PB, Rel. Ministro José Delgado, Primeira Turma, julgado em 12/09/2000.

Qualquer ação que tenha por objeto o bem expropriando será distribuída, por dependência, à Vara Federal onde tiver curso a ação de desapropriação, determinando-se a pronta intervenção da União (art. 18, §1º, da LC 76/93).

O Ministério Público Federal intervirá, obrigatoriamente, após a manifestação das partes, antes de cada decisão manifestada no processo, em qualquer instância (art. 18, §2º, da LC 76/93), sob pena de nulidade. A causa de nulidade não é a ausência de manifestação do *Parquet*, mas sim a falta de sua intimação para atuar[42]. Porém, a falta de intimação do Ministério Público pode ser suprida por intervenção posterior, exigindo-se demonstração efetiva de prejuízo para declarar a nulidade[43].

- Os imóveis rurais desapropriados, uma vez registrados em nome do expropriante, não poderão ser objeto de ação reivindicatória (art. 21 da LC 76/93). Então, após o trânsito em julgado da sentença o expropriante fará a transcrição definitiva do imóvel no respectivo cartório, incorporando-se o imóvel rural, momento a partir do qual veda-se expressamente ajuizamento de ação reivindicatória.

> (CESPE AGU 2010) É cabível ação reivindicatória que verse sobre imóvel rural desapropriado para fins de reforma agrária e registrado em nome do expropriante.
>
> ERRADO

- Aplica-se subsidiariamente ao procedimento de que trata esta Lei Complementar, no que for compatível, o Código de Processo Civil (art. 22 da LC 76/93).

5. INDENIZAÇÃO NA DESAPROPRIAÇÃO AGRÁRIA

A **indenização**, para a **terra nua**, se dá mediante prévia e justa indenização em **Títulos da Dívida Agrária** (TDA), com cláusula de preservação do valor real, resgatáveis no prazo de até 20 anos, a partir do segundo ano de sua emissão. As **benfeitorias úteis e necessárias** serão indenizadas em **dinheiro**, através de precatório (art. 5º, V e VI, da LC 76/93; art. 5º da Lei nº 8.629/93; art. 184, *caput*, e §1º, da CF).

Percebe-se que se difere da indenização nas demais modalidades de desapropriação, que é em dinheiro.

Considera-se **justa** a indenização que reflita o preço atual de mercado do imóvel em sua totalidade, aí incluídas as terras e acessões naturais, matas e flo-

42 REsp 932.731/BA, Rel. Ministro Herman Benjamin, Segunda Turma, julgado em 25/08/2009.

43 REsp 767.598/CE, Rel. Ministro Humberto Martins, Segunda Turma, julgado em 27/02/2007.

restas e as benfeitorias indenizáveis, observados os seguintes aspectos (art. 12 da Lei nº 8.629/93):

I - Localização do imóvel;

II - Aptidão agrícola;

III - dimensão do imóvel;

IV - área ocupada e ancianidade das posses[44];

V - Funcionalidade, tempo de uso e estado de conservação das benfeitorias.

Verificado o preço atual de mercado da totalidade do imóvel, proceder-se-á à dedução do valor das benfeitorias indenizáveis a serem pagas em dinheiro, obtendo-se o preço da terra a ser indenizado em TDA (art. 12, §1º, da Lei nº 8.629/93).

O STJ já decidiu que em respeito ao princípio da justa indenização, os valores referentes à desapropriação para fins de reforma agrária devem corresponder à exata dimensão da propriedade, pois não faz sentido vincular-se, de forma indissociável, o valor da indenização à área registrada, visto que tal procedimento poderia acarretar, em certos casos, o enriquecimento sem causa de uma ou de outra parte caso a área constante do registro seja superior. Destarte, para fins indenizatórios, o alcance do justo preço recomenda que se adote a área efetivamente expropriada, com o fim de evitar prejuízo a qualquer das partes. No caso, deve-se pagar pelo que foi constatado pelo perito (a parte incontroversa), e o montante correspondente à área remanescente ficará eventualmente depositado em juízo até que se defina quem faz jus ao levantamento dos valores[45].

---

44 ADMINISTRATIVO. DESAPROPRIAÇÃO. REFORMA AGRÁRIA. OCUPAÇÃO DO IMÓVEL POR POSSEIROS. FATOR DE DESVALORIZAÇÃO. ART. 12, IV, DA LEI 8.629/1993. CRITÉRIO DESCONSIDERADO PELO TRF. VIOLAÇÃO DA NORMA FEDERAL. 1. Assiste razão à parte recorrente, já que omisso o acórdão no tocante à invasão do imóvel por posseiros. 2. Hipótese em que o Tribunal de origem reconheceu que a área em discussão estava invadida por terceiros à época da desapropriação. No entanto, afastou a aplicação do critério da desvalorização prevista no art. 12, IV, da Lei 8.629/1993. 3. A sentença e o acórdão recorrido não imputam ao Poder Público responsabilidade pela ocupação do imóvel por terceiros, nem mesmo por omissão. 4. O art. 12, IV, da Lei 8.629/1993 é peremptório ao indicar a posse e sua ancianidade como fatores de depreciação a serem observados pelo julgador. 5. É evidente que o imóvel invadido tem valor de mercado inferior ao daquele livre e desembaraçado, o que, nos termos expressos do citado diploma, deve ser reconhecido pelo juiz no momento da avaliação. 6. Não há reexame probatório, pois os fatos são incontroversos. Trata-se de reconhecer que a lei determina a adoção do fator desvalorizante (ocupação do imóvel e ancianidade da posse) desrespeitado pelo TRF, o que configura a violação do dispositivo legal. 7. Embargos de declaração acolhidos, com efeitos modificativos, para dar provimento ao Recurso Especial e determinar que as instâncias de origem apliquem o disposto no art. 12, IV, da Lei 8.629/1993 e considerem a invasão do imóvel e ancianidade da posse como fatores de desvalorização. (EDcl no AgRg no Ag 1228051/MA, Rel. Ministro MAURO CAMPBELL MARQUES, SEGUNDA TURMA, julgado em 22/02/2011)

45 REsp 1.115.875-MT, Rel. Min. Mauro Campbell Marques, julgado em 7/12/2010 (Info 459).

Integram o preço da terra as florestas naturais, matas nativas e qualquer outro tipo de vegetação natural, não podendo o preço apurado superar, em qualquer hipótese, o preço de mercado do imóvel (art. 12, §2º, da Lei nº 8.629/93).

O Laudo de Avaliação será subscrito por Engenheiro Agrônomo com registro de Anotação de Responsabilidade Técnica – ART, respondendo o subscritor, civil, penal e administrativamente, pela superavaliação comprovada ou fraude na identificação das informações (art. 12, §3º, da Lei nº 8.629/93).

5.1. Títulos da Dívida Agrária (TDA)

Os TDA se prestam à indenização da terra nua. São chamados de TDA Complementares quando a sentença estabelece montante superior àquele depositado inicialmente, procedendo-se à execução do julgado para recebimento da diferença. O STJ entende que a cláusula constitucional da justa e prévia indenização não é infirmada pela indenização em TDA, independentemente do prazo de resgate destes, uma vez que a disponibilização dos títulos aos expropriados faz-se em caráter *pro soluto*, ou seja, a só entrega deles materializa a indenização pela terra nua.

O prazo para resgate do TDA complementar, oriundo de aumento da indenização fixada por sentença judicial, tem como termo *a quo* a data da imissão provisória na posse, em observância à disposição constitucional que estabelece o prazo máximo de 20 anos para pagamento da indenização, nos termos do art. 184 da CF/88. Assim, os TDA complementares serão emitidos com a dedução do tempo decorrido entre a data do depósito inicial e a do seu lançamento, para que o prazo de resgate se enquadre no prazo constitucional vintenário, cuja data da imissão na posse será o termo inicial para o resgate de todos os TDA[46].

Obs.: Não é Incra que emite ou realiza o lançamento dos títulos da dívida agrária, mas, sim, Ministério da Fazenda que, atualmente, a exerce por meio da Secretaria do Tesouro Nacional[47].

Seus requisitos estão previstos na Constituição Federal e no art. 5º, §§ 3º a 6º da Lei nº 8.629/93.

46 AgRg no REsp 800.763/PA, Rel. Ministro Mauro Campbell Marques, Segunda Turma, julgado em 17/12/2009.

47 Decreto nº 578/92, Art. 3º Caberá ao Ministério da Economia, Fazenda e Planejamento (MEFP) a gestão, o controle, lançamento, resgate e pagamento de juros dos TDA. § 1º O lançamento dos TDA, em atendimento à execução do programa de reforma agrária, far-se-á mediante solicitação expressa do Instituto Nacional de Colonização e Reforma Agrária (Incra) ao Departamento do Tesouro Nacional (DTN). § 2º O MEFP manterá controle de todos os lançamentos dos títulos, bem assim do seu resgate e pagamento dos respectivos juros, por meio de sistema centralizado de liquidação e de custódia.

Os TDA conterão cláusula assecuratória de preservação de seu valor real e serão resgatáveis em até 20 anos a partir do segundo ano de sua emissão, em percentual proporcional ao prazo, observados os seguintes critérios (art. 5º, §3º da Lei nº 8.629/93): I – do segundo ao décimo quinto ano, quando emitidos para indenização de imóvel com área de até 70 módulos fiscais; II – do segundo ao décimo oitavo ano, quando emitidos para indenização de imóvel com área acima de 70 e até 150 módulos fiscais; e III – do segundo ao vigésimo ano, quando emitidos para indenização de imóvel com área superior a 150 módulos fiscais.

Para preservação do valor real, os TDA serão corrigidos pela Taxa Referencial (TR)[48], acrescidos de juros remuneratórios[49].

IMÓVEIS COM ÁREA	PRAZO PARA PAGAMENTO
até 70 módulos fiscais	2 a 15 anos
acima de 70 e até 150 módulos fiscais	2 a 18 anos
superior a 150 módulos fiscais	2 a 20 anos

Na hipótese de **acordo administrativo** ou acordo realizado no âmbito do procedimento previsto na LC nº 76/93 (**acordo judicial em audiência de conciliação**), o pagamento será efetuado de forma escalonada em TDA, resgatáveis em parcelas anuais, iguais e sucessivas, a partir do segundo ano de sua emissão, observadas as seguintes condições (art. 5º, §4º da Lei nº 8.629/93):

<table>
<tr><th>IMÓVEIS COM ÁREA</th><th colspan="2">PRAZO PARA PAGAMENTO</th></tr>
<tr><td>I – Até 3.000 hectares:</td><td colspan="2">5 anos</td></tr>
<tr><td rowspan="4">II – Superior a 3.000 hectares:</td><td>Primeiros 3.000 hectares</td><td>5 anos</td></tr>
<tr><td>Superior a 3.000 hectares até 10.000 hectares</td><td>10 anos</td></tr>
<tr><td>Superior a 10.000 hectares até 15000 hectares</td><td>15 anos</td></tr>
<tr><td>Exceder 15.000 hectares</td><td>20 anos</td></tr>
</table>

Percebe-se que se os expropriados litigarem com o Incra, receberão títulos com prazos de resgate mais longos. Os prazos previstos na tabela acima, quando iguais ou superiores a 10 anos, poderão ser reduzidos em 5 anos, desde que o proprietário concorde em **receber** o pagamento do valor das **benfeitorias úteis e necessárias** integralmente **em TDA** (art. 5º, §5º da Lei nº 8.629/93). Aceito pelo proprietário o pagamento das benfeitorias úteis e necessárias em TDA, os prazos de resgates dos respectivos títulos serão fixados mantendo-se a mesma

48 Art. 4º, § 1º, do Decreto nº 578/92 e art. 1º da Lei nº 8.660/93.

49 Art. 5º da Lei nº 8177/91

proporcionalidade estabelecida para aqueles relativos ao valor da terra e suas acessões naturais (art. 5º, §6º da Lei nº 8.629/93).

Na hipótese de decisão judicial transitada em julgado fixar a indenização da terra nua ou das benfeitorias indenizáveis em valor superior ao ofertado pelo expropriante, corrigido monetariamente, a diferença será paga na forma do art. 100 da CF/88, ou seja, por meio de precatórios ou requisições de pequeno valor (art. 5º, §8º da Lei nº 8.629/93). A Lei nº 13.465/2017 revogou os arts. 14 e 15 da LC nº 76/93, que estabeleciam que o valor da indenização fixada na sentença seria depositado em TDA, para a terra nua, e em dinheiro, para as benfeitorias, no prazo de 15 dias. Da forma como os artigos revogados disciplinavam a matéria, o pagamento em 15 dias após a sentença criava uma exceção ao regime de pagamento previsto no art. 100 da Constituição Federal.

Obs.: O §7º do art. 5º da Lei nº 8.629/93 cuida da incorporação de imóveis rurais para o Programa Nacional de Reforma Agrária (PNRA) por meio de compra e venda ou arrematação judicial. Dispõe que na aquisição por **compra e venda** ou na **arrematação judicial** de imóveis rurais destinados à implementação de **projetos integrantes do Programa Nacional de Reforma Agrária (PNRA)**, o pagamento poderá ser feito **em dinheiro**, na forma estabelecida em regulamento.

O instituto não se confunde com a desapropriação por interesse social para fins de reforma agrária, pois incide sobre imóveis de quaisquer dimensões e que cumpram ou não a função social, permitindo o pagamento em TDA ou em dinheiro.

5.2. Indenização da cobertura florestal na desapropriação

Integram o preço da terra nua, para fins de indenização, as florestas naturais, matas nativas e qualquer outro tipo de vegetação natural, não podendo o preço apurado superar, em qualquer hipótese, o preço de mercado do imóvel (art. 12, §2º, da Lei nº 8.629/93).

Desse modo, a cobertura florestal deve integrar o preço do imóvel considerado em sua totalidade, ou seja, o valor da cobertura florestal está inserido no da terra nua[50]. Para o STJ, o pagamento da cobertura florestal destacado do valor da terra nua é possível na presença dos seguintes requisitos: a) exploração econômica pelo proprietário/expropriado; b) que essa exploração seja efetiva e anterior à desapropriação (não admitida mera potencialidade econômica); c) que a exploração seja lícita.

STJ: Mesmo nas circunstâncias em que a área objeto da desapropriação seja ou esteja localizada em área de reserva legal ou área de preservação permanente, situação na qual os proprietários estão impedidos de explorar a atividade extrativista por imposição legal e que restringem o direito de propriedade, o Poder Público poderá promover a desapropriação, uma vez que estas possuem valor econômico (REsp 1698577/RO, Rel. Min. Herman Benjamin, 2ª Turma, julgado em 06/11/2018).

50 REsp 1073793/BA, Rel. Ministro Francisco Falcão, Primeira Turma, julgado em 23/06/2009.

Passivo Ambiental

Em razão da natureza *propter rem* das obrigações ambientais, o imóvel desapropriado que tiver sofrido degradação ambiental deve ser recuperado pelo Incra, que, ao fixar o valor da indenização, promove o desconto do valor referente aos custos para promoção da recuperação ambiental e adequação do imóvel à legislação ambiental. A existência de passivo ambiental no imóvel é fator de depreciação do valor de mercado.

Nesse sentido, o STJ entende que a recuperação da Área de Preservação Permanente e da Reserva Legal, assim como outras incumbências incidentes sobre o imóvel e decorrentes da função ecológica da propriedade, constitui obrigação *propter rem*; portanto, parte inseparável do título imobiliário, inexistindo, no ordenamento jurídico brasileiro, direito adquirido a degradar ou poluir, ou a desmatamento realizado. Sendo assim, nada mais justo do que realizar o desconto decorrente de passivos ambientais do valor da indenização (REsp 1307026/BA, Rel. Min. Herman Benjamin, 2ª Turma, julgado em 16/06/2015).

STJ: 1. O pagamento da indenização em desapropriação direta restringe-se à área efetivamente registrada, constante do decreto expropriatório, incumbindo à parte o ingresso em via ordinária própria para a apuração de eventual esbulho de área excedente. Inteligência do artigo 34, do Decreto-lei nº 3.365/41, e do artigo 6º, § 1º, da Lei Complementar nº 76/93. 2. O pagamento de área não-registrada conduz o Poder Público a indenizar aquele que não detém a propriedade da área expropriada e, consequentemente, ao enriquecimento sem causa do particular. 3. A indenização da cobertura vegetal deve ser calculada em separado ao valor da terra nua, quando comprovada a exploração econômica dos recursos vegetais. 4. A jurisprudência desta Terceira Turma, em casos como o presente, tem admitido o acréscimo de um percentual de 10% a 20% ao valor da terra nua, a fim de compensar a existência da vegetação natural não considerada em separado na avaliação pericial, conforme julgado a seguir transcrito, *verbis*: (...) Sendo assim, existindo potencial madeireiro e considerando as peculiaridades do caso concreto, reputo necessário o acréscimo de 10% sobre o valor da terra nua. (REsp 1075293/MT, Rel. Ministro LUIZ FUX, PRIMEIRA TURMA, julgado em 04/11/2010)

Súmula 497 do STF – As margens dos rios são de domínio público, insuscetíveis de expropriação e, por isso mesmo, excluídas de indenização.

5.3. Benfeitorias

O pagamento das benfeitorias necessárias e úteis deve ser feito em dinheiro, considerando-se as existentes até a expedição do ato expropriatório. Após, as benfeitorias necessárias continuarão sendo indenizadas, mas as úteis, só o serão se houver prévia autorização.

Obs.: Considerando que o art. 5º, §1º, da Lei nº 8.629/93 trata apenas das benfeitorias úteis e necessárias, há controvérsia a respeito da possibilidade de se indenizar as benfeitorias voluptuárias do imóvel rural expropriando. O Incra, no Manual de Obtenção de Terras e Perícia Judicial (Norma de Execução Incra/DT nº 52 de 2006), adota o entendimento de que as benfeitorias voluptuárias devem ser indenizadas em TDA, juntamente com a terra nua.

(VUNESP Delegado de Polícia PC/BA 2018) A desapropriação por interesse social do imóvel rural que não cumpra sua função social importa a prévia e justa indenização, inclusive no que tange às benfeitorias úteis e necessárias, por meio de títulos da dívida ativa.

ERRADO

Registre-se novamente que a Lei nº 13.465, de 2017 revogou os arts. 14 e 15 da LC 76/93, que diziam, respectivamente, que "o valor da indenização, estabelecido por sentença, deverá ser depositado pelo expropriante à ordem do juízo, em dinheiro, para as benfeitorias úteis e necessárias, inclusive culturas e pastagens artificiais e, em Títulos da Dívida Agrária, para a terra nua" e que "em caso de reforma de sentença, com o aumento do valor da indenização, o expropriante será intimado a depositar a diferença, no prazo de quinze dias". Isso porque não é possível o pagamento de indenização estabelecida em sentença diretamente em dinheiro, pois deve-se observar o regime de precatórios do art. 100 da CF[51].

(CESPE AGU 2013) Em caso de desapropriação de imóvel rural, por interesse social, para fins de reforma agrária, o expropriante, por ordem do juízo, estabelecida por sentença, deverá depositar o valor da indenização, em espécie, corrigido monetariamente, para as benfeitorias, sendo que, para a parcela correspondente à terra nua, esse valor deve ser depositado em títulos da dívida agrária.

ERRADO

51 ADMINISTRATIVO. DESAPROPRIAÇÃO POR INTERESSE SOCIAL, PARA FINS DE REFORMA AGRÁRIA. INDENIZAÇÃO FINAL. PAGAMENTO EM DINHEIRO NOS TERMOS DO ARTIGO 15, DA LC 76/1993, SEM SUJEIÇÃO A PRECATÓRIO. INSUBSISTÊNCIA. 1 - Os artigos 14 e 15 da LC nº 76/1993, alterando a sistemática de pagamento das indenizações devidas em razão de expropriação de imóvel para fins de reforma agrária, consoam-se ao artigo 184, § 1º, da C.F., onde prevista a indenização em dinheiro das benfeitorias úteis e necessárias, sem remissão ao artigo 100 da mesma Carta, não de sujeitando, destarte, ao regime do precatório." Alega-se violação ao artigo 100, da Carta Magna. O acórdão recorrido diverge da orientação firmada por esta Corte, conforme julgamento do RE 247.866, Rel. Ilmar Galvão, Plenário, DJ 24.11.00: "EMENTA: ADMINISTRATIVO. DESAPROPRIAÇÃO. INDENIZAÇÃO DE BENFEITORIAS. ALEGADA OFENSA DOS ARTS. 14, 15 E 16 DA LEI COMPLEMENTAR Nº 76/93 AO ART. 100 DA CONSTITUIÇÃO FEDERAL. **O art. 14 da Lei Complementar nº 76/93, ao dispor que o valor da indenização estabelecido por sentença em processo de desapropriação para fins de reforma agrária deverá ser depositado pelo expropriante em dinheiro, para as benfeitorias úteis e necessárias, inclusive culturas e pastagens artificiais, contraria o sistema de pagamento das condenações judiciais, pela Fazenda Pública, determinado pela Constituição Federal no art. 100 e parágrafos**. Os arts. 15 e 16 da referida lei complementar, por sua vez, referem-se, exclusivamente, às indenizações a serem pagas em títulos da dívida agrária, posto não estar esse meio de pagamento englobado no sistema de precatórios. Recurso extraordinário conhecido e provido, para declarar a inconstitucionalidade da expressão "em dinheiro, para as benfeitorias úteis e necessárias, inclusive culturas e pastagens artificiais e,", contida no art. 14 da Lei Complementar nº 76/93". (RE 409555, Relator(a): Min. GILMAR MENDES, julgado em 04/02/2004, publicado em DJ 17/02/2004 PP-00061)

5.4. Valor da indenização

A pedido do expropriado, após o trânsito em julgado da sentença, será levantada a indenização ou o depósito judicial, deduzidos o valor de tributos e multas incidentes sobre o imóvel, exigíveis até a data da imissão na posse pelo expropriante (art. 16 da LC 76/93).

Efetuado ou não o levantamento, ainda que parcial, da indenização ou do depósito judicial, será expedido em favor do expropriante, no prazo de 48 horas, mandado translativo do domínio para o Cartório do Registro de Imóveis competente, sob a forma e para os efeitos da Lei de Registros Públicos. O registro da propriedade nos cartórios competentes far-se-á no prazo improrrogável de três dias, contado da data da apresentação do mandado (art. 17 e parágrafo único da LC 76/93).

Ressalte-se que somente o valor em dinheiro inicialmente oferecido pela União pode ser levantado, pois os valores complementares decorrentes de decisão judicial observarão o rito processo de execução de quantia certa contra a Fazenda Pública, nos termos do art. 910 do CPC.

O valor da indenização, que inclui terra nua e benfeitorias úteis e necessárias, corresponderá ao valor apurado na data da perícia, ou ao consignado pelo juiz, corrigido monetariamente até a data de seu efetivo pagamento (art. 12, §2º, da LC 76/93).

Lembre-se ainda que as despesas judiciais e os honorários do advogado e do perito constituem encargos do sucumbente, assim entendido o expropriado, se o valor da indenização for igual ou inferior ao preço oferecido, ou o expropriante, na hipótese de valor superior ao preço oferecido (art. 19 da LC 76/93).

No que se refere à **correção monetária**, o STJ possui entendimento no sentido de que é devida a correção monetária dos TDA, porquanto raciocínio inverso implicaria desvirtuamento da cláusula constitucional que garante a justa indenização[52]. A legislação aplicada para a fixação de correção dos títulos é a do tempo do julgamento da desapropriação, em respeito ao princípio do *tempus regit actum*[53].

Os **TDA originais**, emitidos e depositados no início da demanda, devem observar a correção monetária própria dos títulos, que deve ficar a cargo da instituição bancária em que está depositado o valor relativo às benfeitorias e a prevista para os TDA já emitidos e depositados. Nos termos da Súmula 179 do

52 REsp 1.321.842-PE, Segunda Turma, DJe 24/10/2013. AgRg no REsp 1.293.895-MG, Rel. Min. Mauro Campbell Marques, julgado em 11/2/2014. REsp 1717043/PB, Rel. Ministro MAURO CAMPBELL MARQUES, SEGUNDA TURMA, julgado em 23/10/2018

53 AgInt no REsp 1525640/BA, Rel. Ministro BENEDITO GONÇALVES, PRIMEIRA TURMA, julgado em 22/08/2017.

STJ: "O estabelecimento de crédito que recebe dinheiro, em depósito judicial, responde pelo pagamento da correção monetária relativa aos valores recolhidos". A partir da data do depósito, a correção monetária e os juros serão pagos pela instituição financeira depositária, não sendo eles (correção e juros) imputáveis ao expropriante[54].

Os juros moratórios e compensatórios sobre TDA já emitidos são aplicáveis somente na hipótese em que os títulos vencerem sem ter quitados.

Em relação aos **TDAs complementares**, a sentença pode determinar a correção monetária, ou seja, aqueles a serem emitidos em complementação à indenização, quando o valor ofertado for inferior ao valor da condenação. Para os TDA complementares, aplica-se índice de correção previsto no Manual de Cálculos da Justiça Federal.

No que se refere aos juros, aplicam-se os compensatórios e moratórios aos TDA complementares[55].

Os compensatórios são devidos quando da imissão provisória na posse, ocasião em que o Poder Público, como forma de compensar a perda antecipada do bem, pagará juros compensatórios ao expropriado. O art. 5º, §9º, da Lei nº 8.629/93 afirma que se houver imissão prévia na posse e, posteriormente, for verificada divergência entre o preço ofertado em juízo e o valor do bem fixado na sentença definitiva, expressos em termos reais, sobre a diferença eventualmente apurada incidirão juros compensatórios a contar da imissão de posse, em percentual correspondente ao fixado para os títulos da dívida agrária depositados como oferta inicial para a terra nua, vedado o cálculo de juros compostos.

O STJ entende que "eventual improdutividade do imóvel não afasta o direito aos juros compensatórios, pois esses restituem não só o que o expropriado deixou de ganhar com a perda antecipada, mas também a expectativa de renda, considerando a possibilidade do imóvel ser aproveitado a qualquer momento de forma racional e adequada, ou até ser vendido com o recebimento do seu valor à vista" (REsp 1116364/PI, Rel. Ministro Castro Meira, Primeira Seção, julgado em 26/05/2010).

(CESPE AGU 2010) Os juros compensatórios, na desapropriação para fins de reforma agrária, fluem desde a imissão na posse.

CERTO

A partir da edição da Lei 13.465/2017, em 12 de julho de 2017, os juros compensatórios nas ações de desapropriação para reforma agrária devem ser

54 REsp 1055418/MT, Rel. Ministra DENISE ARRUDA, PRIMEIRA TURMA, julgado em 21/08/2008.

55 REsp 1315779/PB, Rel. Ministro OG FERNANDES, SEGUNDA TURMA, julgado em 24/04/2018. AREsp 1137616/MG, Rel. Ministro MAURO CAMPBELL MARQUES, SEGUNDA TURMA, julgado em 03/10/2017

fixados no mesmo percentual dos títulos da dívida agrária depositados como oferta inicial para a terra nua.

A taxa de remuneração dos títulos da dívida agrária será de 6% ao ano, para os títulos emitidos até 04 de maio de 2000 e para os resultantes de acordo judicial:

> Lei nº 8.177/91, art. 5º, § 4º Os TDA emitidos até 4 de maio de 2000 e os a serem emitidos para aquisição por compra e venda de imóveis rurais destinados à implantação de projetos integrantes do Programa Nacional de Reforma Agrária, nos termos das Leis nos 4.504, de 30 de novembro de 1964, e 8.629, de 25 de fevereiro de 1993, e os decorrentes de acordo judicial, em audiência de conciliação, com o objetivo de fixar a prévia e justa indenização, a ser celebrado com a União, bem como com os entes federados, mediante convênio, serão remunerados a 6% ao ano.

Quando não se tratar de acordo judicial ou no caso dos títulos emitidos a partir de 05 de maio de 2000, o percentual de juros será variável de acordo com o tamanho do imóvel, nos termos do art. 5º, *caput* e §3º da Lei nº 8.177/91 (estabelece regras de desindexação da economia):

> Art. 5° A partir de 1° de março de 1991, o valor nominal das Obrigações do Tesouro Nacional (OTN), emitidas anteriormente a 15 de janeiro de 1989 (art. 6° do Decreto-Lei n° 2.284, de 10 de março de 1986), dos Bônus do Tesouro Nacional (BTN), emitidos até a data de vigência da medida provisória que deu origem a esta lei, das Letras do Tesouro Nacional, de Série Especial (§ 1° do art. 11 do Decreto-Lei n° 2.376, de 25 de novembro de 1987), e dos Títulos da Dívida Agrária (TDA), será atualizado, no primeiro dia de cada mês, por índice calculado com base na TR referente ao mês anterior.
>
> § 3º A partir de 5 de maio de 2000, os Títulos da Dívida Agrária - TDA emitidos para desapropriação terão as seguintes remunerações:
>
> I - 3% ao ano para indenização de imóvel com área de até 70 módulos fiscais;
>
> II - 2% ao ano para indenização de imóvel com área acima de setenta e até 150 módulos fiscais; e
>
> III - 1% ao ano para indenização de imóvel com área acima de 150 módulos fiscais.

A base de cálculo dos juros compensatórios é a diferença entre o preço ofertado em juízo e o valor do bem fixado na sentença definitiva. O termo inicial de incidência dos juros compensatórios é a imissão na posse do imóvel rural, pois destinam-se a compensar a perda antecipada da posse.

Os juros **moratórios** são devidos pelo Poder Público, quando houver atraso no pagamento da indenização (TDA complementar). O art. 15-B do Decreto-Lei 3.365/41 afirma que os juros moratórios se destinam a recompor a perda decorrente do atraso no efetivo pagamento da indenização fixada na decisão final de mérito.

STJ: Não incide imposto de renda sobre as verbas decorrentes de desapropriação (indenização, juros moratórios e juros compensatórios), seja por necessidade ou utilidade pública, seja por interesse social, por não constituir ganho ou acréscimo patrimonial.

As **despesas judiciais** e os **honorários** do advogado e do perito constituem encargos do sucumbente. A definição da parte sucumbente depende de uma variável: a diferença apurada entre o preço inicialmente oferecido e o valor da indenização (art. 19 da LC 76/93).

- se o valor da indenização for **igual ou inferior** ao preço oferecido → o **expropriado** será o sucumbente;
- se o valor da indenização for **superior** ao preço oferecido → o **expropriante** (União) será o sucumbente.

Os **honorários do advogado** do expropriado serão fixados em até 20% sobre a diferença entre o preço oferecido e o valor da indenização (art. 19, §1º, da LC 76/93). Contudo, a jurisprudência aplica a limitação de honorários prevista no art. 27, §1º, do Decreto-lei nº 3.365/1941 aos casos de desapropriação para fins de reforma agrária[56]. O professor Leonardo Carneiro[57] entende que os honorários do advogado devem continuar conforme a LC 76/93, não se aplicando a modificação da Medida Provisória nº 2.183-56/2001 no art. 27, §1º, do Decreto-lei nº 3.365/1941, porque prevalece a regra de que norma geral (DL nº 3.365/1941) não revoga norma especial (LC 76/93).

Os **honorários periciais** serão pagos em valor fixo, estabelecido pelo juiz, atendida à complexidade do trabalho desenvolvido (art. 19, §2º, da LC 76/93).

Em qualquer fase processual, mesmo após proferida a sentença, compete ao juiz, a requerimento de qualquer das partes, arbitrar valor para desmonte e transporte de móveis e semoventes (ou seja, para a mudança do expropriado), a ser suportado, ao final, pelo expropriante, e cominar prazo para que o promova o expropriado (art. 20 da LC 76/93).

6. OBRIGAÇÕES DO PODER PÚBLICO APÓS A DESAPROPRIAÇÃO

Efetuada a desapropriação, o órgão expropriante, dentro do prazo de 3 anos, contados da data de registro do título translativo de domínio, destinará a respectiva área aos beneficiários da reforma agrária, admitindo-se, para tanto,

56 REsp 1215458/AL, Rel. Ministro MAURO CAMPBELL MARQUES, SEGUNDA TURMA, julgado em 26/04/2011

57 CUNHA, Leonardo Carneiro da.

formas de exploração individual, condominial, cooperativa, associativa ou mista (art. 16 da Lei nº 8.629/93).

O **assentamento** de trabalhadores rurais deverá ser realizado em terras economicamente úteis, de preferência na região por eles habitada, observado o seguinte (art. 17 da Lei nº 8.629/93):

> I – A obtenção de terras rurais destinadas à implantação de projetos de assentamento integrantes do programa de reforma agrária será precedida de estudo sobre a viabilidade econômica e a potencialidade de uso dos recursos naturais. Assim, a destinação à reforma agrária do imóvel vistoriado pelo Incra depende de prévio estudo sobre a viabilidade econômica e a potencialidade do uso dos recursos naturais[58];
>
> II – Os beneficiários dos projetos manifestarão sua concordância com as condições de obtenção das terras destinadas à implantação dos projetos de assentamento, inclusive quanto ao preço a ser pago pelo órgão federal executor do programa de reforma agrária e com relação aos recursos naturais;
>
> III – nos projetos criados será elaborado Plano de Desenvolvimento de Assentamento – PDA, que orientará a fixação de normas técnicas para a sua implantação e os respectivos investimentos;
>
> IV – Integrarão a clientela de trabalhadores rurais, para fins de assentamento em projetos de reforma agrária, somente aqueles que satisfizerem os requisitos fixados para seleção e classificação previstos na Lei. Os requisitos estão previstos no art. 19, na forma de preferências, no art. 19-A, que aborda critérios de classificação dentro das categorias preferenciais. As proibições ou vedações para se tornar beneficiário da reforma agrária constam no art. 20 da Lei nº 8.629/93;
>
> V – a consolidação dos projetos de assentamento integrantes dos programas de reforma agrária dar-se-á com a concessão de créditos de instalação e a conclusão dos investimentos, bem como com a outorga do instrumento definitivo de titulação (esses últimos poderão se dar na forma de título de domínio ou na de concessão de direito real de uso – CDRU). Independentemente da implementação dos requisitos exigidos, considera-se consolidado (automaticamente) o projeto de assentamento que atingir o prazo de 15 anos de sua implantação, salvo por decisão fundamentada do Incra (§6º).

Para a consolidação desses projetos, é o Poder Executivo autorizado a conceder créditos de instalação aos assentados, nos termos do regulamento (§§1º e 2º). Referido regulamento estabelecerá prazos, carências, termos, condições, rebates para liquidação e procedimentos simplificados (§5º).

---

58 O laudo de vistoria prévia do Incra não determina quais modelos de exploração devem ser desenvolvidos pelos assentados na propriedade. A forma de exploração da terra é uma construção dos próprios beneficiários da reforma agrária.

Ademais, a quitação dos créditos não é requisito para a liberação das condições resolutivas do título de domínio ou da Concessão de Direito Real de Uso (CDRU), autorizada a cobrança da dívida na forma legal (§ 8º). Para a operacionalização da concessão, poderá ser contratada instituição financeira federal, dispensada a licitação (§3º). As despesas relativas à concessão de crédito adequar-se-ão às disponibilidades orçamentárias e financeiras do órgão responsável pela execução do referido programa (§4º).

Os assentamentos que, em 1º de junho de 2017, contarem com 15 anos ou mais de criação, deverão ser consolidados em até 3 anos, ou seja, até 1º de junho de 2020 (art. 17, §7º, da Lei nº 8.629/93).

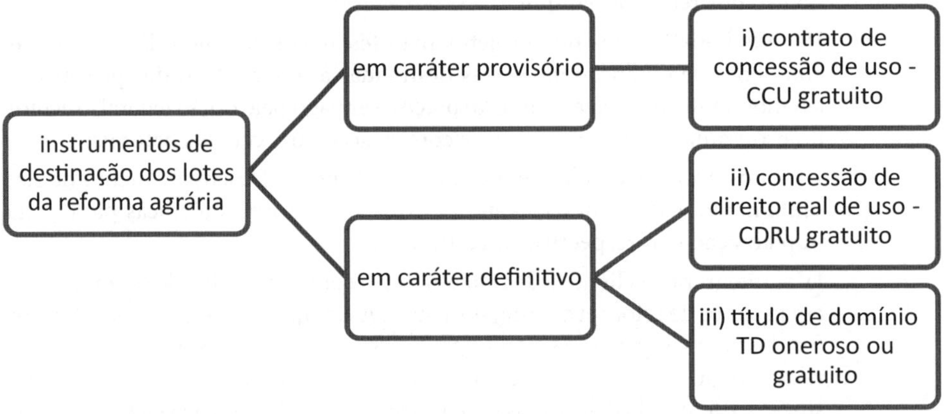

A **distribuição** de **imóveis rurais** pela reforma agrária far-se-á por meio de títulos de domínio, concessão de uso ou concessão de direito real de uso – CDRU instituído pelo art. 7º do Decreto-Lei nº 271, de 28 de fevereiro de 1967 (art. 18 da Lei nº 8.629/93). Os títulos de domínio e a CDRU são inegociáveis pelo prazo de 10 anos, contado da data de celebração do contrato de concessão de uso ou de outro instrumento equivalente (art. 18, §1º, da Lei nº 8.629/93).

Na implantação do projeto de assentamento, será celebrado com o beneficiário do programa de reforma agrária **contrato de concessão de uso – CCU**, gratuito, inegociável, de forma individual ou coletiva, que conterá cláusulas resolutivas, estipulando-se os direitos e as obrigações da entidade concedente e dos concessionários, assegurando-se a estes o direito de adquirir título de domínio ou a CDRU (art. 18, §2º, da Lei nº 8.629/93). Referido contrato transfere ao particular apenas a posse direta do bem, a fim de que o mesmo explore a terra garantindo o sustento de sua família.

O CCU, instrumento celebrado entre o Incra e o beneficiário imediatamente após a homologação da seleção, é inegociável e autoriza de forma provisória, segundo suas cláusulas, o uso e a exploração do imóvel e o acesso às demais políticas do PNRA. Atualmente o CCU é concedido por prazo indeterminado, pois o atual parágrafo único do art. 25 do Decreto nº 9.311/2018, prevê que será celebrado sem prazo determinado e sua vigência findará apenas com a titulação definitiva ou com a sua formal rescisão.

O CCU é transferível, a qualquer tempo, por sucessão legítima ou testamentária, desde que os herdeiros ou os legatários atendam aos requisitos de elegibilidade do PNRA e assumam as obrigações constantes do instrumento, vedado o fracionamento do lote.

O **título de domínio – TD** e a **CDRU**, formas de titulação definitiva, conterão cláusulas resolutivas e serão outorgados ao beneficiário do programa de reforma agrária, de forma individual ou coletiva, após a realização dos serviços de medição e demarcação topográfica do imóvel a ser alienado (art. 18, §3º, da Lei nº 8.629/93). Para fins de interpretação, a outorga coletiva não permite titulação, provisória ou definitiva, à pessoa jurídica (art. 18, §14, da Lei nº 8.629/93), ou seja, é vedada a titulação coletiva em nome da associação como representante dos assentados, mas não a titulação coletiva si em nome dos próprios assentados, em forma de condomínio.

O CDRU é o instrumento com força de escritura pública que transfere, de forma gratuita e em caráter definitivo, o direito real de uso condicionado à exploração rural de imóvel da reforma agrária ao beneficiário. A concessão objeto do CDRU é inegociável por ato *inter vivos* durante o período de 10 anos, contado da data de celebração do CCU ou de outro instrumento equivalente que comprove o início de exploração da parcela após a homologação. Decorrido o prazo de 10 anos, cumpridas as condições resolutivas e com anuência do Incra, a concessão do direito real de uso poderá ser negociada por ato *inter vivos* , desde que o adquirente atenda aos requisitos de elegibilidade do PNRA, vedado o fracionamento do lote ou a incorporação a outro imóvel rural que resulte em área final que ultrapasse quatro módulos fiscais.

A CDRU é transferível, antes do prazo de 10 anos, por sucessão legítima ou testamentária, desde que os herdeiros ou os legatários atendam aos requisitos de elegibilidade do PNRA, vedado o fracionamento do lote. O titular da concessão objeto do CDRU poderá, a qualquer tempo, optar por convertê-lo em TD, sem prejuízo na contagem do prazo de inegociabilidade

O TD é o instrumento com força de escritura pública que transfere, de forma onerosa ou gratuita e em caráter definitivo, a propriedade do imóvel da reforma agrária ao beneficiário e é inegociável durante o período de 10 anos.

Nos projetos de assentamento criados em terras devolutas discriminadas e registradas em nome do Incra ou da União, a alienação de propriedade objeto de TD de lotes de até um módulo fiscal será gratuita. Decorrido o prazo de 10 anos e cumpridas as condições resolutivas, a propriedade objeto do TD é negociável por ato *inter vivos*, vedada a incorporação da área titulada a outro imóvel rural cuja área final ultrapasse quatro módulos fiscais.

Durante a vigência das cláusulas resolutivas, a propriedade objeto do TD é transferível por sucessão legítima ou testamentária. Na hipótese de sucessão legítima ou testamentária da propriedade objeto de TD pendente de cumprimento das cláusulas resolutivas, os herdeiros assumirão as obrigações constantes do instrumento titulatório.

Obs.: O CCU estabelece relação jurídica de caráter obrigacional.

Na CDRU, o concessionário possui um direito real, não meramente obrigacional. Em razão disso, em caso de descumprimento das cláusulas resolutivas, o Incra deverá intentar ação reivindicatória, com base em sua propriedade.

A outorga de TD é modo de alienação de bem público, pela qual se transfere a titularidade do imóvel, que passará a pertencer ao patrimônio privado.

Obs.: As condições de permanência do beneficiário no PNRA constarão do Contrato de Concessão de Uso – CCU, do Contrato de Concessão de Direito Real de Uso – CDRU e do Título de Domínio – TD e incluem as seguintes obrigações da unidade familiar:

I – explorar o imóvel direta e pessoalmente, por meio de sua unidade familiar, exceto se verificada situação que enseje justa causa ou motivo de força maior reconhecido pelo Incra, admitidas a intermediação de cooperativas, a participação de terceiros, onerosa ou gratuita, e a celebração do contrato de integração de que trata a Lei nº 13.288, de 16 de maio de 2016 ;

II – Não ceder, a qualquer título, a posse ou a propriedade da parcela recebida, ainda que provisória e parcialmente, para uso ou exploração por terceiros;

III – observar a legislação ambiental, em especial quanto à manutenção e à preservação das áreas de reserva legal e de preservação permanente;

IV – Observar as diretrizes técnicas, econômicas e sociais definidas pelo Incra para projeto de assentamento;

V – Firmar o instrumento de titulação definitiva, conforme disciplinado pelo Incra; e

VI – Cumprir demais obrigações e compromissos previstos no instrumento contratual.

Regulamento[59] disporá sobre as condições e a forma de **outorga** dos títulos de domínio e da CDRU aos beneficiários dos projetos de assentamento do Programa Nacional de Reforma Agrária (art. 18, §4º, da Lei nº 8.629/93).

O **valor da alienação**, na hipótese de outorga de título de domínio, considerará o tamanho da área e será estabelecido entre 10% (dez por cento) e 50% (cinquenta por cento) do valor mínimo da pauta de valores da terra nua para fins de titulação e regularização fundiária elaborada pelo Incra, com base nos valores de imóveis avaliados para a reforma agrária, conforme regulamento (art. 18, §5º,

59 Decreto nº 9.311/2018, art. 24, § 4º A titulação definitiva por meio de CDRU, individual ou coletivo, ou por meio de TD coletivo somente será concedida quando requerida por, no mínimo, cinquenta por cento dos beneficiários de um mesmo projeto de assentamento, conforme disciplinado pelo Incra.

da Lei nº 8.629/93). Os títulos emitidos antes da vigência da Lei nº 13.465/2017 poderão ter seus valores reenquadrados conforme os valores acima, mediante requerimento do interessado, observados os termos estabelecidos em regulamento e vedada a restituição de valores já pagos que eventualmente excedam o valor devido após o reenquadramento. (art. 18, §15, da Lei nº 8.629/93).

As **condições de pagamento**, carência e encargos financeiros serão definidas em regulamento[60], não podendo ser superiores às condições estabelecidas para os financiamentos concedidos ao amparo da Lei Complementar nº 93, de 4 de fevereiro de 1998, e alcançarão os títulos de domínio cujos prazos de carência ainda não expiraram. (art. 18, §6º, da Lei nº 8.629/93).

A alienação de lotes de até 1 (um) módulo fiscal, em projetos de assentamento criados em terras devolutas discriminadas e registradas em nome do Incra ou da União, ocorrerá de forma gratuita. (art. 18, §7º, da Lei nº 8.629/93).

São considerados não reembolsáveis pelos beneficiários do PNRA (art. 18, §8º, da Lei nº 8.629/93):

> I – Os valores relativos às obras de infraestrutura de interesse coletivo;
>
> II – Aos custos despendidos com o plano de desenvolvimento do assentamento; e
>
> III – aos serviços de medição e demarcação topográficos.

Dessa maneira, os beneficiários da Reforma Agrária assentados pelo Incra não pagarão à União por esses serviços necessários à implantação do projeto de assentamento.

O título de domínio ou a CDRU poderão ser concedidos aos beneficiários do PNRA com o cumprimento das obrigações estabelecidas com fundamento no inciso V do art. 17 (consolidação dos projetos de assentamentos) e no regulamento. (art. 18, §9º, da Lei nº 8.629/93).

O órgão federal executor do programa de reforma agrária manterá atualizado o cadastro de áreas desapropriadas e das adquiridas por outros meios e de beneficiários da reforma agrária e disponibilizará os dados na rede mundial de computadores (art. 18, §12, da Lei nº 8.629/93). O Incra promoverá, periodicamente, a cada 2 anos, a atualização cadastral das famílias beneficiárias, ficando o assentado responsável por promover atualização cadastral de sua unidade familiar

60 Decreto nº 9.311/2018, art. 39. O pagamento do TD será efetuado à vista ou a prazo, em prestações anuais e sucessivas, amortizáveis em até vinte anos, incluída a carência de três anos, conforme valor mínimo de parcela a ser estabelecido pelo Incra. § 1º Para pagamento à vista, será concedido desconto de vinte por cento sobre o valor atualizado do título desde que efetuado dentro no prazo de cento e oitenta dias, contado da data da do recebimento do título ou do termo aditivo, na hipótese de reenquadramento.

junto à autarquia, sob pena de bloqueio da condição de assentado. A atualização cadastral será processada preferencialmente por meio eletrônico. O Incra poderá até mesmo celebrar acordos de cooperação, convênios ou outros instrumentos congêneres com órgãos da administração pública federal, estadual, distrital ou municipal e utilizar dos serviços de assistência técnica e extensão rural (art. 17 do Decreto nº 9.311, de 2018).

Os títulos de domínio, a concessão de uso ou a CDRU serão conferidos ao homem, na ausência de cônjuge ou companheira, à mulher, na ausência de cônjuge ou companheiro, ou ao homem e à mulher, obrigatoriamente, nos casos de casamento ou união estável (art. 18, §13, da Lei nº 8.629/93).

Falecendo qualquer dos concessionários do contrato de concessão de uso ou de CDRU, seus herdeiros ou legatários receberão o imóvel, cuja transferência será processada administrativamente, não podendo fracioná-lo. (art. 18, §10, da Lei nº 8.629/93). Os herdeiros ou legatários que adquirirem, por sucessão, a posse do imóvel não poderão fracioná-lo (art. 18, §11, da Lei nº 8.629/93).

O CCU e a CDRU, são transferíveis por sucessão legítima ou testamentária, mas desde que os respectivos herdeiros ou os legatários atendam aos requisitos de elegibilidade do PNRA e assumam as obrigações constantes do instrumento, vedado o fracionamento do lote. De outro lado, dispõe o art. 36 do Decreto nº 9.311/201, que durante a vigência das cláusulas resolutivas, a propriedade objeto do Título de Domínio – TD é transferível por sucessão legítima ou testamentária, situação em que os herdeiros assumirão as obrigações constantes do instrumento de titulação, acaso ainda pendente de cumprimento das cláusulas resolutivas. Assim, não há exigência para herdar no caso do falecimento de beneficiário detentor de título de domínio com cláusulas resolutivas ainda vigentes, pois o beneficiário falecido já detinha a propriedade do imóvel, ainda que resolúvel.

Os lotes a serem distribuídos pelo Programa Nacional de Reforma Agrária não poderão ter área superior a 2 (dois) módulos fiscais ou inferior à fração mínima de parcelamento. (art. 18-A, da Lei nº 8.629/93).

Fica o Incra autorizado, nos assentamentos com data de criação anterior ao período de dois anos, contado retroativamente a partir de 22 de dezembro de 2016, a conferir o título de domínio ou a CDRU relativos às áreas em que ocorreram desmembramentos ou remembramentos após a concessão de uso. Trata-se de anistia, que excepcionalmente permite a regularização de situações irregulares, desde que observados os seguintes requisitos (art. 18-A, §1º, da Lei nº 8.629/93):

> I – Observância da fração mínima de parcelamento e do limite de área de até quatro módulos fiscais por beneficiário, observado o disposto no art. 8º da Lei nº 5.868, de 12 de dezembro de 1972;
>
> II – O beneficiário não possua outro imóvel a qualquer título;

III – o beneficiário preencha os requisitos exigidos no art. 3º da Lei nº 11.326, de 24 de julho de 2006; e

IV – O desmembramento ou o remembramento seja anterior ao período de dois anos, contado retroativamente a partir de 22 de dezembro de 2016.

O beneficiário titulado nos termos acima não fará jus aos créditos de instalação de que trata o art. 17, V (art. 18-A, §2º, da Lei nº 8.629/93).

Os títulos concedidos nos termos acima são inegociáveis pelo prazo de dez anos, contado da data de sua expedição. (art. 18-A, §3º, da Lei nº 8.629/93).

Identificada a ocupação ou a exploração de área objeto de projeto de assentamento por indivíduo que não se enquadre como beneficiário do Programa Nacional de Reforma Agrária, o ocupante será notificado para desocupação da área, nos termos estabelecidos em regulamento, sem prejuízo de eventual responsabilização nas esferas cível e penal (art. 18-B da Lei nº 8.629/93). Nesta hipótese, de ocupação irregular por terceiros não beneficiários, o Incra adotará providências de retomada, salvo se excepcionalmente for possível a sua regularização nos termos art. 26-B da Lei nº 8.629/93, que assim dispõe, anistiando as ocupações irregulares:

> Art. 26-B. A ocupação de lote sem autorização do Incra em área objeto de projeto de assentamento criado há, no mínimo, dois anos, contados a partir de 22 de dezembro de 2016, poderá ser regularizada pelo Incra, observadas as vedações constantes do art. 20 desta Lei. (Incluído pela Lei nº 13.465, de 2017)
>
> § 1º A regularização poderá ser processada a pedido do interessado ou mediante atuação, de ofício, do Incra, desde que atendidas, cumulativamente, as seguintes condições: (Incluído pela Lei nº 13.465, de 2017)
>
> I – Ocupação e exploração da parcela pelo interessado há, no mínimo, um ano, contado a partir de 22 de dezembro de 2016; (Incluído pela Lei nº 13.465, de 2017)
>
> II – Inexistência de candidatos excedentes interessados na parcela elencados na lista de selecionados de que trata o § 3º do art. 19 desta Lei para o projeto de assentamento; (Incluído pela Lei nº 13.465, de 2017)
>
> III – observância pelo interessado dos requisitos de elegibilidade para ser beneficiário da reforma agrária; e (Incluído pela Lei nº 13.465, de 2017)
>
> IV – Quitação ou assunção pelo interessado, até a data de assinatura de novo contrato de concessão de uso, dos débitos relativos ao crédito de instalação reembolsável concedido ao beneficiário original. (Incluído pela Lei nº 13.465, de 2017)
>
> § 2º Atendidos os requisitos de que trata o § 1º deste artigo, o Incra celebrará contrato de concessão de uso nos termos do § 2º do art. 18 desta Lei. (Incluído pela Lei nº 13.465, de 2017)

O Decreto nº 9.311/2018, arts. 19 e 20, apresenta providências administrativas a serem tomadas conforme o tipo de irregularidade na ocupação ou exploração ser praticada por beneficiário ou não beneficiário do PNRA[61]. Na esfera criminal, o art. 20 da Lei nº 4.947/66, tipifica como crime a conduta específica de invadir terra pública ("invadir, com a intenção de ocupá-las, terras da União, dos Estados e dos Municípios"), imputando a pena de detenção de 6 meses a 3 anos. O parágrafo único dispõe que "na mesma pena incorre quem, com idêntico propósito, invadir terras de órgãos ou entidades federais, estaduais ou municipais, destinadas à Reforma Agrária".

A partir da aquisição do imóvel, o Poder Público o destina aos **beneficiários preferenciais** do art. 19 da Lei nº 8.629/93. O processo de seleção de indivíduos e famílias candidatos a beneficiários do Programa Nacional de Reforma Agrária será realizado por projeto de assentamento, observada a seguinte ordem de preferência na distribuição de lotes (art. 19 da Lei 8.629/93):

> I – Ao desapropriado, ficando-lhe assegurada a preferência para a parcela na qual se situe a sede do imóvel, hipótese em que esta será excluída da indenização devida pela desapropriação;

---

61 Art. 19. Identificada ocupação ou exploração em projeto de assentamento por unidade familiar não beneficiária do PNRA, deverá o Incra notificá-la para que imediatamente desocupe a área e cesse a exploração, sem prejuízo de eventual responsabilização nas esferas cível e penal.

§ 1º Na hipótese de constatação da ocupação de lote em projeto de assentamento por unidade familiar não beneficiária do PNRA com possibilidade de regularização na forma do art. 21, o ocupante será notificado para, no prazo de quinze dias, apresentar pedido de regularização acompanhado da documentação pertinente ou desocupar imediatamente a parcela.

§ 2º Apresentado o pedido de regularização, até a decisão final, ficarão sobrestadas medidas relativas à reintegração de posse ou à desocupação da parcela.

§ 3º Na hipótese de não ser apresentado o pedido de regularização no prazo previsto no § 1º ou do seu indeferimento, o Incra adotará as providências administrativas ou judiciais para reintegração de posse da parcela.

§ 4º Não sendo possível a regularização ou indeferido o pedido de regularização, o Incra declarará o perdimento das benfeitorias úteis e necessárias por terem sido feitas de má-fé e apurará eventuais danos ambientais e perdas e danos em razão da utilização irregular da área.

Art. 20. Na hipótese de descumprimento de cláusula contratual constante do CCU, do CDRU ou do TD, o beneficiário será notificado para adimplir a cláusula descumprida, em prazo fixado administrativamente conforme a natureza da irregularidade, sob pena de rescisão contratual ou de invalidação do título e reintegração de posse da parcela ao Incra.

Parágrafo único. Enquanto não regularizada sua situação, o beneficiário não poderá receber crédito de instalação ou ser beneficiado por outras políticas públicas do PNRA, restando bloqueada sua condição de assentado.

(CESPE DPE/AC 2017) De acordo com a legislação pertinente, o processo de seleção de indivíduos e famílias para o Programa Nacional de Reforma Agrária deve ser realizado por projeto de assentamento, sendo o primeiro na preferência, para a parcela na qual se situe a sede do imóvel, o

a) desapropriado.

b) posseiro.

c) trabalhador que atuava em condição análoga à de escravo.

d) arrendatário.

e) parceiro.

GABARITO: A

II – Aos que trabalham no imóvel desapropriado como posseiros, assalariados, parceiros ou arrendatários, identificados na vistoria (de fiscalização do cumprimento da função social);

III – aos trabalhadores rurais desintrusados de outras áreas, em virtude de demarcação de terra indígena, criação de unidades de conservação, titulação de comunidade quilombola ou de outras ações de interesse público;

IV – ao trabalhador rural em situação de vulnerabilidade social que não se enquadre nas hipóteses previstas nos incisos I, II e III deste artigo; A situação de vulnerabilidade social do candidato será comprovada por meio da respectiva inscrição no Cadastro Único para Programas Sociais do Governo Federal (CadÚnico), ou em outro cadastro equivalente definido em regulamento (art. 19, §5º, da Lei 8.629/93).

V – Ao trabalhador rural vítima de trabalho em condição análoga à de escravo;

VI – Aos que trabalham como posseiros, assalariados, parceiros ou arrendatários em outros imóveis rurais;

VII – aos ocupantes de áreas inferiores à fração mínima de parcelamento.

A ordem de preferência foi regulamentada pelo Decreto nº 9.311/2018, art. 9º, que dispõe sobre o processo de seleção, permanência e titulação de beneficiários do Programa de Reforma Agrária.

O processo de seleção será realizado pelo Incra com ampla divulgação do edital de convocação na internet e no Município em que será instalado o projeto de assentamento, bem como nos Municípios limítrofes, na forma do regulamento (art. 19, §1º, da Lei 8.629/93).

Nos projetos de assentamentos ambientalmente diferenciados, definidos em regulamento, o processo de seleção será restrito às famílias que já residam na área, observadas as vedações constantes do art. 20 da Lei nº 8.629/93[62] (art. 19, §2º, da Lei 8.629/93). Dessa maneira, a seleção dos projetos ambientalmente diferenciados restringe-se à verificação, em relação às famílias que já residem na área, da presença ou não de alguma vedação ao ingresso no PNRA: se inexistente a vedação, elas passarão a integrar o programa; se existentes, não serão selecionadas e deixarão a área.

Caso a capacidade do projeto de assentamento não atenda todos os candidatos selecionados, será elaborada lista dos candidatos excedentes, com prazo de validade de 2 anos, a qual será observada de forma prioritária quando houver substituição dos beneficiários originários dos lotes, nas hipóteses de desistência, abandono ou reintegração de posse (art. 19, §3º, da Lei 8.629/93). Esgotada a lista dos candidatos excedentes ou expirada sua validade, será instaurado novo processo de seleção específico para os lotes vagos no projeto de assentamento em decorrência de desistência, abandono ou reintegração de posse (art. 19, §4º, da Lei nº 8.629/93).

Existindo mais de um interessado dentro das ordens de preferências estabelecidas no art. 19 da Lei nº 8.629/93, o Incra **classifica** os candidatos a beneficiários do Programa Nacional de Reforma Agrária segundo os seguintes critérios (art. 19-A da Lei nº 8.629/93):

> I – Família mais numerosa cujos membros se proponham a exercer a atividade agrícola na área objeto do projeto de assentamento;
>
> II – Família ou indivíduo que resida há mais tempo no Município em que se localize a área objeto do projeto de assentamento para o qual se destine a seleção, ou nos Municípios limítrofes;
>
> III – família chefiada por mulher. Considera-se família chefiada por mulher aquela em que a mulher, independentemente do estado civil, seja responsável pela maior parte do sustento material de seus dependentes (art. 19-A, §2º, da Lei nº 8.629/93).
>
> IV – Família ou indivíduo integrante de acampamento situado no Município em que se localize a área objeto do projeto de assentamento ou nos Municípios limítrofes;

62 Art. 20. Não poderá ser selecionado como beneficiário dos projetos de assentamento a que se refere esta Lei quem: I – for ocupante de cargo, emprego ou função pública remunerada; II – tiver sido excluído ou se afastado do programa de reforma agrária, de regularização fundiária ou de crédito fundiário sem consentimento de seu órgão executor; III – for proprietário rural, exceto o desapropriado do imóvel e o agricultor cuja propriedade seja insuficiente para o sustento próprio e o de sua família; IV – for proprietário, cotista ou acionista de sociedade empresária em atividade; V – for menor de dezoito anos não emancipado na forma da lei civil; ou VI – auferir renda familiar proveniente de atividade não agrária superior a três salários mínimos mensais ou superior a um salário mínimo per capita.

> V – Filhos que tenham entre dezoito e vinte e nove anos idade de pais assentados que residam na área objeto do mesmo projeto de assentamento;
>
> VI – Famílias de trabalhadores rurais que residam em área objeto de projeto de assentamento na condição de agregados; e
>
> VII – outros critérios sociais, econômicos e ambientais estabelecidos por regulamento, de acordo com as áreas de reforma agrária para as quais a seleção é realizada.

Regulamento estabelecerá a pontuação a ser conferida aos candidatos de acordo com os critérios definidos por este artigo (art. 19-A, §1º, da Lei nº 8.629/93). Em caso de empate, terá preferência o candidato de maior idade (art. 19-A, §3º, da Lei nº 8.629/93)

Não poderá ser selecionado como beneficiário dos projetos de assentamento quem (art. 20 da Lei nº 8.629/93):

> I – For ocupante de cargo, emprego ou função pública remunerada. A vedação não se aplica ao candidato que preste serviços de interesse comunitário à comunidade rural ou à vizinhança da área objeto do projeto de assentamento, desde que o exercício do cargo, do emprego ou da função pública seja compatível com a exploração da parcela pelo indivíduo ou pelo núcleo familiar beneficiado (art. 20, §2º, da Lei nº 8.629/93). São considerados serviços de interesse comunitário as atividades prestadas nas áreas de saúde, educação, transporte, assistência social e agrária (art. 20, §3º, da Lei nº 8.629/93).

(VUNESP Delegado de Polícia PC/BA 2018) Perderá a condição de beneficiário dos projetos de assentamento para fins de reforma agrária quem vier a ocupar cargo, emprego ou função pública remunerada, ainda que a atividade assumida seja compatível com a exploração da parcela pelo indivíduo ou pelo núcleo familiar beneficiado.

ERRADO

> II – Tiver sido excluído ou se afastado do programa de reforma agrária, de regularização fundiária ou de crédito fundiário sem consentimento de seu órgão executor;
>
> III – for proprietário rural, exceto o desapropriado do imóvel e o agricultor cuja propriedade seja insuficiente para o sustento próprio e o de sua família;
>
> IV – For proprietário, cotista ou acionista de sociedade empresária em atividade;
>
> V – For menor de dezoito anos não emancipado na forma da lei civil; ou
>
> VI – Auferir renda familiar proveniente de atividade não agrária superior a três salários mínimos mensais ou superior a um salário mínimo per capita.

As disposições constantes dos incisos I, II, III, IV e VI são aplicáveis aos cônjuges e conviventes, inclusive em regime de união estável, exceto em relação ao cônjuge que, em caso de separação judicial ou de fato, não tenha sido beneficiado pelos programas de que trata o inciso II (art. 20, §1º, da Lei nº 8.629/93).

Não perderá a condição de beneficiário aquele que passe a se enquadrar nos incisos I, III, IV e VI, desde que a atividade assumida seja compatível com a exploração da parcela pelo indivíduo ou pelo núcleo familiar beneficiado (art. 20, §4º, da Lei nº 8.629/93).

Nos instrumentos que conferem o título de domínio – TD, concessão de uso – CCU ou cessão de direito real de uso – CDRU, os beneficiários da reforma agrária assumirão, obrigatoriamente, o compromisso (art. 21 da Lei nº 8.629/93):

- de cultivar o imóvel direta e pessoalmente, ou por meio de seu núcleo familiar, mesmo que por intermédio de cooperativas,
- e o de não ceder o seu uso a terceiros, a qualquer título, pelo prazo de 10 (dez) anos.

Contudo, a família beneficiária poderá celebrar o contrato de integração[63] de que trata a Lei nº 13.288, de 16 de maio de 2016 (art. 21, parágrafo único, da Lei nº 8.629/93).

Constará, obrigatoriamente, dos instrumentos translativos de domínio, de concessão de uso ou de CDRU, **cláusula resolutória**[64] que preveja a rescisão do contrato e o retorno do imóvel ao órgão alienante ou concedente, no caso de descumprimento de quaisquer das obrigações assumidas pelo adquirente ou concessionário (art. 22 da Lei nº 8.629/93). O beneficiário da reforma agrária adquire, desde logo, os direitos decorrentes dos instrumentos mencionados. No entanto, constatada a inobservância de quaisquer das condições resolutivas, o Incra adotará medidas de desfazimento do negócio jurídico, retomando o imóvel para si.

Após transcorrido o prazo de inegociabilidade de 10 anos, mesmo tendo o beneficiário consolidado em seu patrimônio a titularidade plena, o imóvel objeto de título translativo de domínio somente poderá ser alienado se a nova área titulada não vier a integrar imóvel rural com área superior a quatro módulos fiscais (art. 22, §1º, da Lei nº 8.629/93). Assim, não poderá ser livremente comercializada,

63 Lei nº 13.288/2016, art. 2º Para os efeitos desta Lei, entende-se por: I – integração vertical ou integração: relação contratual entre produtores integrados e integradores que visa a planejar e a realizar a produção e a industrialização ou comercialização de matéria-prima, bens intermediários ou bens de consumo final, com responsabilidades e obrigações recíprocas estabelecidas em contratos de integração;

64 Código Civil, art. 121. Considera-se condição a cláusula que, derivando exclusivamente da vontade das partes, subordina o efeito do negócio jurídico a evento futuro e incerto.

em razão da vedação legal de sua integração ou incorporação a outro imóvel que ultrapasse a área equivalente a quatro módulos fiscais.

Na hipótese de a parcela titulada passar a integrar zona urbana ou de expansão urbana, o Incra deverá priorizar a análise do requerimento de liberação das condições resolutivas (art. 22, §2º, da Lei nº 8.629/93).

OUTRAS REGRAS

- As benfeitorias, reprodutivas ou não, existentes no imóvel destinado para reforma agrária poderão ser cedidas aos beneficiários para exploração individual ou coletiva ou doadas em benefício da comunidade de assentados, na forma estabelecida em regulamento (art. 22-A da Lei nº 8.629/93).
- O estrangeiro residente no País e a pessoa jurídica autorizada a funcionar no Brasil só poderão arrendar imóvel rural na forma da Lei nº 5.709, de 7 de outubro de 1971 (art. 23 da Lei nº 8.629/93). Aplicam-se ao arrendamento todos os limites, restrições e condições aplicáveis à aquisição de imóveis rurais por estrangeiro, constantes da lei referida no caput deste artigo (art. 23, §1º, da Lei nº 8.629/93). Compete ao Congresso Nacional autorizar tanto a aquisição ou o arrendamento além dos limites de área e percentual fixados na Lei nº 5.709, de 7 de outubro de 1971, como a aquisição ou arrendamento, por pessoa jurídica estrangeira, de área superior a 100 (cem) módulos de exploração indefinida (art. 23, §2º, da Lei nº 8.629/93).
- As ações de reforma agrária devem ser compatíveis com as ações (art. 24 da Lei nº 8.629/93):
  - da política agrícola,
  - das políticas sociais
  - e das constantes no Plano Plurianual da União.
- O orçamento da União fixará, anualmente, o volume de títulos da dívida agrária e dos recursos destinados, no exercício, ao atendimento do Programa de Reforma Agrária (art. 25 da Lei nº 8.629/93).

Os recursos destinados à execução do Plano Nacional de Reforma Agrária deverão constar do orçamento do ministério responsável por sua implementação e do órgão executor da política de colonização e reforma agrária, salvo aqueles que, por sua natureza, exijam instituições especializadas para a sua aplicação (art. 25, §1º, da Lei nº 8.629/93). Relevante relembrar que as condenações que ultrapassem o valor inicial ofertado pelo Incra são pagas por precatório, desonerando o orçamento do Incra, nos termos do art. 5º, §8º, da Lei nº 8.629/93.

Objetivando a compatibilização dos programas de trabalho e propostas orçamentárias, o Incra encaminhará, anualmente e em tempo hábil, aos órgãos da administração pública responsáveis por ações complementares, o programa a ser implantado no ano subsequente (art. 25, §2º, da Lei nº 8.629/93).

- Diz a Lei nº 8.629/93, em seu art. 26, que são isentas de impostos federais, estaduais e municipais, inclusive do Distrito Federal, as operações de transferência de imóveis desapropriados para fins de reforma agrária, bem como a transferência ao beneficiário do programa (art. 26 da Lei nº 8.629/93). Trata-se, em verdade, de hipótese de imunidade tributária, pois referido artigo apenas repete o teor do §5º do art. 184 da CF.

> (IBEG Procurador de Guarapari/ES 2016) São isentas de tributos federais, estaduais e municipais as operações de transferência de imóveis desapropriados para fins de reforma agrária.
>
> ERRADO

- Não serão cobradas custas ou emolumentos para registro de títulos translativos de domínio de imóveis rurais desapropriados para fins de reforma agrária (art. 26-A da Lei nº 8.629/93). Aqui, o caso é de isenção heterônoma, que recai sobre custas e emolumentos de competência dos Estados membros[65].

QUESTÃO PRÁTICA

Com vistas a concretizar o programa federal de reforma agrária no sertão mineiro, o Instituto Nacional de Colonização e Reforma Agrária – INCRA iniciou procedimento administrativo de vistoria da Fazenda Mangabeira, a fim de que fossem levantados dados e informações acerca do tamanho e produtividade do referido imóvel rural. Para tanto, comunicou por escrito o seu proprietário, Sr. João Mangabeira, sobre a realização do ato, ultimando-o 60 dias após a aludida notificação.

Ao final da vistoria, os agentes do INCRA lavraram laudo em que se registrou o enquadramento da Fazenda Mangabeira como grande propriedade rural improdutiva, justificando-se a edição pelo Presidente da República de decreto expropriatório, com declaração do interesse social para fins de reforma agrária.

Ato contínuo, o INCRA ajuizou a competente ação de desapropriação, instruindo-a com o decreto expropriatório, certidões de domínio e ônus reais do imóvel, documentos cadastrais, laudo de avaliação e documentos comprobatórios de lançamento de títulos da dívida agrária e depósitos bancários para atestar a indenização, nesta ordem, da terra nua e das benfeitorias necessárias e úteis.

---

65 A ADPF 194 questiona a constitucionalidade da isenção heterônoma prevista do Decreto-Lei nº 1.537/77, cuja conclusão, dada a similitude de causas, é aplicável à isenção do art. 26-A da Lei nº 8.629/93.

Devidamente citado, o Sr. João Mangabeira contestou a ação, arguindo inicialmente que o decreto presidencial se baseou em avaliação equivocada de que a propriedade se classifica como grande, uma vez que, para efeito do cálculo do número de módulos fiscais, o INCRA incluiu áreas de preservação permanente não averbadas no registro imobiliário, o que afirma contrariar jurisprudência sedimentada do Supremo Tribunal Federal. Segue consignando que, excluídas tais áreas, a propriedade seria considerada média e, portanto, não poderia ser objeto de desapropriação para fins de reforma agrária.

Aduz, ainda, que o INCRA não considerou a divisão da Fazenda Mangabeira em suas partes autônomas, cada uma com matrícula própria registrada no cartório competente, o que também teria corroborado a errônea conclusão de que o imóvel seria grande e não médio. Para justificar o fracionamento sobredito, argumenta que recolhe, de forma individualizada para cada matrícula, Imposto Territorial Rural – ITR, constituindo comportamento contraditório do Poder Público considerá-lo agora como unidade global.

Ademais, argumenta o autor que o imóvel teria sido invadido por cerca de 200 (duzentos) trabalhadores ligados ao Movimento dos Trabalhadores Rurais Sem Terra – MST no período compreendido entre o procedimento de vistoria e a publicação do decreto expropriatório, o que impediria o prosseguimento do processo de desapropriação.

Ao final, sustenta que o preço ofertado pelo INCRA é irrisório, por não considerar a cobertura florística que reveste a terra nua, razão pela qual postula incremento do valor indenizatório, caso prossiga o feito.

Após designação de perícia, com a correspondente manifestação das partes, o juiz federal competente proferiu sentença extintiva do feito, declarando a nulidade do decreto expropriatório, por ter enquadrado de forma equivocada a Fazenda Mangabeira como latifúndio improdutivo. Consignou, ademais, que o esbulho praticado contra o imóvel se ergueria como óbice ao prosseguimento da desapropriação, conforme dispõe a legislação de regência e jurisprudência sumulada do STJ.

Remetidos os autos à Procuradoria Federal Especializada do INCRA, interponha o recurso cabível contra a decisão sobredita.

Espaço para rascunho

____

____

____

Comentários

Pela leitura do enunciado, é possível se concluir sem maiores dificuldades que a peça cabível no caso narrado é o **recurso de apelação**, já que a decisão judicial contrária aos interesses do INCRA é uma sentença.

1. FORMALIDADES

a) Cabimento

Como dito, o cabimento da apelação tem fundamento no art. 1.009 do NCPC:

> *Art. 1.009. Da sentença cabe apelação.*

Especificamente no que se refere ao procedimento para desapropriação, o Decreto-Lei 3.365/41 e a Lei Complementar n.º 76/93 dispõem que da sentença que *"da sentença que fixar o preço da indenização caberá apelação com efeito simplesmente devolutivo, quando interposta pelo expropriado e, em ambos os efeitos, quando interposta pelo expropriante"*. Embora o caso narrado não trate exatamente da hipótese normativa especial, o cabimento da apelação é inconteste com base no CPC/2015.

Também não seria inoportuna a menção de que a presente apelação possui efeito suspensivo automático ou *ope legis*, por força do art. 1.012 do CPC/2015 e do sobredito artigo especial.

b) Desnecessidade de preparo

Quanto à desnecessidade do preparo recursal, em regra, o candidato não precisa abrir um tópico específico para tanto. Todavia, na folha de rosto, por perfeição, deve-se sempre mencionar a isenção do Estado lato sensu em relação ao preparo recursal, na forma do art. 1.007, § 1º, do CPC.

c) Tempestividade

No que tange à tempestividade, já que não foram fornecidos elementos no enunciado, basta abrir um tópico específico, de poucas linhas, afirmando que o recurso obedeceu ao prazo legal de **30 dias úteis, para a fazenda pública**, tendo em vista a combinação dos artigos 183, 219 e 1003, § 5º, do CPC:

> *Art. 183. A União, os* ***Estados****, o Distrito Federal, os Municípios e suas respectivas autarquias e fundações de direito público gozarão de* ***prazo em dobro para todas as suas manifestações processuais****, cuja contagem terá início a partir da intimação pessoal.*
>
> *Art. 219. Na contagem de prazo em dias, estabelecido por lei ou pelo juiz, computar-se-ão somente os* ***dias úteis****.*
>
> *Art. 1.003. O prazo para interposição de recurso conta-se da data em que os advogados, a sociedade de advogados, a Advocacia Pública, a Defensoria Pública ou o Ministério Público são intimados da decisão.*
>
> ***§ 5º Excetuados os embargos de declaração, o prazo para interpor os recursos e para responder-lhes é de 15 (quinze) dias.***

2. MÉRITO RECURSAL

Antes de abordarmos as teses recursais, impõe-se advertir o candidato a respeito da importância do tema – desapropriação para fins reforma agrária – para o certame da Procuradoria-Geral Federal, exatamente por ser o INCRA uma das autarquias federais mais relevantes no cenário nacional.

Também a título introdutório, registre-se que a sentença da narrativa extinguiu o procedimento expropriatório em acolhida aos argumentos levantados pelo expropriado em sua contestação, que, na desapropriação para fins de reforma agrária (LC 76/93), é mais abrangente do que aquela prevista no Decreto-Lei n.º 3.365/41, pois nela se pode alegar **qualquer matéria de defesa**, excepcionando-se apenas a discussão acerca do interesse social contido no decreto expropriatório.

Contestação em procedimentos de desapropriação	
Utilidade ou necessidade pública (Art. 20 do Decreto-Lei 3.365/41)	**Interesse social para fins de reforma agrária (Art. 9º da LC 76/93)**
Cognição limitada ao valor da indenização e, excepcionalmente, ao direito de extensão.	Não há limitação cognitiva, podendo-se invocar qualquer matéria de defesa, excepcionando-se apenas a discussão sobre o interesse social

Dessa feita, não foi considerada a arguição de nulidade da sentença em razão do acolhimento de argumentos que supostamente teriam ultrapassado os limites cognitivos da contestação no procedimento expropriatório.

Não havendo preliminares a serem arguidas, passa-se às teses de mérito destinadas à reforma da sentença recorrida.

a) Enquadramento da Fazenda Mangabeiras como grande propriedade improdutiva: APPs não averbadas no registro imobiliário

Um dos argumentos que estribaram a nulidade do decreto expropriatório foi que o INCRA incluiu, no cálculo dos módulos fiscais, áreas de APPs não averbadas no registro imobiliário, resultando-se na conclusão supostamente errônea de que a Fazenda Mangabeiras seria grande propriedade improdutiva e não média.

Ocorre que o enunciado foi expresso em registrar que tais áreas ambientalmente protegidas não foram objeto de averbação no competente registro imobiliário, o que, segundo jurisprudência pacífica dos tribunais superiores, justifica a sua inclusão nos cálculos dos módulos fiscais, para fins de delimitação do tamanho da propriedade e da sua produtividade.

> ***(...) 4. Para a exclusão das áreas de preservação permanente ou de reserva legal, estas devem estar devidamente averbadas no respectivo registro do imóvel. Não se encontrando individualizada na averbação, a reserva florestal não poderá ser excluída da área total do imóvel desapropriando para efeito de cálculo da produtividade.*** *(MS 24924, Relator(a): Min. Marco Aurélio, Relator(a) p/ Acórdão: Min. Joaquim Barbosa, Tribunal Pleno, julgado em 24/02/2011)*
>
> ***Não se encontrando averbada no registro imobiliário antes da vistoria, a reserva florestal não poderá ser excluída da área total do imóvel desapropriando para efeito de cálculo da produtividade do imóvel rural.*** *(STJ. 2ª Turma. AgRg no REsp 1301751/MT, Rel. Min. Herman Benjamin, julgado em 08/04/2014 - Info 539).*

Cômputo de APPs no cálculo de extensão e produtividade de imóveis desapropriandos	
Averbação no registro imobiliário	**Ausência de averbação no registro imobiliário**
Devem ser <u>excluídas</u> do cálculo de extensão e produtividade do imóvel. Essa situação é benéfica ao proprietário, pois, como APPs são áreas não exploradas economicamente, o índice de improdutividade do imóvel diminui, caso sejam desconsideradas. Da mesma forma, na soma dos módulos fiscais, que determinam se uma propriedade é pequena, média ou grande, a retirada das APPs ajuda a torná-lo menor, o que pode amputar a faculdade de desapropriação do Poder Público, por força do art. 185, I, da CFRB.	Devem ser <u>incluídas</u> do cálculo de extensão e produtividade do imóvel. Essa situação é prejudicial ao proprietário, pois a área das APPs e a sua natural improdutividade econômica serão acrescidas ao imóvel desapropriando.

Portanto, deve o candidato postular a reforma da sentença, para que seja revolvida a validade do decreto expropriatório, reconhecendo-se o imóvel desapropriando como grande propriedade improdutiva.

b) *Enquadramento da Fazenda Mangabeiras como grande propriedade improdutiva: conceito de imóvel rural como unidade econômica*[66]

O segundo fundamento que sustentou a decretação de nulidade do decreto expropriatório refere-se à "divisão da Fazenda Mangabeiras em suas partes autônomas, cada uma com matrícula própria registrada no cartório competente", que seria, inclusive, abonada pelo recolhimento individualizado para cada matrícula do ITR.

Todavia, como será demonstrado, a sentença recorrida, também quanto a esse particular, merece reparos.

Com efeito, é cediço que o objeto da desapropriação por interesse social para fins de reforma agrária é o **imóvel rural**, consoante estabelecido no art. 184 da CRFB:

> *Art. 184. Compete à União desapropriar por interesse social, para fins de reforma agrária, o **imóvel rural** que não esteja cumprindo sua função social, mediante prévia e justa indenização em títulos da dívida agrária, com cláusula de preservação do valor real, resgatáveis no prazo de até vinte anos, a partir do segundo ano de sua emissão, e cuja utilização será definida em lei.*

Por sua vez, o conceito de imóvel rural é estabelecido pela Lei n.º 8.629/93 (Estatuto da Terra), que regulamenta os dispositivos constitucionais relativos à reforma agrária. Dispõe o art. 4º, I, do referido diploma:

> *Art. 4º Para os efeitos desta lei, conceituam-se:*
>
> *I- **Imóvel Rural** – o prédio rústico de área contínua, qualquer que seja a sua localização, que se destine ou possa se destinar à exploração agrícola, pecuária, extrativa vegetal, florestal ou agro-industrial;*

A continuidade da área do prédio rústico é interpretada pela doutrina como sendo a continuidade do empreendimento, da utilidade econômica extraída do bem, e não do aspecto puramente físico de indivisibilidade do bem.

Essa é a posição sedimentada no âmbito do STF:

66. O presente tópico foi inspirado na Nota Técnica AGU/PGF/PFE-INCRA/G/n.º 05/2008, que tem como objetivo divulgar o posicionamento do INCRA e da Procuradoria Federal especializada a respeito do conceito de imóvel rural.

> *11. **Coisa distinta da titularidade do imóvel é a sua integridade física como uma só unidade**. Ainda que exista o condomínio sobre o bem, essa unidade não pode ser afastada ou superada quando da apuração da área para fins de reforma agrária. **Não se pode, no caso, tomar cada parte ideal, averbada no registro imobiliário de forma abstrata, como propriedades distintas**.*
>
> *12. Recordo, neste ponto, a jurisprudência desta Corte absolutamente taxativa quanto à matéria: **o art. 184 da Constituição do Brasil consigna a expressão "imóvel rural", cujo conceito encontra-se no art. 4º, I, do Estatuto da Terra, dele distanciando a noção de propriedade rural.** A existência ou não de condomínio sobre o bem passa a ser pormenor inteiramente prescindível para torná-lo suscetível de desapropriação, pois **o texto do Estatuto da Terra contempla a unidade da exploração econômica do prédio rústico**. (Voto do Min. Relator Eros Grau no MS 24488/DF)*

É importante registrar, ainda, que a posição ora explanada é defendida institucionalmente pelo INCRA e por sua Procuradoria Federal Especializada, conforme se observa do Despacho/PGF/PFE/INCRA/SR-03/N 196/2008, citado na Nota Técnica AGU/PGF/PFE-INCRA/G/n.º 05/2008:

> ***Essas decisões [do STF] deixam claro que o conceito de imóvel rural, para fins de direito agrário, não pode ser identificado com a matrícula. A correspondência imóvel-matrícula não está de acordo com a legislação agrária nem com o entendimento do STF. Se fosse assim não haveria de se identificar o imóvel rural com a unidade de exploração econômica, mas apenas com a matrícula do registro imobiliário**. E, de fato, e notório que diversos imóveis rurais são desdobrados em mais de uma matrícula.*
>
> ***Esse conceito, além do mais, tem sido sustentado pelo INCRA em face dos desmembramentos efetuados por expropriados que visam alegar divisão do imóvel em diversas pequenas ou médias propriedades, buscando a criação de óbices legais a desapropriação de imóveis rurais para fins de reforma agrária.***
>
> *É importante, dessa forma, que não somente nas ações judiciais, mas também nos processos administrativos, a Autarquia passe a identificar o imóvel em sua integralidade. Essa medida pode evitar, inclusive, que alguma das áreas objeto do imóvel, mas com matrícula distinta, escape ao imperativo constitucional da desapropriação-sanção em virtude de vir a ser classificada isoladamente como pequena ou média propriedade. **O importante, é preciso ficar claro, é que haja unidade de exploração econômica**. Áreas contíguas, de matrículas diversas, do mesmo proprietário, mas arrendadas a pessoas diferentes, podem não configurar uma unidade de exploração econômica. Cada caso pode trazer suas peculiaridades.*
>
> *O entendimento veiculado pela PPE/INCRA em todas as suas instâncias tem sido esse, não sendo caso, portanto, de nova submissão às instâncias superiores.*

Pontue-se, ademais, que **o fracionamento do imóvel e o consequente recolhimento individualizado do ITR não servem como parâmetro para o dimensionamento de imóveis rurais destinados à reforma agrária, mas, ao revés, possuem importância limitada para fins tributários**. Para confirmar o que se diz, transcreve-se parte da ementa do MS 24.305/DF lavrada pelo STF:

> *"(...)* ***O recolhimento individualizado do Imposto Territorial Rural, conforme o procedimento previsto no Estatuto da Terra (L. 4.504/64), se restringe a fins tributários, "não se prestando a ser usado como parâmetro para o dimensionamento de imóveis rurais destinados à reforma agrária, matéria afeta à Lei n. 8.629/93*** *(cf.MS 24.924, Eros Grau, 10.3.2005)".*

Em suma, o tema pode ser assim esquematizado:

Imóvel rural	Propriedade rural
Relaciona-se à unidade de exploração econômica de dado prédio rústico, ainda que fracionado por diversas matrículas no registro de imóveis. É o objeto da desapropriação por interesse social para fins de reforma agrária.	Relaciona-se ao conceito civil de domínio, limitado ao simples registro do imóvel no cartório competente. Serve para fins de recolhimento individualizado do ITR, mas não para o dimensionamento do imóvel rural.

Assim, deve o candidato sustentar a incorreção da sentença de piso ao declarar a nulidade do decreto expropriatório para considerar o imóvel médio, uma vez que a Fazenda Mangabeiras, a partir da análise do conceito de *imóvel rural*, deve ser considerada globalmente, independente de ter sido fracionada em diversas matrículas, dada a sua unidade econômica.

c) *Possibilidade de prosseguimento da desapropriação, quando o esbulho praticado ocorrer DEPOIS da vistoria do INCRA*

Para a desapropriação, é necessário um prévio procedimento administrativo, realizado no INCRA, para aferir se realmente a propriedade cumpre os requisitos previstos Lei nº 8.629/93 para ser desapropriada. Tal procedimento culmina no decreto do Presidente da República, declarando o imóvel de interesse social para fins de reforma agrária.

Neste procedimento, cabe ao órgão da União, executor da reforma agrária, **proceder a vistorias** com objetivo de levantar dados e informações para identificar os imóveis que não estejam cumprindo sua função social e, em contrapartida, não se encaixem nos casos previstos pelo Constituinte e pelo legislador, como exceções à medida expropriatória.

Da aludida vistoria, resulta um laudo, que deverá ser comunicado ao proprietário do imóvel, para que este, querendo, possa apresentar sua manifestação no prazo de 15 (quinze) dias.

Após a impugnação do proprietário do imóvel, haverá uma decisão, dentro do próprio órgão, e, conforme decisão do STF, o decreto presidencial terá sua expedição condicionada à decisão definitiva do incidente.

Finda a vistoria, concluindo-se que o imóvel em questão não está cumprindo sua função social e que não se enquadra nas exceções previstas para a desapropriação-sanção, será expedida a declaração de interesse social, mediante decreto presidencial.

Ressalte-se que, no que tange às **propriedades invadidas**, o artigo 4° do Decreto nº 2.250/97 **veda a vistoria de imóvel rural objeto de esbulho, enquanto não cessada a ocupação**. Por sua vez, a Medida Provisória nº 2.183-56/01, que alterou a redação da Lei nº 8.629/1993, inserindo o § 6°, em seu artigo 2°, **determinou que a propriedade rural alvo de esbulho possessório ou invasão motivada por conflito agrário ou fundiário de caráter coletivo, NÃO será vistoriado, avaliado ou desapropriado nos 2 (dois) anos seguintes à sua desocupação, sendo este prazo contado em dobro em caso de reincidência**.

Todavia, conforme já se pronunciou reiteradamente o STF, a disposição do § 6º do art. 2º da Lei nº 8.629/93 **possui aplicação somente nas hipóteses em que a invasão ocorreu ANTES ou DURANTE a vistoria realizada pelo INCRA**, de forma que possa ter afetado o contexto fático relativo à produtividade do imóvel.

> *(...) II – **A jurisprudência desta Corte firmou-se no sentido de que a desapropriação somente é vedada nos casos em que o esbulho possessório ocorre anteriormente ou durante a realização da vistoria, o que não é o caso dos autos**. Precedentes. III – É possível a realização de desapropriação para fins de reforma agrária em imóveis abrangidos por áreas de proteção ambiental, desde que cumprida a legislação pertinente. Precedentes. No caso, foi obtida licença prévia para assentamento de reforma agrária. IV – Agravo regimental a que se nega provimento. (MS 25576 AgR, Relator(a): Min. RICARDO LEWANDOWSKI, Tribunal Pleno, julgado em 22/06/2011, DJe-150 DIVULG 04-08-2011 PUBLIC 05-08-2011 EMENT VOL-02560-01 PP-00076)*
>
> *(...) 2. A invasão do imóvel por integrantes do Movimento dos Sem-Terra ocorreu em período posterior à conclusão das vistorias realizadas pelo INCRA, de modo que não teve o condão de influenciar nos resultados encontrados sobre a produtividade da fazenda (MS 24.984, STF, Pleno).*

Esbulho praticado em imóvel rural objeto de desapropriação para fins de reforma agrária, conforme posição do STF	
ANTES ou DURANTE a vistoria do imóvel pelo INCRA	**DEPOIS da vistoria do imóvel pelo INCRA**
Aplicação do art. 2º, § 6º, da Lei n.º 8.629/93. Impossibilidade de vistoria, avaliação e desapropriação nos dois anos seguintes à ocupação.	NÃO aplicação do 2º, § 6º, da Lei n.º 8.629/93. Possibilidade de prosseguimento da desapropriação, que está em curso.

É preciso registrar que o STJ, por meio de sua Súmula 354, sedimentou entendimento antigo em sentido contrário: ***"a invasão do imóvel é causa de suspensão do processo expropriatório para fins de reforma agrária"***. Veja que, para a Corte Cidadã, o critério cronológico – antes ou depois da vistoria – é irrelevante, o que para a doutrina é criticável, pois tal posicionamento é conservador, prestigiando os latifúndios improdutivos e incentivando "invasões por encomenda" exatamente para evitar a desapropriação pelo Poder Público de terras grandes e inexploradas. Advirta-se, entretanto, que a posição do STJ serve apenas como informação complementar, já que se tratando de peça prática, deve o candidato apegar-se à tese do STF e da doutrina, em vista de atender melhor ao interesse público.

Destarte, deve o candidato argumentar que mais uma vez laborou em equívoco o juízo de primeiro grau ao acolher tal argumento de defesa, tendo-se em vista a inaplicabilidade do óbice previsto no art. 2º, § 6º, da Lei n.º 8.629/93 após a realização da vistoria pelo INCRA.

d) Impossibilidade de se considerar no valor da indenização a cobertura florística da APP

Há que se consignar, de início, que um dos fundamentos erigidos na peça de resistência – preço ofertado pelo Poder Público, exatamente por ser sucessivo/subsidiário aos demais, não foi apreciado na decisão a ser recorrida. Isso não significa, contudo, que o candidato não deveria abordá-lo em sua peça, pois, por força do art. 1.013, § 1º, do CPC/2015, serão *"objeto de apreciação e julgamento pelo tribunal* ***todas as questões suscitadas e discutidas no processo, ainda que não tenham sido solucionadas****, desde que relativas ao capítulo impugnado"*. Cuida-se do chamado **efeito devolutivo em profundidade da apelação**, que permite ao Tribunal o exame de questões de fato e de direito não apreciadas pelo juízo de primeira instância, tal como ocorre com os pedidos subsidiários não apreciados.

Sobre o tema, Didier[67] sentencia:

> *Na realidade,* ***não é somente a matéria efetivamente abordada na sentença que poderá ser inserida no efeito devolutivo da apelação****. Tanto as questões suscitadas e discutidas no processo – mesmo que não decididas por inteiro – como as questões anteriores à sentença – ainda não decididas – poderão ser ventiladas no recurso do apelante, possibilitando ao tribunal sua análise. É o que se depreende das regras decorrentes dos § § 1° e 2° do art. 1.013, CPC.*

O enunciado 102 do Fórum de Processualistas Civis, aplicável à espécie *mutatis mutandis*, corrobora o quanto exposto:

67. Curso de Direito Processual Civil, Vol. III, 13ª Ed., 2016, p. 178.

O pedido subsidiário ou alternativo não apreciado pelo juiz é devolvido ao tribunal com a apelação.

É preciso ressaltar que existe interesse do INCRA em levar ao TRF o debate sobre o preço ofertado, sob pena de, após a superação da sentença recorrida no que toca à anulação do decreto, ser acolhida a tese de defesa do recorrido em relação ao *quantum* indenizatório,

Desse modo, é de rigor que o candidato aduza a improcedência da tese ré no sentido de que seja considerada na indenização a cobertura florística, uma vez que esse não é o entendimento do STJ:

> *É firme a jurisprudência do Superior Tribunal de Justiça no sentido de que "**A indenização pela cobertura vegetal, de forma destacada da terra nua, está condicionada à efetiva comprovação da exploração econômica lícita dos recursos vegetais** (AgRg no REsp 1336913 / MS, 2ª Turma, Min. Relatora Assuste Magalhães, DJe 05/03/2015. Precedente citado STJ, EREsp 251.315/SP, Rel. Ministro HAMILTON CARVALHIDO, PRIMEIRA SEÇÃO, DJe 18/06/2010).*
>
> *2. Segundo a jurisprudência do STJ, **a indenização pela terra nua abrange também a cobertura florística, ressalvando-se a avaliação em separado desta última nas hipóteses em que ficar comprovada sua efetiva e lícita exploração econômica pelo proprietário expropriado**, inclusive com autorização dos órgãos ambientais competentes. (REsp 1563147 / RO, 1ª Turma, Min. Relator Napoleão Nunes Maia Filho, DJe 30/11/2016)*

No caso narrado, não há elementos informativos no enunciado que justifiquem a conclusão de prévia e comprovada exploração econômica da cobertura florística da Fazenda Mangabeiras, de modo que o candidato deve se louvar da tese sufragada pelo STJ para defender que o TRF, após dar prosseguimento ao procedimento desapropriatório, fixe a indenização na conformidade da oferta inicial do INCRA.

1º CUIDADO! Não se olvida a jurisprudência do STF em linha contrária à do STJ. É que "o Supremo Tribunal Federal firmou o entendimento de que **as áreas referentes à cobertura vegetal e à preservação permanente devem ser indenizadas**, não obstante a incidência de restrição ao direito de propriedade que possa incidir sobre todo o imóvel que venha a ser incluído em área de proteção ambiental". Em julgado mais antigo e claro, decidiu a Corte Máxima:

> *EMENTA: RECURSO EXTRAORDINÁRIO. ESTAÇÃO ECOLÓGICA JURÉIA-ITATINS. DESAPROPRIAÇÃO. MATAS SUJEITAS À PRESERVAÇÃO PERMANENTE. VEGETAÇÃO DE COBERTURA. INDENIZAÇÃO DEVIDA. **1. Desapropriação. Cobertura vegetal sujeita a limitação legal. A vedação de atividade extrativista não elimina o valor econômico das matas preservadas, nem lhes retira do patrimônio do proprietário. 2. Impossível considerar essa***

vegetação como elemento neutro na apuração do valor devido pelo Estado expropriante. A inexistência de qualquer indenização sobre a parcela de cobertura vegetal sujeita a preservação permanente implica violação aos postulados que asseguram os direito de propriedade e a justa indenização (CF, artigo 5º, incisos XXII e XXIV). *3. Reexame de fatos e provas técnicas em sede extraordinária. Inadmissibilidade. Retorno dos autos ao Tribunal de origem para que profira nova decisão, como entender de direito, considerando os parâmetros jurídicos ora fixados. Recurso extraordinário conhecido em parte e, nesta, provido. (RE 267817, Relator(a): Min. MAURÍCIO CORRÊA, Segunda Turma, julgado em 29/10/2002, DJ 29-11-2002 PP-00042 EMENT VOL-02093-03 PP-00523)*

Todavia, mais uma vez se ressalta a necessidade de o candidato tomar em consideração a tese útil à defesa da Fazenda Pública em juízo, afastando-se, à obviedade, a aplicação do argumento contrário, mesmo que igualmente relevante.

> **2º CUIDADO!** Não confunda o debate sobre a indenizabilidade da cobertura vegetal de APP em processo de desapropriação com a discussão a respeito da indenizabilidade da desapropriação da própria APP!

Com efeito, as APPs ostentam cariz de limitações restritivas à propriedade. Porém, exatamente por serem restritivas – e não supressivas –, o domínio do proprietário NÃO é excluído. Assim, **em caso de desapropriação, que possui, esta sim, caráter supressivo, deve o valor da indenização, como regra, abarcar toda a extensão da propriedade, inclusive as APPs, pois, em última análise, o particular estará sendo desprovido de uma propriedade que lhe pertence**[68].

Outra coisa, no entanto, é afirmar que a cobertura vegetal das APPs deve ou não ser indenizada em separado da terra nua, encontrando-se tal debate sob divergência conforme explanado em linhas anteriores.

O tema explicado no presente tópico pode ser esquematizado da seguinte maneira:

---

68. Todavia, uma ressalva se impõe: nos casos das matas ciliares (APPs) de rios navegáveis a situação é outra. Segundo o entendimento do STJ, esposado no REsp n.º 679.076: "os terrenos reservados nas margens das correntes públicas, como o caso dos rios navegáveis, são, na forma do art. 11 do Código de Águas, bens públicos dominiais, salvo se por algum título legítimo não pertencerem ao domínio particular". Na esteira de Romeu Thomé, isso significa que **os terrenos marginais se presumem de domínio público, o que afeta diretamente o cálculo do valor indenizatório em casos de desapropriação**. Segundo o autor, **"tratando-se de terreno de domínio público, os terrenos marginais (e consequentemente as APPs ali existentes) já pertencem ao Poder Público, podendo, portanto, ser abatidos do valor total do imóvel indenizável"**. Extirpando qualquer dúvida remanescente, dispõe a Súmula 479 do STF: **"as margens dos rios navegáveis são de domínio público, insuscetíveis de expropriação e, por isso mesmo, excluídas de indenização"**.

Indenização de cobertura vegetal em desapropriações	
STF	**STJ**
Há o dever de indenizar, sob pena de violação ao justo preço da indenização constitucionalmente garantido (art. 5º, XXII e XXIV, CRFB).	Como regra, inexiste o dever indenizatório, que somente surge em casos de prévia e comprovada exploração da cobertura vegetal pelo proprietário.

Indenização por desapropriação de APP	Indenização por desapropriação de cobertura vegetal de APP
Inexiste divergência entre STF e STJ. Como regra, há que se indenizar a exclusão do domínio do proprietário sobre a terra nua, sob pena de confisco. Excepciona a regra apenas a desapropriação de matas ciliares existentes às margens de rios navegáveis, por já serem de domínio público, não havendo razão, por isso, para se indenizar o proprietário (Súmula 479 do STF).	Há divergência entre STF e STJ, conforme registrado na tabela anterior. STF: Sim. STJ: Não, como regra.

3. PEDIDOS E FECHAMENTO

Ao final, deve o candidato postular conhecimento do recurso em seu duplo efeito e o seu ulterior provimento, para que seja reformada a sentença, dando-se prosseguimento ao processo de desapropriação.

Em arremate, deve o candidato assinar "local" e "data", bem como a designação "Procurador Federal", se outra não for a orientação da banca.

PARTE III

DIREITO URBANÍSTICO

ESTATUTO DA CIDADE

A Constituição Federal prevê em seus artigos 182 e 183 normas relativas à Política Urbana, que deve ser executada pelo Poder Público municipal, conforme diretrizes fixadas por lei, veja-se:

> *Art. 182. A política de desenvolvimento urbano, executada pelo Poder Público municipal, conforme diretrizes gerais fixadas em lei, tem por objetivo ordenar o pleno desenvolvimento das funções sociais da cidade e garantir o bem-estar de seus habitantes. (Regulamento) (Vide Lei nº 13.311, de 11 de julho de 2016)*
>
> *§ 1º O plano diretor, aprovado pela Câmara Municipal, obrigatório para cidades com mais de vinte mil habitantes, é o instrumento básico da política de desenvolvimento e de expansão urbana.*
>
> *§ 2º A propriedade urbana cumpre sua função social quando atende às exigências fundamentais de ordenação da cidade expressas no plano diretor.*
>
> *§ 3º As desapropriações de imóveis urbanos serão feitas com prévia e justa indenização em dinheiro.*
>
> *§ 4º É facultado ao Poder Público municipal, mediante lei específica para área incluída no plano diretor, exigir, nos termos da lei federal, do proprietário do solo urbano não edificado, subutilizado ou não utilizado, que promova seu adequado aproveitamento, sob pena, sucessivamente, de:*
>
> *I - parcelamento ou edificação compulsórios;*
>
> *II - Imposto sobre a propriedade predial e territorial urbana progressivo no tempo;*
>
> *III - desapropriação com pagamento mediante títulos da dívida pública de emissão previamente aprovada pelo Senado Federal, com prazo de resgate de até dez anos, em parcelas anuais, iguais e sucessivas, assegurados o valor real da indenização e os juros legais.*
>
> *Art. 183. Aquele que possuir como sua área urbana de até duzentos e cinquenta metros quadrados, por cinco anos, ininterruptamente e sem oposição, utilizando-a para sua moradia ou de sua família, adquirir-lhe-á o domínio, desde que não seja proprietário de outro imóvel urbano ou rural. (Regulamento)*
>
> *§ 1º O título de domínio e a concessão de uso serão conferidos ao homem ou à mulher, ou a ambos, independentemente do estado civil.*
>
> *§ 2º Esse direito não será reconhecido ao mesmo possuidor mais de uma vez.*
>
> *§ 3º Os imóveis públicos não serão adquiridos por usucapião.*

A fim de regulamentar a matéria, foi editado o Estatuto da Cidade (Lei nº 10.257/2001). Como dispõe o art. 1º, parágrafo único do diploma normativo, a lei "*estabelece normas de ordem pública e interesse social que regulam o uso da propriedade urbana em prol do bem coletivo, da segurança e do bem-estar dos cidadãos, bem como do equilíbrio ambiental*". Trata-se de regras sobre instrumentos jurídicos voltados à concretização da função social da cidade e da função social da propriedade, tais como planejamento e zoneamento urbanos, direito de construir, regularização fundiária, entre outros.

O diploma legal decorre da competência legislativa da União de legislar normas gerais de direito urbanístico (art. 21, XX, CF). Por outro lado, aos Municípios cabe a regulamentação de matérias de interesse local (art. 30, I CF).

A competência administrativa para executar as políticas e concretizar os instrumentos jurídicos respectivos, a seu turno, cabe a todos os entes em conjunto: União, Estados, Distrito Federal e Municípios (art. 23, CF).

O Estatuto da Cidade serve de base para a efetivar espaços urbanos sustentáveis, com equilíbrio entre os interesses público e privado. Neste sentido, o art. 2º do diploma legal reconhece que a cidade, assim como a propriedade urbana, possui função social. Assim, são listadas diversas diretrizes para a política urbana, a exemplo da gestão democrática, cooperação entre os governos e a iniciativa privada para o processo de urbanização, a retenção especulativa de imóveis urbanos, repartição dos investimentos urbanos, acesso à moradia.

Para realizar estes objetivos, o Estatuto da Cidade estabelece alguns instrumentos, previstos em seu art. 4º:

- Parcelamento do solo e edificação compulsória em caso de imóvel que descumpre sua função social. Verificada a persistência do problema, podem ser adotadas sucessivamente as medidas de incidência de IPTU progressivo e, por fim, de desapropriação (art. 182, § 4º, CF);
- Usucapião especial urbana nas modalidades individual e coletiva, como instrumentos de regularização fundiária (art. 183, CF);
- Instrumentos de intervenção urbanística, destacando-se: planejamento urbano, direito de superfície, direito de laje, direito de preempção, outorga onerosa e transferência do direito de construir, operações urbanas consorciadas, estudo de impacto de vizinhança.

Os instrumentos fixados pelo Estatuto da Cidade são delineados por esta lei e regem-se também por sua própria legislação. Havendo demanda de dispêndio de recursos públicos para a concretização, o art. 4º, § 3º do Estatuto exige o controle social, com garantia de participação de comunidades, movimentos e entidades da sociedade civil (art. 29, XII, CF).

Começaremos agora a análise específica dos instrumentos previstos pelo Estatuto da Cidade.

Como o tema foi cobrado em provas?

(2019 – MPE/SP – MPE/SP – Promotor de Justiça) A política urbana tem por objetivo ordenar o pleno desenvolvimento das funções sociais da cidade e da propriedade urbana, mediante várias diretrizes gerais fixadas pela legislação específica.

Assinale a alternativa que NÃO se qualifica como uma das diretrizes gerais.

a) Priorização de condições para os agentes públicos na promoção de empreendimentos e atividades relativos ao processo de urbanização, atendido o interesse social.

b) Planejamento do desenvolvimento das cidades, da distribuição espacial da população e das atividades econômicas do Município e do território sob sua área de influência, de modo a evitar e corrigir as distorções do crescimento urbano e seus efeitos negativos sobre o meio ambiente.

c) Gestão democrática por meio da participação da população e de associações representativas dos vários segmentos da comunidade na formulação, execução e acompanhamento de planos, programas e projetos de desenvolvimento urbano.

d) Proteção, preservação e recuperação do meio ambiente natural e construído, do patrimônio cultural, histórico, artístico, paisagístico e arqueológico.

e) Adequação dos instrumentos de política econômica, tributária e financeira e dos gastos públicos aos objetivos do desenvolvimento urbano, de modo a privilegiar os investimentos geradores de bem-estar geral e a fruição dos bens pelos diferentes segmentos sociais.

GABARITO: A

1. PARCELAMENTO, EDIFICAÇÃO OU UTILIZAÇÃO COMPULSÓRIOS

De acordo com o disposto pelo art. 182, § 4º, CF, o Poder Público Municipal poderá, mediante lei específica para área incluída no plano diretor, exigir que o proprietário de solo urbano não edificado, subutilizado ou não utilizado, promova o adequado parcelamento ou a edificação compulsórios.

Vê-se, portanto, que são requisitos para implementar a medida:

a) Previsão legislativa específica acerca das áreas onde se poderá aplicar a sanção;

b) Existência de **solo urbano não edificado** (sem construção), **imóvel subutilizado** (construção inferior ao índice mínimo estabelecido pelo plano diretor, nos termos do art. 5º, § 1º, I, Estatuto da Cidade) ou **imóvel não utilizado** (sem edificação e sem uso).

É interessante destacar que mesmo o imóvel urbano construído pode ser alvo de parcelamento ou edificação compulsórios. A construção inadequada à destinação do bem pode dar ensejo à incidência da sanção. Entretanto, observe-se: a lei municipal não pode ampliar o conceito de imóvel subutilizado, já que, conforme o art. 182, § 4º, CF, cabe à lei federal regular os instrumentos urbanísticos a serem utilizados pelo Poder Público Municipal.

O procedimento a ser adotado é definido pelo art. 5º do Estatuto da Cidade. Primeiramente, o Poder Executivo municipal notificará o proprietário, devendo tal notificação ser averbada ao título no cartório de registro de imóveis. Tratando-se de pessoa jurídica, comunicação será feita a quem detenha poderes de gerência geral ou de administração.

Após três tentativas de notificação serem frustradas, o art. 5º, § 3º, do Estatuto prevê a possibilidade de notificação por edital.

Recebida a notificação, o proprietário do solo urbano disporá de 1 (um) ano para apresentar projeto de parcelamento ou de edificação ao órgão municipal competente. A partir da aprovação do projeto, o titular contará com prazo de 2 (dois) anos para inicia as obras do empreendimento. O Município não dará uso direto ao imóvel, cabendo ao proprietário delinear o aproveitamento do bem.

Vale ressaltar que, havendo transmissão do imóvel por atos *inter vivos ou causa mortis* posterior à data da notificação, transferem-se as obrigações de parcelamento, edificação ou utilização, sem interrupção de quaisquer prazos.

Excepcionalmente, os prazos apontados não se aplicam. No caso de empreendimentos de grande porte, em caráter excepcional, a lei municipal específica para área incluída no plano diretor poderá prever a conclusão em etapas, assegurando-se que o projeto aprovado compreenda o empreendimento como um todo (art. 5º, § 5º, Estatuto da Cidade).

> Como o tema foi cobrado em provas?
>
> (2019 – CESPE – PREFEITURA DE BOA VISTA/RR – Procurador Municipal) Homero tem, desde 1998, em área urbana central de Boa Vista – RR, um terreno, no qual pretende construir, em 2025, um hotel. Na área do imóvel, que é de cinco hectares, há duas nascentes do Rio Branco.
>
> Considerando essa situação hipotética, julgue o item a seguir.
>
> Por pretender esperar até 2025 para construir o hotel, Homero poderá ser notificado pelo governo do estado e pelo do município para efetivar o parcelamento, a edificação ou a utilização compulsória da sua propriedade.
>
> GABARITO: ERRADO

2. IPTU PROGRESSIVO NO TEMPO

Não cumprida a obrigação de parcelamento ou de edificação compulsórios ou desrespeitados os prazos e condições firmados pelo Estatuto da cidade, o Município procederá à aplicação de IPTU progressivo no tempo, mediante aumento da alíquota pelo prazo de cinco anos consecutivos. Trata-se de progressividade de natureza extrafiscal, derivada do cumprimento da função social da propriedade. Ademais, o instrumento constitui dever do ente municipal, não havendo espaço para discricionariedade na aplicação da penalidade, que, por este cariz, não pode ser objeto de isenções ou anistias (art. 7º, § 3º, Estatuto da Cidade).

Na hipótese de apresentação de projeto de parcelamento ou edificação, a progressividade do tributo será suspensa. A sanção deve voltar a incidir, contudo, se as obras não se iniciarem no prazo legal.

Passados 5 (cinco) anos de progressividade sem a correta destinação do bem, o Município poderá desapropriar a área, realizando o pagamento através de títulos da dívida pública.

Como o tema foi cobrado em provas?

(2019 – CESPE – PREFEITURA DE BOA VISTA/RR – Procurador Municipal) Homero tem, desde 1998, em área urbana central de Boa Vista – RR, um terreno, no qual pretende construir, em 2025, um hotel. Na área do imóvel, que é de cinco hectares, há duas nascentes do Rio Branco.

Considerando essa situação hipotética, julgue o item a seguir.

Em razão da postergação de Homero para a edificação de seu imóvel, a prefeitura de Boa Vista poderia determinar a aplicação de IPTU progressivo no tempo na propriedade, por meio da majoração da alíquota, com incidência desde 1998 e pelo prazo de dez anos consecutivos.

GABARITO: ERRADO

3. DESAPROPRIAÇÃO COM PAGAMENTO EM TÍTULOS

Não cumprida a notificação para parcelamento ou edificação do bem e após o decurso de 5 (cinco) anos de IPTU progressivo, a municipalidade pode desapropriar o imóvel. Como se trata de sanção pelo desatendimento das funções sociais da propriedade e da cidade, o pagamento não se realizará em dinheiro, mas através de título da dívida pública com prazo de resgate de até 10 (dez) anos e emissão previamente autorizada pelo Senado Federal (art. 52, IX, CF).

A indenização, nesta hipótese, desconsiderará os lucros cessantes, os juros compensatórios e o valor real do bem, fixando-se a partir do valor venal do imóvel para fins de tributação por IPTU. Além disso, consoante expressa disposição do art. 8º, § 2º, será descontado o montante incorporado em função de obras públicas realizadas na área após a notificação ao proprietário para parcelamento ou edificação do solo.

O Poder Público deve seguir o procedimento previsto nos artigos 11 a 30, do Decreto-Lei nº 3.365/1941, não havendo suspensão ou interrupção no caso de o proprietário apresentar projeto ou mesmo iniciar obras no imóvel (art. 21, do Decreto-Lei nº 3.365/1941).

A partir da desapropriação, passa a ser da edilidade o dever de dar ao bem destinação devida, no prazo de 5 (cinco anos) após o fim do procedimento expropriatório. O descumprimento da obrigação consiste em ato de improbidade administrativa (art. 52, Estatuto da Cidade).

O Município pode alienar o imóvel a terceiros, mediante procedimento licitatório. Nesta hipótese, ficam mantidas para o adquirente de imóvel as mesmas obrigações de parcelamento, edificação ou utilização previstas pela legislação.

Como o tema foi cobrado em provas?

(2019 – VUNESP – TJ/MT – Juiz Substituto) De acordo com a Lei no 10.257/2001 (Estatuto da Cidade), em relação à usucapião especial de imóvel urbano, assinale a alternativa correta.

a) O direito de usucapião especial de imóvel urbano poderá ser reconhecido ao mesmo possuidor mais de uma vez.

b) Na sentença, o juiz atribuirá fração ideal de terreno a cada possuidor, de acordo com a dimensão do terreno que cada um ocupe, salvo hipótese de acordo escrito entre os condôminos, estabelecendo frações ideais diferenciadas.

c) O condomínio especial constituído é indivisível, não sendo passível de extinção, salvo deliberação favorável tomada pela metade dos condôminos, no caso de execução de urbanização posterior à constituição do condomínio.

d) Os núcleos urbanos informais existentes sem oposição, há mais de cinco anos, e cuja área total dividida pelo número de possuidores seja inferior a duzentos e cinquenta metros quadrados por possuidor, são suscetíveis de serem usucapidos coletivamente, desde que os possuidores não sejam proprietários de outro imóvel urbano ou rural.

e) O possuidor de área ou edificação urbana de até duzentos e cinquenta metros quadrados, por cinco anos, ininterruptamente e sem oposição, utilizando-a para sua moradia ou de sua família, adquirir-lhe-á o domínio, mesmo que seja proprietário de outro imóvel urbano ou rural.

Gabarito: D

(2017 – CESPE – PGM/BH – Procurador Municipal) Determinado município, para executar seu planejamento urbanístico, com a valorização de espaços históricos e a otimização de meios de transporte coletivo, desapropriou imóveis que vinham sendo usados de forma incompatível com a previsão do plano diretor. Nessa situação,

a) os cálculos dos valores das indenizações pelas desapropriações devem ser regulamentados pelo Estatuto da Cidade.

b) promovida a readequação do uso, não poderá haver alienação dos bens desapropriados a outros particulares.

c) o município utilizou um instituto jurídico de política urbana, com repercussão sobre o caráter perpétuo do direito de propriedade.

d) as desapropriações fundamentaram-se exclusivamente no requisito do interesse social.

GABARITO: C

4. USUCAPIÃO ESPECIAL DE IMÓVEL URBANO

Nos termos do art. 183, da Constituição Federal, a usucapião especial de imóvel urbano ocorre nos casos em que se possua área de até duzentos e cinquenta metros quadrados, por cinco anos, ininterruptamente e sem oposição, utilizando-a para sua moradia ou de sua família, desde que não seja proprietário de outro imóvel urbano ou rural. Trata-se de concretização do princípio da função social da propriedade e meio de regularização fundiária urbana.

São os requisitos:

a) posse ininterrupta e sem oposição;

b) de área de até 250 m^2;

c) pelo prazo de 5 (cinco) anos;

d) com utilização do bem como moradia;

e) desde que o possuidor não seja proprietário de outro imóvel urbano ou rural.

Para esta modalidade de usucapião, não se exige a existência de justo título ou mesmo de posse de boa-fé. Além disso, o título de domínio e a concessão de uso resultantes serão conferidos ao homem ou à mulher, ou a ambos, independentemente do estado civil.

Conforme expressa previsão constitucional, o direito só poderá ser reconhecido ao possuidor uma única vez. Assim, se o interessado já tiver adquirido outro imóvel através da usucapião especial de imóvel urbano, não poderá ser beneficiário do instituto em mais uma oportunidade.

Ademais, dada a imprescritibilidade dos bens públicos, imóveis desta natureza não se sujeitam a aquisição através desta forma especial de usucapião.

Acerca da posse *ad usucapionem*, convém ressaltar que esta deve ser exercida com ânimo de dono. Assim, a posse decorrente de relação contratual que afete o proprietário, a exemplo de locação, classifica-se como posse *ad interdicta* e não serve à aquisição originária do bem.

Ainda, regulamentando o instituto constitucional, o art. 9º, § 3º, do Estatuto da Cidade (Lei nº 10.257/2001) prevê a possibilidade de *sucessio possessionis*, isto é, de sucessão de posses decorrente da morte do antigo possuidor. Para tanto, é necessário que o herdeiro já resida no imóvel por ocasião da abertura da sucessão, ou seja, na época do óbito do antecessor.

Sobre as dimensões da área ocupada, o Supremo Tribunal Federal já decidiu que, atendidos os requisitos constitucionais, a pessoa terá direito à usucapião especial, ainda que o imóvel não atenda ao mínimo ao mínimo dos módulos urbanos exigidos pela legislação local para a respectiva área (dimensão do lote). Conforme frisou a Corte, o direito possui índole constitucional, de modo que não se pode impor obstáculos, de índole infraconstitucional, para impedir que se aperfeiçoe, em favor de parte interessada, o modo originário de aquisição de propriedade. Veja-se:

> Recurso extraordinário. Repercussão geral. **Usucapião especial urbana. Interessados que preenchem todos os requisitos exigidos pelo art. 183 da Constituição Federal. Pedido indeferido com fundamento em exigência supostamente imposta pelo plano diretor do município em que localizado o imóvel. Impossibilidade. A usucapião especial urbana tem raiz constitucional e seu implemento não pode ser obstado com fundamento em norma hierarquicamente inferior ou em interpretação que afaste a eficácia do direito constitucionalmente assegurado.** Recurso provido.
>
> 1. Módulo mínimo do lote urbano municipal fixado como área de 360 m2. Pretensão da parte autora de usucapir porção de 225 m2, destacada de um todo maior, dividida em composse.
> 2. Não é o caso de declaração de inconstitucionalidade de norma municipal.
> 3. **Tese aprovada: preenchidos os requisitos do art. 183 da Constituição Federal, o reconhecimento do direito à usucapião especial urbana não pode ser obstado por legislação infraconstitucional que estabeleça módulos urbanos na respectiva área em que situado o imóvel (dimensão do lote).**
> 4. Recurso extraordinário provido.
>
> STF. Plenário. RE 422349/RS, Rel. Min. Dias Toffoli, julgado em 29/4/2015 (repercussão geral) (Info 783).

O art. 10, do Estatuto da Cidade, prevê a possibilidade de **usucapião especial coletiva de imóveis urbanos.** De acordo com a redação anterior do dispositivo, as áreas urbanas com mais de duzentos e cinquenta metros quadrados, ocupadas por população de baixa renda para sua moradia, por cinco anos, ininterruptamente e sem oposição, onde não for possível identificar os terrenos ocupados por cada possuidor, são susceptíveis de serem usucapidas coletivamente, desde que os possuidores não sejam proprietários de outro imóvel urbano ou rural.

Alterada pela Lei nº 13.465/2017, a redação do art. 10, do Estatuto da Cidade **deixou de exigir a ocupação por população de baixa renda.** Do mesmo modo, **não mais se requer a inviabilidade de identificação das posses individuais.** Portanto, cabe o reconhecimento do direito mesmo quando for possível identificar unidades mais ou menos delimitadas. Nesse sentido, ressalta-se que, conforme a nova legislação, a existência de construções sobrepostas não é mais considerada critério suficiente para apontar a confusão de unidades imobiliárias, tendo em vista o recém instituído direito de laje (art. 1.225, CC), o qual também é suscetível à usucapião.

Além disso, foi fixado limite quanto às dimensões do imóvel. Os núcleos urbanos informais devem ter área total não excedente a duzentos e cinquenta metros quadrados por possuidor.

São, assim, os requisitos para a usucapião especial coletiva de imóvel urbano:

a) Núcleo urbano informal, considerado, nos termos da Lei nº 13.465/2017, como "aquele clandestino, irregular ou no qual não foi possível realizar, por qualquer modo, a titulação de seus ocupantes, ainda que atendida a legislação vigente à época de sua implantação ou regularização";
b) Posse sem oposição por cinco anos;
c) Área total dividida pelo número de possuidores inferior a duzentos e cinquenta metros quadrados por possuidor (este requisito se amolda ao posicionamento adotado pelo STF e indicado acima, no sentido de que é inconstitucional restringir a aquisição de propriedade com área menor que o módulo urbano);
d) Possuidores não titulares de outro imóvel urbano ou rural.

É possível, também, o acréscimo da posse à do antecessor, desde que sejam contínuas (art. 10, § 1º, do Estatuto da Cidade). Portanto, diferentemente da modalidade individual, na forma coletiva da usucapião, admite-se a soma de posses entre pessoas vivas.

A partir do reconhecimento judicial de aquisição da propriedade, em sentença de natureza declaratória, passa a existir condomínio entre os ocupantes da área. Consoante o art. 10, § 4º, do Estatuto da Cidade, o condomínio especial constituído é indivisível, não sendo passível de extinção, salvo deliberação favorável tomada por, no mínimo, dois terços dos condôminos, no caso de execução de urbanização posterior à constituição do condomínio.

A ação de usucapião prevalece sobre outras demandas que discutam a posse ou a propriedade do bem. Neste sentido, o art. 11, do Estatuto da Cidade determina que na pendência da ação de usucapião especial urbana, ficarão sobrestadas quaisquer outras ações, petitórias ou possessórias, que venham a ser propostas relativamente ao imóvel usucapiendo.

Sobre a legitimidade para propor a demanda, o art. 12 do mencionado diploma legal fixa que podem iniciar o processo:

a) o possuidor, isoladamente ou em litisconsórcio originário ou superveniente;
b) os possuidores, em estado de composse;
c) como substituto processual, a associação de moradores da comunidade, regularmente constituída, com personalidade jurídica, desde que explicitamente autorizada pelos representados.

Vê-se, assim, que, no caso de usucapião especial coletiva, tanto os possuidores quanto associação de moradores com personalidade jurídica e autorização dos associados podem propor a demanda.

Embora o art. 12, § 2º da Lei nº 10.257/2001 (Estatuto da Cidade) estabeleça que "*o autor terá os benefícios da justiça e da assistência judiciária gratuita, inclusive perante o cartório de registro de imóveis*", trata-se de presunção relativa de que o autor da ação de usucapião especial urbana é hipossuficiente.

De acordo com o decidido pelo Superior Tribunal de Justiça, a presunção de hipossuficiência pode ser afastada com a comprovação inequívoca de que o autor não é considerado "necessitado". Isso porque o dispositivo legal deve ser interpretado em conjunto com as regras processuais sobre gratuidade da justiça, constantes dos arts. 98 a 102 do CPC/2015. Veja-se:

> RECURSO ESPECIAL. DIREITO PROCESSUAL CIVIL. **AÇÃO DE USUCAPIÃO ESPECIAL URBANA. ART. 12 DA LEI Nº 10.257/2001. BENEFÍCIO DA JUSTIÇA E DA ASSISTÊNCIA JUDICIÁRIA GRATUITA. PRESUNÇÃO RELATIVA DE HIPOSSUFICIÊNCIA.**
>
> 1. O **art. 12, §2º, da Lei nº 10.257/2001** – que assegura aos autores da ação de usucapião especial urbana os benefícios da justiça e da assistência judiciária, incluindo-se aí as despesas perante o cartório de registro imobiliário – **deve ser interpretado em conjunto e harmonia com as disposições da Lei nº 1.060/1950 e, a partir de 18 de março de 2016, do Código de Processo Civil de 2015**.
>
> 2. A Lei nº 10.257/2001 concede ao autor da ação de usucapião especial urbana espécie de **presunção relativa de hipossuficiência** que, por isso, é ilidida a partir da comprovação inequívoca de que o autor não pode ser considerado "necessitado" nos termos do § 2º da Lei nº 1.060/1950.
>
> 3. No caso, o próprio autor reconheceu, em sua petição inicial, não preencher os requisitos da Lei nº 1.060/1950 para fins de obtenção dos benefícios da justiça gratuita, o que afasta qualquer possibilidade de concessão destes, sendo irrelevante para tanto que tenham sido requeridos com esteio no § 2º do art. 12 do Estatuto da Cidade (Lei nº 10.257/2001).
>
> 4. Recurso especial não provido.
>
> STJ. 3ª Turma. REsp 1.517.822-SP, Rel. Min. Ricardo Villas Bôas Cueva, julgado em 21/2/2017 (Info 599).

Observa-se, assim, que o autor da demanda pode não ser beneficiário da usucapião especial. No caso da forma coletiva, com a nova redação do art. 10, do Estatuto da Cidade, torna-se mais clara a relatividade da presunção de hipossuficiência, já que a Lei não mais exige que a população ocupante da área seja de baixa renda.

Por fim, vale ressaltar que a usucapião especial urbana coletiva não se confunde com o instituto da desapropriação judicial coletiva, previsto pelo art. 1.228, §§ 4º e 5º, do novo Código Civil. Este instrumento jurídico pode ser utilizado apenas em caso de posse de boa-fé, por 5 (cinco) anos, de extensa área urbana ou rural, por considerável número de pessoas. A indenização, em princípio, deve ser paga pelos ocupantes do bem, cabendo sua assunção pelo Poder Público somente no contexto de políticas públicas de reforma urbana ou agrária, em se tratando de possuidores de baixa renda e desde que tenha havido intervenção daquela nos termos da lei processual. Não sendo os possuidores de baixa renda, aplica-se a orientação do Enunciado 84 da I Jornada de Direito Civil (Enunciado nº 308 da IV Jornada de Direito Civil).

A partir das informações, pode-se delinear o seguinte quadro de diferenças entre a desapropriação judicial indireta e a usucapião especial urbana coletiva:

DESAPROPRIAÇÃO JUDICIAL INDIRETA	USUCAPIÃO ESPECIAL URBANA COLETIVA
Posse de boa-fé.	Posse de boa-fé ou de má-fé.
Ocupação de extensa área urbana ou rural.	A área total dividida pelo número de possuidores deve ser inferior a duzentos e cinquenta metros quadrados por possuidor.
Não se exige que os possuidores sejam economicamente hipossuficientes ou que não sejam proprietárias de outros imóveis. Basta que a ocupação se dê por considerável número de pessoas, e estas houverem realizado na área, em conjunto ou separadamente, obras e serviços considerados pelo juiz de interesse social e econômico relevante.	O Estatuto da Cidade deixou de exigir a posse por pessoas de baixa renda, mantendo apenas o requisito de os ocupantes não serem proprietários de outro imóvel urbano ou rural.
Realização de obras e serviços de interesse social e econômico.	Formação de núcleo urbano informal.
Possibilidade de incidência sobre bem público, já que se trata de desapropriação.	Impossibilidade de incidência sobre bem público (art. 183, § 3º, CF).

Como o tema foi cobrado em provas?

(2019 – MPE/PR – MPE/PR – Promotor de Justiça) Em relação às disposições contidas na Lei n. 10.257/2001 (Estatuto da Cidade), referentes ao usucapião especial de imóvel urbano, assinale a alternativa incorreta:

a) Aquele que possuir como sua área ou edificação urbana de até duzentos e cinquenta metros quadrados, por cinco anos, ininterruptamente e sem oposição, utilizando-a para sua moradia ou de sua família, adquirir-lhe-á o domínio, desde que não seja proprietário de outro imóvel urbano ou rural.

b) Os núcleos urbanos informais existentes sem oposição há mais de cinco anos e cuja área total dividida pelo número de possuidores seja inferior a duzentos e cinquenta metros quadrados por possuidor são suscetíveis de serem usucapidos coletivamente, desde que os possuidores não sejam proprietários de outro imóvel urbano ou rural.

c) O autor terá os benefícios da justiça e da assistência judiciária gratuita, inclusive perante o cartório de registro de imóveis.

d) A associação de moradores da comunidade, mesmo que sem personalidade jurídica, é parte legítima para a propositura da ação, desde que explicitamente autorizada pelos representados.

e) Na ação de usucapião especial urbana é obrigatória a intervenção do Ministério Público.

Gabarito: D

5. DIREITO DE SUPERFÍCIE

O direito de superfície encontra previsão legal nos arts. 21 a 24 do Estatuto da Cidade e nos arts. 1.369 e seguintes do Código Civil. Este último diploma estabelece as normas gerais sobre o tema, ao passo que a Lei nº 10.257/2001 regulamenta de forma específica o direito de superfície em áreas urbanas. Neste sentido, o Enunciado nº 93 da Jornada de Direito Civil explicita: "*As normas previstas no Código Civil sobre direito de superfície não revogam as relativas a direito de superfície constantes do Estatuto da Cidade (Lei n. 10.257/2001) por ser instrumento de política de desenvolvimento urbano*".

A regra geral civilista aduz que o principal segue o acessório (art. 1.253, CC), isto é, "*toda construção ou plantação existente em um terreno presume-se feita pelo proprietário e à sua custa, até que se prove o contrário*".

O direito de superfície configura exceção a esta regra. Nos termos do art. 21, do Estatuto da Cidade, "*o proprietário urbano poderá conceder a outrem o direito de superfície do seu terreno, por tempo determinado ou indeterminado, mediante escritura pública registrada no cartório de registro de imóveis*". Este direito, que poderá ser cedido de forma gratuita ou onerosa, abrange a utilização do solo, do subsolo ou do espaço aéreo respectivo, obedecidas as disposições contratuais e a legislação urbanística.

Trata-se de direito de natureza real que divide o direito de propriedade através de manifestação de vontade expressa do titular, sendo inviável a sua presunção. O instituto jurídico permite efetivar a função social a partir do uso do solo por terceiro, o superficiário, o qual responde integralmente pelos encargos e tributos incidentes sobre a propriedade superficiária, salvo ajuste em contrário (art. 21, § 3º, do Estatuto).

Havendo previsão contatual, o direito de superfície pode ser transferido. Em caso de morte do superficiário, os direitos transmitem-se a seus herdeiros. O Estatuto estabelece, ainda, direito de preferência ao proprietário e ao superficiário, respectivamente, na hipótese de alienação do direito de superfície ou do terreno.

O art. 23, do Estatuto, determina que o direto de superfície se extingue: a) pelo advento do termo contratual; b) pelo descumprimento das obrigações contratuais assumidas pelo superficiário, inclusive a destinação diversa daquela para a qual for concedida (art. 24, § 1º, Estatuto).

Extinto o direito, a propriedade plena volta a se reunir na pessoa do titular do imóvel: o proprietário, assim, recuperará o pleno domínio do terreno, bem como das acessões e benfeitorias introduzidas no imóvel, independentemente de indenização, se as partes não houverem estipulado o contrário no respectivo contrato (art. 24, Estatuto da Cidade).

> Como o tema foi cobrado em provas?
>
> (2018 – FCC – Câmara Legislativa do Distrito Federal – Consultor Legislativo) Compromissário-comprador de terreno não edificado recebeu a posse do bem antes da quitação integral do preço, o que tinha acordado fazer de forma parcelada. Nessa condição, celebrou contrato de concessão de direito de superfície do referido terreno para terceiro, que então passou a explorá-lo economicamente, com a instalação de um estacionamento e de um estabelecimento para lavagem de veículos e oficina mecânica. O superficiário investiu o necessário para dar início às atividades, erguendo as construções cabíveis, em especial para a atividade de lavagem de veículos e serviços mecânicos de menor complexidade. Ocorre que o outorgante não quitou seu contrato de compra e venda do terreno, ensejando a rescisão. Em relação ao direito de superfície,
>
> a) dependeria de registro para sua validade, hipótese em que não poderia ser desconstituído.
>
> b) remanesce válido, dada sua natureza de direito real, cabendo ao real proprietário respeitar a outorga.
>
> c) há nulidade absoluta, tendo em vista que foi firmado por quem ainda não era titular do domínio.
>
> d) o contrato dessa outorga será nulo somente se o compromisso de venda e compra do terreno tiver sido registrado, a fim de haver objeto a ser anulado.
>
> e) é relativamente nulo, dependendo de anulação judicial específica para que cessem seus efeitos.
>
> Gabarito: C

6. DIREITO DE SOBRELEVAÇÃO (DIREITO DE LAJE)

Em recentes modificações legislativas, foi inserida no Código Civil a disciplina normativa do direito real de laje, que consiste na cessão, pelo proprietário de uma construção-base, da superfície superior ou inferior de sua construção a fim de que o titular da laje mantenha unidade distinta daquela originalmente construída sobre o solo (art. 1.510-A, CC).

O instituto permitiu a regularização de diversas construções em núcleos e aglomerados urbanos, especialmente em favelas. A partir da inovação legislativa, os titulares da laje podem, regularmente, promover edificações sobre construções já existentes, com plenos poderes de disposição.

A laje é, assim, unidade imobiliária autônoma com matrícula própria. Os encargos e tributos respectivos são de responsabilidade dos titulares da laje, os quais podem dela usar, gozar e dispor. É, inclusive, permitida a cessão da a superfície de sua construção para a instituição de um sucessivo direito real de laje, desde que haja autorização expressa dos titulares da construção-base e das demais lajes, respeitadas as posturas edilícias e urbanísticas vigentes. A disposição sobre estas normas compete aos Municípios e ao Distrito Federal, como expressamente fixa o art. 1.510-A, § 5º, CC.

Apesar das semelhanças, o direito de laje não se confunde com o direito de superfície por cisão, verificado quando o terreno já possui edificação.

O direito de superfície por cisão se verifica quando o proprietário de um imóvel aliena por superfície uma construção na área. Neste caso, o superficiário pode ou não realizar benfeitorias, que se integram à propriedade após a extinção do direito.

O direito de laje, por outro lado, implica a construção de uma nova unidade, independente da primeira, ainda que esta sirva de base para a edificação daquela.

DIREITO DE SUPERFÍCIE	DIREITO DE LAJE
Concessão de direito de utilizar o solo, o subsolo ou o espaço aéreo relativo ao terreno, na forma estabelecida no contrato respectivo, atendida a legislação urbanística.	Cessão de superfície superior ou inferior de uma construção a fim de que o titular da laje mantenha unidade distinta daquela originalmente construída sobre o solo.
Como regra, após a extinção, o proprietário recuperará o pleno domínio do terreno, bem como das acessões e benfeitorias introduzidas no imóvel, independentemente de indenização.	Criação de unidade autônoma constituída em matrícula própria, cujos titulares poderão dela usar, gozar e dispor.
Extinção pelo advento do termo contratual ou pelo descumprimento das obrigações ajustadas entre as partes.	Extinção pela ruína da construção-base implica extinção do direito real de laje, salvo se este tiver sido instituído sobre o subsolo; ou se a construção-base não for reconstruída no prazo de cinco anos.

7. DIREITO DE PREEMPÇÃO, DE PREFERÊNCIA OU DE PRELAÇÃO

Nos termos do art. 25, do Estatuto da Cidade, o direito de preempção confere ao Poder Público municipal preferência para aquisição de imóvel urbano objeto de alienação onerosa entre particulares. Para tanto, é necessária a edição de lei municipal, baseada no plano diretor, que delimite as áreas em que incidirá o direito de preempção e fixará prazo de vigência, não superior a cinco anos, renovável a partir de um ano após o decurso do prazo inicial de vigência. Além disso, a preferência vigora no período apontado, independentemente do número de alienações referentes ao mesmo imóvel.

Pode-se esquematizar os requisitos na seguinte lista:

a) Área inserida na delimitação fixada por lei municipal, com base no plano diretor;

b) Imóvel urbano objeto de alienação **onerosa entre particulares**;

c) Prazo de vigência de no máximo 5 (cinco) anos, renovável a partir de um ano após o decurso do prazo inicial de vigência;

d) Dentro do prazo, deve ser concedida preferência ao Poder Público municipal, independentemente do número de alienações referentes ao mesmo imóvel.

O direito de preempção é uma faculdade concedida ao Município, com a finalidade de resguardar o interesse público, de acordo com as diretrizes do art. 26, do Estatuto da Cidade. Diante da preponderância dos valores envolvidos, isto é, ordenar a ocupação do espaço urbano, a preferência na aquisição do imóvel prevalece sobre prerrogativas semelhantes conferidas a condôminos e locatários.

Contudo, o exercício do direito não é livre, devendo atender ao menos uma das seguintes necessidades: regularização fundiária; execução de programas e projetos habitacionais de interesse social; constituição de reserva fundiária; ordenamento e direcionamento da expansão urbana; implantação de equipamentos urbanos e comunitários; criação de espaços públicos de lazer e áreas verdes; criação de unidades de conservação ou proteção de outras áreas de interesse ambiental; proteção de áreas de interesse histórico, cultural ou paisagístico. Confira o dispositivo legal correlato:

> *Art. 26. O direito de preempção será exercido sempre que o Poder Público necessitar de áreas para:*
>
> *I – Regularização fundiária;*
>
> *II – Execução de programas e projetos habitacionais de interesse social;*
>
> *III – constituição de reserva fundiária;*
>
> *IV – ordenamento e direcionamento da expansão urbana;*
>
> *V – Implantação de equipamentos urbanos e comunitários;*
>
> *VI – Criação de espaços públicos de lazer e áreas verdes;*
>
> *VII – criação de unidades de conservação ou proteção de outras áreas de interesse ambiental;*
>
> *VIII – proteção de áreas de interesse histórico, cultural ou paisagístico;*
>
> *IX – (VETADO)*
>
> *Parágrafo único.* ***A lei municipal prevista no § 1º do art. 25 desta Lei deverá enquadrar cada área em que incidirá o direito de preempção em uma ou mais das finalidades enumeradas por este artigo.***

Para que a municipalidade exerça seu direito, o proprietário deverá notificar sua intenção de alienar o imóvel, para que o Poder Público, no prazo máximo de trinta dias, manifeste por escrito seu interesse em comprá-lo. A notificação deve ser acompanhada da proposta de compra assinada por terceiro interessado na aquisição do imóvel, da qual constarão preço, condições de pagamento e prazo de validade. Havendo interesse do Município, a intenção de aquisição deverá ser publicada em órgão oficial e em pelo menos um jornal local ou regional de grande circulação. A compra será realizada sem prévio procedimento licitatório, por inexigibilidade, nos termos do art. 25, da Lei nº 8.666/93.

Caso o Município não responda a notificação no prazo mencionado (30 dias), o proprietário pode efetuar a venda a terceiros, desde que nas mesmas condições da proposta apresentada.

Se houver alienação por preço inferior (ou seja, em prejuízo do interesse público), o negócio jurídico será nulo de pleno direito, podendo o Município adquirir o imóvel pelo valor da base de cálculo do IPTU ou pelo valor indicado na proposta apresentada, se este for inferior àquele (art. 27, §§ 5º e 6º, Estatuto da Cidade).

O art. 52, VIII, do Estatuto, prevê que a aquisição do bem por valor acima daquele praticado no mercado (ou seja, também em prejuízo do interesse público) constitui ato de improbidade administrativa.

Como o tema foi cobrado em provas?

(2019 – NC/UFPR – PREFEITURA DE CURITIBA/PR – Procurador do Município) A Lei nº 10.257/2001, ao regulamentar os arts. 182 e 183 da Constituição Federal, estabelece, em seu art. 25, que "o direito de preempção confere ao Poder Público municipal preferência para aquisição de imóvel urbano objeto de alienação onerosa entre particulares". Com base nesse dispositivo, considere as seguintes afirmativas:

1. Será de até dois anos, no máximo, o prazo de vigência da lei municipal que delimitará as áreas em que incidirá o direito de preempção.
2. Proposta de compra, assinada por terceiro interessado na aquisição do imóvel, deverá ser anexada à notificação do proprietário ao Município, de sua intenção de alienar o imóvel, para que o Município manifeste seu interesse em comprá-lo.
3. Após a primeira alienação de um imóvel, cessam os efeitos da lei sobre o imóvel alienado.
4. Necessidade de áreas para criar unidades de conservação, ou para proteger outras áreas de interesse ambiental, está entre as finalidades passíveis de levar o Poder Público a exercer o direito de preempção.

Com fulcro no contido na Lei nº 10.257/2001, assinale a alternativa correta.

a) Somente afirmativa 2 é verdadeira.

b) Somente as afirmativas 1 e 3 são verdadeiras.

c) Somente as afirmativas 2 e 4 são verdadeiras.

d) Somente as afirmativas 1, 3 e 4 são verdadeiras.

e) As afirmativas 1, 2, 3 e 4 são verdadeiras.

Gabarito: C

8. OUTORGA ONEROSA DO DIREITO DE CONSTRUIR

Este instituto também é denominado pela doutrina como solo criado. A outorga do direito de construir gera solo criado, isto é, a possibilidade de edificar além do coeficiente de aproveitamento básico adotado pelo plano diretor para a área em questão.

Nos termos do art. 28, do Estatuto, o plano diretor pode estabelecer a relação entre a área edificável e a área do terreno. A esta razão dá-se o nome de coeficiente de aproveitamento.

O município pode contar com um único coeficiente de aproveitamento básico ou pode dispor de diversos índices, diferenciados para áreas específicas dentro da zona urbana. Entretanto, embora o coeficiente básico possa ser superado através da outorga onerosa do direito de construir, existem limites máximos de aproveitamento estabelecidos pelo plano diretor, de acordo com a proporcionalidade entre a infraestrutura existente e o aumento de densidade esperado em cada área. Assim, o solo criado é finito.

Além do direito de construir, o Estatuto da Cidade também prevê a possibilidade de outorga de alteração de uso do solo, mediante contrapartida a ser prestada pelo beneficiário (art. 29). Nesse caso, pode ser modificado o zoneamento (urbano ou rural) do imóvel, em conformidade com a infraestrutura e a densidade populacional da região.

Para a concessão a outorga, devem ser atendidas as condições fixadas em lei municipal específica, que determinará: a forma de cálculo para a cobrança; os casos passíveis de isenção do pagamento da outorga; e a contrapartida do beneficiário, que pode ser realizada através de pagamento em dinheiro, transferência de imóveis, construção de infraestrutura urbana etc. Além disso, as áreas passíveis de solo criado devem ser indicadas no plano diretor, diante da situação fática de cada zona.

Sobre o pagamento pela outorga onerosa do direito de construir ou de alterar o uso do solo, o STF já decidiu que não se trata de obrigação tributária, mas de "*Faculdade atribuível ao proprietário de imóvel, mercê da qual se lhe permite o exercício do direito de construir acima do coeficiente único de aproveitamento adotado em determinada área, desde que satisfeita prestação de dar que consubstancia ônus*".

> *EMENTA: RECURSO EXTRAORDINÁRIO. LEI N. 3.338/89 DO MUNICÍPIO DE FLORIANÓPOLIS/SC. SOLO CRIADO. NÃO CONFIGURAÇÃO COMO TRIBUTO. OUTORGA ONEROSA DO DIREITO DE CRIAR SOLO. DISTINÇÃO ENTRE ÔNUS, DEVER E OBRIGAÇÃO. FUNÇÃO SOCIAL DA PROPRIEDADE. ARTIGOS 182 E 170, III DA CONSTITUIÇÃO DO BRASIL. 1. SOLO CRIADO Solo criado é o solo artificialmente criado pelo homem [sobre ou sob o solo natural], resultado da construção praticada em volume superior ao*

permitido nos limites de um coeficiente único de aproveitamento. 2. OUTORGA ONEROSA DO DIREITO DE CRIAR SOLO. PRESTAÇÃO DE DAR CUJA SATISFAÇÃO AFASTA OBSTÁCULO AO EXERCÍCIO, POR QUEM A PRESTA, DE DETERMINADA FACULDADE. ATO NECESSÁRIO. ÔNUS. Não há, na hipótese, obrigação. Não se trata de tributo. Não se trata de imposto. Faculdade atribuível ao proprietário de imóvel, mercê da qual se lhe permite o exercício do direito de construir acima do coeficiente único de aproveitamento adotado em determinada área, desde que satisfeita prestação de dar que consubstancia ônus. Onde não há obrigação não pode haver tributo. Distinção entre ônus, dever e obrigação e entre ato devido e ato necessário. 3. ÔNUS DO PROPRIETÁRIO DE IMÓVEL URBANO. Instrumento próprio à política de desenvolvimento urbano, cuja execução incumbe ao Poder Público municipal, nos termos do disposto no artigo 182 da Constituição do Brasil. Instrumento voltado à correção de distorções que o crescimento urbano desordenado acarreta, à promoção do pleno desenvolvimento das funções da cidade e a dar concreção ao princípio da função social da propriedade [art. 170, III da CB]. 4. Recurso extraordinário conhecido, mas não provido.

(STF, RE 387047 / SC – SANTA CATARINA, Pleno, Rel. Min. EROS GRAU, Julgamento: 06/03/2008)

Como o tema foi cobrado em provas?

(2019 – COPS/UEL – PREFEITURA DE LONDRINA/PR – Procurador do Município) Sobre a outorga onerosa do direito de construir, considere as afirmativas a seguir.

I. Constitui-se em um instrumento de arrecadação tributária.

II. Está diretamente relacionada à proporção entre a área do terreno e a área edificável e vai depender da definição dos coeficientes de aproveitamento básico e máximo para sua implementação.

III. Está diretamente relacionada com o processo de desenvolvimento urbano em atendimento à diretriz de justa distribuição dos benefícios e ônus decorrentes do processo de urbanização.

IV. Pode-se construir acima do coeficiente de aproveitamento básico onde a infraestrutura instalada ou prevista permita absorver o excedente construtivo, voltado a compensar os impactos da construção pretendida.

Assinale a alternativa correta.

a) Somente as afirmativas I e II são corretas.

b) Somente as afirmativas I e IV são corretas.

c) Somente as afirmativas III e IV são corretas.

d) Somente as afirmativas I, II e III são corretas.

e) Somente as afirmativas II, III e IV são corretas.

Gabarito: E

(2016 – FUNDATEC – PGM/POA – Procurador Municipal) Em relação ao instituto da outorga onerosa do direito de construir (solo criado), previsto no Art. 28 do Estatuto da Cidade (Lei nº 10.257/2001), analise as seguintes assertivas:

I. A concessão da outorga onerosa do direito de construir depende da previsão, no Plano Diretor, de áreas nas quais o direito de construir possa ser exercido acima do coeficiente máximo de aproveitamento adotado, mediante contrapartida em dinheiro a ser prestada pelo beneficiário.

II. A cobrança da contrapartida ampara-se no princípio da justa distribuição dos benefícios e ônus decorrentes do processo de urbanização.

III. Os recursos da contrapartida obtida devem ser aplicados, dentre outras finalidades, em regularização fundiária e proteção de áreas de interesse histórico, cultural ou paisagístico.

Quais estão corretas?

a) Apenas I.

b) Apenas II.

c) Apenas I e II.

d) Apenas I e III.

e) Apenas II e III.

Gabarito: E

9. TRANSFERÊNCIA DO DIREITO DE CONSTRUIR

Este instituto é semelhante ao solo criado. Contudo, o direito de construir será exercido em outro local ou alienado, mediante escritura pública, quando o imóvel urbano for considerado necessário para implantação de equipamentos urbanos e comunitários; de interesse histórico, ambiental, paisagístico, social ou cultural; ou quando servir a programas de regularização fundiária, urbanização de áreas ocupadas por população de baixa renda e habitação de interesse social. É dizer, quando o bem estiver afetado ao interesse público de forma que se inviabiliza o direito de construir, este poderá ser transferido a outra área, desde que atendidos os requisitos e as condições aplicáveis.

Conforme o Estatuto da Cidade, o instituto também pode ser empregado para beneficiar o proprietário que doar ao Poder Público seu imóvel, ou parte dele, para os fins mencionados acima.

O exercício da transferência do direito de construir está condicionado à edição de lei municipal baseada no plano diretos que estabeleça as condições relativas à aplicação.

Como o tema foi cobrado em provas?

(2018 – FCC – Câmara Legislativa do Distrito Federal – Consultor Legislativo) Conforme reportado por José Afonso da Silva, solo criado será toda edificação acima do coeficiente único, quer envolva a ocupação de espaço aéreo, quer a de subsolo. (Direito Urbanístico Brasileiro). A Lei n° 10.257/2001 trata desse conceito ao disciplinar

a) a outorga onerosa do direito de construir, por meio da qual o proprietário ou possuidor do terreno podem alienar o potencial construtivo da área objeto de seu direito real, mediante contrapartida financeira.

b) a transferência do direito de construir, por meio da qual o proprietário de um terreno ou imóvel pode ser autorizado a edificar acima do coeficiente básico, desde que reduzido esse potencial de qualquer outro terreno de sua titularidade situado no mesmo município.

c) as operações urbanas consorciadas, que compreendem intervenções conjuntas dos entes públicos para readequação urbana do perímetro identificado, aprovadas por meio de decreto do ente federado municipal ou distrital.

d) a transferência do direito de construir, autorizada por lei municipal, por meio da qual o proprietário do terreno pode ser autorizado a utilizar o potencial construtivo desse bem em outro local, quando aquele tiver sido, por exemplo, necessário para implantação de equipamentos comunitários.

e) outorga onerosa do direito de construir, autorizada por lei municipal, por meio da qual o proprietário de um terreno pode ser autorizado a utilizar o potencial construtivo do mesmo em outro local, no caso daquele ter sido destinado a programa de regularização fundiária.

Gabarito: D

10. OPERAÇÕES URBANAS CONSORCIADAS

Conforme o art. 32, § 1º, do Estatuto da Cidade, considera-se operação urbana consorciada o conjunto de intervenções e medidas coordenadas pelo Poder Público municipal, com a participação dos proprietários, moradores, usuários permanentes e investidores privados, com o objetivo de alcançar em uma área transformações urbanísticas estruturais, melhorias sociais e a valorização ambiental.

Deste modo, o instituto pode ser implementado para ampliar serviços de saúde, educação, moradia, melhorar sistemas de coleta de águas pluviais, esgotamento, iluminação pública. Ademais, também pode ser utilizado para a preservação do patrimônio histórico e o meio ambiente natural.

As operações urbanas consorciadas envolvem vários interessados, sob a coordenação o Poder Público Municipal. O Estatuto da Cidade traz um rol exemplificativo de medidas que podem ser tomadas para executar a operação: modificação de índices e características de parcelamento, uso e ocupação do solo e subsolo, bem como alterações das normas edilícias, considerado o impacto ambiental delas decorrente; regularização de construções, reformas ou ampliações executadas em desacordo com a legislação vigente; concessão de incentivos a operações urbanas que utilizam tecnologias visando a redução de impactos ambientais, e que comprovem a utilização, nas construções e uso de edificações urbanas, de tecnologias que reduzam os impactos ambientais e economizem recursos naturais, especificadas as modalidades de design e de obras a serem contempladas.

As áreas passíveis de intervenção devem ser definidas em lei municipal específica, baseada no plano diretor. Para executar as medidas, também se faz necessário aprovar legislativamente um plano de operação urbana consorciada, contendo, no mínimo (art. 33, Estatuto da Cidade):

- Definição da área atingida;
- Programa básico de ocupação da área;
- Programa de atendimento econômico e social para a população diretamente afetada pela operação;
- Finalidades da operação;
- Estudo prévio de impacto de vizinhança;
- Contrapartida a ser exigida dos proprietários, usuários permanentes e investidores privados em função da utilização dos benefícios previstos nos incisos I, II e III do § 2º do art. 32. Os recursos obtidos devem ser aplicados apenas para a própria operação urbana consorciada;
- Forma de controle da operação, obrigatoriamente compartilhado com representação da sociedade civil;
- Natureza dos incentivos a serem concedidos aos proprietários, usuários permanentes e investidores privados, uma vez atendido o disposto no inciso III do § 2º do art. 32.

A fim de realizar os objetivos almejados, a lei que aprovar a operação pode autorizar que o Município emita uma quantidade determinada de certificados de potencial adicional de construção (utilizáveis apenas na área da operação), que serão alienados em leilão ou utilizados diretamente no pagamento das obras necessárias à própria operação. Trata-se de mais uma forma de obter recursos financeiros para promover as melhorias e transformações.

Nas regiões metropolitanas e aglomerações urbanas, respeitando o interesse dos entes envolvidos, as operações, poderão ser realizadas operações urbanas consorciadas interfederativas, aprovadas por leis estaduais específicas. Neste caso, aplica-se, no que couber a disciplina fixada pelos arts. 32 a 34 do Estatuto.

Como o tema foi cobrado em provas?

(2016 – FUNDATEC – PGM/POA – Procurador Municipal) Com base na Lei nº 10.257/01 – Estatuto da Cidade, analise as assertivas abaixo:

I. Poderão ser previstas nas operações urbanas consorciadas, entre outras medidas, a regularização de construções, reformas ou ampliações executadas em desacordo com a legislação vigente.

II. A operação urbana consorciada não necessita de aprovação de lei específica.

III. Os certificados de potencial adicional de construção serão livremente negociados, mas conversíveis em direito de construir unicamente na área objeto da operação.

Quais estão corretas?

a) Apenas I.

b) Apenas II.

c) Apenas III.

d) Apenas I e III.

e) Apenas II e III.

Gabarito: D

11. ESTUDO DE IMPACTO DE VIZINHANÇA (EIV)

Alguns *empreendimentos e atividades* em área urbana podem ter seu licenciamento ou autorização para construir, ampliar e funcionar condicionados à realização de estudo de impacto de vizinhança, conforme definição em lei municipal (art. 36, Estatuto da Cidade).

Vê-se, assim, que o estudo de impacto de vizinhança tem por finalidade prevenir a ocorrência de danos causados por empreendimentos na zona urbana. O instituto possui natureza jurídica de limitação administrativa imposta ao proprietário do imóvel e objetiva a adoção de medidas preventivas capazes de afastar o desequilíbrio urbano.

Conforme dispõe o art. 37, do Estatuto da Cidade, o EIV será executado de forma a contemplar os efeitos positivos e negativos do empreendimento ou atividade quanto à qualidade de vida da população residente na área e suas proximidades, incluindo a análise, no mínimo, de questões como o adensamento populacional, geração de tráfego, ventilação e iluminação, paisagem e patrimônio cultural, entre outros.

A fim de melhor tutelar o interesse público, os documentos integrantes do EIV devem permanecer disponíveis para consulta por qualquer interessado. Além disso, a elaboração do EIV não substitui elaboração e a aprovação de estudo prévio de impacto ambiental (EIA), requeridas nos termos da legislação ambiental.

Como o tema foi cobrado em provas?

(2019 – MPE/SP – MPE/SP – Promotor de Justiça) O Estudo Prévio de Impacto de Vizinhança (EIV), que constitui um dos instrumentos da política urbana, deve contemplar os efeitos positivos e negativos do empreendimento ou atividade quanto à qualidade de vida da população residente na área e suas proximidades e deve contemplar a análise de várias questões indicadas na legislação específica. Dentre elas, não se inclui:

a) equipamentos urbanos e comunitários.

b) adensamento populacional.

c) uso e ocupação do solo.

d) desvalorização imobiliária.

e) geração de tráfego e demanda por transporte público.

Gabarito: D

12. PLANO DIRETOR

O art. 182, §§ 1º e 2º, CF, prevê expressamente o instituto do plano diretor, cuja edição é obrigatória por municípios com população superior a 20 (vinte) mil habitantes. Trata-se da principal ferramenta de planejamento urbano, tendo por finalidade organizar os espaços habitáveis, contendo aspectos físicos, econômicos, sociais e administrativos. Conforme delineia o art. 39, do Estatuto da Cidade, "*A propriedade urbana cumpre sua função social quando atende às exigências fundamentais de ordenação da cidade expressas no plano diretor, assegurando o atendimento das necessidades dos cidadãos quanto à qualidade de vida, à justiça social e ao desenvolvimento das atividades econômicas*".

O plano diretor deve ser aprovado por lei municipal e constitui-se como o instrumento básico da política de desenvolvimento e expansão urbana. É a base para toda a produção normativa urbanística e parte integrante do processo de planejamento municipal. Sendo assim, suas diretrizes e prioridades devem ser adotadas pelas leis orçamentárias do ente público (art. 40, § 1º, Estatuto da Cidade).

A fim de assegurar sua atualidade, a lei que institui o plano diretor deve ser revista a cada 10 (dez) anos, no mínimo. O processo legislativo e o controle da execução contam com a participação dos Poderes Executivo e Legislativo municipais, além de integrar os administrados através da realização de audiências públicas, debates, publicização dos documentos e informações, bem como a garantia de acesso, de qualquer interessado, àqueles.

É importante ressaltar que o plano diretor engloba todo o território do Município, não podendo ser restrito a determinadas áreas do território. Assim, as áreas rurais eventualmente existentes também serão regulamentadas, contudo, sob abordagem urbanística, a exemplo da expansão urbana e de serviços públicos (art. 40, § 2º). O direito agrário, entretanto, deve ser legislado privativamente pela União (art. 22, I, CF).

A Constituição Federal, em seu art. 182, § 1º, estabeleceu a obrigatoriedade de plano diretor apenas para municípios com mais de 20 (vinte) mil habitantes. O Estatuto da Cidade ampliou as hipóteses para abranger as seguintes os municípios:

- Integrantes de regiões metropolitanas e aglomerações urbanas (sendo também necessária a edição de plano de desenvolvimento urbano integrado, nos termos da Lei 13.089/2015);
- Onde o Poder Público municipal pretenda utilizar os instrumentos previstos no § 4º do art. 182 da Constituição Federal (parcelamento e edificação compulsórios, IPTU progressivo no tempo e desapropriação por descumprimento da função social da propriedade);
- Integrantes de áreas de especial interesse turístico;
- Inseridas na área de influência de empreendimentos ou atividades com significativo impacto ambiental de âmbito regional ou nacional (em caso de impacto local, apenas se exige a realização de estudo de impacto de vizinhança - EIV).

Parte da doutrina entende que a ampliação das hipóteses de obrigatoriedade do plano diretor é inconstitucional, pois estabeleceu obrigações não previstas pelo texto da CF. Outros estudiosos posicionam-se pela constitucionalidade da norma, sob o argumento de que a Constituição fixou limite mínimo e a União, no exercício de sua competência para editar normas gerais sobre direito urbanístico (art. 24, § 1º, CF), poderia ampliar os casos de obrigatoriedade.

O Estatuto da Cidade fixa um conteúdo mínimo para o plano diretor. Veja-se:

> *Art. 42. O plano diretor deverá conter no mínimo:*
>
> *I - A delimitação das áreas urbanas onde poderá ser aplicado o parcelamento, edificação ou utilização compulsórios, considerando a existência de infra-estrutura e de demanda para utilização, na forma do art. 5º desta Lei;*
>
> *II - Disposições requeridas pelos arts. 25, 28, 29, 32 e 35 desta Lei;*
>
> *III - sistema de acompanhamento e controle.*
>
> *Art. 42-A. Além do conteúdo previsto no art. 42, o plano diretor dos Municípios incluídos no cadastro nacional de municípios com áreas suscetíveis à ocorrência de deslizamentos de grande impacto, inundações bruscas ou processos geológicos ou hidrológicos correlatos deverá conter: (Incluído pela Lei nº 12.608, de 2012)*
>
> *I - parâmetros de parcelamento, uso e ocupação do solo, de modo a promover a diversidade de usos e a contribuir para a geração de emprego e renda; (Incluído pela Lei nº 12.608, de 2012)*
>
> *II - mapeamento contendo as áreas suscetíveis à ocorrência de deslizamentos de grande impacto, inundações bruscas ou processos geológicos ou hidrológicos correlatos; (Incluído pela Lei nº 12.608, de 2012)*
>
> *III - planejamento de ações de intervenção preventiva e realocação de população de áreas de risco de desastre; (Incluído pela Lei nº 12.608, de 2012)*

IV – medidas de drenagem urbana necessárias à prevenção e à mitigação de impactos de desastres; e (Incluído pela Lei nº 12.608, de 2012)

V – diretrizes para a regularização fundiária de assentamentos urbanos irregulares, se houver, observadas a Lei no 11.977, de 7 de julho de 2009, e demais normas federais e estaduais pertinentes, e previsão de áreas para habitação de interesse social por meio da demarcação de zonas especiais de interesse social e de outros instrumentos de política urbana, onde o uso habitacional for permitido. (Incluído pela Lei nº 12.608, de 2012)

VI – Identificação e diretrizes para a preservação e ocupação das áreas verdes municipais, quando for o caso, com vistas à redução da impermeabilização das cidades. (Incluído pela Lei nº 12.983, de 2014)

§ 1º A identificação e o mapeamento de áreas de risco levarão em conta as cartas geotécnicas. (Incluído pela Lei nº 12.608, de 2012)

§ 2º O conteúdo do plano diretor deverá ser compatível com as disposições insertas nos planos de recursos hídricos, formulados consoante a Lei no 9.433, de 8 de janeiro de 1997. (Incluído pela Lei nº 12.608, de 2012)

§ 3º Os Municípios adequarão o plano diretor às disposições deste artigo, por ocasião de sua revisão, observados os prazos legais. (Incluído pela Lei nº 12.608, de 2012)

§ 4º Os Municípios enquadrados no inciso VI do art. 41 desta Lei e que não tenham plano diretor aprovado terão o prazo de 5 (cinco) anos para o seu encaminhamento para aprovação pela Câmara Municipal. (Incluído pela Lei nº 12.608, de 2012)

Art. 42-B. Os Municípios que pretendam ampliar o seu perímetro urbano após a data de publicação desta Lei deverão elaborar projeto específico que contenha, no mínimo: (Incluído pela Lei nº 12.608, de 2012)

I – demarcação do novo perímetro urbano; (Incluído pela Lei nº 12.608, de 2012)

II – delimitação dos trechos com restrições à urbanização e dos trechos sujeitos a controle especial em função de ameaça de desastres naturais; (Incluído pela Lei nº 12.608, de 2012)

III – definição de diretrizes específicas e de áreas que serão utilizadas para infraestrutura, sistema viário, equipamentos e instalações públicas, urbanas e sociais; (Incluído pela Lei nº 12.608, de 2012)

IV – definição de parâmetros de parcelamento, uso e ocupação do solo, de modo a promover a diversidade de usos e contribuir para a geração de emprego e renda; (Incluído pela Lei nº 12.608, de 2012)

V – a previsão de áreas para habitação de interesse social por meio da demarcação de zonas especiais de interesse social e de outros instrumentos de política urbana, quando o uso habitacional for permitido; (Incluído pela Lei nº 12.608, de 2012)

VI – definição de diretrizes e instrumentos específicos para proteção ambiental e do patrimônio histórico e cultural; e (Incluído pela Lei nº 12.608, de 2012)

VII – definição de mecanismos para garantir a justa distribuição dos ônus e benefícios decorrentes do processo de urbanização do território de expansão urbana e a recuperação para a coletividade da valorização imobiliária resultante da ação do poder público.

§ 1º O projeto específico de que trata o caput deste artigo deverá ser instituído por lei municipal e atender às diretrizes do plano diretor, quando houver. (Incluído pela Lei nº 12.608, de 2012)

§ 2º Quando o plano diretor contemplar as exigências estabelecidas no caput, o Município ficará dispensado da elaboração do projeto específico de que trata o caput deste artigo. (Incluído pela Lei nº 12.608, de 2012)

§ 3º A aprovação de projetos de parcelamento do solo no novo perímetro urbano ficará condicionada à existência do projeto específico e deverá obedecer às suas disposições. (Incluído pela Lei nº 12.608, de 2012)

Percebe-se que o legislador sistematizou temas que merecem especial atenção dos municípios, sobretudo aqueles situados em áreas de risco.

Também há previsão do projeto de expansão urbana para municípios que pretendam ampliar seu perímetro urbano, a fim evitar a formação de aglomerações em prejuízo das áreas de preservação ambiental e cultural.

Ressaltando-se tema conexo, destaca-se a recente súmula 626, da súmula do Superior Tribunal de Justiça: "A incidência do IPTU sobre imóvel situado em área considerada pela lei local como urbanizável ou de expansão urbana não está condicionada à existência dos melhoramentos elencados no art. 32, § 1º, do CTN".

Como o tema foi cobrado em provas?

(2014 – FCC – PGM/Cuiabá – Procurador Municipal) O plano diretor

a) fixará áreas nas quais o direito de construir será exercido acima do coeficiente de aproveitamento básico adotado, mediante doação de área equivalente para a criação de áreas verdes no território do município.

b) fixará áreas nas quais o direito de construir será exercido acima do coeficiente de aproveitamento básico adotado, mediante contrapartida a ser prestada pelo beneficiário.

c) fixará áreas nas quais o direito de construir será exercido acima do coeficiente de aproveitamento básico adotado, sem que haja qualquer contrapartida a ser prestada pelo beneficiário.

d) fixará áreas nas quais o direito de construir será exercido acima do coeficiente de aproveitamento básico adotado, podendo-se exigir, a critério da administração pública, contrapartida a ser prestada pelo beneficiário.

e) poderá fixar áreas nas quais o direito de construir poderá ser exercido acima do coeficiente de aproveitamento básico adotado, mediante contrapartida a ser prestada pelo beneficiário

Gabarito: E

13. GESTÃO DEMOCRÁTICA DA CIDADE

O art. 43, do Estatuto da Cidade estabeleceu a utilização dos seguintes instrumentos para garantir a gestão democrática da cidade:

- órgãos colegiados de política urbana, nos níveis nacional, estadual e municipal;
- Debates, audiências e consultas públicas;
- Conferências sobre assuntos de interesse urbano, nos níveis nacional, estadual e municipal;
- Iniciativa popular de projeto de lei e de planos, programas e projetos de desenvolvimento urbano.

Trata-se de ferramentas de natureza processual que devem ser observados para a edição de normas legais e administrativas sobre direito urbanístico.

A gestão democrática constitui-se como consulta e participação da sociedade nas atividades de Estado. As disposições contidas no Estatuto da Cidade concretizam os princípios da publicidade, do devido processo legal, do direito à informação.

Especificamente em relação às finanças públicas, o art. 44, do Estatuto, determina que a gestão orçamentária municipal será participativa, incluindo-se realização de debates, audiências e consultas públicas sobre as propostas do plano plurianual, da lei de diretrizes orçamentárias e do orçamento anual, como condição obrigatória para sua aprovação pela Câmara Municipal.

Além disso, os organismos gestores das regiões metropolitanas e aglomerações urbanas devem incluir obrigatória e significativa participação da população e de associações representativas dos vários segmentos da comunidade, de modo a garantir o controle direto de suas atividades e o pleno exercício da cidadania.

Como o tema foi cobrado em provas?

(2019 – COPS/UEL – Prefeitura de Londrina – PR – Procurador Municipal) Em relação aos instrumentos de gestão democrática na elaboração e execução do Plano Diretor, atribua V (verdadeiro) ou F (falso) às afirmativas a seguir.

( ) A cooperação das associações representativas no planejamento municipal se constitui em princípio constitucional aplicado aos Municípios.

( ) É vedado projeto de lei de iniciativa popular para projetos de desenvolvimento urbano.

( ) A gestão democrática da cidade independe dos instrumentos colegiados de política urbana.

( ) O Prefeito que deixar de garantir a promoção de audiências públicas e debates com a participação da população incorre em improbidade administrativa.

( ) A participação popular na gestão da cidade pressupõe a possibilidade de consulta à população sobre as prioridades de destinação dos recursos públicos.

Assinale a alternativa que contém, de cima para baixo, a sequência correta.

a) V, V, V, F, F.

b) V, F, F, V, V.

c) V, F, F, F, V.

d) F, V, F, V, F.

e) F, F, V, V, V.

Gabarito: B

14. CONSÓRCIO IMOBILIÁRIO

Na hipótese de o particular ter seu imóvel submetido ao parcelamento compulsório decorrente da inobservância da função social da propriedade (art. 182, § 4º, CF), o Estatuto da Cidade prevê que o proprietário pode estabelecer consórcio imobiliário como forma de viabilização financeira do aproveitamento do imóvel. Com a recente alteração promovida pela Lei 13.465/2017, o instituto passou a ser aplicável também a titulares de imóveis objeto de regularização fundiária urbana para fins de regularização fundiária.

> *Art. 46. O poder público municipal poderá facultar ao proprietário da área atingida pela obrigação de que trata o caput do art. 5º desta Lei, ou objeto de regularização fundiária urbana para fins de regularização fundiária, o estabelecimento de consórcio imobiliário como forma de viabilização financeira do aproveitamento do imóvel. (Redação dada pela lei nº 13.465, de 2017)*
>
> § 1º Considera-se consórcio imobiliário a forma de *viabilização de planos de urbanização, de regularização fundiária ou de reforma, conservação ou construção de edificação por meio da qual o proprietário transfere ao poder público municipal seu imóvel e, após a realização das obras, recebe, como pagamento, unidades imobiliárias devidamente urbanizadas ou edificadas, ficando as demais unidades incorporadas ao patrimônio público. (Redação dada pela lei nº 13.465, de 2017)*
>
> § 2º O valor das unidades imobiliárias a serem entregues ao proprietário será *correspondente ao valor do imóvel antes da execução das obras. (Redação dada pela lei nº 13.465, de 2017)*
>
> § 3º A instauração do consórcio imobiliário por proprietários que tenham dado causa à formação de núcleos urbanos informais, ou por seus sucessores, *não os eximirá das responsabilidades administrativa, civil ou criminal (incluído pela lei nº 13.465, de 2017)*

Os consórcios imobiliários são instrumento para a efetivar a função social da propriedade quando os proprietários do bem não disponham de condições financeiras para tanto.

Nestes casos, os titulares do bem concordam em ceder ao Poder Público seu imóvel, para que a Administração realize as obras e os serviços necessários. Ao final, o proprietário recebe unidades imobiliárias que totalizem valor correspondente àquele do imóvel antes da realização das obras.

A Lei nº 13.465, de 2017 incluiu o parágrafo terceiro no art. 46, deixando claro que a responsabilidade pelos prejuízos à urbanização decorrentes da formação desorganizada de núcleos urbanos informais não será afastada pela instauração do consórcio.

15. HIPÓTESES DE CONFIGURAÇÃO DE IMPROBIDADE ADMINISTRATIVA

O descumprimento das normas e obrigações veiculadas também pode dar ensejo à configuração de improbidade administrativa. Neste sentido estabelece o art. 52, do Estatuto da Cidade:

> *Art. 52. Sem prejuízo da punição de outros agentes públicos envolvidos e da aplicação de outras sanções cabíveis, o Prefeito incorre em improbidade administrativa, nos termos da Lei no 8.429, de 2 de junho de 1992, quando:*
>
> *I - (VETADO)*
>
> *II - Deixar de proceder, no prazo de cinco anos, o adequado aproveitamento do imóvel incorporado ao patrimônio público, conforme o disposto no § 4º do art. 8º desta Lei;*
>
> *III – utilizar áreas obtidas por meio do direito de preempção em desacordo com o disposto no art. 26 desta Lei;*
>
> *IV – Aplicar os recursos auferidos com a outorga onerosa do direito de construir e de alteração de uso em desacordo com o previsto no art. 31 desta Lei;*
>
> *V – Aplicar os recursos auferidos com operações consorciadas em desacordo com o previsto no § 1º do art. 33 desta Lei;*
>
> *VI – Impedir ou deixar de garantir os requisitos contidos nos incisos I a III do § 4º do art. 40 desta Lei;*
>
> *VII – deixar de tomar as providências necessárias para garantir a observância do disposto no § 3º do art. 40 e no art. 50 desta Lei;*
>
> *VIII – adquirir imóvel objeto de direito de preempção, nos termos dos arts. 25 a 27 desta Lei, pelo valor da proposta apresentada, se este for, comprovadamente, superior ao de mercado.*

Ressalta-se, entretanto, que o art. 52 não é de aplicação autônoma, devendo-se verificar a ocorrência das hipóteses previstas na Lei 8.429/92, isto é: enriquecimento ilícito, prejuízo ao erário ou atentado aos princípios da Administração.

Como o tema foi cobrado em provas?

(2016 – FCC – MPE/SC – Promotor de Justiça) O Prefeito incorre em improbidade administrativa quando impede ou deixa de garantir a promoção de audiências públicas e debates com a participação da população e de associações representativas dos vários segmentos da comunidade no processo de elaboração do plano diretor e na fiscalização de sua implementação.

Gabarito: CERTO

QUESTÃO DISCURSIVA

O Estatuto da Cidade (Lei nº 10257/2001) regulamenta a execução da política urbana, estabelecendo normas de ordem pública e interesse social que regulam o uso da propriedade urbana em prol do interesse da coletividade e da preservação do meio ambiente.

Um dos institutos previstos pela Constituição e disciplinados pelo Estatuto da Cidade é a usucapião especial de imóvel urbano. Acerca do tema, discorra sobre as características e os requisitos da usucapião especial urbana coletiva, bem como os legitimados para a propositura da ação respectiva e a existência de presunção de hipossuficiência para fins de concessão do benefício de gratuidade da justiça.

Espaço para resposta

____

____

____

____

____

____

____

____

____

Comentários

Nos termos do art. 183, da Constituição Federal, a usucapião especial de imóvel urbano ocorre nos casos em que se possua área de até duzentos e cinquenta metros quadrados, por cinco anos, ininterruptamente e sem oposição, utilizando-a para sua moradia ou de sua família, desde que não seja proprietário de outro imóvel urbano ou rural. Trata-se de concretização do princípio da função social da propriedade e meio de regularização fundiária urbana.

São os requisitos:

a) posse ininterrupta e sem oposição;

b) de área de até 250 m^2;

c) pelo prazo de 5 (cinco) anos;

d) com utilização do bem como moradia;

e) desde que o possuidor não seja proprietário de outro imóvel urbano ou rural.

Para esta modalidade de usucapião, não se exige a existência de justo título ou mesmo de posse de boa-fé. Além disso, o título de domínio e a concessão de uso resultantes serão conferidos ao homem ou à mulher, ou a ambos, independentemente do estado civil.

Conforme expressa previsão constitucional, o direito só poderá ser reconhecido ao possuidor uma única vez. Assim, se o interessado já tiver adquirido outro imóvel através da usucapião especial de imóvel urbano, não poderá ser beneficiário do instituto em mais uma oportunidade.

Ademais, dada a imprescritibilidade dos bens públicos, imóveis desta natureza não se sujeitam a aquisição através desta forma especial de usucapião.

Acerca da posse *ad usucapionem*, convém ressaltar que esta deve ser exercida com ânimo de dono. Assim, a posse decorrente de relação contratual que afete o proprietário, a exemplo de locação, classifica-se como posse *ad interdicta* e não serve à aquisição originária do bem.

Ainda, regulamentando o instituto constitucional, o art. 9º, § 3º, do Estatuto da Cidade (Lei nº 10.257/2001) prevê a possibilidade de *sucessio possessionis*, isto é, de sucessão de posses decorrente da morte do antigo possuidor. Para tanto, é necessário que o herdeiro já resida no imóvel por ocasião da abertura da sucessão, ou seja, na época do óbito do antecessor.

Sobre as dimensões da área ocupada, o Supremo Tribunal Federal já decidiu que, atendidos os requisitos constitucionais, a pessoa terá direito à usucapião especial, ainda que o imóvel não atenda ao mínimo ao mínimo dos módulos urbanos exigidos pela legislação local para a respectiva área (dimensão do lote). Conforme frisou a Corte, o direito possui índole constitucional, de modo que não se pode impor obstáculos, de índole infraconstitucional, para impedir que se aperfeiçoe, em favor de parte interessada, o modo originário de aquisição de propriedade. Veja-se:

> Recurso extraordinário. Repercussão geral. **Usucapião especial urbana. Interessados que preenchem todos os requisitos exigidos pelo art. 183 da Constituição Federal. Pedido indeferido com fundamento em exigência supostamente imposta pelo plano diretor do município em que localizado o imóvel. Impossibilidade. A usucapião especial urbana tem raiz constitucional e seu implemento não pode ser obstado com fundamento em norma hierarquicamente inferior ou em interpretação que afaste a eficácia do direito constitucionalmente assegurado.** Recurso provido.
>
> 1. Módulo mínimo do lote urbano municipal fixado como área de 360 m2. Pretensão da parte autora de usucapir porção de 225 m2, destacada de um todo maior, dividida em composse.
>
> 2. Não é o caso de declaração de inconstitucionalidade de norma municipal.
>
> 3. **Tese aprovada: preenchidos os requisitos do art. 183 da Constituição Federal, o reconhecimento do direito à usucapião especial urbana não pode ser obstado por legislação infraconstitucional que estabeleça módulos urbanos na respectiva área em que situado o imóvel (dimensão do lote).**
>
> 4. Recurso extraordinário provido.
>
> STF. Plenário. RE 422349/RS, Rel. Min. Dias Toffoli, julgado em 29/4/2015 (repercussão geral) (Info 783).

O art. 10, do Estatuto da Cidade, prevê a possibilidade de **usucapião especial coletiva de imóveis urbanos.** De acordo com a redação anterior do dispositivo, as áreas urbanas com mais de duzentos e cinquenta metros quadrados, ocupadas por população de baixa renda para sua moradia, por cinco anos, ininterruptamente e sem oposição, onde não for possível identificar os terrenos ocupados por cada possuidor, são susceptíveis de serem usucapidas coletivamente, desde que os possuidores não sejam proprietários de outro imóvel urbano ou rural.

Alterada pela Lei nº 13.465/2017, a redação do art. 10, do Estatuto da Cidade **deixou de exigir a ocupação por população de baixa renda.** Do mesmo modo, **não mais se requer a inviabilidade de identificação das posses individuais.** Portanto, cabe o reconhecimento do direito mesmo quando for possível identificar unidades mais ou menos delimitadas. Nesse sentido, ressalta-se que, conforme a nova legislação, a existência de construções sobrepostas não é mais considerada critério suficiente para apontar a confusão de unidades imobiliárias, tendo em vista o recém instituído direito de laje (art. 1.225, CC), o qual também é suscetível à usucapião.

Além disso, foi fixado limite quanto às dimensões do imóvel. Os núcleos urbanos informais devem ter área total não excedente a duzentos e cinquenta metros quadrados por possuidor.

São, assim, os requisitos para a usucapião especial coletiva de imóvel urbano:

e) Núcleo urbano informal, considerado, nos termos da Lei nº 13.465/2017, como "aquele clandestino, irregular ou no qual não foi possível realizar, por qualquer modo, a titulação de seus ocupantes, ainda que atendida a legislação vigente à época de sua implantação ou regularização";
f) Posse sem oposição por cinco anos;
g) Área total dividida pelo número de possuidores inferior a duzentos e cinquenta metros quadrados por possuidor (este requisito se amolda ao posicionamento adotado pelo STF e indicado acima, no sentido de que é inconstitucional restringir a aquisição de propriedade com área menor que o módulo urbano);
h) Possuidores não titulares de outro imóvel urbano ou rural.

É possível, também, o acréscimo da posse à do antecessor, desde que sejam contínuas (art. 10, § 1º, do Estatuto da Cidade). Portanto, diferentemente da modalidade individual, na forma coletiva da usucapião, admite-se a soma de posses entre pessoas vivas.

A partir do reconhecimento judicial de aquisição da propriedade, em sentença de natureza declaratória, passa a existir condomínio entre os ocupantes da área. Consoante o art. 10, § 4º, do Estatuto da Cidade, o condomínio especial constituído é <u>indivisível</u>, não sendo passível de extinção, salvo deliberação favorável tomada por, no mínimo, dois terços dos condôminos, no caso de execução de urbanização posterior à constituição do condomínio.

A ação de usucapião prevalece sobre outras demandas que discutam a posse ou a propriedade do bem. Neste sentido, o art. 11, do Estatuto da Cidade determina que na pendência da ação de usucapião especial urbana, ficarão sobrestadas quaisquer outras ações, petitórias ou possessórias, que venham a ser propostas relativamente ao imóvel usucapiendo.

Sobre a legitimidade para propor a demanda, o art. 12 do mencionado diploma legal fixa que podem iniciar o processo:

a) o possuidor, isoladamente ou em litisconsórcio originário ou superveniente;
b) os possuidores, em estado de composse;
c) como substituto processual, a associação de moradores da comunidade, regularmente constituída, com personalidade jurídica, desde que explicitamente autorizada pelos representados.

Vê-se, assim, que, no caso de usucapião especial coletiva, tanto os possuidores quanto associação de moradores com personalidade jurídica e autorização dos associados podem propor a demanda.

Embora o art. 12, § 2º da Lei nº 10.257/2001 (Estatuto da Cidade) estabeleça que "o autor terá os benefícios da justiça e da assistência judiciária gratuita, inclusive perante o cartório de registro de imóveis", trata-se de presunção relativa de que o autor da ação de usucapião especial urbana é hipossuficiente.

De acordo com o decidido pelo Superior Tribunal de Justiça, a presunção de hipossuficiência pode ser afastada com a comprovação inequívoca de que o autor não é considerado "necessitado". Isso porque o dispositivo legal deve ser interpretado em conjunto com as regras processuais sobre gratuidade da justiça, constantes dos arts. 98 a 102 do CPC/2015. Veja-se:

> RECURSO ESPECIAL. DIREITO PROCESSUAL CIVIL. **AÇÃO DE USUCAPIÃO ESPECIAL URBANA. ART. 12 DA LEI Nº 10.257/2001. BENEFÍCIO DA JUSTIÇA E DA ASSISTÊNCIA JUDICIÁRIA GRATUITA. PRESUNÇÃO RELATIVA DE HIPOSSUFICIÊNCIA.**
>
> 1. O **art. 12, §2º, da Lei nº 10.257/2001** – que assegura aos autores da ação de usucapião especial urbana os benefícios da justiça e da assistência judiciária, incluindo-se aí as despesas perante o cartório de registro imobiliário – **deve ser interpretado em conjunto e harmonia com as disposições da Lei nº 1.060/1950 e, a partir de 18 de março de 2016, do Código de Processo Civil de 2015**.
>
> 2. A Lei nº 10.257/2001 concede ao autor da ação de usucapião especial urbana espécie de **presunção relativa de hipossuficiência** que, por isso, é ilidida a partir da comprovação inequívoca de que o autor não pode ser considerado "necessitado" nos termos do § 2º da Lei nº 1.060/1950.
>
> 3. No caso, o próprio autor reconheceu, em sua petição inicial, não preencher os requisitos da Lei nº 1.060/1950 para fins de obtenção dos benefícios da justiça gratuita, o que afasta qualquer possibilidade de concessão destes, sendo irrelevante para tanto que tenham sido requeridos com esteio no § 2º do art. 12 do Estatuto da Cidade (Lei nº 10.257/2001).
>
> 4. Recurso especial não provido.
>
> STJ. 3ª Turma. REsp 1.517.822-SP, Rel. Min. Ricardo Villas Bôas Cueva, julgado em 21/2/2017 (Info 599).

Observa-se, assim, que o autor da demanda pode não ser beneficiário da usucapião especial. No caso da forma coletiva, com a nova redação do art. 10, do Estatuto da Cidade, torna-se mais clara a relatividade da presunção de hipossuficiência, já que a Lei não mais exige que a população ocupante da área seja de baixa renda.

LEI DE PARCELAMENTO DO SOLO URBANO

1. INTRODUÇÃO

O objetivo desse estudo é preparar o aluno para questões de concursos relativas à Lei nº 6.766/1979. Trata-se de diploma legislativo repleto de especificidades e que, portanto, é substrato para inúmeras "pegadinhas" por parte do examinador. Por isso, de nada adiantar estudar os dispositivos da lei sem procurar entender a origem e a finalidade das normas ali insertas.

A Lei nº 6.766/1979 rege o parcelamento do solo urbano e veio para substituir o antigo Decreto-Lei 58/1937. Contudo, este continua em vigor quanto às normas relativas à promessa de compra e venda de imóveis não loteados, bem como em relação ao parcelamento do solo rural, devendo esse ser compreendido na exata medida da destinação e não da localização.

Logo, aquele que irá parcelar o solo para fins urbanos deverá respeitar todos os requisitos prescritos pela Lei nº 6.766/1979.

Vejam que é a **finalidade** urbana do imóvel que atrai a aplicação da lei em comento. Conforme a doutrina, as funções/finalidades substanciais do solo urbano são garantir a **moradia, circulação, lazer** e **trabalho**.

DICA: para vislumbrar melhor os objetivos da Lei 6.766/79, remetemos a leitura do art. 2º, VI, alíneas "a" – "h", do Estatuto da Cidade. Nesse dispositivo, é elencado o que se pretende evitar com a adequada ordenação e controle do solo urbano. É a partir desses objetivos que se deve amparar todo o estudo da Lei 6.766/79 e se perquirir a finalidade dos institutos nela previstos.

2. COMPETÊNCIA LEGISLATIVA E ADMINISTRATIVA

A Constituição estabelece a competência concorrente da União, Estados e Distrito Federal para legislar sobre Direito Urbanístico (art. 24, inciso I, da CR/88). Todavia, os Municípios podem legislar sobre a matéria quando se tratar de assuntos de interesse local (art. 30, inciso I, da CR/88).

Em relação à competência administrativa, a União é responsável por instituir as diretrizes para o desenvolvimento urbano, inclusive habitação, saneamento básico e transportes urbanos (art. 21, inciso XX, da CR/88).

Por outro lado, é de competência comum entre todos os entes federativos a promoção de programas de construção de moradia e a melhoria das condições habitacionais e de saneamento básico (art. 23, inciso IV, da CR/88).

Por fim, sobre o objeto de nosso estudo, frise-se que a promoção, no que couber, do adequado ordenamento territorial, mediante planejamento e controle do uso, do parcelamento e da ocupação do solo urbano, é de competência dos Municípios, a teor do art. 30, inciso VIII, da CR/88.

Disciplina sobre o ordenamento do espaço urbano. Os Municípios com mais de 20 mil habitantes e o Distrito Federal podem legislar sobre programas e projetos específicos de ordenamento do espaço urbano por meio de leis que sejam compatíveis com as diretrizes fixadas no plano diretor. Isso significa que nem sempre que o Município for legislar sobre matéria urbanística, ele precisará fazê-lo por meio do Plano Diretor. O Plano Diretor é o instrumento legal que dita a atuação do Município ou do Distrito Federal quanto ao ordenamento urbano, traçando suas linhas gerais, porém a sua execução pode se dar mediante a expedição de outras lei e decretos, desde que guardem conformidade com o Plano Diretor. STF. Plenário. RE 607940/DF, Rel. Min. Teori Zavascki, julgado em 29/10/2015 (Info 805).

3. CONCEITOS IMPORTANTES

3.1. Parcelamento

Parcelamento é gênero do qual são espécies o desmembramento, o loteamento e o desdobro.

3.2. Loteamento e Desmembramento

Os §§ 1º e 2º do art. 2º da Lei 6.766/79 trazem os conceitos de loteamento e desmembramento:

> Art. 2º. O parcelamento do solo urbano poderá ser feito mediante loteamento ou desmembramento, observadas as disposições desta Lei e as das legislações estaduais e municipais pertinentes.
>
> § 1º – Considera-se loteamento a subdivisão de gleba em lotes destinados a edificação, com abertura de novas vias de circulação, de logradouros públicos ou prolongamento, modificação ou ampliação das vias existentes.
>
> § 2º- considera-se desmembramento a subdivisão de gleba em lotes destinados a edificação, com aproveitamento do sistema viário existente, desde que não implique na abertura de novas vias e logradouros públicos, nem no prolongamento, modificação ou ampliação dos já existentes.

Percebam que ambos os institutos são subdivisões de **gleba** em **lotes**. A primeira nada mais é que a fração de terra que não foi submetida a parcelamento sob a égide da Lei 6.766/79. Lote, por sua vez, é **terreno servido de infraestrutura básica cujas dimensões atendam aos índices urbanísticos definidos pelo plano diretor ou lei municipal para zona em que se situe** *(§4º do art. 2º).*

Entretanto, a substancial diferença entre os dois institutos está na criação ou não de espaços públicos. No **desmembramento** não há abertura ou prolongamento de vias de circulação ou de logradouros públicos, tais como ruas e praças. Se aproveitam, portanto, os espaços públicos já existentes.

Por outro lado, no **loteamento** se criam ou ampliam novos espaços públicos, modificando o desenho urbano da região.

Fernanda Lousada Cardoso (2015, p. 19), aponta também outras diferenças, as quais podem ser sistematizadas na seguinte forma:

Loteamento	Desmembramento
Resulta na criação de espaços públicos, alterando o desenho urbano da região	Apenas divide um espeço privado em unidades menores, não alterando o desenho urbano da região
Decorre apenas da manifestação de vontade	Pode decorrer de decisão judicial
É objeto de registro público	***É objeto de averbação pública***

IMPORTANTE: o parcelamento não é admitido em áreas rurais e nem nos espaços listados no art. art. 3º da Lei nº6.766/79. Esse dispositivo é muito importante, de modo que o aluno deve grifá-lo e revisá-lo quando for fazer provas de procuradorias municipais:

> Art. 3º. Somente será admitido o parcelamento do solo para fins urbanos em zonas urbanas, de expansão urbana ou de urbanização específica, assim definidas pelo plano diretor ou aprovadas por lei municipal. (Redação dada pela Lei nº 9.785, de 1999)
>
> Parágrafo único – Não será permitido o parcelamento do solo:
>
> I – Em terrenos alagadiços e sujeitos a inundações, antes de tomadas as providências para assegurar o escoamento das águas;
>
> Il – Em terrenos que tenham sido aterrados com material nocivo à saúde pública, sem que sejam previamente saneados;
>
> III – Em terrenos com declividade igual ou superior a 30% (trinta por cento), salvo se atendidas exigências específicas das autoridades competentes;
>
> IV – Em terrenos onde as condições geológicas não aconselham a edificação;
>
> V – Em áreas de preservação ecológica ou naquelas onde a poluição impeça condições sanitárias suportáveis, até a sua correção.

Na prova para Procurador do Município de Fortaleza/2017, o CESPE considerou **errada** a seguinte assertiva:

No âmbito do parcelamento do solo urbano, desmembramento corresponde à subdivisão de gleba em lotes destinados à edificação, com abertura de novas vias de circulação e criação de logradouros públicos.

3.3. Gleba e Lote

Gleba é a porção de terra não submetida a parcelamento sob o prisma da Lei 6.766/79. Vale ressaltar que o parágrafo terceiro do art. 2º conceituava gleba, porém, foi vetado, consoante as seguintes razões:

> O art. 3º do projeto, ao incluir o § 3º ao art. 2º da Lei no 6.766, de 1979, define gleba como sendo "o terreno que não foi objeto de parcelamento aprovado ou regularização em cartório".
>
> Em assim sendo, todo o terreno que tenha sido objeto de parcelamento deixa de ser gleba, passando a ser lote. Essa conceituação permitirá a prática do desdobro sucessivo de lotes, beneficiando, assim, apenas os loteadores, que, por não contemplar a Lei nº 6.766, de 1979, a figura do desdobro, ficarão desobrigados de atender às exigências por ela impostas, sob o argumento de que esse diploma legal só se aplica à subdivisão de glebas em lotes e não a desdobro de lotes.
>
> Tendo em vista que compete ao Município, por força do art. 30, VIII, da Constituição Federal, o planejamento do parcelamento do solo urbano, com o fim de promover o adequado ordenamento territorial, melhor seria que não se aceitasse o § 3º proposto, até mesmo porque, o § 4º sugerido, ao definir lote, indiretamente define gleba, uma vez que os conceitos são complementares."

Mesmo não tendo havido parcelamento sob a regulamentação da citada lei, haverá **lote** e não gleba se a porção de terra atender dispuser de infraestrutura básica e, quanto às dimensões, satisfaça os índices urbanísticos definidos pelo plano diretor e pela legislação municipal (§4º do art. 2º).

O §5º do art. 2º define a infraestrutura básica ora retratada:

> § 5º A infraestrutura básica dos parcelamentos é constituída pelos equipamentos urbanos de escoamento das águas pluviais, iluminação pública, esgotamento sanitário, abastecimento de água potável, energia elétrica pública e domiciliar e vias de circulação.

INFRAESTRUTURA BÁSICA DOS PARCELAMENTOS
✓ escoamento das águas pluviais; ✓ iluminação pública; ✓ esgotamento sanitário; ✓ abastecimento de água potável; ✓ energia elétrica pública e domiciliar; ✓ vias de circulação **OBSERVAÇÃO:** a infraestrutura básica ora retratada difere um pouco daquela considerada para fins de incidência do IPTU (art. 32 do CTN);
IMPORTANTE: a infraestrutura básica dos parcelamentos será substancialmente menor nas ZHIS (Zonas Habitacionais de Interesse Social), criadas por lei municipal, pois consistirá, **no mínimo**, de: I – vias de circulação; II – escoamento das águas pluviais; III – rede para o abastecimento de água potável; e IV – soluções para o esgotamento sanitário e para a energia elétrica domiciliar (§6º do art. 2º).

De igual maneira, se o parcelamento ocorrido sob a regulamentação do Decreto-Lei 58/1937 não tiver destinado o mínimo de área pública, nos termos de lei municipal, e não ter atendido aos requisitos de infraestrutura básica e dimensões urbanísticas, também se caracterizará **gleba**[1].

IMPORTANTE: como requisito urbanístico de loteamento, a legislação anterior exigia, de forma inexorável, a previsão de, no mínimo, de 35% de áreas públicas. Agora, esse percentual fica a critério da legislação municipal:

> § 1º. A legislação municipal definirá, para cada zona em que se divida o território do Município, os usos permitidos e os índices urbanísticos de parcelamento e ocupação do solo, que incluirão, obrigatoriamente, as áreas mínimas e máximas de lotes e os coeficientes máximos de aproveitamento.

HAVERÁ GLEBA SE:	
A porção de terra não sofreu, anteriormente, parcelamento de acordo com a Lei 6.766/79 ou Decreto-Lei 58/1937, não tendo infraestrutura básica e dimensões urbanísticas adequadas (§§4º, 5º e 6º da Lei 6.766/79); ou	A porção de terra sofreu parcelamento sob a égide do Decreto-Lei 58/1937, mas a destinação de áreas públicas não atende aos requisitos contidos na lei municipal (§1º do art. 4 e parágrafo único do art. 11)

haverá lote se:	
Se a porção de terra se enquadra nos parâmetros dos §§4º, 5º e 6º, do art. 2º da Lei 6.766/79, ainda que não tenha sido, anteriormente, loteada ou desmembrada;	Lotes decorrentes de loteamentos anteriormente à Lei 9.785/1999 devidamente aprovados pela Lei 6.766/79, mesmo que não se adequem aos parâmetros dos §§4º, 5º e 6º, do art. 2º da Lei 6.766/79 (aplicação do princípio *tempus regit actum*)

OBSERVAÇÃO: o parágrafo único do art. 11 da Lei 6.766/79 obriga o desmembramento de lotes quando esses são resultantes de parcelamentos cuja destinação de áreas públicas tenha sido inferior à mínima prevista no §1º do art. 4º:

> Art. 11. Aplicam-se ao desmembramento, no que couber, as disposições urbanísticas vigentes para as regiões em que se situem ou, na ausência destas, as disposições urbanísticas para os loteamentos. (Redação dada pela Lei nº 9.785, de 1999)

1 Vejamos as observações de SCAVONE JUNIOR, Direito Imobiliário. **Teoria e Prática**: Aqui não há, tecnicamente, lote, embora, na prática, mesmo a subdivisão de glebas de acordo com o Decreto-Lei 58/1937, seja denominado lote. Na verdade, há uma gleba para efeitos de parcelamentos posteriores por força da inferência que se extrai do § 1º do art. 4º e parágrafo único do art. 11 da Lei 6.766, desde que, também, não disponha de infraestrutura mínima, que configurará o lote nos exatos termos do (Lei 6.766/1979, art. 2º, § 4º).

> Parágrafo único – O Município, ou o Distrito Federal quando for o caso, fixará os requisitos exigíveis para a aprovação de desmembramento de lotes decorrentes de loteamento cuja destinação da área pública tenha sido inferior à mínima prevista no § 1º do art. 4º desta Lei.

Percebam como foi o legislador não foi técnico ao falar da necessidade desmembramento de lotes. Ora, desmembramento é de "gleba" e não de lote (art. 2º, §2º).

3.4. Desdobro

Desdobro é a divisão de lote, sem alteração no desenho urbano da cidade. Por isso, não há necessidade de urbanização ou venda por oferta pública.

O desdobro de lote deve observar a área mínima de 125 metros quadrados e frente mínima de 5 metros, salvo quando o loteamento se destinar a urbanização específica ou edificação de conjuntos habitacionais de interesse social, previamente aprovados pelos órgãos públicos competentes (art. 4º, inciso II). Logicamente, a legislação municipal pode estabelecer dimensões maiores.

IMPORTANTE: A usucapião especial urbana poderá ser deferida ainda que a área do imóvel seja inferior ao módulo mínimo de lote urbano previsto no plano diretor. Trata-se de entendimento pacífico do STJ e do STJ[23]:

Não obsta o pedido declaratório de usucapião especial urbana o fato de a área do imóvel ser inferior à correspondente ao "módulo urbano" (a área mínima a ser observada no parcelamento de solo urbano por determinação infraconstitucional). STJ. 4ª Turma. REsp 1.360.017-RJ, Rel. Min. Ricardo Villas Bôas Cueva, julgado em 5/5/2016 (Info 584).

Preenchidos os requisitos do art. 183 da Constituição Federal, o reconhecimento do direito à usucapião especial urbana não pode ser obstado por legislação infraconstitucional que estabeleça módulos urbanos na respectiva área em que situado o imóvel (dimensão do lote). STF. Plenário. RE 422349, Rel. Min. Dias Toffoli, julgado em 29/04/2015 (Info 783 STF).

A doutrina majoritária não admite o desdobro de gleba e nem de lote em que haja necessidade de abertura de novas vias de circulação[4].

---

2 https://dizerodireitodotnet.files.wordpress.com/2015/05/info-783-stf.pdf

3 https://dizerodireitodotnet.files.wordpress.com/2016/08/info-584-stj.pdf

4 Para quem objetiva aprofundar o tema, é importante ressaltar que o autor Antônio Scavone Junior entende, minoritariamente, a possibilidade de desdobro de gleba, bem como de desdobro de gleba e de lote com abertura de vias de circulação.

3.5. Lei 13.465/2017 e sua repercussão na Lei 6.766/79

3.5.1. Condomínio de lotes

Scavone Júnior (2017, p. 272) denomina loteamento fechado como "o resultado da subdivisão de uma gleba em lotes destinados a edificação, com abertura de novas vias de circulação e logradouros públicos, cujo perímetro da gleba original, ao final, é cercado ou murado de modo a manter acesso controlado".

O que difere basicamente o loteamento fechado do comum é a **concessão administrativa** das vias de circulação e dos espaços públicos. Ora, desde a data do registro do loteamento passam a integrar ao domínio do Município as vias e praças, os espaços livres e áreas destinadas aos edifícios públicos e outros equipamentos urbanos, constantes do projeto e do memorial descritivo (art. 22).

Sendo assim, como pode haver a restrição do uso desses bens públicos apenas aos moradores que são proprietários dos lotes? É por isso que a possibilidade de fechar o loteamento deve vir precedida da concessão de uso dos bens públicos aos proprietários dos lotes.

Ocorre que, na realidade brasileira, foram instituídos inúmeros loteamentos fechados sem a respectiva concessão de uso dos bens públicos, o que acarretou exagerada judicialização. Toda essa insegurança jurídica se agravava pelo fato de que a Lei 6.766/79, até então, nunca regulamentou os loteamentos fechados.

Em razão disso, a Lei nº 13.465/2017, atenta à essa realidade, introduziu novas modalidades de condomínio, quais sejam: a) **condomínio de lotes**, incluindo a modalidade de acesso controlado; e b) **condomínio urbano simples.**

O objetivo do condomínio de lotes foi, como visto, atribuir formalidade e regulamentação aos loteamentos fechados. Tal instituto está previsto no Código Civil e na Lei 6.766/79:

> **Do Condomínio de Lotes**
>
> **(Incluído pela Lei nº 13.465, de 2017)**
>
> Art. 1.358-A. Pode haver, em terrenos, partes designadas de lotes que são propriedade exclusiva e partes que são propriedade comum dos condôminos. (Incluído pela Lei nº 13.465, de 2017)
>
> § 1º A fração ideal de cada condômino poderá ser proporcional à área do solo de cada unidade autônoma, ao respectivo potencial construtivo ou a outros critérios indicados no ato de instituição. (Incluído pela Lei nº 13.465, de 2017)
>
> § 2º Aplica-se, no que couber, ao condomínio de lotes o disposto sobre condomínio edilício neste Capítulo, respeitada a legislação urbanística. (Incluído pela Lei nº 13.465, de 2017)
>
> § 3º Para fins de incorporação imobiliária, a implantação de toda a infraestrutura ficará a cargo do empreendedor. (Incluído pela Lei nº 13.465, de 2017)

> **Lei 6.766/79**
>
> Art. 2º. O parcelamento do solo urbano poderá ser feito mediante loteamento ou desmembramento, observadas as disposições desta Lei e as das legislações estaduais e municipais pertinentes. (...)
>
> § 7º. O lote poderá ser constituído sob a forma de imóvel autônomo ou de unidade imobiliária integrante de condomínio de lotes. (Incluído pela Lei nº 13.465, de 2017)

Vejam que o loteamento passa a seguir a mesma lógica do condomínio edilício, com a divisão em áreas comuns e exclusivas. Inclusive, a norma civil é expressa em dizer que se aplica ao condomínio de lotes, no que couber, as disposições relativas ao condomínio edilício, respeitada a legislação urbanística.

Nessa esteira, já era o Enunciado 89 da CJF/STJ, da I Jornada de Direito Civil:

> O disposto nos arts. 1.331 a 1.358 do novo Código Civil aplica-se, no que couber, aos condomínios assemelhados, tais como loteamentos fechados, multipropriedade imobiliária e clubes de campo.

IMPORTANTE: A Lei 13.465/2017 também previu que as atividades desenvolvidas pelas associações de proprietários de imóveis, titulares de direitos ou moradores em loteamentos ou empreendimentos assemelhados, desde que não tenham fins lucrativos, bem como pelas entidades civis organizadas em função da solidariedade de interesses coletivos desse público com o objetivo de administração, conservação, manutenção, disciplina de utilização e convivência, visando à valorização dos imóveis que compõem o empreendimento, tendo em vista a sua natureza jurídica, vinculam-se, por critérios de afinidade, similitude e conexão, à atividade de administração de imóveis (art. 36-A da Lei 6.766/79).

Essa forma de administração sujeitará seus titulares à normatização e à disciplina constantes de seus atos constitutivos, cotizando-se na forma desses atos para suportar a consecução dos seus objetivos (parágrafo único do art. 36-A da Lei 6.766/79).

Nesse contexto, conclui Flavio Tartuce (Manual de Direito Civil, 2018, p. 1.048) que está superada a posição consolidada do Superior Tribunal de Justiça, em julgado de incidente de recursos repetitivos, no sentido de que as taxas de manutenção criadas por associações de moradores não obrigam os não associados ou que a elas não anuíram (Informativo 562).

Considerando a relevância do julgado, embora já haja posicionamento de superação pela via legislativa, é oportuno consignar as razões determinantes, sobretudo para revisão da problemática relativa aos "condomínios fechados". Vejamos[5].

5 Comentários extraídos do site *Dizer o Direito. Disponível em:* https://dizerodireitodotnet.files.wordpress.com/2015/07/info-562-stj1.pdf

As taxas de manutenção criadas por associações de moradores não obrigam os não associados ou que a elas não anuíram. STJ. 2ª Seção. REsp 1.280.871-SP e REsp 1.439.163-SP, Rel. Min. Ricardo Villas Bôas Cueva, Rel. para acórdão Min. Marco Buzzi, julgados em 11/3/2015 (recurso repetitivo) (Info 562)

Condomínio edilício

Ocorre o condomínio edilício quando se tem a propriedade exclusiva de uma unidade autônoma combinada com a copropriedade de outras áreas de um imóvel. Ex1: prédio residencial com seis andares de apartamentos e dois apartamentos por andar. Tem-se um condomínio edilício, considerando que cada dono do apartamento possui a propriedade exclusiva da sua unidade autônoma (apartamento), e as áreas comuns do edifício (piscina, churrasqueira, quadra de esportes etc.) pertencem a todos os condôminos. Ex2: prédio comercial com várias salas. Se determinado advogado compra uma das salas para servir como seu escritório, ele terá a propriedade individual sobre a sala (unidade autônoma) e a copropriedade sobre as partes comuns (corredores, recepção etc.). Ex3: condomínio fechado de casas.

Condomínio de fato

O custo e a lista de exigências necessárias para se constituir um condomínio edilício é muito grande, especialmente em se tratando de condomínio de casas, devendo ser observados os ditames da Lei n.° 4.591/64.

Em virtude dessa imensa burocracia, se formos pensar em 20 anos atrás, iremos recordar que havia pouquíssimos condomínios edilícios de casas (na linguagem popular: "condomínios fechados" de casas). Ou a pessoa morava em um bairro residencial (aberto, sem condomínio) ou, então, em condomínios edilícios de prédios (chamados de condomínio edilício horizontal).

Ocorre que a violência no país cresceu bastante, o que fez com que as incorporadoras e imobiliárias passassem a oferecer aos consumidores cada vez mais opções de condomínios edilícios de casas (condomínios "fechados" de casas), com guarita, vigilantes armados, área de lazer etc. Tais condomínios, no entanto, são em geral muito caros e inacessíveis a boa parte da população.

A fim de se proteger da violência, os moradores de alguns bairros residenciais começaram a se reunir e a constituir associações de bairros, recolhendo contribuições dos habitantes daquele conjunto e, com o dinheiro arrecadado, fizeram cancelas nas ruas, contrataram seguranças particulares e aquilo que era um bairro residencial, com acesso livre para qualquer pessoa, transformou-se em um "condomínio fechado" de casas, com acesso restrito por meio de controle de cancela e portaria.

A ideia parece excelente. O problema é que essa "transformação" é feita sem a observância da Lei do parcelamento do solo urbano (Lei n.° 6.766/79), do Estatuto das Cidades (Lei n.° 10.257/2001) e do plano diretor do Município, já que as exigências burocráticas são imensas e praticamente impossíveis de serem atendidas por um simples grupo de moradores.

Além do que, no condomínio edilício de casas, o incorporador compra um terreno e as ruas ali existentes são privadas (particulares), enquanto que no "fechamento" de um bairro residencial, as casas são privadas, mas as ruas são públicas (bens de uso comum do povo), o que torna ainda mais questionável a regularidade desse "fechamento".

Tais bairros que se transformam em "condomínios fechados", por não atenderem a legislação, não existem juridicamente, sendo por essa razão chamados de "condomínios de fato". Diversos Municípios têm combatido essa prática e inúmeras ações civis públicas ajuizadas pelo Ministério Público têm sido propostas com o objetivo de acabar com esses "condomínios de fato", retirando as cancelas e reabrindo o livre acesso às ruas

Taxa de manutenção do condomínio de fato

Para pagar os serviços que serão feitos no condomínio de fato (exs: porteiro, cancela, vigilantes, limpeza etc.), é necessário que os moradores façam uma cota mensal. É como se fosse uma taxa condominial semelhante àquelas que são cobradas nos condomínios edilícios. Existe, contudo, uma importante diferença: no condomínio edilício, o pagamento dessa cota é um dever dos condôminos previsto em lei (art. 1.336, I, do CC); o condomínio de fato, por outro lado, não existe juridicamente e não há lei obrigando que os moradores arquem com essa quantia.

Diante disso, surge o seguinte questionamento: todos os moradores do bairro/conjunto habitacional que foi "fechado" e "transformado" em um condomínio de fato são obrigados a pagar essa taxa de manutenção?

NÃO. Os moradores que não quiserem se associar ou que não anuíram à constituição desse condomínio de fato não são obrigados a pagar. Em nosso ordenamento jurídico, somente existem duas fontes de obrigações: a LEI ou o CONTRATO. No caso concreto, não há lei que obrigue o pagamento dessa taxa; de igual forma, se o morador não quis participar da associação de moradores nem anuiu à formação desse condomínio de fato, ele não poderá ser compelido a pagar.

O fato de o morador se beneficiar dos serviços não é suficiente para que ele seja obrigado a pagar? Não haveria um enriquecimento sem causa do morador?

NÃO. Não se pode entender que o morador, ao gozar dos serviços organizados em condomínio de fato por associação de moradores, aceitou tacitamente participar de sua estrutura orgânica.

Na ausência de uma legislação que regule especificamente a matéria em análise, deve preponderar o exercício da autonomia da vontade e ninguém pode ser compelido a fazer algo senão em virtude de lei.

Para o STJ, não se pode falar em enriquecimento sem causa do morador. Isso porque ele é livre para se associar ou não e, não sendo associado, não pode ser obrigado a pagar. A liberdade de associação é um direito constitucional e não pode ser mitigado ou contrariado sob o fundamento do princípio do enriquecimento sem causa.

Concluindo:

- A aquisição de imóvel situado em loteamento fechado em data anterior à constituição da associação não pode, nos termos da jurisprudência sufragada por este Superior Tribunal de Justiça, impor ao adquirente que não se associou, nem a ela aderiu, a cobrança de encargos.
- Se a compra se opera em data posterior à constituição da associação, na ausência de fonte criadora da obrigação (lei ou contrato), é proibido que, apenas com base no princípio do enriquecimento sem causa, seja instituído um dever tácito a terceiros. Isso violaria os princípios constitucionais da legalidade e da liberdade associativa.

Observem que a Lei 13.465/2017 instituiu a modalidade de **loteamento condominial**, circunstância em que os lotes constituem unidades autônomas de um condomínio.

Ocorre que o intuito da Lei 6.766/79 é ordenar o espaço territorial urbano, sujeitando os parcelamentos à controle prévio, já que essa forma de intervenção no solo urbano gera impactos nos equipamentos públicos da cidade e em direitos de vizinhança.

Exatamente por isso, em se tratando de **loteamento condominial**, o art. 4º, §4º, da Lei 6.766/79 estabeleceu que "poderão ser instituídas limitações administrativas e direitos reais sobre coisa alheia em benefício do poder público, da população em geral e da proteção da paisagem urbana, tais como servidões de passagem, usufrutos e restrições à construção de muros".

Exemplo de aplicação prática do dispositivo acima: o loteamento condominial pode encravar algum outro imóvel. Nessas circunstâncias, se faz necessária a **servidão de passagem forçada**, com o escopo de tornar viável o convívio entre o loteamento condominial e a sociedade.

3.5.2. Loteamento de acesso controlado

A nova lei também instituiu o denominado **loteamento de acesso controlado**, previsto no §8º do art. 2º da Lei 6.766/79:

> § 8º. Constitui loteamento de acesso controlado a modalidade de loteamento, definida nos termos do § 1º deste artigo, cujo controle de acesso será regulamentado por ato do poder público Municipal, sendo vedado o impedimento de acesso a pedestres ou a condutores de veículos, não residentes, devidamente identificados ou cadastrados.

Carlos Eduardo Elias[6] explica que "o loteamento de acesso controlado nada mais é do que um parcelamento de que resultem lotes sob a forma de imóveis autônomos (e não como unidades condominiais) com a possibilidade de serem instaladas portarias nas ruas com o objetivo de controlar o acesso de veículos e de pessoas. Esse tipo de restrição de controle depende de ato administrativo do Município.

O intuito do §8º é, também, impedir o embaraço do fluxo de veículos e de pessoas em razão de bloqueios indevidos à circulação em vias públicas. Logo, jamais se poderá bloquear o acesso de veículo ou pessoa caso esses se identificarem ou autorizarem o seu cadastramento.

LOTEAMENTO DE ACESSO CONTROLADO	CONDOMÍNIO DE LOTES
As vias de circulação são bens públicos municipais, o que ampara o direito de qualquer pessoa devidamente identificada circular por elas.	As vias de circulação interna são bens privados e, portanto, sujeitas a qualquer restrição imposta pelos condôminos, ressalvada a limitação ou direito real imposto pelo município (§4º do art. 4º).

3.5.3. Condomínio urbano simples

O instituto do condomínio urbano simples está previsto nos arts. 61-63 da Lei 13.465/2017:

> **Art. 61. Quando um mesmo imóvel contiver construções de casas ou cômodos, poderá ser instituído, inclusive para fins de Reurb, condomínio**

6 Disponível em: https://flaviotartuce.jusbrasil.com.br/artigos/478658357/novidades-da-lei-n-13465-2017-o-condominio-de-lotes-o-condominio-urbano-simples-e-o-loteamento-de-acesso-controlado.

urbano simples, respeitados os parâmetros urbanísticos locais, e serão discriminadas, na matrícula, a parte do terreno ocupada pelas edificações, as partes de utilização exclusiva e as áreas que constituem passagem para as vias públicas ou para as unidades entre si.

Parágrafo único. O condomínio urbano simples será regido por esta Lei, aplicando-se, no que couber, o disposto na legislação civil, tal como os arts. 1.331 a 1.358 da Lei no 10.406, de 10 de janeiro de 2002 (Código Civil).

Art. 62. A instituição do condomínio urbano simples será registrada na matrícula do respectivo imóvel, na qual deverão ser identificadas as partes comuns ao nível do solo, as partes comuns internas à edificação, se houver, e as respectivas unidades autônomas, dispensada a apresentação de convenção de condomínio.

§ 1º Após o registro da instituição do condomínio urbano simples, deverá ser aberta uma matrícula para cada unidade autônoma, à qual caberá, como parte inseparável, uma fração ideal do solo e das outras partes comuns, se houver, representada na forma de percentual. § 2º As unidades autônomas constituídas em matrícula própria poderão ser alienadas e gravadas livremente por seus titulares. § 3º Nenhuma unidade autônoma poderá ser privada de acesso ao logradouro público.

§ 4º A gestão das partes comuns será feita de comum acordo entre os condôminos, podendo ser formalizada por meio de instrumento particular.

Art. 63. No caso da Reurb-S, a averbação das edificações poderá ser efetivada a partir de mera notícia, a requerimento do interessado, da qual constem a área construída e o número da unidade imobiliária, dispensada a apresentação de habite-se e de certidões negativas de tributos e contribuições previdenciárias.

Explica Carlos Eduardo Elias[7] que "trata-se, na realidade, de uma espécie de condomínio edilício que dispensa algumas formalidades em razão da sua pequena dimensão. Esse condomínio aplica-se a situações de terrenos onde haja mais de uma construção e em que o seu titular queira tornar cada uma dessas construções uma unidade autônoma de condomínio. Diante de sua simplicidade, o condomínio urbano simples dispensa a apresentação de convenção de condomínio".

Atentem-se que o termo "cômodos" não foi empregado de forma técnica. O dispositivo não retrata de habitação coletiva (*cortiço* ou *pensão de quartos*). Prova disso é que nenhuma unidade autônoma poderá ser privada de acesso ao logradouro público (art. 62, §3º, da Lei 13.465/2017).

---

7 Disponível em: https://flaviotartuce.jusbrasil.com.br/artigos/478658357/novidades-da-lei-n-13465-2017-o-condominio-de-lotes-o-condominio-urbano-simples-e-o-loteamento-de-acesso-controlado.

Nesse ponto, Carlos Eduardo Elias aponta duas situações possíveis para o condomínio urbano simples:

POSSIBILIDADE DE INSTITUIÇÃO DO CONDOMÍNIO URBANO SIMPLES: É NECESSÁRIO QUE HAJA AUTONOMIA FUNCIONAL E DE ACESSO NO CÔMODO, COMO:	
Quando o terreno contiver várias edificações, como sucede com vulga "casa dos fundos"; ou	Quando o terreno contiver uma edificação na qual haja mais de um cômodo com acesso autônomo.

3.6. RESUMO

LOTEAMENTO TRADICIONAL	Subdivisão de glebas em lotes autônomos (§1º do art. 2º da Lei 6.766/79.
LOTEAMENTO DE ACESSO CONTROLADO	Loteamento tradicional com autorização para que os representantes dos proprietários (geralmente associação de moradores) controlem o acesso de pessoas e veículos mediante identificação e/ou cadastramento, proibindo-se o bloqueio de trânsito em sendo identificados/cadastrados (§8º do art. 2º da Lei 6.766/79)
LOTEAMENTO CONDOMINIAL	Os lotes constituem unidades autônomas de um condomínio de lotes (§7º do art. 2º da Lei 6.766/79).

4. REQUISITOS PARA FINS DE LOTEAMENTO – ART. 4º DA LEI 6.766/79

Como vimos, somente será permitido o parcelamento do solo para fins urbanos em zonas urbanas, de expansão urbana ou de urbanização específica, assim definidas pelo plano diretor ou aprovadas por lei municipal (art. 3º). Além disso, em algumas áreas específicas, não será permitido parcelamento do solo urbano (parágrafo único).

Ocorre que a Lei 6.766/79 ainda prevê outros requisitos urbanísticos voltados para ordenar o pleno desenvolvimento das funções sociais da cidade e da propriedade urbana. Boa parte deles estão previstos no art. 4º da Lei, sendo dispositivo de memorização obrigatória por parte do candidato:

> Art. 4º. Os loteamentos deverão atender, pelo menos, aos seguintes requisitos:
>
> I – As áreas destinadas a sistemas de circulação, a implantação de equipamento urbano e comunitário, bem como a espaços livres de uso público, serão proporcionais à densidade de ocupação prevista pelo plano diretor ou aprovada por lei municipal para a zona em que se situem.
>
> II – Os lotes terão área mínima de 125m² (cento e vinte e cinco metros quadrados) e frente mínima de 5 (cinco) metros, salvo quando o loteamento se destinar a urbanização específica ou edificação de conjuntos habitacionais de interesse social, previamente aprovados pelos órgãos públicos competentes;

> III – ao longo das águas correntes e dormentes e das faixas de domínio público das rodovias e ferrovias, será obrigatória a reserva de uma faixa não-edificável de 15 (quinze) metros de cada lado, salvo maiores exigências da legislação específica;
> IV – As vias de loteamento deverão articular-se com as vias adjacentes oficiais, existentes ou projetadas, e harmonizar-se com a topografia local.
>
> § 1º A legislação municipal definirá, para cada zona em que se divida o território do Município, os usos permitidos e os índices urbanísticos de parcelamento e ocupação do solo, que incluirão, obrigatoriamente, as áreas mínimas e máximas de lotes e os coeficientes máximos de aproveitamento. (Redação dada pela Lei nº 9.785, de 1999)
>
> § 2º – Consideram-se comunitários os equipamentos públicos de educação, cultura, saúde, lazer e similares.
>
> § 3º Se necessária, a reserva de faixa não-edificável vinculada a dutovias será exigida no âmbito do respectivo licenciamento ambiental, observados critérios e parâmetros que garantam a segurança da população e a proteção do meio ambiente, conforme estabelecido nas normas técnicas pertinentes. (Incluído pela Lei nº 10.932, de 2004)
>
> § 4º No caso de lotes integrantes de condomínio de lotes, poderão ser instituídas limitações administrativas e direitos reais sobre coisa alheia em benefício do poder público, da população em geral e da proteção da paisagem urbana, tais como servidões de passagem, usufrutos e restrições à construção de muros. (Incluído pela Lei nº 13.465, de 2017)

IMPORTANTE: repise-se que, na redação original, a proporção de áreas públicas não poderia ser inferior a 35% do total da gleba, salvo nos loteamentos destinados ao uso industrial cujos lotes forem maiores do que 15.000 m^2 (quinze mil metros quadrados), caso em que a percentagem poderá ser reduzida. Agora, é a **legislação municipal** que fixará esses parâmetros (§1º do art. 4º)[8].

O *caput* do art. 5º autoriza o Poder Público a exigir, de forma complementar, "em cada loteamento, a reserva de faixa *non aedificandi* destinada a equipamentos urbanos". Trata-se de previsão redundante, pois isso pode ser inferido do inciso I do art. 4º.

IMPORTANTE: Quanto às dimensões mínimas dos lotes, não se esqueçam que, para fins de **regularização fundiária urbana**, os Municípios poderão dispensar as exigências relativas ao percentual e às dimensões de áreas destinadas ao uso público ou ao tamanho dos lotes regularizados, assim como a outros parâmetros urbanísticos e edilícios (art. 11, §1º da Lei 13.465/2017). Trata-se de medida urbanística destinada à incorporação dos núcleos urbanos informais ao ordenamento territorial urbano e à titulação de seus ocupantes.

---

8 Não se poupam críticas a esta modificação. Tem-se que a nova regulamentação favorece soluções políticas para os loteamentos em total desprestígios às normativas urbanísticas, possibilitando a redução de espaços de lazer, praças e dos equipamentos urbanos.

O inciso III do art. 4º estabelece **limitações administrativas**, ressaltando áreas em que não se pode construir. Sobre essa modalidade de intervenção do Estado na propriedade recomenda-se o estudo específico em Direito Administrativo.

IMPORTANTE: o inciso IV retrata o **arruamento**, o qual é o "traçador das vias públicas e espaços livres da cidade, sendo requisito prévio para o loteamento. As ruas são as vias de circulação que permitem a integração entre as diversas regiões da urbe. Consistem em bens de uso comum do povo, cuja propriedade pertence à municipalidade" (Fernanda Lousada Cardoso, 2015, p. 34).

(CESPE/Prefeitura de Belo Horizonte – MG/Procurador Municipal/2017) Chamado para analisar projetos de parcelamento de solo urbano em áreas impróprias, determinado procurador municipal verificou hipótese de proibição absoluta.

Com base nas disposições da Lei n.º 6.766/1979, é correto afirmar tratar-se, na situação, de parcelamento do solo em terrenos

a) onde as condições geológicas não aconselham a edificação.

b) alagadiços e sujeitos a inundações.

c) aterrados com material nocivo à saúde pública.

d) com declividade igual ou superior a 30%.

Gabarito: A

5. ZONEAMENTO URBANO

Zoneamento, nas palavras de José Afonso da Silva, é "procedimento urbanístico, que tem por objetivo regular o uso da propriedade do solo e dos edifícios em áreas homogêneas no interesse coletivo do bem-estar da população"[9]. Simplificadamente, é a partir dele que o poder público define a destinação social da atividade desenvolvida nas áreas urbanas, especificando zonas **residenciais**, **comerciais**, **industriais** e **mistas**.

IMPORTANTE: Os critérios e as diretrizes para definição das modalidades de uso devem ser estabelecidos por lei. Já a fixação das regiões e zonas pode ser feita por meio de decreto. Hely Lopes Meirelles[10] afirma: "O zoneamento, no seu aspecto programático e normativo, é objeto de lei, mas na sua fase executiva – em cumprimento da lei – é objeto de decreto". Por óbvio, nada impede que o Poder Legislativo Municipal resolva fixar as zonas.

Fernanda Lousada Cardoso (2015, p. 36) entende que o zoneamento é o instrumento jurídico que determinará os usos conformes, desconformes e tolerados. Veja-se:

---

9 José Afonso da Silva, Direito Ambiental, cit., p. 182.

10 Direito Municipal Brasileiro, 16" ed., São Paulo, Malheiros Editores, 2008, p. 565.

Uso conforme	É aquele indicado para a região onde se situa o imóvel, gerando direito subjetivo para seu titular.
Uso desconforme	É aquele incompatível para o local, segundo definição prévia de zoneamento e, por isso, não pode ser exercido pelo ocupante do imóvel. A permanência da utilização do imóvel de forma desconforme pode levar ao encerramento da atividade, sem direito de indenização ao particular.
Uso tolerado	É aquele que, anteriormente, era considerado conforme e, em razão de alteração superveniente do zoneamento, passou a não ser mais considerado como a destinação ideal para a região. Pode ter duas consequências: 1) A atividade será encerrada, mas o particular terá direito ao recebimento de indenização 2) O uso não é mais estimulado pelo Poder Público, mas é admitida sua permanência.
USO MISTO	É a possibilidade de adoção, num mesmo imóvel, de mais de um uso, desde que sejam compatíveis.

A Lei 6.803/1980 estabeleceu diretrizes para o zoneamento industrial nas áreas críticas de poluição, criando as **zonas de uso estritamente industrial, zonas de uso predominantemente industrial, zonas de uso diversificado, zonas de reserva ambiental**.

IMPORTANTE: É preciso diferenciar o zoneamento urbano do zoneamento ecológico-econômico (ZEE), instituído pelo Decreto 4.297/2002, cujo objetivo foi regulamentar o art. 9º, II, da Lei 6.938/1981. Obviamente, são institutos complementares, pois as regras de meio ambiente natural não excluem as urbanísticas, devendo haver um condicionamento recíproco entre ambas.

O ZEE trata-se de instrumento de organização do território a ser obrigatoriamente seguido na implantação de planos, obras e atividades públicas e privadas, estabelece medidas e padrões de proteção ambiental destinados a assegurar a qualidade ambiental, dos recursos hídricos e do solo e a conservação da biodiversidade, garantindo o desenvolvimento sustentável e a melhoria das condições de vida da população (art. 2º do Decreto 4.297/2002).

6. ETAPAS PARA IMPLANTAÇÃO REGULAR DO PARCELAMENTO

6.1. Projeto de loteamento

A aprovação do projeto de loteamento segue duas fases: uma preliminar e uma definitiva.

Na fase preliminar, o interessado faz pedido direcionado à Prefeitura Municipal, solicitando as diretrizes gerais que servirão de orientação para elaboração do projeto definitivo. O particular pede, portanto, as diretrizes de uso do solo, com o traçado dos lotes, do sistema viário, dos espaços livres e das áreas reservadas para o equipamento urbano e comunitário. Para tanto, ele deve apresentar planta do imóvel contendo, pelo menos (art. 6º).:

> I – As divisas da gleba a ser loteada;
>
> II – As curvas de nível à distância adequada, quando exigidas por lei estadual ou municipal;
>
> III – a localização dos cursos d'água, bosques e construções existentes;
>
> IV – A indicação dos arruamentos contíguos a todo o perímetro, a localização das vias de comunicação, das áreas livres, dos equipamentos urbanos e comunitários existentes no local ou em suas adjacências, com as respectivas distâncias da área a ser loteada;
>
> V – O tipo de uso predominante a que o loteamento se destina;
>
> VI – As características, dimensões e localização das zonas de uso contíguas.

Com esses dados apresentados, a Prefeitura Municipal, quando for o caso, indicará, nas plantas apresentadas junto com o requerimento, de acordo com as diretrizes de planejamento estadual e municipal (art. 7º):

> I – As ruas ou estradas existentes ou projetada, que compõem o sistema viário da cidade e do município, relacionadas com o loteamento pretendido e a serem respeitadas;
>
> II – O traçado básico do sistema viário principal;
>
> III – a localização aproximada dos terrenos destinados a equipamento urbano e comunitário e das áreas livres de uso público;
>
> IV – As faixas sanitárias do terreno necessárias ao escoamento das águas pluviais e as faixas não edificáveis;
>
> V – A zona ou zonas de uso predominante da área, com indicação dos usos compatíveis.

IMPORTANTE: As diretrizes básicas e preliminares fixadas pelo Município vigorarão pelo prazo de **quatro anos** (parágrafo único do art. 7º).

Dispensa-se essa fase prévia nas seguintes situações, previstas no art. 8º:

a) em Municípios com população inferior a 50.000 habitantes;

b) naquele cujo plano diretor contiver diretrizes de urbanização para a zona em que se situe o parcelamento, ou seja, quando a municipalidade já houver implantado as diretrizes de urbanização.

Após recebidas as referidas diretrizes, o loteador elaborará o **projeto definitivo**, o qual conterá desenhos, memorial descritivo e cronograma de execução das obras com **duração máxima de quatro anos**, e apresentará à Prefeitura Municipal, acompanhado, quando for o caso, de certidão atualizada da matrícula da gleba, expedida pelo Cartório de Registro de Imóveis competente, de certidão negativa de tributos municipais e do competente instrumento de garantia (art. 9º).

Esse mesmo artigo estabelece o conteúdo mínimo dos desenhos e do memorial descritivo, respectivamente nos §§1º e 2º:

CONTEÚDO MÍNIMO: PROJETO DEFINITIVO (art. 9º)	
desenhos (§1º)	**MEMORIAL DESCRITIVO (§2º) DOCUMENTO QUE CONTÉM AS RESTRIÇÕES URBANÍSTICAS**
- Subdivisão das quadras em lotes, com as respectivas dimensões e numeração; - O sistema de vias com a respectiva hierarquia; - As dimensões lineares e angulares do projeto, com raios, cordas, arcos, pontos de tangência e ângulos centrais das vias; - Os perfis longitudinais e transversais de todas as vias de circulação e praças; - A indicação dos marcos de alinhamento e nivelamento localizados nos ângulos de curvas e vias projetadas; - A indicação em planta e perfis de todas as linhas de escoamento das águas pluviais.	- A descrição sucinta do loteamento, com as suas características e a fixação da zona ou zonas de uso predominante; - As condições urbanísticas do loteamento e as limitações que incidem sobre os lotes e suas construções, além daquelas constantes das diretrizes fixadas; **(exemplo: afastamento, recuo).** - A indicação das áreas públicas que passarão ao domínio do município no ato de registro do loteamento; - A enumeração dos equipamentos urbanos, comunitários e dos serviços públicos ou de utilidade pública, já existentes no loteamento e adjacências. **OBSERVAÇÃO**: as restrições **convencionais**, que ficam a critério do loteador, devem ser levadas a registro e consignadas expressamente nos compromissos/promessa de compra e venda, de modo a vincular os adquirentes e garantir as características primordiais do loteamento (art. 29). **OBSERVAÇÃO**: desde a data do **registro** do loteamento, passam a integrar o domínio do Município as vias e praças, os espaços livres e as áreas destinadas a edifícios públicos e outros equipamentos urbanos, constantes do projeto e do **memorial descritivo** (art. 22).

Os documentos relativos ao imóvel (título de propriedade, certidão de ônus reais) que acompanham o projeto definitivo serve para dar conhecimento à Prefeitura no que concerne à situação do imóvel, notadamente os gravames e onerações que incidem sobre ele. De igual maneira, é crucial a apresentação de certidão negativa de tributos municipais.

IMPORTANTE: O título de propriedade será dispensado quando se tratar de parcelamento popular, destinado às classes de menor renda, em imóvel declarado de utilidade pública, com processo de desapropriação judicial em curso e imissão provisória na posse, desde que promovido pela União, Estados, Distrito

Federal, Municípios ou suas entidades delegadas, autorizadas por lei a implantar projetos de habitação (§4º do art. 18).

Ademais, caso se constate, a qualquer tempo, que a certidão da matrícula apresentada como atual não tem mais correspondência com os registros e averbações cartorárias do tempo da sua apresentação, além das consequências penais cabíveis, serão consideradas insubsistentes tanto as diretrizes expedidas anteriormente, quanto as aprovações consequentes (§3º do art. 9º).

6.2. Projeto de desmembramento

De acordo com o art. 10 da Lei 6.766/79, o interessado diligenciará em obter a aprovação do poder público municipal a fim de levar o projeto ao cartório, para **averbação**. Não esqueçam: loteamento é objeto de registro público e desmembramento é objeto de averbação pública.

O procedimento é mais simples, pois, como visto, o desmembramento não gera novos espaços públicos.

Para a aprovação do projeto, o interessado apresentará requerimento à Prefeitura Municipal, ou ao Distrito Federal quando for o caso, acompanhado de certidão atualizada da matrícula da gleba, expedida pelo Cartório de Registro de Imóveis competente, ressalvado o disposto no § 4º do art. 18, e de planta do imóvel a ser desmembrado contendo (art. 10º):

> I – A indicação das vias existentes e dos loteamentos próximos;
>
> II – A indicação do tipo de uso predominante no local;
>
> III – A indicação da divisão de lotes pretendida na área.

Aplicam-se ao desmembramento, no que couber, as disposições urbanísticas vigentes para as regiões em que se situem ou, na ausência destas, as disposições urbanísticas para os loteamentos (art. 11).

6.3. Aprovação do projeto de loteamento e desmembramento

O projeto de loteamento e desmembramento deverá ser aprovado pela Prefeitura Municipal, ou pelo Distrito Federal, quando for o caso (art. 12).

Tal projeto deverá ser executado no prazo constante do cronograma de execução, sob pena de **caducidade** da aprovação (§1º). Repise-se que esse cronograma, como visto, terá duração máxima de **quatro anos**.

Observem que a Lei 6.766/79 prevê prazos máximos para o vigor das diretrizes fixadas pela Prefeitura; para o cronograma de execução do projeto; para que o loteador submeta o parcelamento ao registro imobiliário (art. 18). Isso deve ao caráter **dinâmico** do Direito Urbanístico.

Nos Municípios inseridos no cadastro nacional de municípios com áreas suscetíveis à ocorrência de deslizamentos de grande impacto, inundações bruscas ou processos geológicos ou hidrológicos correlatos, a aprovação do projeto de que trata o caput ficará vinculada ao atendimento dos requisitos constantes da carta geotécnica de aptidão à urbanização (§2º). Trata-se de inovação legislativa que teve como fato social motivador as grandes enchentes ocorridas no ano de 2011.

Por sua vez, é vedada a aprovação de projeto de loteamento e desmembramento em áreas de risco definidas como não edificáveis, no plano diretor ou em legislação dele derivada.

Em situações específicas, cabe aos Estados disciplinar a aprovação, pelos Municípios, de loteamentos e desmembramentos.

Vejam que a aprovação continua sendo da Prefeitura. A participação do Estado diz respeito apenas à disciplina dessa aprovação nos seguintes casos:

> I – Quando localizados em áreas de interesse especial, tais como as de proteção aos mananciais ou ao patrimônio cultural, histórico, paisagístico e arqueológico, assim definidas por legislação estadual ou federal;
>
> II – Quando o loteamento ou desmembramento localizar-se em área limítrofe do município, ou que pertença a mais de um município, nas regiões metropolitanas ou em aglomerações urbanas, definidas em lei estadual ou federal;
>
> III – Quando o loteamento abranger área superior a 1.000.000 m^2.
>
> Parágrafo único – No caso de loteamento ou desmembramento localizado em área de município integrante de região metropolitana, o exame e a anuência prévia à aprovação do projeto caberão à autoridade metropolitana.

Quanto ao inciso I, os Estados definirão, por **decreto**, as áreas de proteção especial (art. 14).

De igual modo, os Estados estabelecerão, por decreto, as normas a que deverão submeter-se os projetos de loteamento e desmembramento nas áreas previstas no artigo 13, observando sempre atender às exigências urbanísticas do planejamento municipal (art. 15).

IMPORTANTE: "A aprovação de loteamento não implica, necessariamente, licença para construção. Assim, quando da solicitação da referida licença, deve ser aplicada a lei de regulação da ocupação do solo vigente no momento". (REsp 1374109/RS, Rel. Ministro Humberto Martins, Segunda Turma, julgado em 18/6/2015, DJe 26/6/2015).

6.3.1. *Limitação temporal*

A lei municipal definirá os prazos para que um projeto de parcelamento apresentado seja aprovado ou rejeitado e para que as obras executadas sejam aceitas ou recusadas (art. 16). Transcorridos os prazos sem a manifestação do Poder

Público, o projeto será considerado rejeitado ou as obras recusadas, assegurada a indenização por eventuais danos derivados da omissão (§1º).

Vejam, portanto, que o **silêncio administrativo** em se tratando de aprovação de loteamento/desmembramento importa em **rejeição** e, para as obras executadas, **recusa.**

Atenta à deficiência técnica de muitos municípios, a Lei 6.766/79 estabeleceu que, em caso de omissão legislativa municipal, os prazos serão de noventa dias para a aprovação ou rejeição e de sessenta dias para a aceitação ou recusa fundamentada das obras de urbanização (§2º).

IMPORTANTE: o art. 17 da Lei 6.766/79 traz um efeito prático da aprovação do loteamento, qual seja a **imutabilidade unilateral** de seus desenhos, das áreas a serem destinadas ao uso comum, bem como dos espaços públicos, as quais não poderão ter sua destinação alterada pelo loteador, **salvo as hipóteses de caducidade da licença ou desistência do loteador, sendo, neste caso, observadas as exigências do art. 23.**

Isto é: se houver necessidade de alteração do loteamento, o loteador deverá submeter o projeto a um novo processo de aprovação (Fernanda Lousada Cardoso, 2015, p. 52).

6.4. Registro do loteamento e desmembramento

Como visto, o Direito Urbanístico é **dinâmico**, o que reclama por brevidade quanto aos atos de implementação do parcelamento.

Exatamente por isso, em sendo aprovado o projeto de loteamento ou de desmembramento, o loteador deverá submetê-lo ao registro imobiliário dentro de 180 (cento e oitenta) dias, sob pena de **caducidade** da aprovação (art. 18).

O referido prazo é **decadencial**. Uma vez transcorrido, o projeto estará caduco, com possibilidade de alteração das áreas destinadas a espaços públicos. Se o particular quiser aproveitar o projeto antigo deverá submeter novamente a revalidação do ato administrativo de aprovação, oportunidade em que a autoridade pública poderá exigir novas condicionantes não previstas anteriormente.

O pleito de registro deverá vir acompanhado de uma série de documentos, com o intuito de evitar que se transfiram imóveis oneras ou que não pertençam ao loteador. São eles:

> Art. 18. Aprovado o projeto de loteamento ou de desmembramento, o loteador deverá submetê-lo ao registro imobiliário dentro de 180 (cento e oitenta) dias, sob pena de caducidade da aprovação, acompanhado dos seguintes documentos:
>
> I – Título de propriedade do imóvel ou certidão da matrícula, ressalvado o disposto nos §§ 4º e 5º;

II - Histórico dos títulos de propriedade do imóvel, abrangendo os últimos 20 (vintes anos), acompanhados dos respectivos comprovantes;

III - certidões negativas:

a) de tributos federais, estaduais e municipais incidentes sobre o imóvel;

b) de ações reais referentes ao imóvel, pelo período de 10 (dez) anos;

c) de ações penais com respeito ao crime contra o patrimônio e contra a Administração Pública.

IV - Certidões:

a) dos cartórios de protestos de títulos, em nome do loteador, pelo período de 10 (dez) anos;

b) de ações pessoais relativas ao loteador, pelo período de 10 (dez) anos;

c) de ônus reais relativos ao imóvel;

d) de ações penais contra o loteador, pelo período de 10 (dez) anos.

V - cópia do ato de aprovação do loteamento e comprovante do termo de verificação pela Prefeitura Municipal ou pelo Distrito Federal, da execução das obras exigidas por legislação municipal, que incluirão, no mínimo, a execução das vias de circulação do loteamento, demarcação dos lotes, quadras e logradouros e das obras de escoamento das águas pluviais ou da aprovação de um cronograma, com a duração máxima de quatro anos, acompanhado de competente instrumento de garantia para a execução das obras;

VI - Exemplar do contrato padrão de promessa de venda, ou de cessão ou de promessa de cessão, do qual constarão obrigatoriamente as indicações previstas no art. 26 desta Lei;

VII - Declaração do cônjuge do requerente de que consente no registro do loteamento.

IMPORTANTE: A existência de protestos, de ações pessoais ou de ações penais, exceto as referentes a crime contra o patrimônio e contra a administração, não impedirá o registro do loteamento se o requerente comprovar que esses protestos ou ações não poderão prejudicar os adquirentes dos lotes. Se o Oficial do Registro de Imóveis julgar insuficiente a comprovação feita, suscitará a dúvida perante o juiz competente (§2º).

A **outorga conjugal** é necessária não só para o registro do loteamento, mas também para os atos de alienação ou promessa de alienação de lotes, ou de direitos a eles relativos (§3º).

IMPORTANTE: A lei 6.766/79 relativiza algumas formalidades em se tratando de parcelamento popular, bem como cumpridos outros requisitos, cite:

> § 4º O título de propriedade será dispensado quando se tratar de parcelamento popular, destinado às classes de menor renda, em imóvel declarado de utilidade pública, com processo de desapropriação judicial em curso e imissão

provisória na posse, desde que promovido pela União, Estados, Distrito Federal, Municípios ou suas entidades delegadas, autorizadas por lei a implantar projetos de habitação.

§ 5º No caso de que trata o § 4º, o pedido de registro do parcelamento, além dos documentos mencionados nos incisos V e VI deste artigo, será instruído com cópias autênticas da decisão que tenha concedido a imissão provisória na posse, do decreto de desapropriação, do comprovante de sua publicação na imprensa oficial e, quando formulado por entidades delegadas, da lei de criação e de seus atos constitutivos.

Competência para julgar recurso em impugnação a registro de loteamento urbano. Compete à Corregedoria do Tribunal de Justiça ou ao Conselho Superior da Magistratura (e não a órgão jurisdicional de segunda instância do Tribunal de Justiça) julgar recurso intentado contra decisão de juízo que julga impugnação ao registro de loteamento urbano. Quem define se é a Corregedoria ou o Conselho Superior é o Regimento Interno do TJ ou a Lei de Organização Judiciária do Estado. Esse recurso é um recurso administrativo (não se trata de apelação). STJ. 4ª Turma. REsp 1370524-DF, Rel. Min. Marco Buzzi, julgado em 28/4/2015 (Info 572).

6.4.1. Regra de registro de área loteada situada em mais de uma circunscrição imobiliária

Art. 21. Quando a área loteada estiver situada em mais de uma circunscrição imobiliária, o registro será requerido primeiramente perante aquela em que estiver localizada a maior parte da área loteada. Procedido o registro nessa circunscrição, o interessado requererá, sucessivamente, o registro do loteamento em cada uma das demais, comprovando perante cada qual o registro efetuado na anterior, até que o loteamento seja registrado em todas. Denegado registro em qualquer das circunscrições, essa decisão será comunicada, pelo Oficial do Registro de Imóveis, às demais para efeito de cancelamento dos registros feitos, salvo se ocorrer a hipótese prevista no § 4º deste artigo.

§ 1º Nenhum lote poderá situar-se em mais de uma circunscrição.

§ 2º – É defeso ao interessado processar simultaneamente, perante diferentes circunscrições, pedidos de registro do mesmo loteamento, sendo nulos os atos praticados com infração a esta norma.

§ 3º – Enquanto não procedidos todos os registros de que trata este artigo, considerar-se-á o loteamento como não registrado para os efeitos desta Lei.

§ 4º – O indeferimento do registro do loteamento em uma circunscrição não determinará o cancelamento do registro procedido em outra, se o motivo do indeferimento naquela não se estender à área situada sob a competência desta, e desde que o interessado requeira a manutenção do registro obtido, submetido o remanescente do loteamento a uma aprovação prévia perante a Prefeitura Municipal, ou o Distrito Federal quando for o caso.

6.4.2. *Efeitos do registro do loteamento*

efeitos do registro
✓ **transferência de áreas destinadas a espaços públicos ao município. É o que se chama de <u>concurso voluntário</u> ou <u>doação legal</u> (art. 22).**
✓ **possibilidade de negociação regular dos lotes**
✓ **impossibilidade de alteração unilateral do loteamento**

6.4.3. *Loteamento irregular x loteamento clandestino*

Loteamento irregular	LOTEAMENTO CLANDESTINO
Loteamento aprovado pela Prefeitura, mas que não foi objeto de registro público. *OU* Loteamento que, embora tenha sido aprovado pela Prefeitura e tenha sido devidamente registrado, foi implantada com finalidade diversa da autorizada e registrada.	Loteamento implantado sem autorização da Prefeitura

Vale ressaltar que o adquirente de lote, após verificar que o loteamento não se encontrava registrado nem regularmente executado, deverá suspender o pagamento das prestações restantes e notificar o loteador para suprir a falta. É o que se depreende do art. 38 da Lei 6.766/1979:

> Art. 38. Verificado que o loteamento ou desmembramento **não se acha registrado ou regularmente executado ou notificado pela Prefeitura Municipal**, ou pelo Distrito Federal quando for o caso, **deverá o adquirente do lote suspender o pagamento das prestações restantes e notificar o loteador para suprir a falta.**

6.4.4. *Responsabilidade do município na regularização de loteamento ou desmembramento*

O art. 40 da Lei 6.766/79 estabelece que a "Prefeitura Municipal, ou o Distrito Federal quando for o caso, se desatendida pelo loteador a notificação, **poderá** regularizar loteamento ou desmembramento não autorizado ou executado sem observância das determinações do ato administrativo de licença, para evitar lesão aos seus padrões de desenvolvimento urbano e na defesa dos direitos dos adquirentes de lotes".

IMPORTANTE: Pela literalidade do dispositivo, parece que a responsabilidade municipal é **facultativa.** No entanto, há entendimento no STJ de que o

Município possui o poder-dever de promover a regularização. Porém, a Corte entende que a responsabilidade da municipalidade pelas obras de infraestrutura necessárias à regularização de loteamento privado é subsidiária quando ainda é possível cobrar do loteador o cumprimento de suas obrigações

De todo modo, caso o Município faça a regularização, terá direito ao ressarcimento dos custos financeiros pela realização das obras de infraestrutura por meio do levantamento das prestações depositadas ou, caso não seja suficiente o valor, deverá exigir do loteador a parte faltante.

> Na prova para Procurador do Estado de Sergipe/2017, o CESPE exigiu o seguinte conhecimento:
>
> "Uma construtora realizou parcelamento de solo urbano, mediante loteamento, sem observância das disposições legais. Nesse caso, de acordo com o entendimento do STJ,
>
> a) o município tem responsabilidade solidária pela regularização do loteamento, devendo pagá-la ainda que o loteador possa fazê-lo.
>
> b) a responsabilidade do município em regularizar o loteamento, embora discricionária, é de execução imediata.
>
> c) a regularização do loteamento deverá ser decidida em ação civil pública.
>
> d) o poder da administração pública de regularizar o loteamento é discricionário.
>
> e) o município terá o poder-dever para regularizar o loteamento.
>
> **Gabarito: E**
>
> Na prova para Procurador do Município de Fortaleza/2017, o CESPE considerou **errada** a seguinte assertiva:
>
> "Embora o município tenha o dever de fiscalizar para impedir a realização de loteamento irregular, ante a responsabilidade pelo uso e pela ocupação do solo urbano, a regularização está no âmbito da discricionariedade, conforme entendimento pacificado no STJ".

6.4.5. Hipóteses de cancelamento do registro

As hipóteses legais de cancelamento do registro previstas no art. 23 da Lei 6766/79:

I) Decisão judicial;

II) A pedido do loteador com anuência da Prefeitura, desde que nenhum lote tenha sido objeto de contrato;

III) A pedido conjunto do loteador e de todos os adquirentes de lotes, com anuência da Prefeitura.

7. CONTRATOS

7.1. Disposições gerais sobre o compromisso de compra e venda

A promessa de compra e venda (ou compromisso de compra e venda) é uma espécie de contrato preliminar por meio do qual uma pessoa (promitente vendedor) se compromete a vender o seu bem ao promissário comprador após este pagar integralmente o preço que foi ajustado. Trata-se de um contrato preliminar porque, após o promitente comprador pagar integralmente o preço, as partes ainda irão celebrar um outro contrato, qual seja, de compra e venda.

Quanto à forma, a promessa de compra e venda pode ser celebrada por instrumento público ou particular (art. 1.417, do CC). O contrato principal (compra e venda), que será assinado após o pagamento integral do preço, se envolver bem imóvel de valor superior a 30 salários mínimos, deverá ser feito por escritura pública (art. 108 do CC).

A promessa de compra e venda, em regra, é irretratável. As partes, contudo, com base na autonomia privada, podem inserir uma cláusula de arrependimento, prevendo a possibilidade de desistirem de continuar o negócio jurídico. Se não previrem cláusula nesse sentido, a promessa será irretratável.

O primeiro e mais importante efeito do registro da promessa de compra e venda no cartório de imóveis é a convolação do compromisso **em direito real de aquisição (art. 1.225, VII, do CC)**, conferindo eficácia *erga omnes* ao pacto, sobre o qual passa a recair o direito de sequela. Sobre o tema, veja-se o art. 1.417, do Código Civil:

> Art. 1.417. Mediante promessa de compra e venda, em que se não pactuou arrependimento, celebrada por instrumento público ou particular, e registrada no Cartório de Registro de Imóveis, adquire o promitente comprador direito real à aquisição do imóvel.

Igualmente, preceitua a jurisprudência do STJ:

> A promessa de compra e venda identificada como direito real ocorre quando o instrumento público ou particular é registrado no cartório de registro de imóveis, o que não significa que a ausência do registro retire a validade do contrato. (...) (STJ. 4ª Turma. REsp 1185383/MG, Rel. Min. Luis Felipe Salomão, julgado em 08/04/2014).

A importância do registro em cartório está na eficácia da promessa de compra e venda perante terceiros:

Se a promessa não foi registrada: ela é válida, mas produz efeitos apenas entre as partes.

Por outro lado, **se a promessa foi registrada**: ela é válida e, além disso, produz efeitos perante terceiros.

Nesse sentido, confira o art. 1.418, do CC:

> Art. 1.418. O promitente comprador, titular de direito real, pode exigir do promitente vendedor, ou de terceiros, a quem os direitos deste forem cedidos, a outorga da escritura definitiva de compra e venda, conforme o disposto no instrumento preliminar; e, se houver recusa, requerer ao juiz a adjudicação do imóvel.

Na mesma linha, veja-se o Enunciado nº 253, do Conselho da Justiça Federal:

> Enunciado 253, do CJF: O promitente comprador, titular de direito real (art. 1.417), tem a faculdade de reivindicar de terceiro o imóvel prometido à venda.

O art. 463, parágrafo único, do CC ("o contrato preliminar deverá ser levado ao registro competente") enseja dúvidas sobre a diferenciação acima citada. Não obstante, a questão é esclarecida pelo Enunciado nº 30, do Conselho da Justiça Federal, cujo teor preceitua:

> Enunciado nº 30, do CJF: A disposição do parágrafo único do art. 463 do novo Código Civil deve ser interpretada como fator de eficácia perante terceiros.

Em síntese, a palavra "deve", constante do comando legal em questão, deve ser interpretada como sendo um "pode". De acordo com Flávio Tartuce, **se o contrato não for registrado, haverá compromisso bilateral de contrato, gerando uma obrigação de fazer; se houver registro, haverá direito real de aquisição do promitente comprador, gerando obrigação de dar.**

<u>**Em resumo:**</u>

i) **Compromisso de compra e venda de imóvel não registrado**: nesse caso, há um contrato preliminar com efeitos obrigacionais *inter partes*, gerando a obrigação de fazer o contrato definitivo. Não sendo celebrado o contrato definitivo, o compromissário terá três opções:

   a) ingressar com ação de obrigação de fazer, fixando o juiz um prazo razoável para que a outra parte celebre o contrato definitivo (art. 463, do CC);

   b) esgotado o prazo para que a outra parte celebre o contrato definitivo, poderá o juiz suprir a vontade da parte inadimplente, conferindo caráter definitivo ao contrato preliminar (art. 464, do CC) – adjudicação compulsória;

c) na hipótese de o contrato definitivo não ser mais interessante ao compromissário comprador, este poderá requerer a conversão da obrigação de fazer em obrigação de dar perdas e danos (art. 465, do CC).

ii) **Compromisso de compra e venda de imóvel registrado**: ter-se-á um direito real de aquisição a favor do comprador, reconhecido expressamente pelo art. 1.225, VII, do CC, com efeitos erga omnes. O registro do contrato gera uma obrigação de dar a coisa, mesmo que em poder de terceiros (direito de sequela).

Além disso, **se a promessa estiver registrada no registro de imóveis, o promissário comprador tem uma vantagem: ele poderá ajuizar a ação de adjudicação compulsória com base em um rito sumário (mais rápido e simples) previsto no art. 25 da Lei nº 6.766/79 e art. 15 do DL nº 58/37, inclusive contra terceiro.** Já se o contrato não estiver registrado, a ação de adjudicação compulsória será proposta como uma ação de conhecimento, de rito ordinário.

7.2. Adjudicação compulsória

A **adjudicação compulsória** é a ação proposta pelo promissário comprador contra o promitente vendedor que se recusa a cumprir sua obrigação de outorgar a escritura definitiva de compra e venda. O autor da ação pede que o juiz prolate uma sentença que supra (substituta) a declaração de vontade do promitente vendedor.

Assim, a sentença já irá produzir o mesmo efeito da escritura pública que o promitente vendedor não outorgou, podendo o autor até mesmo fazer o registro no Cartório de Registro de Imóveis. O pedido será formulado com base no art. 501, do Código de Processo Civil:

> Art. 501, do CPC. Na ação que tenha por objeto a emissão de declaração de vontade, a sentença que julgar procedente o pedido, uma vez transitada em julgado, produzirá todos os efeitos da declaração não emitida.

Saliente-se, ademais, que o registro do compromisso de compra e venda não é condição para o ajuizamento da ação de adjudicação compulsória. Desse modo, **mesmo sem o registro, é possível a adjudicação compulsória.** Nesse sentido, preceitua o Súmula nº 239, do STJ:

> Súmula 239-STJ: O direito à adjudicação compulsória não se condiciona ao registro do compromisso de compra e venda no cartório de imóveis.

Na mesma linha, veja-se o Enunciado nº 95, do Conselho da Justiça Federal:

> Enunciado 95, do CJF: O direito à adjudicação compulsória (art. 1.418 do novo Código Civil), quando exercido em face do promitente vendedor, não se condiciona ao registro da promessa de compra e venda no cartório de registro imobiliário (Súmula n. 239 do STJ).

Registre-se, ainda, que **não existe prazo para a propositura da ação de adjudicação compulsória**. O promitente comprador, amparado em compromisso de compra e venda de imóvel cujo preço já tenha sido pago, tem o direito de requerer judicialmente, a qualquer tempo, a adjudicação compulsória do imóvel. Nesse sentido: STJ. 4ª Turma. REsp 1.216.568-MG, Rel. Min. Luis Felipe Salomão, julgado em 3/9/2015.

Por meio da propositura de ação de adjudicação, **o juiz profere uma sentença que substitui a vontade do promitente vendedor e tal decisão já valerá como título para o registro da compra no cartório de imóveis.** Assim, verifica-se que a ação de adjudicação compulsória não condena o demandado (promitente vendedor) a entregar a escritura. A sentença na ação de adjudicação compulsória não tem natureza condenatória.

O pedido na ação de adjudicação compulsória é para que seja constituída determinada situação jurídica. Logo, a sentença possui natureza constitutiva. No que tange aos prazos, as ações são divididas da seguinte forma: 1) **ações condenatórias:** sujeitam-se a prazos prescricionais; 2) **ações constitutivas**: obedecem a prazos decadenciais; e **3) ações declaratórias**: não se sujeitam nem à prescrição nem à decadência.

Desse modo, não se fala em prazo prescricional para a ação de adjudicação compulsória (porque ela é uma ação constitutiva). Deve-se, então, procurar se a lei prevê um prazo decadencial para essa espécie de ação. **Ocorre que o Código Civil não estipulou prazo decadencial para a ação de adjudicação compulsória.** Vale ressaltar que, quanto aos prazos de decadência, o legislador previu prazos específicos para cada uma das situações que quis regular. Quando **o CC/02 não trouxe prazo decadencial para determinada ação, significa que a parte poderá propô-la a qualquer tempo.**

Portanto, tratando-se de direito potestativo, sujeito a prazo decadencial, para cujo exercício a lei não previu prazo especial, prevalece a regra geral da inesgotabilidade ou da perpetuidade, segundo a qual os direitos não se extinguem pelo não uso. Assim, à míngua de previsão legal, o pedido de adjudicação compulsória, quando preenchidos os requisitos da medida, **poderá ser realizado a qualquer tempo.** STJ. 4ª Turma. REsp 1216568/MG, Rel. Min. Luis Felipe Salomão, julgado em 03/09/2015.

7.3. Compromisso de compra e venda na Lei 6.766/79

Pode-se dizer que a Lei 6.766/79, além de estabelecer normas de ordem pública relativas ao uso e parcelamento do solo urbano, também prescreve regras concernentes à alienação de lotes e a direitos dos terceiros adquirentes.

Na sistemática vigente, são sempre **irretratáveis** os contratos de promessa de imóveis loteados, nos moldes do art. 25 da Lei 6.766/79:

> São irretratáveis os compromissos de compra e venda, cessões e promessas de cessão, os que atribuam direito a adjudicação compulsória e, estando registrados, confiram direito real oponível a terceiros.

Não há, portanto, repercussão prática de eventual **cláusula de arrependimento**, a não ser que se trate de compromisso de compra e venda relativos a imóveis **não loteados**, conforme o art. 22 do Decreto-lei 58/1937:

> Art. 22. Os contratos, sem cláusula de arrependimento, de compromisso de compra e venda e cessão de direitos de imóveis não loteados, cujo preço tenha sido pago no ato de sua constituição ou deva sê-lo em uma, ou mais prestações, desde que, inscritos a qualquer tempo, atribuem aos compromissos direito real oponível a terceiros, e lhes conferem o direito de adjudicação compulsória nos termos dos artigos 16 desta lei, 640 e 641 do Código de Processo Civil. (Redação dada pela Lei nº 6.014, de 1973)

O art. 26, por seu turno, traz uma série de exigências formais para tais compromissos de compra e venda. Vejamos:

> Art. 26. Os compromissos de compra e venda, as cessões ou promessas de cessão poderão ser feitos por escritura pública ou por instrumento particular, de acordo com o modelo depositado na forma do inciso VI do art. 18 e conterão, pelo menos, as seguintes indicações:
>
> I – Nome, registro civil, cadastro fiscal no Ministério da Fazenda, nacionalidade, estado civil e residência dos contratantes;
>
> II – Denominação e situação do loteamento, número e data da inscrição;
>
> III – Descrição do lote ou dos lotes que forem objeto de compromissos, confrontações, área e outras características;
>
> IV – Preço, prazo, forma e local de pagamento bem como a importância do sinal;
>
> V – Taxa de juros incidentes sobre o débito em aberto e sobre as prestações vencidas e não pagas, bem como a cláusula penal, nunca excedente a 10% (dez por cento) do débito e só exigível nos casos de intervenção judicial ou de mora superior a 3 (três) meses;
>
> VI – Indicação sobre a quem incumbe o pagamento dos impostos e taxas incidentes sobre o lote compromissado;
>
> VII – Declaração das restrições urbanísticas convencionais do loteamento, supletivas da legislação pertinente.

A minuta do contrato deve ser apresentada pelo loteador ao tempo do registro do loteamento. Trata-se de um **contrato de adesão**.

Vale ressaltar que, na minuta do contrato, poderão ser estabelecidas restrições urbanísticas, as quais podem ser, inclusive, mais restritivas que aquelas previstas pela legislação urbanística local (art. 26, VII).

IMPORTANTE: o rol de conteúdo mínimo é **exemplificativo**, podendo as partes ajustarem outros pontos concernentes ao loteamento. Sobre isso, não é raro que o contrato impute aos adquirentes a responsabilidade pelos **custos de urbanização** (calçada, rede elétrica, sistema de águas e esgotos, etc.).

Parte da doutrina entende que essa previsão é **abusiva** por violar o art. 51, X, do CDC:

> Art. 51. São nulas de pleno direito, entre outras, as cláusulas contratuais relativas ao fornecimento de produtos e serviços que: (...)
> X – Permitam ao fornecedor, direta ou indiretamente, variação do preço de maneira unilateral;

Entretanto, a posição do STJ é no sentido contrário, de acordo com a seguinte ementa: "A Lei 6.766/1979, que trata do parcelamento do solo urbano, não veda o ajuste das partes no tocante à obrigação de custear redes de água e esgoto nos loteamentos, **sendo válida, portanto, cláusula contratual que preveja o repasse dos custos de tais obras aos adquirentes dos lotes.** O que a Lei 6. 766/1979 contempla, no seu art. 26, são disposições que devem obrigatoriamente estar contidas nos compromissos de compra e venda de lotes, requisitos mínimos para a validade desses contratos, o que não significa que outras cláusulas não possam ser pactuadas. Em outras palavras, além das indicações que a lei prescreve como referências obrigatórias nos contratos, podem as partes, dentro das possibilidades outorgadas pela lei de pactuar o lícito, razoável e possível, convencionar outras regras que as obriguem"[11].

Em resumo: para fins de concurso público, é mais seguro afirmar, em uma prova objetiva, que é lícito que loteador repasse o custo das obras de infraestrutura aos adquirentes de lotes.

7.3.1. Pré-contrato e execução coativa

Se aquele que se obrigou a concluir contrato de promessa de venda ou de cessão não cumprir a obrigação, o credor poderá notificar o devedor para outorga do contrato ou oferecimento de impugnação no prazo de 15 (quinze) dias, sob pena de proceder-se ao registro de pré-contrato, passando as relações entre as partes a serem regidas pelo contrato-padrão (art. 27).

11 REsp. 43. 735-SP, de 1 2 . 1 2 . 1 996, relator Min. Sálvio de Figueiredo Teixeira.

O registro de que trata este artigo não será procedido se a parte que o requereu não comprovar haver cumprido a sua prestação, nem a oferecer na forma devida, salvo se ainda não exigível (§2º).

São equiparados ao pré-contrato a promessa de cessão, a proposta de compra, a reserva de lote ou qualquer, outro instrumento, do qual conste a manifestação da vontade das partes, a indicação do lote, o preço e modo de pagamento, e a promessa de contratar (§1º). Tais modalidades são **exemplificativas**, pois não se proíbe outros instrumentos, desde que seja manifesta a intenção de concretizar futuramente um compromisso certo e perfeito.

7.4. Alteração parcial do loteamento

Qualquer alteração ou cancelamento parcial do loteamento registrado dependerá de acordo entre o loteador e os adquirentes de lotes atingidos pela alteração, bem como da aprovação pela Prefeitura Municipal, ou do Distrito Federal quando for o caso, devendo ser depositada no Registro de Imóveis, em complemento ao projeto original com a devida averbação (art. 28).

IMPORTANTE: não confundir a alteração prevista neste artigo com aquela relativa à mudança de espaços públicos (art. 17) ou à referente ao cancelamento **total** do parcelamento da gleba.

Vale ressaltar que a **mudança parcial** deverá ser **averbada** junto ao registro.

7.5. Sucessão de adquirentes

Com a transmissão da propriedade, ao sucessor são repassados todos os direitos e obrigações do transmitente. Assim, ele deve honrar, inclusive, os compromissos de compra e venda, não podendo reaver o bem cuja venda já fora prometida pelo seu antecessor. É o que preceitua o art. 29:

> Art. 29. Aquele que adquirir a propriedade loteada mediante ato inter vivos, ou por sucessão causa mortis, sucederá o transmitente em todos os seus direitos e obrigações, ficando obrigado a respeitar os compromissos de compra e venda ou as promessas de cessão, em todas as suas cláusulas, sendo nula qualquer disposição em contrário, ressalvado o direito do herdeiro ou legatário de renunciar à herança ou ao legado.

7.6. Falência das partes

O intuito do legislador em proteger a continuidade dos contratos em caso de falência resultou na previsão do art. 30 da Lei 6.766/79. Vejamos:

Art. 30. A sentença declaratória de falência ou da insolvência de qualquer das partes não rescindirá os contratos de compromisso de compra e venda ou de promessa de cessão que tenham por objeto a área loteada ou lotes da mesma. Se a falência ou insolvência for do proprietário da área loteada ou do titular de direito sobre ela, incumbirá ao síndico ou ao administrador dar cumprimento aos referidos contratos; se do adquirente do lote, seus direitos serão levados à praça.

7.7. Cessão do contrato de promessa de compra e venda

> Art. 31. O contrato particular pode ser transferido por simples trespasse, lançado no verso das vias em poder das partes, ou por instrumento em separado, declarando-se o número do registro do loteamento, o valor da cessão e a qualificação do cessionário, para o devido registro.
>
> § 1º A cessão independe da anuência do loteador, mas, em relação a este, seus efeitos só se produzem depois de cientificado, por escrito, pelas partes ou quando registrada a cessão.
>
> § 2º – Uma vez registrada a cessão, feita sem anuência do loteador, o Oficial do Registro dar-lhe-á ciência, por escrito, dentro de 10 (dez) dias.

7.8. Rescisão e cancelamento de contratos a imóveis loteados

Estabelece o art. 32 da Lei 6.766/79:

> Art. 32. Vencida e não paga a prestação, o contrato será considerado rescindido 30 (trinta) dias depois de constituído em mora o devedor.

Vejam que, para efeito de resolução por inadimplência do promissário comprador de lote, é obrigatória a notificação com prazo de 30 dias. Trata-se, portanto, de mora *ex persona*. Ainda que seja possível a previsão de cláusula resolutiva expressa, a intimação do devedor se faz necessária.

Ressalte-se que o cancelamento administrativo, a teor dos artigos 32 e 34, depende da satisfação de dois requisitos, quais sejam:

a) **registro do contrato junto ao Oficial de Registro de Imóveis;**

b) **notificação do devedor, com prazo de 30 dias, pelo Oficial de Registro de Imóveis.**

Todavia, em atenção aos custos envolvidos e a dificuldade em registrar os contratos, os loteadores geralmente buscam a via judicial para pleitear a resolução contratual.

7.9. Consignação em pagamento

> Art. 33. Se o credor das prestações se recusar recebê-las ou furtar-se ao seu recebimento, será constituído em mora mediante notificação do Oficial do Registro de Imóveis para vir receber as importâncias depositadas pelo devedor no próprio Registro de Imóveis. Decorridos 15 (quinze) dias após o recebimento da intimação, considerar-se-á efetuado o pagamento, a menos que o credor impugne o depósito e, alegando inadimplemento do devedor, requeira a intimação deste para os fins do disposto no art. 32 desta Lei.

7.10. Rescisão por inadimplemento e benfeitorias

Art. 34. Em qualquer caso de rescisão por inadimplemento do adquirente, as benfeitorias necessárias ou úteis por ele levadas a efeito no imóvel deverão ser indenizadas, sendo de nenhum efeito qualquer disposição contratual em contrário.

Parágrafo único – Não serão indenizadas as benfeitorias feitas em desconformidade com o contrato ou com a lei.

IMPORTANTE: Em caso de inadimplemento, os valores pagos só serão devolvidos na hipótese de superar 1/3 do total do valor. Até esse patamar, a quantia permanece com o promitente vendedor, na condição de multa.

7.11. Cancelamento do registro do compromisso, cessão ou promessa de cessão

O registro o compromisso, cessão ou promessa de cessão só poderá ser cancelado: I – por decisão judicial; II – a requerimento conjunto das partes contratantes; III – quando houver rescisão comprovada do contrato (art. 36).

8. NOVIDADE LEGISLATIVA: CONTRATOS REGIDOS PELA LEI 6.766/79 E A LEI DO DISTRATO IMOBILIÁRIO (LEI Nº 13.789/2018)

Em dezembro de 2018 surgiu a Lei do Distrato (Lei 13.786, de 27 de dezembro de 2018), para disciplinar a resolução do contrato por inadimplemento do adquirente de unidade imobiliária em **incorporação imobiliária** e em **parcelamento de solo urbano**.

O contexto histórico da edição dessa lei se deve basicamente à crise do mercado imobiliário e à excessiva judicialização de desfazimento contratual (resilição unilateral), com pedido de devolução dos valores já pagos, em contratos de aquisição de imóveis na "planta".

Para fins de provas de procuradorias municipais, nos interessa os impactos da mencionada lei em contratos regidos pela Lei 6.766/79 (unidade imobiliária adquirida em loteamentos). O estudo, no momento, é eminentemente legal, tendo em vista a inexistência de entendimentos jurisprudenciais sobre o alcance e sentido da nova lei.

Senão vejamos os principais pontos alterados a serem considerados.

1. Em prestígio ao direito de informação, na forma do art. 26-A, os contratos de compra e venda, cessão ou promessa de cessão de loteamento devem ser iniciados por quadro-resumo, que deverá conter, além das indicações constantes do art. 26 da Lei 6.766/79:

a) o preço total a ser pago pelo imóvel;

b) o valor referente à corretagem, suas condições de pagamento e a identificação precisa de seu beneficiário;

c) a forma de pagamento do preço, com indicação clara dos valores e vencimentos das parcelas;

d) os índices de correção monetária aplicáveis ao contrato e, quando houver pluralidade de índices, o período de aplicação de cada um;

e) as consequências do desfazimento do contrato, seja mediante distrato, seja por meio de resolução contratual motivada por inadimplemento de obrigação do adquirente ou do loteador, com destaque negritado para as penalidades aplicáveis e para os prazos para devolução de valores ao adquirente;

Observação: A efetivação das consequências do desfazimento do contrato dependerá de **anuência prévia** e específica do adquirente a seu respeito, mediante assinatura junto a essas cláusulas, que deverão ser redigidas com destaque, permitindo sua imediata e fácil compreensão, na forma do CDC (§2º do art. 26-A da Lei 6.766/79).

Para Flávio Tartuce[12] "considerando que essa cláusula é de ordem pública e que essa cláusula prevê regras prejudiciais ao adquirente, entendemos que a consequência da falta de assinatura específica do adquirente ao lado da cláusula das consequências do desfazimento do contrato é a nulidade dessa cláusula: trata-se de uma espécie de nulidade virtual, nos moldes dos incisos VI e VII do art. 166 do CC".

f) as taxas de juros eventualmente aplicadas, se mensais ou anuais, se nominais ou efetivas, o seu período de incidência e o sistema de amortização;

g) as informações acerca da possibilidade do exercício, por parte do adquirente do imóvel, do direito de arrependimento previsto no art. 49 da Lei nº 8.078, de 11 de setembro de 1990 (Código de Defesa do Consumidor), em todos os contratos firmados em estandes de vendas e fora da sede do loteador ou do estabelecimento comercial;

h) o prazo para quitação das obrigações pelo adquirente após a obtenção do termo de vistoria de obras;

i) informações acerca dos ônus que recaiam sobre o imóvel;

j) o número do registro do loteamento ou do desmembramento, a matrícula do imóvel e a identificação do cartório de registro de imóveis competente;

k) o termo final para a execução do projeto referido no § 1º do art. 12 da Lei 6.766/79 e a data do protocolo do pedido de emissão do termo de vistoria de obras.

ATENÇÃO: Identificada a ausência de quaisquer das citadas informações, será concedido um prazo de 30 dias para o aditamento do contrato e saneamento da omissão, findo o qual, essa omissão, se não sanada, caracterizará **justa causa** para rescisão contratual por parte do adquirente (§1º do art. 26-A).

12 Disponível em: http://genjuridico.com.br/2019/01/10/a-recente-lei-do-distrato-lei-no-13-786-2018-o-novo-cenario-juridico-dos-contratos-de-aquisicao-de-imoveis-em-regime-de-incorporacao-imobiliaria-ou-de-loteamento-parte-1/

2. Em caso de rompimento do contrato por culpa do adquirente, a lei explicitamente assegura o direito de restituição dos valores pagos por ele, atualizados com base no índice contratualmente estabelecido para a correção monetária das parcelas do preço do imóvel. Todavia, é possível que o empreendedor imobiliário desconte:

a) os valores correspondentes à eventual fruição do imóvel, até o equivalente a 0,75% (setenta e cinco centésimos por cento) sobre o valor atualizado do contrato, cujo prazo será contado a partir da data da transmissão da posse do imóvel ao adquirente até sua restituição ao loteador;

b) o montante devido por cláusula penal e despesas administrativas, inclusive arras ou sinal, limitado a um desconto de 10% (dez por cento) do valor atualizado do contrato;

c) os encargos moratórios relativos às prestações pagas em atraso pelo adquirente;

d) os débitos de impostos sobre a propriedade predial e territorial urbana, contribuições condominiais, associativas ou outras de igual natureza que sejam a estas equiparadas e tarifas vinculadas ao lote, bem como tributos, custas e emolumentos incidentes sobre a restituição e/ou rescisão;

e) a comissão de corretagem, desde que integrada ao preço do lote.

Atenção: a própria lei já estabeleceu como deverá ser feita tal restituição (§1º do art. 32-A), a qual deverá ocorrer em até 12 parcelas mensais, com início após o seguinte prazo de carência:

I – Em loteamentos com obras em andamento: no prazo máximo de 180 (cento e oitenta) dias após o prazo previsto em contrato para conclusão das obras;

II – Em loteamentos com obras concluídas: no prazo máximo de 12 (doze) meses após a formalização da rescisão contratual.

No prazo de 60 (sessenta) dias, contado da constituição em mora, fica o loteador, na hipótese do caput deste artigo, obrigado a alienar o imóvel mediante leilão judicial ou extrajudicial (§2º do art. 34).

Vale ressaltar que somente será efetuado registro do contrato de nova venda se for comprovado o início da restituição do valor pago pelo vendedor ao titular do registro cancelado na forma e condições pactuadas no distrato, dispensada essa comprovação nos casos em que o adquirente não for localizado ou não tiver se manifestado (§2º do art. 32-A).

Ademais, se ocorrer o cancelamento do registro por inadimplemento do contrato, e tiver sido realizado o pagamento de mais de 1/3 (um terço) do preço ajustado, o oficial do registro de imóveis mencionará esse fato e a quantia paga no ato do cancelamento, e somente será efetuado novo registro relativo ao mesmo lote, mediante apresentação do distrato assinado pelas partes e a comprovação do pagamento da parcela única ou da primeira parcela do montante a ser restituído ao adquirente, na forma do art. 32-A da Lei 6.766/79, ao titular do registro cancelado, ou mediante depósito em dinheiro à sua disposição no registro de imóveis.

IMPORTANTE: A obrigação de comprovação prévia de pagamento da parcela única ou da primeira parcela como condição para efetivação de novo registro, prevista no caput deste artigo, poderá ser dispensada **se as partes convencionarem de modo diverso e de forma expressa no documento de distrato por elas assinado**.

Tal procedimento não se aplica aos contratos e escrituras de compra e venda de lote sob a modalidade de alienação fiduciária nos termos da Lei n° 9.514, de 20 de novembro de 1997.

ATENÇÃO: em caso de rescisão por inadimplemento do adquirente, não serão indenizadas as benfeitorias feitas em desconformidade com o contrato ou com a lei.

Polêmica do direito de arrependimento

No caso de alienação de imóvel "na planta" em regime de incorporação imobiliária, o adquirente poderá desistir do contrato imotivadamente no prazo de 7 dias mediante envio de carta registrada com aviso de recebimento, desde que o contrato tenha sido celebrado em estandes de venda ou fora da sede do incorporador (arts. 67-A, §§ 10 e 11, Lei nº 4.591/64).

Ocorre que não existe essa previsão para a alienação de lotes sujeita à Lei 6.766/79. Sobre isso, Flávio Tartuce entende que "como o modus operandi da venda de lotes é similar ao de venda de imóveis em regime de incorporação, é imperioso aplicar, por analogia, o direito de arrependimento aos casos de loteamento"[13].

✓ Como as bancas devem cobrar o tema?

(VORNE 2019) Sobre a Lei do Distrato e suas implicações na Lei 6.766/79, pode-se dizer que, em caso de resolução contratual por fato imputado ao adquirente, deverão ser restituídos os valores pagos por ele, atualizados com base no índice contratualmente estabelecido para a correção monetária das parcelas do preço do imóvel, podendo ser descontados dos valores pagos os seguintes itens:

a) os valores correspondentes à eventual fruição do imóvel, até o equivalente a 0,75% (setenta e cinco centésimos por cento) sobre o valor atualizado do contrato, cujo prazo será contado a partir da data da transmissão da posse do imóvel ao adquirente até sua restituição ao loteador.

b) o montante devido por cláusula penal e despesas administrativas, inclusive arras ou sinal, limitado a um desconto de 20% (vinte por cento) do valor atualizado do contrato.

c) os encargos moratórios relativos às prestações pagas em atraso pelo adquirente.

d) os débitos de impostos sobre a propriedade predial e territorial urbana e as contribuições condominiais.

e) a comissão de corretagem, desde que integrada ao preço do lote.

Gabarito: B

QUESTÃO DISCURSIVA[14]

Imagine que João celebrou contrato de promessa de compra e venda para aquisição de lote em um condomínio no Município de Curitiba. Sem a integralidade do capital, o adquirente apresentou determinado valor a título de entrada e parcelou o restante em 90 meses.

13 http://genjuridico.com.br/2019/01/10/a-recente-lei-do-distrato-lei-no-13-786-2018-o-novo-cenario-juridico-dos-contratos-de-aquisicao-de-imoveis-em-regime-de-incorporacao-imobiliaria-ou-de-loteamento-parte-1/

14 A autoria da questão discursiva é do professor Davi Maia Castelo Branco Ferreira a quem agradecemos a gentileza de sua concessão.

Após o pagamento da sexta parcela, João descobriu que as obras não estavam sendo executadas. Para piorar, também descobriu que o loteamento, embora em terreno particular, não estava registrado.

Indignado, João procura um advogado, que sugere a suspensão do pagamento imediatamente e a notificação do vendedor. Em seguida, sugere que seja proposta uma ação em face do Município de Curitiba, pois existe responsabilidade do ente público de regularização do imóvel.

Considerando a situação hipotética apresentada, redija um texto em que sejam respondidos, de forma justificada, os seguintes questionamentos.

a) A conduta indicada pelo advogado está correta? Existe fundamento para a propositura de ação em face do município de Curitiba?
b) O município de Curitiba tem obrigação de regularizar o loteamento e responsabilidade pelos gastos com a infraestrutura do loteamento?
c) A responsabilidade do município de Curitiba é solidária ou subsidiária?
d) A aprovação do loteamento configurará licença para que João continue a construir?

Espaço para resposta

____

____

____

____

____

____

____

Comentários

ITEM A

O art. 38 da Lei 6.766/1979 (Lei de Parcelamento do Solo Urbano) trata da situação narrada na questão, prevendo a possibilidade da suspensão do pagamento e notificação do loteador para que regularize a situação do lote e a execução dos serviços. Vejamos:

> Art. 38. Verificado que o loteamento ou desmembramento **não se acha registrado ou regularmente executado ou notificado pela Prefeitura Municipal**, ou pelo Distrito Federal quando for o caso, deverá o adquirente do lote **suspender o pagamento das prestações restantes e notificar o loteador para suprir a falta.**

Nesse ponto, **a conduta indicada pelo advogado de João está correta**, uma vez que, após ter sido verificado que o loteamento não se encontrava registrado nem regularmente executado, a suspensão do pagamento das prestações restantes e a notificação do loteador para suprir a falta são medidas a serem tomadas por imposição legal.

No tocante à ação em face do município de Curitiba, veremos em itens posteriores a obrigatoriedade ou não de sua atuação, bem como a natureza de sua responsabilidade no tocante à regularização do imóvel.

No entanto, para responder ao item, é possível afirmar que também está correta a indicação do advogado no sentido de acionar o município para a regularização do imóvel. Conforme será visto, o município tem a prerrogativa de regularização do lote, sendo dotado de responsabilidade subsidiária no presente caso.

ITEM B

Sobre a obrigatoriedade de atuação do município de Curitiba no caso em tela, dispõe o art. 40 da Lei 6.766/79:

> Art. 40. A Prefeitura Municipal, ou o Distrito Federal quando for o caso, se desatendida pelo loteador a notificação, **poderá regularizar loteamento ou desmembramento não autorizado ou executado sem observância das determinações do ato administrativo de licença**, para evitar lesão aos seus padrões de desenvolvimento urbano e na defesa dos direitos dos adquirentes de lotes.
>
> § 1.º A Prefeitura Municipal, ou o Distrito Federal quando for o caso, que promover a regularização, na forma deste artigo, **obterá judicialmente o levantamento das prestações depositadas, com os respectivos acréscimos de correção monetária e juros**, nos termos do § 1.º do art. 38 desta lei, **a título de ressarcimento das importâncias despendidas com equipamentos urbanos ou expropriações necessárias para regularizar o loteamento ou desmembramento.**
>
> § 2.º As importâncias despendidas pela Prefeitura Municipal, ou pelo Distrito Federal quando for o caso, para regularizar o loteamento ou desmembramento, caso não sejam integralmente ressarcidas conforme o disposto no parágrafo

> anterior, **serão exigidas na parte faltante do loteador**, aplicando-se o disposto no art. 47 desta Lei.
>
> § 3.º No caso de o loteador não cumprir o estabelecido no parágrafo anterior, a Prefeitura Municipal, ou o Distrito Federal quando for o caso, **poderá receber as prestações dos adquirentes, até o valor devido.**
>
> § 4.º A Prefeitura Municipal, ou o Distrito Federal quando for o caso, para assegurar a regularização do loteamento ou desmembramento, bem como o ressarcimento integral de importâncias despendidas, ou a despender, poderá promover judicialmente os procedimentos cautelares necessários aos fins colimados.
>
> § 5.º A regularização de um parcelamento pela Prefeitura Municipal, ou Distrito Federal, quando for o caso, não poderá contrariar o disposto nos arts. 3.º e 4.º desta lei, ressalvado o disposto no § 1.º desse último.

Analisando o referido dispositivo legal, percebe-se a utilização da expressão "poderá" (*caput* do art. 40), o que, *a priori*, indicaria ausência de obrigatoriedade. Existe julgado do Superior Tribunal de Justiça que se posiciona nesse sentido:

> ADMINISTRATIVO. RECURSO ESPECIAL. AÇÃO CIVIL PÚBLICA. PARCELAMENTO DO SOLO URBANO. REGULARIZAÇÃO DE LOTEAMENTO PRIVADO. RESPONSABILIDADE SUBSIDIÁRIA DO MUNICÍPIO. ART. 40 DA LEI N.º 6.766/1979. PROCEDIMENTO FACULTATIVO.
>
> **1. É facultativo o procedimento previsto no art. 40 da Lei n.º 6.766/1979, o qual possibilita ao município o ressarcimento dos custos financeiros pela realização de obras de infraestrutura em loteamento privado irregular, quando o loteador não as realiza.** Precedentes: AgRg no REsp 1310642/RS, Rel. Ministro Humberto Martins, Segunda Turma, DJe 9/3/2015; REsp 859.905/RS, Relator Ministro Mauro Campbell Marques, relator p/ Acórdão Ministro César Asfor Rocha, Segunda Turma, DJe 16/3/2012.
>
> 2. É subsidiária a responsabilidade do ente municipal pelas obras de infraestrutura necessárias à regularização de loteamento privado, quando ainda é possível cobrar do loteador o cumprimento de suas obrigações. 3. Recurso especial não provido.
>
> (REsp 1394701/AC, Relator Ministro Benedito Gonçalves, Primeira Turma, julgado em 17/9/2015, DJe 28/9/2015)

Para embasar a referida posição, observe-se que os municípios têm obrigação própria e autônoma quanto à implementação de políticas públicas que tem por fim o saneamento básico e a infraestrutura urbana (artigos 23, inciso IX, 30, inciso VIII, e 182 da Constituição Federal; e art. 2º da Lei n. 10.257/2001).

No caso da lei de parcelamento do solo urbano, todavia, o legislador estabeleceu um procedimento especial para a realização de obras em loteamentos privados. O dever constitucional do município, num primeiro momento, é transferido ao empreendedor-loteador e, antes desse se tornar inadimplente com suas obrigações, não há porque se exigir do ente municipal que o empreendimento seja custeado com recursos públicos.

Aliás, esse procedimento previsto na Lei n. 6.776/1979 estabelece o custeio com os recursos financeiros destinados ao loteador. E, quando insuficientes, autoriza a municipalidade a cobrar a diferença.

Por outro lado, **existem julgados do mesmo Superior Tribunal de Justiça que afirmam que o dispositivo legal institui um "poder-dever" do município na regularização do lote. Vejamos:**

> PROCESSUAL CIVIL. LOTEAMENTO. MUNICÍPIO. PODER-DEVER. LEGITIMIDADE.
>
> 1. A jurisprudência do STJ é no sentido de que **o Município tem o poder-dever de agir para fiscalizar e regularizar loteamento irregular**, pois é o responsável pelo parcelamento, uso e ocupação do solo urbano, atividade essa que é vinculada.
>
> 2. Agravo Regimental não provido. (STJ, AgRg no AREsp 446051/SP, Rel. Min. Herman Benjamin, DJ 22/04/2014).
>
> PROCESSUAL CIVIL. ADMINISTRATIVO. RESPONSABILIDADE DO MUNICÍPIO. LOTEAMENTO. OBRAS DE INFRAESTRUTURA. EXEGESE DO ART. 40 DA LEI N.º 6.766/1979. DISCRICIONARIEDADE ADMINISTRATIVA.
>
> 1. Segundo entendimento do Superior Tribunal de Justiça, **o município tem o poder-dever de agir para fiscalizar e regularizar loteamento irregular, pois é o responsável pelo parcelamento, uso e ocupação do solo urbano, atividade essa que é vinculada.** (AgRg no AREsp 446.051/SP, Relator. Ministro Herman Benjamin, Segunda Turma, julgado em 27/3/2014, DJe 22/4/2014).
>
> 2. Todavia, o art. 40 da Lei n.º 6.766/1979 concede ao município o direito e não a obrigação de realização de obras de infraestruturas em loteamento, o que revela uma faculdade do ente federativo, sob o critério de conveniência e oportunidade (REsp 859.905/RS, Relator Ministro Mauro Campbell Marques, Rel. p/ Acórdão Ministro Cesar Asfor Rocha, Segunda Turma, julgado em 1.º/9/2011, DJe 16/3/2012). Agravo regimental improvido.
>
> (AgRg no REsp 1310642/RS, Relator Ministro Humberto Martins, Segunda Turma, julgado em 3/3/2015, DJe 9/3/2015).

Em tais casos, a fundamentação de tais julgados ainda se refere a uma faculdade do município no exercício do direito de regularização do lote. Vejamos trecho do voto do Relator Ministro Humberto Martins no AgRg no REsp 1310642/RS:

> "Segundo entendimento do Superior Tribunal de Justiça, 'o Município tem o poder-dever de agir para fiscalizar e regularizar loteamento irregular, pois é o responsável pelo parcelamento, uso e ocupação do solo urbano, atividade essa que é vinculada.' (AgRg no AREsp 446.051/SP, Rel. Ministro Herman Benjamin, Segunda Turma, julgado em 27/03/2014, DJe 22/04/2014). **Todavia, o art. 40 da Lei n. 6.766/1979 concede ao município o direito, e não a obrigação de realização de obras de infraestrutura em loteamento, o que revela uma faculdade do ente federativo, sob o critério de conveniência e oportunidade".**

Em face da querela, coube à 1ª Seção do Tribunal da Cidadania consolidar o entendimento em um único sentido. Assim, em julgado divulgado no Informativo 651, o Superior Tribunal de Justiça decidiu que existe **o poder-dever do Município de regularizar loteamentos clandestinos ou irregulares.**

Entretanto, o Tribunal da Cidadania indicou que esse poder-dever fica **restrito à realização das obras essenciais** a serem implantadas em conformidade com a legislação urbanística local (art. 40, caput e § 5º, da Lei nº 6.799/79). Após fazer a regularização, o Município **tem também o poder-dever de cobrar dos responsáveis** (ex: loteador) os custos que teve para realizar a sua atuação saneadora.

Pelo didatismo e completude da ementa, que aborda todo o histórico jurisprudencial sobre o tema, pedimos vênia para colacioná-la. Destaque-se que a integral compreensão da divergência passa pela leitura da ementa, a despeito de sua extensão:

> (...) . **26. Há um dever do Município de regularizar os loteamentos, inexistindo margem para discricionariedade. O dever-poder, contudo, não é absoluto, nem mecânico ou cego, competindo à Municipalidade cumpri-lo na forma dos padrões urbanístico-ambientais estabelecidos na legislação local, estadual e federal. Naquelas hipóteses em que os óbices legais não ensejem a regularização, a única solução é a remoção, de modo a garantir habitação digna que respeite as exigências da lei.** (...). 30. Existe o poder-dever do Município de regularizar loteamentos clandestinos ou irregulares, mas a sua atuação deve se restringir às obras essenciais a serem implantadas em conformidade com a legislação urbanística local (art. 40, § 5º, da Lei 6.799/79), em especial à infraestrutura essencial para inserção na malha urbana, como ruas, esgoto, energia e iluminação pública, de modo a atender aos moradores já instalados, sem prejuízo do também dever-poder da Administração de cobrar dos responsáveis os custos em que incorrer a sua atuação saneadora. 31. Recurso Especial parcialmente provido para **restringir a obrigação do Município de executar as obras de infraestrutura somente àquelas essenciais nos termos da legislação urbanística local, compreendendo, no mínimo, ruas, esgoto e iluminação pública, de forma a atender somente os moradores já instalados, não havendo esse dever em relação a parcelas do loteamento irregular eventualmente ainda não ocupadas.** (REsp 1164893/SE, Rel. Ministro HERMAN BENJAMIN, PRIMEIRA SEÇÃO, julgado em 23/11/2016, DJe 01/07/2019)

Em suma, consolidou-se o poder-dever da Administração Pública municipal na regularização dos loteamentos irregulares, mas com as limitações apresentadas no julgamento do STJ.

ITEM C

É subsidiária a responsabilidade do ente municipal pelas obras de infraestrutura necessárias à regularização de loteamento privado quando ainda é possível cobrar do loteador o cumprimento de suas obrigações.

> ADMINISTRATIVO. RECURSO ESPECIAL. AÇÃO CIVIL PÚBLICA. PARCELAMENTO DO SOLO URBANO. REGULARIZAÇÃO DE LOTEAMENTO PRIVADO. RESPONSABILIDADE SUBSIDIÁRIA DO MUNICÍPIO. ART. 40 DA LEI N.º 6.766/1979. PROCEDIMENTO FACULTATIVO.
>
> 1. É facultativo o procedimento previsto no art. 40 da Lei n.º 6.766/1979, o qual possibilita ao município o ressarcimento dos custos financeiros pela realização de obras de infraestrutura em loteamento privado irregular, quando o loteador não as realiza. Precedentes: AgRg no REsp 1310642/RS, Relator Ministro Humberto Martins, Segunda Turma, DJe 9/3/2015; REsp 859.905/RS, Relator Ministro Mauro Campbell Marques, Relator p/ Acórdão Ministro César Asfor Rocha, Segunda Turma, DJe 16/3/2012.
>
> **2. É subsidiária a responsabilidade do ente municipal pelas obras de infraestrutura necessárias à regularização de loteamento privado, quando ainda é possível cobrar do loteador o cumprimento de suas obrigações. 3. Recurso especial não provido.**
>
> (REsp 1394701/AC, Relator Ministro Benedito Gonçalves, Primeira Turma, julgado em 17/9/2015, DJe 28/9/2015)

Como se sabe, a solidariedade resulta da lei ou da vontade das partes e, como acima se verifica, no caso de loteamentos privados, o legislador atribuiu ao loteador a incumbência de implementar as condições necessárias à regularização do empreendimento, estabelecendo, ao lado, uma faculdade para a municipalidade, que pode realizar o que for necessário à regularização, ressarcindo-se com os recursos financeiros provenientes da venda.

A lei, portanto, autoriza o ente municipal a realizar um procedimento específico caso constate o fato de o loteador privado não estar cumprindo suas obrigações, conforme as diretrizes definidas para o parcelamento e uso do solo.

O art. 40 da Lei n. 6.766/1979, assim, não trata de responsabilidade, mas de simplificado procedimento para a efetivação de políticas públicas de desenvolvimento urbano, cujo cumprimento, por opção político-legislativa, é obrigação do empreendedor (artigos 3º, 4º, 6º, 7º, 8º e 9º da Lei n. 6.766/1979).

Se o empreendedor-loteador procede ao loteamento de solo urbano sem observar as condições e obrigações legais e o ente municipal, ciente, permanece na omissão, há hipótese para a responsabilização civil, administrativa e criminal (v.g., artigos 186 e 187 da Lei n. 10.406/2002; artigos 50 a 52 da Lei n. 6.766/1979; art. 11 da Lei n. 8.429/1992).

Porém, não se pode negar a existência de responsabilidade do município quanto à implementação da infraestrutura necessária à regularização do loteamento quando é omisso no dever de fiscalizar o loteador inadimplente.

Mas, na hipótese de loteamento privado irregular, enquanto for possível a responsabilização do loteador, a responsabilidade do Município é subsidiária, à falta de previsão legal pela solidariedade.

ITEM D

Por fim, **a aprovação do loteamento não implica, necessariamente, licença para construção,** de forma que deve ser aplicada a lei de regulação da ocupação do solo vigente no momento. É nesse sentido a jurisprudência do Superior Tribunal de Justiça:

> ADMINISTRATIVO. PROCESSUAL CIVIL. AMBIENTAL. AUSÊNCIA DE VIOLAÇÃO DO ART. 535 DO CPC. LEI N.º 6.766/1979. ÁREA DE PRESERVAÇÃO. NON AEDIFICANDI. PREVISÃO EM LEI MUNICIPAL. POSSIBILIDADE. LICENÇA PARA CONSTRUÇÃO. APLICÁVEL A LEI VIGENTE NO MOMENTO DA SOLICITAÇÃO DA LICENÇA. DISSÍDIO JURISPRUDENCIAL. AUSÊNCIA DE SIMILITUDE FÁTICA ENTRE OS JULGADOS CONFRONTADOS.
>
> 1. Inexistente a alegada violação do art. 535 do CPC, pois a prestação jurisdicional foi dada na medida da pretensão deduzida, como se depreende da análise do acórdão recorrido.
>
> 2. É de competência dos estados e municípios estabelecer normas complementares relativas ao parcelamento do solo urbano, a fim de adequar a previsão da Lei n.º 6.766/1979 às peculiaridades locais.
>
> **3. A aprovação de loteamento não implica, necessariamente, licença para construção. Assim, quando da solicitação da referida licença, deve ser aplicada a lei de regulação da ocupação do solo vigente no momento.**
>
> 4. Inviável o recurso especial pela alínea c do permissivo constitucional, porquanto não comprovada a similitude fática entre o aresto recorrido e o trazido à colação nos termos dos arts. 541, parágrafo único, do CPC e 255, § § 1.º e 2.º, do RISTJ.
>
> Recurso especial conhecido em parte e improvido.
>
> (REsp 1374109/RS, Rel. Ministro Humberto Martins, Segunda Turma, julgado em 18/6/2015, DJe 26/6/2015)

Nesse sentido também é o posicionamento do **Supremo Tribunal Federal** sobre o tema:

> LOTEAMENTO URBANO. APROVAÇÃO POR ATO ADMINISTRATIVO, COM DEFINIÇÃO DO PARCELAMENTO. REGISTRO IMOBILIÁRIO. **Ato que não tem o efeito de autorizar a edificação, faculdade jurídica que somente se manifesta validamente diante de licença expedida com observância das regras vigentes à data de sua expedição.** Caso em que o ato impugnado ocorreu justamente no curso do processamento do pedido de licença de construção, revelando que não dispunha a recorrida, ainda, da faculdade de construir, inerente ao direito de propriedade, descabendo falar-se em superveniência de novas regras a cuja incidência pudesse pretender ela estar imune. Da circunstância de plantas do loteamento haverem sido arquivadas no cartório imobiliário com anotações alusivas a índices de ocupação não decorre direito real a tais índices, à ausência não apenas de ato de aprovação de projeto e edificação, mas, também, de lei que confira ao registro tal efeito. **Legitimidade da exigência administrativa de adaptação da proposta de construção às regras do Decreto nº 3.046/81, disciplinador do uso do solo, na área do loteamento.** Recurso conhecido e provido."
>
> (RE 212.780, Relator(a): Min. ILMAR GALVÃO, Primeira Turma, julgado em 27/04/1999, DJ 25-06-1999, PP-00030 EMENT VOL-01956-06 PP-01145)

Dessa forma, **a lei reguladora da ocupação do solo no loteamento em questão deve ser aquela vigente no momento da solicitação da licença para construção**, devendo o loteador se ater aos limites impostos. Respondidos todos os itens no sentido do espelho, a pontuação máxima seria concedida.

EDITORA
JusPODIVM
www.editorajuspodivm.com.br

Pré-impressão, impressão e acabamento
GRÁFICA
SANTUÁRIO

grafica@editorasantuario.com.br
www.graficasantuario.com.br
Aparecida-SP